北戴河年鉴

2015

BEIDAIHE YEARBOOK

秦皇岛市北戴河区地方志编纂委员会办公室 编

方志出版社
Publishing House of Local Records

编 辑 说 明

一、《北戴河年鉴》是北戴河区人民政府主办、区政府办公室方志年鉴编辑部编纂的权威性、综合性资料文献。力求全面、系统、真实地记述上一年度北戴河区的社会发展进程，客观反映新变化、新成就及经验、教训。为读者了解北戴河提供全方位信息。

二、《北戴河年鉴》以马克思列宁主义、毛泽东思想、邓小平理论、"三个代表"重要思想、科学发展观为指导，贯彻落实习近平总书记系列讲话精神和治国理政新理念、新思想、新战略，坚持实事求是的原则。

三、《北戴河年鉴》以出版年号为卷次名称，逐年出版。2015年卷所收资料自2014年1月1日始至2014年12月31日止。主要记述2014年度的基本情况，兼有适当的年度对比，供读者了解区情的发展脉络。

四、《北戴河年鉴》采用分类编辑，相关或相近的部类合用，基本分为类目、分目、条目三个层次。部分类目设综述，绝大多数分目设概述。

五、《北戴河年鉴》涉及政区、机构、会议、文件、职衔等均依当年规范称谓，名称较长且重复出现者，则采用规范简称。

六、组织机构收录范围为区委、区人大、区政府、区政协、区纪委五大班子2014年在职领导干部和其他重要部门在职正科级以上干部。所录领导名录，年内任职的不注任离时间，年内有变化的，在姓名后括注。

七、人物类目的收录范围：2014年度市级以上报刊登载的籍属本地或籍属外地在北戴河工作的新闻人物、各行各业技术能手、创业先锋、劳动模范；民间能工巧匠；籍属本地在外工作的名人、学子。

八、《北戴河年鉴》所用数字一般以区统计局为主，并经统计局审核。

九、《北戴河年鉴》所用稿件、图片大部分来自各承编单位，并经单位负责人审阅、盖章；部分内容参考了《人民日报》《河北日报》《秦皇岛日报》《秦皇岛晚报》以及区委、区政府及相关部门的稿件、简报、网站等方面的信息。

1月14日，召开中共北戴河区委十一届五次全委（扩大）会议

2月16日，召开秦皇岛市北戴河区第十四届人民代表大会第四次会议

2月15日，召开中国人民政治协商会议秦皇岛市北戴河区第八届委员会第三次会议

2月19日，召开北戴河区党的群众路线教育实践活动动员大会

贯彻党的十八届四中全会精神报告会

12月4日，北戴河区“国家宪法日”宣誓仪式（一）

12月4日，北戴河区“国家宪法日”宣誓仪式（二）

北戴河区暑期特警训练

北戴河女子巡察队

4月18日，北戴河区人民政府与台湾台光石化有限公司总部企业举行签约仪式

北戴河区人民政府区长刘学彬与隆基泰和实业集团董事长魏少军代表双方签署城市建设战略合作框架协议

8月15日，举行连环画《梦筑北戴河》发行仪式

区旅游局工作人员为民宿挂牌

北戴河区育花路社区数字化管控中心

育花路社区办事大厅

旭日东升

夏日风情

剑秋园

曲径通幽

老虎石海上公园一角

雄狮卧雪

比翼齐飞

远 眺

东经路与保二路交叉口的欧式建筑

1898公共艺术生活馆

海宁路潞河假日酒店

北戴河情海湾海景婚纱创意园

王铁艺术馆

歌华营地

鸽赤路

环境观测设备

西坨头村民居

滨海大道

新能源汽车

滨海大道环岛

海北路

老虎石望海平台

奥林匹克大道公园一角

平水桥公园一景

环保局大气治理观测点

食品卫生监督检查

农牧局果品农药检验

石塘路市场文明经商户

集发农业观光园生长的大南瓜王

2014年灯节——怪楼奇园现场

志愿者为外国游客服务

8月10日，河北卫视《中华好诗词》特别节目《走进秦皇岛》在北戴河劳动人民文化宫录制

北戴河区书法家临帖展

中海滩浪淘沙园

海北路小学文化活动室

5月1日，举办2014年北戴河运动之春第10届轮滑节

轮滑节上少年轮滑队

6月13日，举办秦皇岛·城市乐跑赛

8月31日，举办秦皇岛国际马拉松赛

1月，北戴河第八届“地质杯”冬泳迎新健身活动在老虎石海滩浴场举行

河北省气功疗养院气功晨练

2010-2014年北戴河区主要经济指标

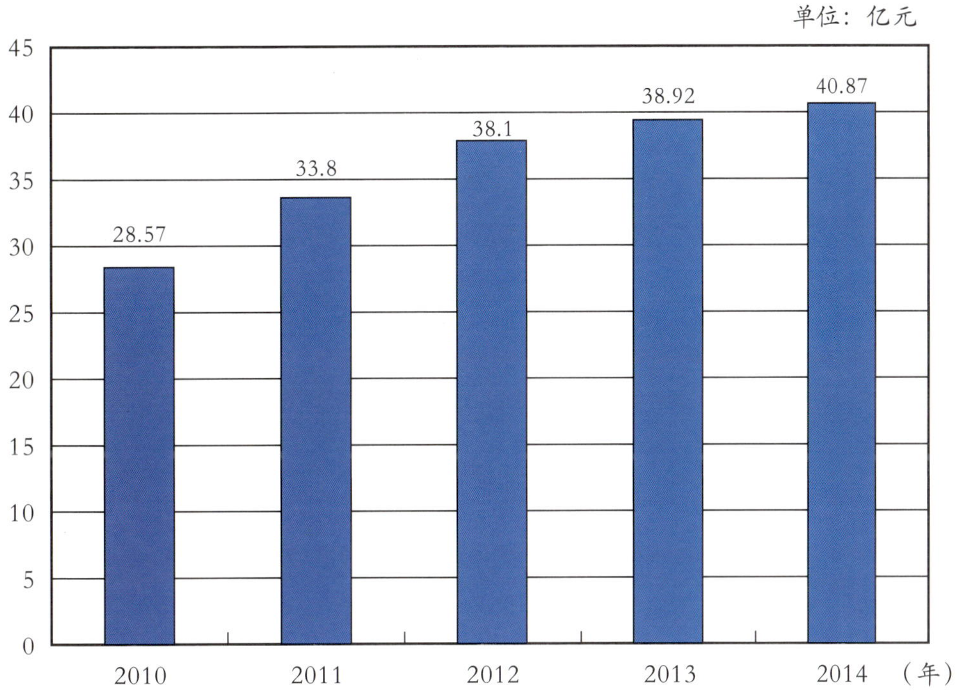

全区生产总值

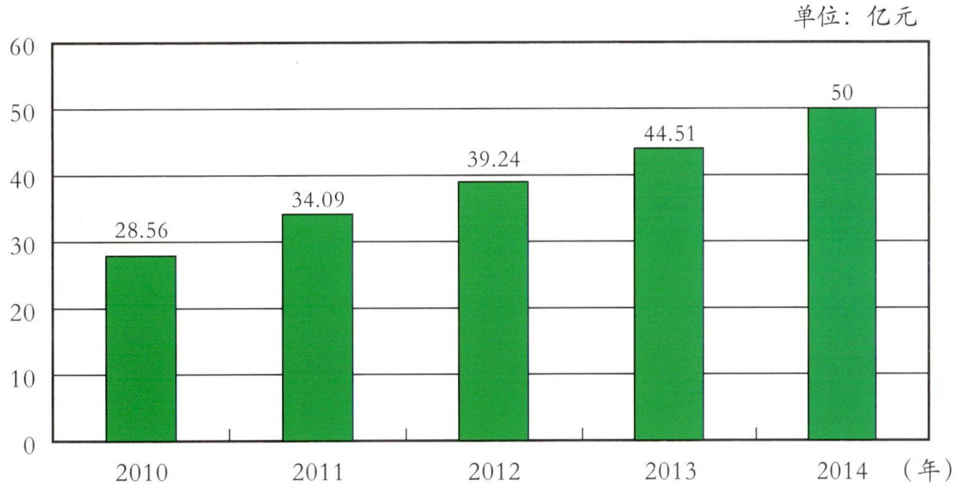

社会消费品零售总额

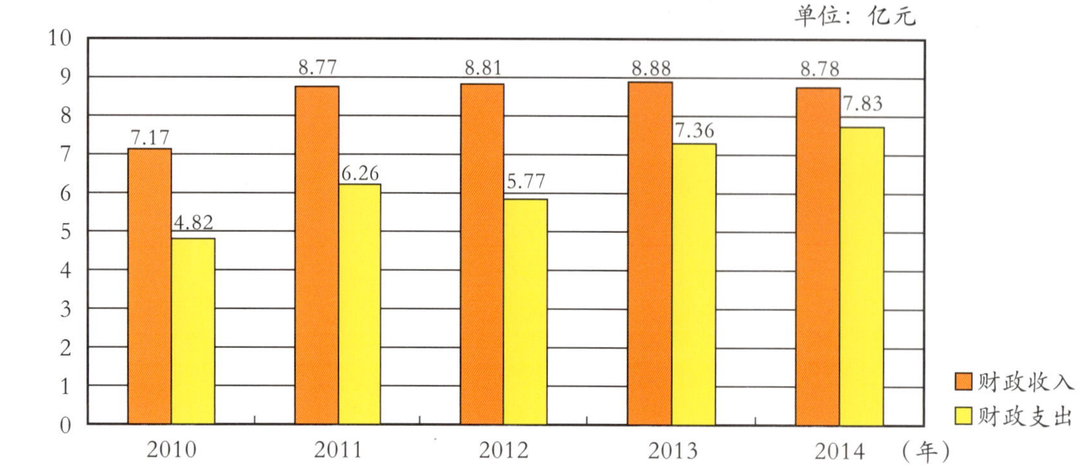

地方财政收支

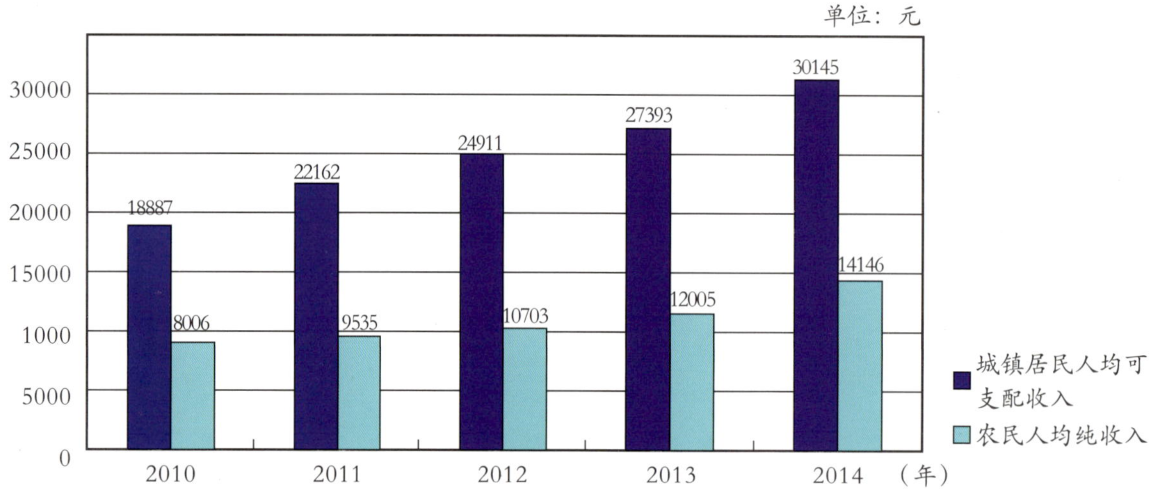

城乡居民收入

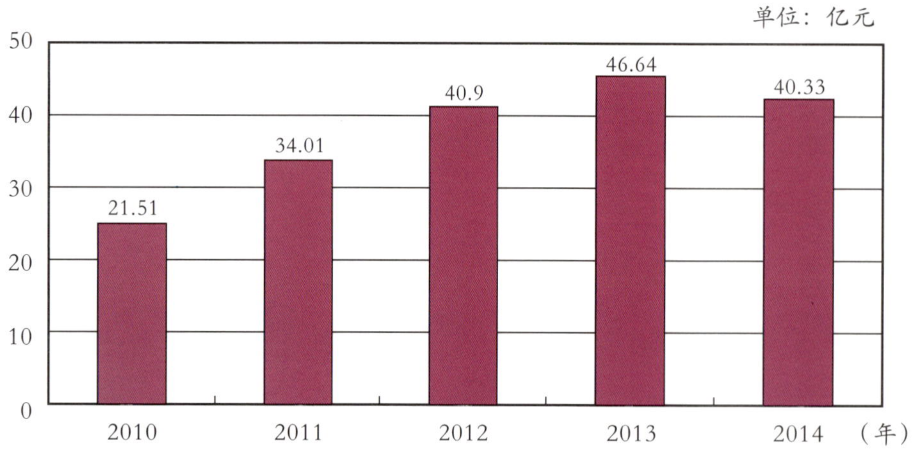

固定资产投资

目　录

特载

专题

大事记

区情综述

中共北戴河区委员会

北戴河区人民代表大会

北戴河区人民政府

政协北戴河区委员会

民主党派·工商联

人民团体

法治建设

人民武装

城乡建设

旅游·度假

农业和农村经济

工业

经济技术开发区

商贸流通业

交通·通信

金融业

财税管理

综合管理

社会事业

社会生活

镇·街道

人物

荣誉

附录

特　载

解放思想　务实创新
全面加快北戴河跨越发展绿色崛起步伐

——在区委十一届六次全体（扩大）会议上的报告

（2015年1月5日）

秦皇岛市委常委、北戴河区委书记　李学民

一、2014年主要工作回顾

2014年，我们深入学习领会习近平总书记系列重要讲话精神，坚决贯彻落实中央和省、市决策部署，团结带领全区人民，围绕实现“两个率先”①、建设美丽实力幸福北戴河目标，扎实做好各项工作，实现了经济社会持续健康发展。一年来，区委常委会主要抓了六个方面的重点工作。

（一）坚持项目为纲，壮大经济实力。坚持把发展经济作为第一要务，把项目建设作为第一抓手，紧紧围绕高端旅游、总部经济、文化创意和高新技术四大经济增长点，调结构，抓项目，促发展。坚持以重大项目和高端项目为主攻方向，谋划实施了总投资223.4亿元的13项重点产业项目，已开工4项、签约6项、在谈3项，其中赤土山村改造项目取得重大进展，76栋2270套村民安置房如期竣工，火车站片区改造遗留问题得到有效化解，北部新城建设扎实推进，中俄文化艺术合作产业园项目开工建设，同道电影工坊、文化艺术品交易中心项目进展顺利，隆基泰和C4·商业魔方、天房集团城市综合体等项目稳步推进。坚持请进来、走出去，瞄准央企、知名民企和世界500强企业，开展小团组、多批次叩门请商，先后与深圳华侨城、中企投资、保利集团等大企业深入接洽，共引进唐电国际等总部企业84家。初步测算，全年实现地区生产总值41亿元，同比增长7%；全社会固定资产投资完成39.8亿元，同比增长16.7%；全部财政收入完成8.78亿元，其中公共财政预算收入完成5.11亿元；城市居民与农民人均可支配收入分别达到29913元和13596元，同比分别增长9.2%和12.2%。我们在十分困难的情况下，不言弃、不懈怠，不遗余力地紧盯各项指标，真正实现了用精彩的数字赢得尊严。

（二）坚持生态为基，扮靓城乡环境。围绕“百年胜地·美丽之冠”城市定位，按照国际化、人性化、精细化、标准化的要求，把北戴河整体作为AAAAA级景区打造。坚持规划先行，编制了《北戴河区农村面貌改造提升规划》、《北戴河区控制性详细规划》和《北戴河风景名胜区规划纲要》等规划，城乡规划体系日益完善。坚持把生态环境作为生命线，大力实施净化、绿化、亮化、美化提升工程，狠抓大气污染防治和海水综合治理，持续提升生态建设水平。坚持因地制宜、分类指导，扎实开展农村面貌改造提升行动和“绿满戴河庭院”专项行动，共实施重点项目80个，争取上级资金1721万元，完成投资1.2亿元。全省美丽庭院创建工作现场观摩会在我区召开，相关工作获得省委副书记赵勇的充分肯定，《人民日报》《全国政协报》等媒体多次宣传报道。深化城市管理体制创新和长效机制建设，坚持城乡管理机制同轨化，大力推进智慧城市、智慧旅游、数字化城管平台建设。

（三）坚持服务为先，力促暑期精彩。坚持把暑期作为全年的核心工作和推动发展的重要平台，完善了书记、区长抓统筹，区委副书记、常务副区长分别牵头暑期工作和经济工作的工作体系和暑期早晚碰头、综合执法、联合督查等一系列机制举措，圆满实现了“安全暑期、和谐暑期、简朴暑期、满意暑期”目标。按照精彩+节俭的原则，谋划实施了服务保障、城乡基础设施、生态环保等8大类106项涉暑工程，打造了浪淘沙园、东三路街景整治提升、火车站广场立体绿化等一批精品和亮点。围绕纪念《浪淘沙·北戴河》创作60周年，精心组织暑期系列文化活动420余场次。暑期工作达到历史最好水平，得到了上级领导、中外游客和人民群众的广泛赞誉。全年累计接待国内外游客742.1万人次，同比增长5.4%。认真落实国务院在北戴河现场办公会议精神，积极做好借暑发展和暑期优势转化工作，共争取各类资金9473万元。暑期后谋划启动了为期三年共44条道路、街区的景观改造提升工程，并得到了省委、省政府主要领导的高度重视和大力支持。

（四）坚持民生为本，繁荣社会事业。始终把改善民生作为全部工作的出发点和落脚点，坚持优先保障民生投入、优先安排民生项目、优先解决民生问题，全面落实年初确定的8项民心工程[②]和群众路线教育实践活动确定的“十二项惠民举措”[③]，全年民生类支出占公共财政预算支出的比重达75%。大力实施教育名区创建工程，顺利通过国家义务教育发展基本均衡督导评估，启动实施了中小学布局优化调整工作，成功承办第五届全国励志教育论坛、全省学校管理和文化建设现场会，篆刻艺术教育受到前国务院副总理李岚清的高度评价。大力发展文化体育事业，广泛开展春节灯会等特色文化惠民活动，积极打造“文化强区”品牌。连续10年成功举办北戴河运动之春轮滑节，并被授予全国少年速度轮滑永久赛址。成功承办及协办城市“乐跑”赛、铁人三项赛、“2014秦皇岛国际马拉松赛”等大型体育赛事，着力打造“体育名城”靓丽名片。深入开展就业平台建设和培训服务，城镇新增就业、农村劳动力转移就业完成比例居全市前列。在全市率先为全区户籍居民投保“民生保险”，新农合参合率达到98%，全年统筹使用资金1316万元，3004人从中直接受益。城镇职工基本医疗保险扩面顺利，失业保险扩面完成全年目标任务的149.2%。

（五）坚持创新为要，构建和谐城区。牢固树立“底线思维”和“归零思维”，深化平安北戴河建设，整合旅游、城管等8类社会视频资源，织密社会治安防控天网。模仿抗击“非典”和奥运安保机制，广泛动员社会面参与反恐防暴群防群治工作，得到郭声琨、张庆伟等领导的充分肯定。充分发挥网格化管控优势，努力保持严打整治高压态势，全区刑事发案199起，同比下降45.2%。认真落实“八三工作法”，积极开展信访案件化解攻坚月活动和“三访三解三促”[④]行动，妥善化解各类矛盾问题。深化社会管理创新，推行“一村一居一组”[⑤]长效帮扶机制，在全市率先建成区、镇（街）、村（居）三级政务服务平台。高度重视宣传工作，开通全国首家党的群众路线教育实践活动频道，中央电视台和新华社等国家级重点媒体发稿400余篇,全年央视共对我区报道22次，媒体关注度历年最高。《梦筑北戴河》系列连环画受到各级领导和广大读者的一致好评。统筹推进精神文明建设，积极发展志愿者服务事业，组织开展了“六个一百”志愿服务[⑥]等系列活动，先进典型和感人事迹层出不穷，展现了文明北戴河人的良好风貌。广泛开展社会主义核心价值观社会宣传，相关做法得到省委常委、宣传部长艾文礼的充分肯定。

（六）坚持党建为根，筑牢执政基础。以执政能力和先进性、纯洁性建设为主线，扎实推进党建各项工作。深入开展党的群众路线教育实践活动，谋划了“六个专项行动”等特色载体，广泛开展“秦皇岛五问”[⑦]和“北戴河五问”[⑧]大讨论，着力解决联系服务群众“最后一公里”问题，先后实施了车站村污水管网建设等900余件惠民实事，干部作风持续改进。省委常委、市委书记田向利和省委督导组组长王玉梅对此给予高度评价。车站村的专题组织生活会代表全市、全省顺利通过中央第八巡回督导组的全程审核。坚持党要管党、从严治党，全面落实党风廉政建设“两个责任”和中央“八项规定”要求，深入开展正风肃纪专项行动、“两转三服务”[⑨]活动和提素提质提效工作，对全区机关事业单位执行纪律、“三公”消费等情况进行明查暗访，并及时予以纠正处理。农村“三资”监管信息平台建设不断完善，党务、政务公开工作成效明显，车站村和戴河镇分别被评为省、市级党的基层组织党务公开示范点。坚持秉公执纪，狠抓案件查办，全年共立案11件，结案11件，处理党员干部11人。坚持围绕发展选拔任用干部，认真执行《党政领导干部选拔任用工作条例》等制度性文件，确保全部工作阳光运行。坚持“信念坚定、为民服务、勤政务实、敢于担当、清正廉洁”选人用人标准，把基层一线作为干部锻炼成长的主阵地，选派50名区直机关干部到村居、企业实践锻炼。全年共召开区委常委会4次，任免干部94人，其中提拔29人,调整交流65人，新提拔科级干部中具有基层工作经历的占83%，形成了“干部在一线培养、业绩在一线创造、人才在一线选拔”的用人导向，相关经验在《人民日报》《河北日报》等媒体刊发。科学设置考核评价指标，改进考核方法手段，修订完善了《科级领导班子和科级干部综合考核评价办法（试行）》。加大干部监督力度，建立科级领导班子和科级干部监督评议员制度，严格落实诫勉谈话、离任审计、新提拔干部廉政考试等制度。加强干部人才队伍建设，实施领导干部精品培训工程，精心打造“借力培训”品牌，相关工作得到中组部的高度认可。认真落实省委要求，强化领导职数刚性意识，遵照编制部门核定的领导职数，坚持“不突破、不超配、不变通”，严格按照上级要求开展超职数配备整改工作。高度重视基层党组织建设，扎实推进农村、社区“两委”班子换届选举工作。深入开展“基层基础提升年”活动，选派168名机关干部蹲点服务，破解基层组织软弱涣散难题。组织开展了“服务暑期先锋行动”等系列活动，“港城先锋·红色义工”党员志愿服务活动得到省领导田向利、艾文礼的充分肯定。全区镇（街）、村（居）全部建立便民服务室，在全市率先实现村居代办服务和入户走访全覆盖。在农村探索创新“四双工作法”[⑩]，相关经验在人民日报刊发。启动“党员e家”党建网站全覆盖工程，网上“党员电教超市”开通率在全市领先，“智慧远教”做法在全市推广，相关经验被新华社等中央和省级媒体刊发。高度重视区委常委会自身建设，始终与党中央保持高度一致，注重发挥总揽全局、协调各方的职能作用，支持区人大及其常委会与区政协依法履职和发挥作用，支持工会、共青团、妇联等群团组织围绕区委中心任务创造性地开展工作，认真抓好国防后备力量建设、统一战线、民族宗教等方面工作，形成了各项工作协调发展的良好格局。

总的来看，在宏观形势异常复杂严峻的情况下，全区各项工作取得了来之不易的可喜成绩，这是市委、市政府亲切关怀、正确领导的结果，是社会各界积极参与、鼎力支持的结果，是全区上下齐心协力、团结拼搏的结果。在此，我代表区委常委会向在座各位同志，向全区各级党组织和广大党员干部群众，致以崇高的敬意和衷心的感谢！

回顾过去一年的工作，以下经验尤为宝贵。一是必须把解放思想作为第一动力，持续向解放思想要激情、要智慧、要生产力，不断完善发展战略、发展定位和工作标准，凝聚和激发跨越发展的内生动力。二是必须把发展经济作为第一要务，紧紧扭住经济建设中心不动摇，主动抢抓机遇，找准加快发展的增长点和突破口，靠经济发展赢得实力、赢得尊严、赢得未来。三是必须把维护稳定作为第一责任，牢固树立“稳定压倒一切”的思想，带着感情做好群众工作，努力营造安定和谐的良好政治局面和社会环境。四是必须把改善民生作为第一宗旨，切实维护群众利益，认真解决群众关心的热点难点问题，不断提高群众幸福指数，使发展成果更多地惠及广大群众。

在看到成绩的同时，我们也清醒地认识到，着眼建设世界名区和经济强区，许多工作还存在较大差距，如产业结构调整和产业升级步伐仍需加快，立区大项目还不够多，城市发展空间亟待拓展，城市规划建设与管理水平仍需提高，居民持续增收的渠道还需拓宽，基层基础工作有待进一步加强等。对此，我们将高度重视，努力解决，力争整体工作再上新台阶。

二、2015年主要工作任务

2015年是全面完成“十二五”规划的收官之年，是全面深化改革的关键之年，也是全面推进依法治国的开局之年。做好今年工作，必须以习近平总书记系列重要讲话和中央、省委、市委全会精神为统领，把事关全区改革发展稳定的大事谋划好、安排好。当前，北戴河虽然面临诸多困难，但也面临重大机遇。我们必须紧扣发展主题，抢抓河北沿海地区率先发展、环渤海地区加速崛起、京津冀协同发展的重大机遇，全面加快跨越发展、绿色崛起步伐。为此，我们确定今年全区工作的总体要求是：认真贯彻落实中央和省、市决策部署，坚持把建设世界名区和经济强区作为不懈追求，围绕打造“国际名片”、建设国际滨海休闲度假之都的目标，积极抢抓京津冀协同发展历史机遇，按照“1+4+2”（“1”即做好暑期工作，“4”即推进项目建设、城市提升、全民创业、城乡一体化四大攻坚年活动，“2”即加强党的建设、法治建设）总体思路，奋力开创富民强区新业绩，为实现“两个率先”、建设美丽实力幸福北戴河奠定坚实基础。主要做好七个方面的重点工作：

（一）全力以赴做好暑期工作。暑期工作是北戴河承担的特殊而光荣的政治任务，同时也是独一无二的优势资源。2013年中央出台了国家领导人暑期休假二十六条规定，进一步明确了北戴河的特殊地位。中央“八项规定”出台后，对暑期安全警卫、接待服务、活动安排等工作提出了新的更高要求。面对更重的任务、更高的标准，我们不能有丝毫懈怠，必须在认真落实中央和省、市关于做好暑期工作相关要求的基础上，不断创新思路举措，做优做靓暑期品牌，用足用好暑期资源，确保今年暑期工作再上新水平。一要狠抓涉暑项目。要把高标准全面完成涉暑项目作为做好今年暑期工作的重要抓手和根本保障。对已确定的安全保卫、服务保障、景观提升、基础设施提升和文化宣传等5大类100余项涉暑工程项目，务必要严格落实责任，认真制定台账，倒排工期，挂图作战，确保暑期前精彩亮相。食品药品检测中心、北戴河医院保健楼等功能性项目要继续对口跑办，争取资金支持，力促及早开工。二要改进安保形式。保持安全稳定的社会大环境是暑期工作的底线要求和头等大事。面对新的形势、任务和要求，我们要以领导和群众双满意为目标，坚守政治安全和警卫安全双重底线，按照“内紧外松、形式缓和”的总体要求，强化以面保点、以面保线和情报信息主导等措施，进一步完善警卫方案预案和专群结合机制，全力确保领导休假疗养、外出视察、参观活动的绝对安全、万无一失。三要强化服务保障。良好的生态环境是北戴河赖以生存和发展的基础，是北戴河最具含金量、影响力的品牌，也是搞好暑期服务的前提。我们一定要守住这条生命线。要不遗余力地抓好生态环境建设，进一步加大近岸海域综合治理、噪声治理、大气污染综合防治工作力度，加强入海河流沟渠管理，严厉打击非法排污企业，维护好北戴河最靓丽的城市名片。同时，要继续高标准统筹做好物资供应、卫生防疫、医疗保健、市政设施、文化活动等各项服务保障工作。四要做好借暑工作。暑期是政策资源、人脉资源、信息资源等多重优势的集合体，要最大限度地把各项优势发挥出来，努力将暑期资源转化为经济发展资源，实现服暑借暑互利共赢。要抢抓我市被列为非首都核心功能疏解区和驻区休疗培训单位改革转型的机遇，主动融入京津冀协同发展，着力搭建央企和总部经济发展新平台，最大限度地承接京津高端产业外溢，力求把京津市场、科技、人才等资源转化成我们的发展优势。

（二）持续加大项目建设力度。项目关乎北戴河的现在和未来。抓项目建设，就是夯实跨越发展、可持续发展的根基，就是积蓄绿色崛起、奋起赶超的动力，我们必须时刻把项目建设作为全区工作的头等大事，以弛而不息、锲而不舍的韧劲，抓铁有痕、踏石留印的干劲，全力推动项目，确保年内实现3至4个大项目、好项目引进和落地建设。一要瞄准产业主攻方向。重大产业项目能够支撑起城市经济发展的主结构，体现着城市未来发展的潜力和竞争力。要围绕高端旅游、总部经济、文化创意、高新技术产业四大经济增长点上项目、强产业、优结构。一产着力发展以特色农业、观光农业、休闲农业等为重点的现代农业；二产着力发展以新能源、新材料、电子信息、生物医药等为重点的新型工业；三产着力发展以餐饮住宿、批发零售、金融保险、现代物流、商务服务等为重点的现代服务业。要把健康养老产业作为战略性新兴产业加以培育，努力打造北戴河国际健康城新亮点。要积极承办各类高端会议和会展，培育新的经济激活点，努力打造“南有博鳌、北有北戴河”的全新品牌。要以“2015休闲之冬·北戴河旅游嘉年华”为主题，举办系列冬季旅游活动，进一步做活淡季旅游市场。要坚持把重大产业项目引进作为经济工作的重中之重，持续加强项目储备、项目引进、项目服务工作，促进项目早日投产达效。二要加大招商引资力度。要树牢项目招商意识，大力发扬“想尽千方百计、动员千军万马、不辞千辛万苦、不惜千言万语、不怕千山万水”的“五千”精神，逢人必谈招商，逢事必说项目。在招商目标上，要瞄准京津，重点吸引一批京津市场主体到北戴河扎根，以市场主体转移促进功能产业转移；在招商内容上，要重点抓住总部这个核心环节，突出创税这个根本；在招商方向上，既“扩量”又“提质”，由“招商”向“选商”转变；在招商质量上，由“粗放”向“精细”转变；在招商形式上，突出由“单一”向“并举”转变，努力形成“以商招商”和“中介招商”。三要加快项目建设进展。要严格落实项目建设“一个投资主体、一个责任主体、一个包项目县级领导、一个项目秘书”的“四个一”推进机制，对项目实行全程保姆式服务，开辟“绿色通道”，及时协调解决项目建设中遇到的难题。在建项目要突出“快”，要在保障安全和质量的前提下，抢时间、争速度，加快建设进度。签约项目要突出“实”，要把项目落地作为重中之重，切实提高签约项目履约率、资金到位率，真正实现项目的落地生根、开花结果。在谈项目要突出“早”，要着力强化对接服务，提前做好项目建议书、可研报告、环境评价等工作，为项目签约落地做好充分准备。

（三）完善提升城市载体功能。要牢固树立“窗口”意识和“精品”意识，扎实做好改善城市面貌、完善城市功能、拓展城市空间、提升城市品位各项工作，着力打造无处不精细、无处不精美、无处不精彩的城市环境。一要健全城乡规划体系。要坚持向规划修编要城市空间拓展，紧紧抓住《秦皇岛城市总体规划》（2015年—2030年）修编重大机遇，主动盯办对接，全力搞好配合。要按照新的《城市用地分类与规划建设用地标准》相关要求，启动北戴河区规划建设用地范围的控规调编工作，继续调整优化区内给水、排水、电力、燃气等专项规划，进一步完善《北戴河区城市家具设置导则》。二要提升城市承载功能。要把草厂西路、怪楼艺术片区等18个街区的景观改造提升作为头号工程，包街县级领导和责任单位要高度重视，主动上手，到施工一线协调解决问题。要细化责任、锁定目标，抢抓工期，确保工程如期完工。要坚持高标准规划、建设、管理，努力将工程做成精品、建成经典。要加快推进金鸽路建设工程，力争戴河二号路年内开工建设；扎实推进热电联产或新型雾化燃烧技术集中供热、北部片区供水污水管网建设工程等基础设施建设；持续加大对老旧小区环境容貌、市政设施改造力度。要着手建设兼具民宿接待、景区门票销售、旅游信息服务及交通中转等多功能的北戴河民宿及旅游咨询服务中心，填补旅游接待功能空白。要因地制宜增设城市雕塑、城市家具、园林小品等，增添城市的文化内涵和艺术品味。三要完善城市管理平台。要不断完善网格化社会服务管理模式，大力推进智慧城市、智慧旅游、数字化城管平台建设，力争2年内初步实现城市管理数字化和旅游管理智能化，形成指挥统一、反应迅速、运行高效的城市管理指挥调度体系。

（四）深入推进全民创业攻坚。民营经济是国民经济中最具活力的部分，最大限度地激活民营经济，掀起全民创业的热潮，是我们实施全民创业攻坚年的根本目标。2015年新增市场主体达到1370个，同比增长10%；新增规模以上工业企业1家。一要进一步提高全民创业意识。要大力倡导全民创业理念，通过各种形式引导广大群众解放思想、更新观念，积极发掘新的创业领域和创业机会。要广泛宣传《北戴河区全民创业若干扶持办法（试行）》，提高创业政策的民众知晓率，激发群众创业热情。要适时召开创业典型经验交流会，宣传表彰全民创业攻坚年活动中涌现出的典型人物和创业故事，在全区上下营造“人人争当创业先锋、创业明星”的浓厚氛围。二要进一步培育全民创业主体。要加强分类指导，围绕“能人创业、知识创业、青年创业、劳务创业、民生创业、二次创业”六个方面开展创业技能培训，壮大创业主体力量。在对未就业人员进行全面培训的同时，要探索对已就业人员开展量身式培训，大力引导“二次创业”，提升创业质量和水平。要大力发展家庭手工业，积极开发特色旅游纪念品，形成北戴河品牌，扶持产业做大做强。要建立银企保对接机制，鼓励金融机构研发推出有针对性的金融产品，引导担保公司为区内民营企业提供融资担保。要主动运用创新的思维和全新的办法，重点解决民宿行业层次低、收入低、贡献率低“三低”问题，扶持引导民宿业加快提档升级和品牌化建设步伐，用制度规范引导民宿经营户依法经营、照章纳税，同时积极探索组建或引进民宿行业龙头企业，大力推行民宿集群化、公司化经营，努力将民宿业培养成富民强区的产业。三要进一步完善全民创业平台。要建立健全创业信息平台，为有创业意愿的群众提供政策咨询、产品推介、用地、融资、用工、立项等全方位服务。要积极搭建培训指导平台，围绕符合区情实际的花卉苗木、林果蔬菜、农业观光、珍珠饰品、民宿行业等创业方向，聘请相关专家到我区传经授课。要大力推进各类创业基地建设，积极利用各类社会资源，完善青年创业见习基地、巾帼创业示范基地、中小企业创业辅导基地等的服务功能和孵化功能，推动基地提档升级，并筹备建设新的特色创业基地。要充分发挥互联网对就业创业的巨大作用，尤其是电子商务给传统就业创业带来的革命性影响，不断拓展就业形式和创业空间，促进全民创业的量变和质变。四要进一步优化全民创业服务。要遵循“非禁即入、有需则让、分类指导、系统帮扶”的原则，充分发挥好三级政务服务平台作用，为创业者在政策咨询、资金申请、登记注册等方面提供有力支撑。要精心呵护创业主体，树牢对创业者“扶上马、再送一程”的理念，切实做好对创业主体的全程指导帮扶，努力形成扶持全民创业的强大合力。

（五）加快推进城乡一体化建设。作为全市城乡一体化建设的先行军，我们一定要提速加压、率先突破，高标准打造国家级城乡一体化示范区。一要进一步调整完善发展规划。要突出规划引领，围绕“高点定位、全域统筹、城乡一体、率先突破”的思路，抓紧研究制定《北戴河区城乡一体化发展战略及实施方案》和《北戴河区城乡一体化评价及考核体系》，为全面推进城乡一体化建设提供制度保障。二要加快推进农村面貌改造提升行动。要紧紧抓住2015年全省农村面貌改造提升重点片区这一有利契机，认真研究制定我区农村面貌改造提升行动实施方案。要全力抓好甘各庄、东坨头、费石庄、乔庄、苏庄、朱庄、北戴河村等7个村的连片建设工作，努力做到两个结合：一是与加快城乡一体化进程相结合，通过片区建设树立标杆，形成示范带动效应，为在全市率先实现城乡一体化奠定坚实基础；二是与农村产业发展相结合，要按照一村一品一业的原则，深入研究农村产业发展方向，结合村庄资源优势，大力发展特色产业，努力使农村成为北戴河旅游度假的新功能区、产业发展的新增长极和农民收入的新增长点。要把积极稳妥、有序推进农村土地流转作为做好“三农”工作的创新举措，通过土地流转促进农村特色产业规模化、集约化发展，让广大农民能够拿到租金、薪金和股金，不断拓宽增收渠道。要在普惠性工作全面推行的基础上，注重对村庄文化的挖掘，尤其是对重点村的古树、古建筑进行深入研究，提炼出每个村独有的“乡愁”。三要全面提升城乡公共服务水平。要着眼打造国家级城乡一体化示范区，协调推进社会事业发展。要统筹发展城乡教育，加快推进中小学布局调整，提升城乡基础教育均衡化水平，全力打造教育名区。要积极推进公共文化馆所建设和农村“两室”提升工作，深入开展群众性文化活动和全民健身活动，力促文化共享全覆盖。要着力提高城乡就业、养老保险、医疗卫生、社会救助等服务保障水平，加快实现城乡设施配置均衡化、公共服务均等化、生活条件同质化。

（六）全面推进依法治区进程。全面推进依法治国，是党在治国理政方式上的一场深刻革命，是政治和社会领域发展的新常态。建设法治北戴河，是我们落实上级决策部署，加快建设美丽实力幸福北戴河的必然要求和第一保障，我们必须把法治建设作为重大政治任务来抓，大力推进依法治区，努力营造清廉的从政环境、有序的社会环境、公平的市场环境、良好的发展环境，为跨越发展、绿色崛起保驾护航。一要切实增强依法治区的思想意识。法治建设是一项系统工程，需要一个长期渐进的过程。推进依法治区、建设法治北戴河首先要从思想意识抓起。要引导全社会树立法治意识，使全民发自内心地对宪法和法律保持信仰和敬畏，把法律规定内化为行为准则。要切实加强法治教育，推动各级党员干部，特别是领导干部带头尊法学法守法用法，提高运用法治思维解决问题的能力。要坚持法治与德治并重，以传统美德滋养法治精神，为依法治区创造良好人文环境。二要准确把握依法治区的关键任务。要深入推进依法行政，严格规范执法，推进行政执法体制改革，加快建设职能科学、权责法定、执法严明、公开公正、廉洁高效的法治政府。要坚定不移推进公正司法，一如既往支持法院、检察院依法独立公正行使审判权和检察权，切实维护社会公平正义。要切实加强法治队伍建设，按照忠于党、忠于国家、忠于人民、忠于法律的要求，着力建设思想政治素质、业务工作能力、职业道德水准俱佳的执法、司法队伍和法治建设志愿者队伍，为全面推进依法治区提供重要保证。三要全面落实依法治区的各项责任。要把法治建设摆在更加突出的位置，党委要对依法治区工作负总责、抓全面，人大、政府、政协、司法机关各司其职、协调配合。要建立健全依法治区工作制度，建立分工科学、职责明确、流程清晰、监督有力的工作机制，促进依法治区工作全面均衡发展。要把法治建设成效作为衡量各级领导班子和领导干部工作实绩的重要内容，纳入政绩考核指标体系，作为干部选拔任用的重要参考。要充分发挥政治协商、民主监督的作用，促进依法治区工作深入开展。要强化督导检查，狠抓工作落实，推动形成生动活跃的法治建设新常态。

（七）着力提升党建工作水平。抓好党建是我们做好一切工作的根本保障。在全面从严治党、强力惩治腐败的新常态下，各级党组织和领导干部必须担起抓党建的第一责任，在纪律的刚性约束下干事创业。一要落实从严管党治党责任。要严格落实党风廉政建设“两个责任”，各级党委一把手要牢固树立抓好党建是本职、不抓是失职、抓不好是渎职的理念，认真履行主体责任，既要以上率下、层层示范，又要抓好班子、带好队伍，层层传递压力。要不断强化领导干部思想教育，继续深入学习习近平总书记系列重要讲话，结合实践运用到从严治党各方面，做到真严真管、敢严敢管、长严长管。要高度重视意识形态安全，加强思想政治工作，打好主动仗、唱响主旋律、凝聚正能量，牢牢把握舆论宣传的话语权，形成良好社会风尚。要进一步唱响工作状态激情化、作风建设常态化、人际关系简单化、生活作风高尚化“四化”品牌，引导广大党员干部充分发挥先锋模范作用。二要不断加大反腐倡廉力度。要严肃查处腐败案件，持续加大案件查办力度，对一切腐败分子和消极腐败现象要抓紧查处，坚决打击，绝不手软，做到有案必查、查实必处、失责必究，真正形成“不敢腐”的惩戒机制和社会氛围。要以清正廉洁取信于民，树立起党员干部的良好形象，带动党风、政风和社会风气的进一步改善，让清正廉洁成为北戴河最靓丽的名片。三要着力夯实基层党建基础。要把农村、社区“两委”班子换届作为加强基层党组织建设的重要契机，坚持党管换届、依法推进，确保把干部选准、把风气搞正、把农村、社区的治理机制建优。要落实任期目标责任制，建立健全党务村务运行机制。要坚持以“服务群众、做群众工作”为重点，加强基层党组织便民服务中心和代办员队伍建设，全面提升基层干部服务群众的意识和能力。要推动人财物向基层倾斜，优先保障基层党建投入，完善基层干部选任机制和激励保障措施，引导干部扎根基层、安心工作。四要巩固深化教育实践活动成果。要树牢作风建设永远在路上的意识，健全长效机制，扎紧制度笼子，坚决遏制“四风”问题反弹。要从严落实“八项规定”，不断提高党内政治生活的质量，切实增强各级党组织的凝聚力和战斗力。要强化宗旨意识，创新密切联系服务群众的方法和途径，工作中自觉接受群众监督评议，服务上真正为群众办好事办实事。

各位委员、同志们，目标催人奋进，机遇与挑战并存。历史的重担落在我们的肩上，我们一定要团结带领全区广大党员干部群众，深入贯彻落实中央和省委、市委全会精神，锐意进取、攻坚克难，以更大的决心和更有力的举措，齐心协力把北戴河发展好、建设好。

【附注】

①两个率先：在全市率先实现城乡一体化、率先全面建成小康社会。

②8项民心工程：（1）完成3万平方米供暖分户改造。（2）完成2000户天然气扩户任务。（3）实施居民游园公共设施提升和小街小巷绿化升级。（4）改造提升8座城市区垃圾收集站、公厕，新建4座农村垃圾收集站。（5）为部分老旧小区安装治安视频监控设备。（6）实施5个老旧小区公共设施和绿化提升。（7）对北部8个村实施污水管网配套。（8）为全区户籍居民投保“民生保险”。

③十二项惠民举措：（1）切实还利于民。（2）实施就业优先战略。（3）提升社会保障能力。（4）加强基础设施建设。（5）提升城市公共设施服务水平。（6）推进办事公开。（7）维护公共安全。（8）化解信访积案。（9）加快建设“教育名区”。（10）理顺基层医疗机构设置。（11）进一步完善公共文化服务体系。（12）加快推进东经路、英才社区标准化建设，启动安居、车站社区达标建设。

④三访三解三促：领导干部下访、包村干部走访、党代表约访，了解民盼民需、化解矛盾纠纷、破解攻坚难题，促跨越发展、促民生改善、促作风转变。

⑤一村一居一组：党的群众路线教育实践活动中北戴河区结合自身实际制定的每村居“一名区领导挂帅、一组承办单位”的长

效工作机制。

⑥“六个一百”志愿服务：以帮扶100名军烈属、退伍老战士，100名空巢老人、失独老人，100名残疾人，100名贫困家庭中小学生，100名留守儿童和100个农村教学点为主要内容的志愿行动。

⑦秦皇岛五问：（1）秦皇岛作为国家首批沿海开放城市，兼具沿海与开放的优势，为什么到现在开放型经济体系还没有建立起来？（2）秦皇岛毗邻京津这样的科技、人才宝库，却没能借力把高新技术产业发展起来，距离实现北方科技城的目标还有多远？（3）秦皇岛在争取政策、资金和项目方面有暑期这一得天独厚的条件，为什么没能引进几个立市强市的战略支撑项目？（4）秦皇岛有良好的生态环境条件，却不时进入“雾霾城市”之列，怎样才能更好地保住“生态环境良好”这块金字招牌，使生态优势永远成为开放和发展的优势？（5）同样是沿海开放城市，为什么广州、上海、青岛、大连崇尚的是拼搏、进取、创新，而我们这里却是“渔民性格”“休闲文化”？

⑧北戴河五问：（1）北戴河拥有全国独一无二的暑期优势，为什么这种独特的政治优势没能转化为强大的发展优势，我们的经济实力依然还这么弱？（2）北戴河是百年胜地，为什么多年来我们的旅游产业依然以低端为主，高端旅游发展还不足？（3）北戴河拥有如此明显的区位、环境、生态优势，为什么没能引来更多的“金凤凰”，战略性立区项目还不多？（4）北戴河地域不大、人口不多，为什么民生问题解决的还不够好，群众反映的意见还很多？（5）北戴河拥有众多的国家、省、市发展试点，为什么没能先行先试、试出成果，很多工作依然原地徘徊、打不开局面？

⑨两转三服务：转变职能、转变作风，服务大局、服务基层、服务群众。

⑩四双工作法：在农村基层党组织探索创新以双创致富、双线提升、双亮履职、双联共建为主要内容的工作方法。

稿件来源：中共北戴河区委办公室

政府工作报告

——2015年1月20日在北戴河区第十四届人民代表大会第五次会议上

中共北戴河区委副书记、区政府区长　刘学彬

一、2014年主要工作回顾

2014年，面对经济下行的巨大压力和繁重的发展任务，我们在市委、市政府和区委的正确领导下，在区人大、区政协的监督支持下，戮力同心、共克时艰，较好地完成了既定目标任务。初步测算，全年完成地区生产总值41亿元，增长7%左右；全部财政收入完成8.78亿元，其中公共财政预算收入完成5.11亿元，分别完成预定目标的103.4%和118.6%；全社会固定资产投资完成40.3亿元，增长18.2%；规模以上工业实现增加值2.81亿元，增长3.1%；全区共接待国内外游客742.5万人次，其中入境游客2.9万人次，分别增长5.5%、11.1%，主要经济指标完成率居全市前列。

——坚持项目总揽，开放促动，经济发展稳中有进。努力在攻坚中稳增长、调整中促转型，把握重点项目、抓实对外开放，全力确保经济平稳增长。一是项目建设扎实推进。深化项目建设攻坚年活动，谋划实施总投资223.4亿元的13项重点产业项目，已开工4项、签约6项、在谈3项。中俄文化艺术合作产业园半年内实现从对接洽谈、签约落地到正式开工，树立了项目建设的新标杆。同道电影工坊完成主体工程，恒丰易盛文化艺术品交易中心开工建设，隆基泰和集团赤土山村征收工作任务过半，安置房一期724套完成分配。北部新城项目持续推进，资金、规划等制约因素得到有效破解。太平庄村改造安置房建设主体完工。隆基泰和集团C4·商业魔方、天房集团城市综合体、浙商总部、兴隆摩尔世界（商业综合体）等项目深度推进。二是招商引资成效显著。对全区引进企业目标进行分解，各责任单位锁定招商任务，引进国润能源、神锦商贸、明伊成品油等一批总部及商贸物流企业。制定《北戴河区全民创业若干扶持办法（试行）》，按政策减免各类企业、个体工商户税款3616万元。推进企业与科研院所合作，大开电子、铸业达等5家企业与中科院、北京铁科院、机械科学研究院等院所深化技术合作。积极帮扶企业融资，天道计算机股份有限公司在天津股权交易所成功上市，成为我区首家上市融资的小微企业。全区引进内资39.5亿元，直接利用外资2357万美元，分别增长13.9%和13%。三是农村经济稳步向好。扎实抓好重点农业项目建设，全年新增较大规模家庭农场、种植基地7个。实施区领导“一对一”帮扶特色民宿行动，全区二星级以上民宿发展至172家，其中五星级2家、四星级17家，民宿业发展经验在首届海峡两岸民宿高峰论坛上得到广泛认可，河北新闻网对我区民宿特色风采、民俗体验活动等进行宣传展示。优化农村金融环境，首家银行卡助农取款服务点落户西坨头村。足额发放粮食直补和农资综合补贴117.98万元，惠及粮农5608户。

——坚持建管并重，综合施策，城乡环境明显优化。遵循无处不精细、无处不精美、无处不精彩原则，全面开展城市提升攻坚年活动，高标准加强城市建设与管理。一是城乡环境生态化。启动城乡一体化发展规划、全区域基础设施建设规划和农村面貌改造提升规划编制。深入实施农村面貌改造提升，高质量推进13个省级重点村建设，我区被省委授予改造提升行动先进县区称号。启动“绿满戴河庭院”专项行动，全省美丽庭院创建工作现场观摩会在我区召开。完成环

境干部管理学院生活污水综合利用、新河湿地段环境治理等环保项目。淘汰黄标车257辆，发放补贴248.3万元。公交车全部更新为新能源车，天然气加气母站建成使用。植树造林2005亩，超额完成市定任务。二是城市建设精细化。完成鸽赤路、海北路北延伸等道路改造，实施东三路街景整治提升、浪淘沙主题游园新建等暑期亮点工程，新增歌华营地“女娲补天”和东三路“假日”城市雕塑。多方投资3.47亿元，升级改造17家旅游接待单位、7个景区景点，鸽子窝公园和碧螺塔酒吧公园通过省AAAA级以上景区质量整改提升验收。智慧旅游360度全景展示系统新增点位220个。完成道路增绿、小区绿化、节点塑景、游园改造等十大绿化工程，火车站广场立体绿化精彩亮相。对平水桥公园、崔各庄环岛等5处节点进行亮化提升。三是城市管理高效化。落实区级领导包街制度，对重点区域实施综合整治。以重要街区、浴场沙滩、河道沟口为重点，着力解决“深入100米”环境卫生问题。积极开展“双违”治理，累计拆除各类违法建筑4550平方米。组建停车场管理办公室，重点加强环境卫生和违规收费治理，停车场秩序得到有效规范。广泛开展社会主义核心价值观宣传，积极组织“六个一百”志愿服务等系列活动，涌现文明创建各级先进典型270名。

——坚持民生为本，真情付出，群众生活更加幸福。一年来，用于民生事业的财政投入占财政总支出的75%，真正让发展成果惠及全区百姓。一是为民实事全面落实。完成3.4万平方米、342户供暖分户改造和2062户天然气扩户；实施公共绿地基础设施维修，改造绿地1.38万平方米；完成5个老旧小区公共设施和绿化提升；为北岭等6个老旧小区安装治安技防高清终端30个；新建、改造城乡3座公厕和9座生活垃圾收集站；开工建设9个村污水管网；在全市率先为户籍居民投保“民生保险”，受益居民6.9万人。全年新增就业1663人，下岗失业人员再就业877人，城镇登记失业率2.5%，农村劳动力转移就业1213人。城镇职工基本医疗保险扩面顺利，失业保险扩面完成全年任务的149.2%。至2014年底，全区居民储蓄存款余额69.38亿元，增长11%。初步测算，城乡居民人均可支配收入分别达到29913元、13596元，增长9.2%和12.2%。二是社会环境和谐有序。充分发挥基层网格化管控优势，严密构建社会治安群防群治体系。深入开展“打非治违”行动①，不间断组织消防安全、森林防火、特种设备、交通运输等专项检查，实现安全生产万无一失。强化食品安全监管，全省厨房实时远程视频监控系统在7家酒店首试成功，食品安全实现“零事件”。组织重污染天气应对、防汛度汛等各类应急演练，不断提高应急处置能力和救援水平。深入开展“化解信访积案”专项行动，21件疑难案件息诉罢访。积极组织“六五”普法宣传，荣获“河北省六五普法中期先进区”称号。三是社会事业统筹发展。积极创建创新型城市，25个科技项目列入市计划，兰德科技“太阳能供暖及自动控制系统”荣获省住建厅科技进步一等奖。经科学论证启动教育布局重大调整②，承办第五届全国励志教育论坛、全省学校管理和校园文化建设现场会，高标准通过国家义务教育发展基本均衡督导评估验收。深化医药卫生体制改革，启动公立医院改革，建成集体产权村卫生室9个，基层卫生院全部实现药品零差价。精心组织“幸福北戴河”春节灯会和纪念《浪淘沙·北戴河》创作60周年系列文化活动，推出各类展演500余场次。成功举办第十届轮滑节，获“全国轮滑项目推广贡献奖”。承办及协办城市“乐跑”赛、铁人三项赛、“2014秦皇岛国际马拉松赛”等大型赛事。推进社区标准化建设，东经路社区服务中心建成使用，东山街道被评为国家和省两级“和谐社区建设示范街道”，育花路社区获“全国和谐社区建设示范社区”称号，安居社区被评为“河北省文明社区”。全面完成第三次经济普查。计生、审计、物价、档案、地方志、民宗、外事等工作均取得新进展。

——坚持强化服务，借力发展，暑期任务圆满完成。按照“两条主线”工作部署，坚持一手抓服务，一手抓发展，暑期工作取得新成果。一是服务保障优质高效。高标准完成安全警卫、医疗保健、市政保障、海蜇防治和噪音治理等任务。按照“安全、新鲜、质优、价廉”原则，做好11大类、1300余种暑期特供物资供应。加大供水、供电等市政保障力度，完成沙窝自来水泵站和民宿区供电设施改造。严格落实海蜇防治“四防三治”③措施，确保游客海浴安全。全面落实噪音管控机制，营造了安静怡人的暑期环境。二是借势发展成效明显。积极发挥暑期优势，围绕解决制约北戴河发展的大规划、大政策、大交通、大项目“四大”方面问题，积极争取国家、省对我区基础设施完善、交通体系优化、生态综合治理、城乡规划调整给予支持，取得可喜突破。制发《北戴河区借助暑期促进发展攻坚行动实施方案》，争取借暑资金9742万元。利用暑期资源，广泛开展一系列富有成效的招商引资活动，与深圳华侨城、中企投资等多家企业集团深度洽谈，与保利集团就在我区举办文化艺术品拍卖达成合作意向。

——坚持改进作风，优化服务，政府建设不断加强。认真落实中央“八项规定”，深入开展第二批党的群众路线教育实践活动。自觉接受人大法律监督、工作监督和政协民主监督，全年承办市区两级人大代表建议68件、政协提案90件，办结率、满意和基本满意率100%。充分发挥区长公开电话、民情办等平台作用，受理各类民情事项2146件，办复率100%。围绕解决“服务群众最后一公里”问题，印发《便民服务手册》、《代办工作手册》，对387项区、镇（街）、村（居）办理事项进行目录公开。开通政务服务官方微信平台，实现信息定期推送和即时交流。围绕打造廉洁政府，坚持“一岗双责”，深入推进惩治和预防腐败体系建设，持续加大“四风”问题纠正力度，建成怪楼艺术片区廉政教育基地。加强财政财务管理平台建设，大力推行公务卡试点，办理公务卡2000张。进一步规范政府采购工作，累计节约资金1127万元。

各位代表，2014年，我们积极应对外部环境复杂变化的考验，紧紧咬住年初确定的发展目标，坚持“功成不必在我”的积极取向,心无旁骛，克难前行，经济社会发展缓中趋稳，为适应发展新常态奠定了坚实的基础。这是市委、市政府和区委坚强领导的结果，更是全区人民共同奋斗的结果。在此，我代表区政府，向人大代表和政协委员，向各民主党派、工商联和社会各界人士，向驻区部队、武警官兵，向所有关心支持北戴河建设与发展的同志们、朋友们，表示崇高的敬意和衷心的感谢！

二、2015年主要工作任务

各位代表！过去的一年，我们紧紧抓住京津冀协同发展的重大机遇，凝心聚力，攻坚克难，实现了经济社会的平稳发展和群众生活的持续改善。同时，在发展的道路上，我们也面临着一些亟待破解的困难和障碍，主要是：经济总量仍然偏小、骨干财源项目缺乏、产业升级步伐较慢、发展制约破解不快、城市发展空间受限、城市建管精细不足、群众增收渠道不宽，等等。着力破解这些瓶颈制约，取得新的更大成绩，是全区7万人民的期望和重托，更是政府义不容辞的责任和动力。我们将以坚韧不拔、开拓创新的精神来推动，以只争朝夕、求真务实的作风来落实，继续以“四大攻坚年”活动为主要抓手，全力把各项工作做得更好。

2015年，是全面深化改革的重要一年，也是“十二五”规划的收官之年，更是建设美丽实力幸福北戴河的关键一年。我们将乘势而上、奋发进取，主动担当北戴河发展的重任，以更加优异的成绩向全区人民交上一份满意的答卷！2015年，区政府的工作要求是：认真贯彻落实中央和省、市、区委全会精神，主动置身京津冀协同发展大潮，把握新一轮改革带来的重大机遇，围绕“1+4+2”总体思路④，坚持美丽实力幸福北戴河建设“一张蓝图绘到底”，以项目建设为支撑，以改革开放为动力，以优化环境为保障，以改善民生为根本，努力推进“两个率先”进程，为打造“国际名片”、建设国际滨海休闲度假之都奠定坚实基础。

全区经济社会发展的主要预期目标是：地区生产总值增长7%左右；全社会固定资产投资增长15%；全部财政收入增长7%左右；社会消费品零售总额增长11%；城市居民人均可支配收入增长10%以上；农村居民人均可支配收入增长11%以上；细颗粒物（PM2.5）浓度下降4%；城镇登记失业率控制在2.5%以内；人口自然增长率控制在4.5‰以内。这些指标均高于全市预期，实现上述目标任务，要突出抓好以下七个方面工作。

（一）实施项目建设攻坚，加快产业转型升级

狠抓项目落地开工。坚持把项目建设作为发展核心和重中之重，以落地开工作为主攻点，强力推动项目建设攻坚年活动。暑期前完成中俄文化艺术合作产业园俄罗斯风情街、同道电影工坊和恒丰易盛文化艺术品交易中心建设。积极稳妥推进赤土山村征收改造、北部新城开发、太平庄卢塞恩小镇建设。大力推进华侨城项目，深度对接情海湾情侣文化产业园、兴隆摩尔世界（商业综合体）、中企投资集团房车小镇等项目，务求取得实质性突破。对项目储备库实行动态更新，逐步形成建成、开工、签约、洽谈阶梯式的可持续发展格局。

发展高端旅游产业。着力在开发高端产品、实施高端项目上下功夫，构筑助推旅游产业转型升级的有力支撑点。发挥华贸松石国际球会、喜来登酒店等高端旅游项目的带动作用，力促布查特花园等项目尽早落地。大力实施景区景点和旅游基础设施升级改造，整合鸽子窝公园和鸟类博物馆旅游资源，改造提升联峰山公园、奥运公园、怪楼奇园、老虎石公园基础设施。精心组织春节灯会、冰雪冬欢节等“休闲之冬”旅游嘉年华活动，继续举办轮滑节、铁人三项赛等体育赛事，积极培育淡季旅游品牌。进一步优化智慧旅游系统，建设旅游电子商务平台。加强旅游行业规范化管理，做好旅游产品、线路和客源市场开发工作，推动旅游产业从观光游向休闲度假游转变。

发挥园区承载作用。加快特色园区建设，搭建集聚产业和项目的有效载体。强化开发区平台作用，大力发展以新能源、新材料、新技术为重点的新型工业，培育总部和服务外包企业。积极倡导科技创新，加快企业转型升级。支持企业技术改造，做好高新技术企业和科技型中小企业认定推荐工作。支持兰德科技、铸业达公司建设企业工程技术研究中心，培育科技创新型企业。加快怪楼文化艺术产业园区建设，进一步完善园区功能设施。抓好北戴河信息产业园、华贸企业总部区建设、招商和规范管理，全力打造特色产业聚集区。

强化招商引资实效。紧紧抓住京津冀协同发展重大战略机遇，牢牢把握休疗养院和培训机构改革契机，主动承接非首都核心行政功能疏解，加快人才、资金、政策、信息等资源的快速聚集，同步吸引健康养老、会议会展等新兴产业向我区转移，形成新的经济发展激活点。立足四大产业增长点不动摇，以总部经济作为主攻点，进一步深化与京津地区的友好合作，密切与长三角、珠三角等发达地区的沟通联系，大力引进国内外具有较强品牌影响力的行业领军企业、知名企业总部和税收超千万企业，力促浙商总部、恒丰易盛国贸企业总部、总部基地（全球）控股集团项目尽早签约落地，明伊成品油销售总部实现稳定税收。加大中油华奥、力量能源、和嘉物流、港申国际货运代理等企业扶持力度，力争“以商招商”取得实效。积极对接保利集团艺术品拍卖项目，争取举办夏季拍卖和专项展览，加快文化产业走向高端市场。

（二）提升城市载体功能，打造发展精品名片

精雕细琢扮靓城市。以道路街区景观改造提升统领全区城市建设，实行区领导和相关部门分包负责制，暑期前完成草厂西路等17条道路街巷和怪楼文化艺术片区景观改造提升，改造沿街建筑立面，拆除违章棚亭，完善城市家具，提升商业品质，对重要道路和节点进行亮化、绿化、美化和基础设施配

套，实现城区环境景观水平的全面跃升。完善沿海线公共设施，高标准新建综合服务驿站，更新改造老旧木栈道、淋浴用房、更衣室、卫生间，努力打造“浪漫海滩”。重点实施道路节点绿化提升、立体绿化、新优绿化品种引进等工程，进一步提高绿化品位。推进景观亮化提升，持续加大维修管护力度，全面保持夜景亮化效果。

精益求精管理城市。进一步整合资源，创新机制，完善网格化社会服务管理模式，加快推进城市管理数字化和旅游管理智能化建设。完善城市环卫工作机制，健全分工负责制度，确保城市环境整洁规范。坚持政府主导与市场运作相结合，探索立体式等集约型停车模式，深度挖潜停车资源，缓解暑期“停车难”问题。推进大排档整治规范，强化商业棚亭管理，改善沿海线等重点区域的环境秩序。延伸城市管理触角，强化居民聚集区管理，提升常态化管理水平。持续加大对“双违”行为的打击力度，确保城市建设管理规范有序。

（三）深入推动全民创业，增强发展内生动力

激发全民创业活力。强力推进全民创业攻坚年活动，重点做好全民创业宣传、发动、引导、服务工作。认真落实省市《关于大力推进民营经济发展的实施意见》，加大“四上”企业⑤培育扶持力度，新增市场主体1370个，增长10%，新增规模以上工业企业1家。加强银企对接，积极组织金融机构和融资性担保公司支持全民创业，力争实现新增1家企业上市。进一步规范融资性担保机构，为企业融资提供平安环境。加快民宿提档升级和品牌化建设，细化完善星级民宿评定体系，深化大学生民宿志愿服务活动，推进民宿产业规范化、集群化、公司化经营。积极引导创业者参与高端生活性服务业和现代服务业，促进服务业快速健康发展。

不断优化投资环境。发挥国家旅游综合改革试点、服务业综合改革试点优势，为经济社会发展争取政策、资金支持。落实改善投资发展环境的各项措施，全力推进审批提速。严格落实服务企业、服务项目各项机制，提供“一站式”全程跟踪服务，打造更加优良的服务平台。对现有贡献大、潜力好的企业进行重点联系和扶持，下大力治理和打击损害投资者利益的行为，努力营造引商、安商、富商的和谐投资环境。

有效加强财税管理。大力培植新型财源，发展壮大骨干财源，积极开辟后续财源，做大做优财政总量。依法加强税收征管，盘活闲置土地资源，多渠道实现增收目标。认真贯彻落实新《预算法》及国务院《关于深化预算管理制度改革的决定》，强力推行财政财务管理制度改革。加快推进政府购买服务，研究探索采用公私合作模式提供公共基础设施资产和公共服务。进一步完善公物仓、公务卡制度，提高财务公开透明度。强化预算执行刚性，将更多的财力投向民生改善和公共服务。加强资金监管，强化审计监督，严肃财经纪律，严格绩效评价，保证财政资金运行质量，有效防范和化解政府债务风险。

（四）统筹城乡一体发展，推动城乡同步提升

完善基础设施功能。突出规划引领，加大跟踪对接力度，争取上级对我区土地利用总体规划调整和规划建设用地范围控规调编给予全力支持，向规划调整要发展空间。立足全域城市化，加快城乡统筹发展战略研究和考核体系建设，做好城乡一体化规划设计。深入推进金鸽路、金抚路、戴河二号路建设，谋划启动环境干部管理学院周边路网配套和环境整治。新建联峰北路、海宁路等部分路段雨水管网，改造西海滩路“281”桥及排洪沟，提升城乡基础设施承载力。加快杨各庄、拨道洼、车站、谢李庄、太平庄等村安置房和后续开发建设，完善配套设施，优化功能布局。

改善生态环境质量。巩固近岸海域环境综合整治成果，实施水系治理三期工程，暑期前完成海二路等40条道路雨水沟、收水井及5个入海口清淤，不断改善海水水质和河道生态环境。以甘各庄、东坨头、费石庄、

北戴河、苏庄、朱庄、乔庄7个省定重点村连片建设为重要抓手，深入实施农村面貌改造提升行动，打造省级精品示范区。完善长效保洁机制，促进农村环境卫生管理规范化、标准化、制度化。扎实开展大气环境、违法排污、河道沟渠等专项治理行动，维护和谐宜居的城乡生态环境。

发展现代特色农业。积极有序推进农村土地确权流转，推动农村产业向规模化、集约化发展。以“特色做大、优势做强、品牌做响”为目标，依托集发公司、杨氏肉制品公司、龙聚森食品公司等农业企业，打造特供型食品供应、旅游型生态休闲、设施型高效种植等特色农业产业基地。以农业景点、农事体验、农展节庆等为载体，探索发展“庄园经济”，推进乡村农业与旅游产业融合。加强农业龙头企业和企业家队伍建设，加大技术成果示范推广和实用技术培训力度，促进农业结构调整和农民致富增收。

（五）高效推进暑期工作，实现服务发展双赢

强化暑期保障。继续完善网格化管控机制，加强社会面防控，有效推进警卫工作安全和谐。全面加强“三位一体”⑥大调解体系建设，集中排查化解矛盾纠纷。高标准做好特供物资特别是鲜活物资供应，配合省市启动北戴河食品药品检测中心建设，提高食品综合检测能力和水平。谋划建设专业鲜活水产市场。加强水、电、气、讯等公共市政设施的日常检修维护，确保市政保障万无一失。做好日常卫生消杀和疾病防疫工作，严格落实海蜇防治综合举措，切实保障广大游客人身安全。

优化暑期服务。继续落实县级干部包街综合整治和早间巡查机制，下大力治理招手揽客、店外经营、欺客宰客等违规行为。切实加强渔船、音响、烟花爆竹等噪声治理，共同营造雅静、和谐的休闲环境。优化暑期交通管理，完善交通组织体系，规范观光自行车通行秩序，加大公路“双超”治理⑦力度。密集开展暑期旅游、文化市场整治，严厉打击损害城市形象的违法违规行为。完善志愿服务协调机制，整合志愿服务力量，发挥共产党员、共青团员、道德模范等各类志愿者的带动作用，广泛开展环境保护、文明寻访、治安维护、文化宣传等志愿服务活动。

转化暑期优势。充分借助暑期优势，加强与中央、省市的沟通联系，在拓展发展空间、保护生态环境、优化基础设施等方面谋划争取借暑项目，增强持续发展动力。不断丰富借暑内涵，大力开展产业项目、文体活动、旅游产品、生态资源等宣传推介，将借助暑期融入经济发展、品牌建设、助民增收等各项工作中。加强与知名企业集团的沟通联系，引进重点项目落地，积极承办大型高端会议、论坛、展览，推动会议会展经济发展。

（六）聚焦改善民生福祉，促进社会和谐稳定

办好为民实事。（1）加快教育布局调整，启动学校旧址整合及新校建设。（2）改造提升和逸园等17个居民游园。（3）实施7000延长米老旧城区和农村供水管网改造提升工程。（4）完成2000户天然气扩户任务。（5）新建、改造城乡公厕12座、生活垃圾收集站5座。（6）完成5000延长米农村污水管网配套工程。（7）完成1000户农村改厕任务。（8）为全区残疾人提供免费体检服务。

强化社会保障。实施就业优先战略和更加积极的就业政策，做好新老农保衔接、医保市级统筹、养老保险补缴等工作，抓好各项社会保险扩面，提高社会保障能力。巩固新型农村合作医疗制度，将新农合筹资标准提高至年人均470元、参合率提高至98%以上。完成保障性住房四期建设。坚持以体制机制建设为基础，高度关注并妥善解决拖欠农民工工资问题。完善社会治安科技防范体系，依法严厉打击各类违法犯罪。关注群众诉求，着力解决问题，规范信访秩序，维护社会稳定。强化安全生产红线意识、责任意识、防范意识，加快智慧安监平台建设，持续加强道路交通、食品卫生、特种设备、旅游、消防、校园等领域和职业健康安全监管。完善应急管理和防灾减灾体系建设，提

高突发公共事件防范应对水平。

发展社会事业。加快“教育名区”建设，深入实施“四名”工程⑧，努力打造全省教学改革实验区。深化创新型城市建设，加强科技计划项目的指导和管理，开展科技服务“三农”工作。完成文化馆和图书馆主体建设，开展第一次可移动文物普查，组织“浪漫之夏”等系列文化活动。推动英才、西山、安居、车站等社区基础设施达标建设，继续实施老旧小区基础设施改造，启动村居“儿童之家”建设，完成农村和社区换届。稳妥推进医药卫生体制改革，开工新建戴河镇卫生院，建成9个集体产权村卫生室，基本公共卫生服务标准提高至每人每年40元，实现基本公共卫生全覆盖。落实计划生育奖扶政策，保持低生育水平。做好第三次全国农业普查准备工作。支持工会、共青团、老龄和慈善事业发展，做好广电、外事侨务、民宗、人防、档案等各项工作。

（七）认真落实“四化”要求⑨，全面加强政府建设

创新驱动，施政有为。大力倡导创新理念，在产业升级、城市建设、社会管理、政府服务等各个层面谋划实施创新举措，以创新引领全区经济社会科学发展。积极转变优化政府职能，落实“两集中、两到位”⑩要求。加快推进“三级平台、两个代办”⑪工作，谋划启动网上政务服务中心建设。进一步畅通区长公开电话、区长信箱等民意诉求渠道，尽心尽力为群众排忧解难。

履职尽责，勤政有绩。带头落实领导干部作风建设“四化”要求，以“啃骨头”的决心攻坚克难，以“钉钉子”的精神狠抓落实。深化党的群众路线教育实践活动成果，为群众办一批实事好事。下大力优化体制机制，强化基层工作执行力。大兴调研之风，问需于民、问计于民，从群众中汲取智慧和力量。

依法行政，执政有章。强化法治思维，严格依照法定权限和法定程序行使权力，加快推进法治北戴河建设。自觉接受人大的法律监督、工作监督和政协的民主监督，认真承办人大代表建议和政协提案。广泛听取各方面意见，主动接受社会监督和舆论监督。全面建立“三个公开、三个清单”制度⑫，认真做好取消和下放行政审批项目衔接工作。

廉洁自律，治政有方。全面落实中央“八项规定”，健全惩治和预防腐败体系。加强对权力运行特别是行政审批、政府采购、土地出让、项目建设等重点领域的行政监察和审计监督。严控一般性支出，完善会议费、差旅费、培训费等制度建设，确保“三公”经费只减不增，努力打造人民满意的廉洁政府。

各位代表，新一年的征程已经开启，新跨越的目标催人奋进。让我们在市委、市政府和区委的坚强领导下，大力弘扬工作状态激情化、作风建设常态化、人际关系简单化、生活作风高尚化“四化”精神，燃旺激情，拼搏进取，同心同德，奋力前行，合力谱写美丽实力幸福北戴河的崭新篇章！

【附注】

①“打非治违”：打击非法违法生产经营活动。

②教育布局重大调整：为进一步优化教育布局，提升初中、小学办学条件，拟利用三年时间，在南部城区和北部城区各建1所高标准初中。新初中建成后，现一中、二中合并迁入，二中现校址划归实验小学使用，并扩建1栋综合教学楼，将海宁路小学并入实验小学。调整后，区教育基础设施建设将在全市领先，为打造“教育名区”提供更加优越的基础条件。

③“四防三治”：“四防”即加密防鲨网，加大海蜇打捞力度，增加浴场提示警示，增加手机短信提示；“三治”即强化浴场救助站作用，加强流动救护车巡视，畅通救治绿色通道。

④“1+4+2”总体思路：“1”即做好暑期工作，“4”即推进项目建设、城市提升、全民创业、城乡一体化四大攻坚年活动，“2”即加强党的建设、法治建设。

⑤“四上”企业：规模以上工业企业、

限额以上批发零售住宿餐饮企业、资质以内的建筑业企业和房地产开发企业、重点服务业企业。

⑥“三位一体”：建立综治部门综合协调，相关部门各负其责，以人民调解为基础，人民调解、行政调解、司法调解既充分发挥作用，又相互衔接配合，综合运用多种手段化解社会矛盾纠纷的工作机制。

⑦“双超”治理：治理道路交通中的超限、超载行为。

⑧“四名”工程：名校、名校长、名师、名生工程。

⑨“四化”要求：区委提出的关于领导干部作风建设要求，即工作状态激情化、作风建设常态化、人际关系简单化、生活作风高尚化。

⑩“两集中、两到位”：“两集中”即推进一个行政机关的审批事项向一个处室集中、行政审批处室向行政审批服务中心集中，“两到位”即保证进驻行政审批服务中心的审批事项到位、审批权限到位。

⑾“三级平台、两个代办”：“三级平台”即市、县（市、区）政务服务中心和乡镇（街道）便民服务中心，“两个代办”即为民服务全程代办和重点项目全程代办。

⑿“三个公开、三个清单”制度：为进一步简政放权，加快政府职能转变，强化权力运行制度监管，优化发展环境，全面推行政务公开、司法公开和执法公开，确定行政权力清单、监管清单和负面清单。

稿件来源：北戴河区人民政府办公室

以高度政治责任感和整风精神 扎实深入地开展教育实践活动

——在全区党的群众路线教育实践活动动员大会上的讲话

秦皇岛市委常委、北戴河区委书记　李学民

一、巩固预热升温成果，更加深刻地认识开展党的群众路线教育实践活动的重大意义

群众路线是我们党的生命线和根本工作路线，是我党永葆青春活力和战斗力的重要传家宝。在全党深入开展党的群众路线教育实践活动，是新形势下坚持党要管党、从严治党的重大决策，是顺应群众期盼、改进工作作风的重大部署，是全面推进中国特色社会主义伟大事业的重大举措。

去年以来，我们不折不扣地贯彻中央和省委、市委要求，围绕为民务实清廉主题，认真做好教育实践活动的预热升温工作，以省市区三级解放思想主题活动为牵引，理清了思路，提振了精神，凝聚了力量，形成了同频共振大合唱的良好政治生态环境；以四大攻坚年活动和六大双月会战为抓手，全力以赴抓招商、上项目，调结构、优环境，惠民生、促和谐，做了一批抓基层、打基础、利长远的工作，办成了一批群众关注的实事好事，形成了全区上下思发展、谋发展、促发展的旺盛士气和劲头；以正风肃纪和提素提质提效工作为突破，加强干部队伍建设，大力整饬纪律作风，狠刹歪风邪气，有效治理了一些作风之弊，预热升温工作取得了良好效果，社会反响整体较好，为教育实践活动的全面开展奠定了坚实基础。全区各级党组织和广大党员干部要深刻认识开展第二批教育实践活动的极端重要性和紧迫性，切实把思想和行动统一到中央和省委、市委的部署要求上来，以奋发有为的精神状态，加快发展不动摇，抢抓机遇不懈怠，应对挑战不退缩，改进作风不间断，恪尽职守不缺位，扎扎实实地推进各项工作，为实现“两个率先”宏伟目标、建设美丽实力幸福北戴河奠定坚实基础。

二、强化问题导向，把聚焦解决“四风”问题作为主要任务

中央要求和省委、市委部署很明确、很具体，就是要着力解决“四风”问题，着力解决关系群众切身利益的问题，着力解决联系群众、服务群众“最后一公里”的问题。习近平总书记在第二批教育实践活动部署会议上，对整个活动开展提出了明确要求，强调第二批教育实践活动要以问题为导向，以市县领导机关、领导班子和领导干部为重点，突出抓好直接联系服务群众的执法、监管部门和窗口单位、服务行业，注重抓好乡镇、街道和村、社区等与群众联系密切的基层组织，并指出了这些单位作风方面存在的突出问题和不良现象，具体为26个方面的问题：

从市县领导班子和领导干部看，有的搞形象工程、政绩工程，换一任领导变一套思路，负债累累，寅吃卯粮，只顾眼前，不顾长远；有的有令不行、有禁不止，搞上有政策、下有对策，合意的就执行，不合意的就打折扣、搞变通；有的拍脑瓜决策，搞“一言堂”，容不下他人，听不得不同意见；有的不敢担当，不愿负责，当“太平官”、“逍遥官”；有的心浮气躁、跑官要官，到处拉关系、找门路、拉天线；有的组织观念淡薄，纪律松弛，信口开河，口无遮拦；有的玩心很重，玩风很浓，吃喝玩乐，文恬武嬉，花天酒地，乐此不疲；有的以改善接待条件之名，大建楼堂馆所，总统套房金碧辉煌，最后是自己受用；有的欺压群众，无视民风，甚至是以权谋私，弄权贪腐等等。

从市县直属单位看，有的办事拖拉，推诿扯皮，浑浑噩噩的混日子，上班时间斗地主、嗑瓜子、玩手机、逛淘宝；有的甚至随意离开工作岗位，外出溜达消遣；有的作风漂浮落实不力，工作底数不清，基层情况不明，唱功好，做功差；有的服务不主动，不作为、滥作为，只求过得去，不求过得硬；有的工作中对上级交办的任务，找客观原因顶着不办，对群众要办的事情，找各种理由拖着不办等等。

从执法监管部门和窗口单位、服务行业看，有的门难进、脸难看、事难办，“口号响当当，服务冷冰冰，办事慢腾腾”，尤其是普通群众办事难上加难；有的吃拿卡要，雁过拔毛，乱收费、乱罚款、乱摊派，甚至收回扣、拿红包；有的懒政现象突出，出工不出力，懒懒散散，不下基层，不联系群众，迟到早退现象严重；有的滥用职权，搞权钱交易，借权营生；有的执法不公，搞选择性执法，随意性执法，办关系案、人情案、金钱案等等。

从乡镇、街道和村、社区等其他基层组织看，有的不关心群众冷暖，责任心不强，坐等上门多，主动问需少，用上岗代替上门，用通话代替见面，遇到矛盾绕道走；有的落实惠民政策走样，机械执行，违规操作，好事办不好；有的工作不专心，在位不在岗，天天走读，有事找不到人，领导职责空置；有的弄虚作假，欺上瞒下，哄骗上级，糊弄群众；有的方法简单粗暴，对待群众态度恶劣，随意训斥，“通不通三分钟，再不通龙卷风”；有的软弱涣散，服务群众意识和能力不强，办事不公；有的侵犯群众利益，克扣群众财物，个别地方的党政单位干部，拖欠群众钱款，打白条，耍赖账等等。

以上是总书记总结的基层干部作风存在的26种不良现象。1月24日我省召开第二批教育实践活动动员会上省委领导也指出了当前基层存在的信念动摇、急功近利、漠视群众、作风浮飘、吃拿卡要、慵懒散拖、蛮横霸道、特权思想、以权谋私、奢靡腐化等10个方面突出问题。这些现象和问题，是针对全国和全省普遍讲的，在我区也不同层面、不同领域、不同程度地存在着，有的甚至更突出更严重。这一点我们必须正视。所以要以问题为导向，以中央八项规定和省市相关要求为切入点，从活动一开始就广泛征求意见，一条一条进行汇总梳理，一项一项整改落实。要以问题查摆开局亮相，以问题剖析切中要害，以问题整改交出答卷，做到问题不解决不撒手、见不到预期成效不撒手、群众不满意不撒手。要深挖作风问题的根源，治好思想的“本”，补好精神的“钙”，用“正能量”排除“负影响”。

三、按照中央和省委、市委部署，以整风精神推动教育实践活动有序开展、善做善成

中央和省委、市委强调，第二批教育实践活动要坚持主题不变、镜头不换，贯彻“照镜子、正衣冠、洗洗澡、治治病”的总要求，以高的标准、实的措施、严的纪律坚决反对“四风”。全区各级党组织和广大党员干部，一定要深刻理解和把握这次教育实践活动的总要求，从我区实际出发，扎扎实实开展好教育实践活动。

一要突出为民务实清廉这个活动主题。为民是从政之本，我们各级党员干部特别是领导干部必须始终坚持人民至上、为民造福，把为人民服务作为共产党员干部的天职，牢记权为民所赋、权为民所用，更好地为人民谋利益、谋幸福。务实是成事之道，我们做事情、干工作必须坚持务实重行、实干兴邦，敢于开拓、勇于担当，真正做到察实情、办实事、求实效，多干打基础、利长远、惠民生的事情，不图虚名，不务虚功，扎扎实实地把各项决策和工作落到实处。我来北戴河工作一年多了，感觉北戴河村庄不多、问题不少，这里面有诸多因素，但一个重要原因我们对待遗留问题得过且过，漠视群众利益。要通过这次群众路线教育实践活动解决一批类似问题，涉及老百姓的问题不管多么小都要“小题大做”，都要当做大事。清廉是立身之基，要时刻把党和人民的利益放在首位，严格遵守党纪国法，坚持高尚的精神追求，做到一身正气、一尘不染，拒腐蚀、永不沾，永葆共产党人的浩然正气和政治本色。要围绕为民务实清廉主题，着力解决群众反映强烈的突出问题，对作风之弊、行为之垢来一次大排查、大检修、大扫除，切实促使广大党员干部争做为民务实清廉的表率。

二要把握学习教育这个基础环节。思想是行动的先导。解决党员干部作风上的种种问题，必须从思想上找根源，从教育上下功夫，切实解决好理想信念问题。要突出重点学，在认真组织学习好必读篇目的基础上，严格对照理论理想、党章党纪、民心民生、先辈先进“四面镜子”，切实加强主观世界改造，解决好世界观、人生观、价值观“总开关”问题。要创新形式学，采取个人自学、集中培训、中心组学习等多种形式组织好广大党员的学习，特别是农村、社区、学校、非公有制企业等基层党组织这一层，可采取灵活多样、务实管用的方式开展活动，但要坚决防止以此为理由走过场，甚至糊弄了事。要给基层传导一个强烈信号，灵活多样不是降低标准，而是要结合实际，学得更深、听得更真、效果更好。要联系实际学，把理论学习与弘扬优良作风、解决群众迫切需要解决的问题、推动我区科学发展、绿色崛起结合起来，努力在学以致用、理论指导实践上取得新进展，真正把学习成果转化为自觉行动。

三要坚持“开门搞活动”这个主要形式。把“群众高兴不高兴、满意不满意”作为根本原则，确保活动每个环节、每项工作都让群众参与，受群众监督，请群众评判。干部作风怎么样，问题有没有解决，群众最有发言权。要坚持开门纳谏，坚持开门整改，坚持开门评议，用群众乐意接受、易于接受的方法开展工作，把“面对面”与“背对背”“个别听”与“集体谈”“走进群众听”和“组织群众评”结合起来，畅通干部群众提意见的渠道，防止把征求意见搞成“公文旅行”“函来函往”。对群众提出的问题，要及时公布整改情况，接受群众评价和监督。能解决的抓紧解决，有困难的要创造条件解决，暂时不具备条件的要耐心细致的做好解释工作。要相信群众，依靠群众，把教育实践活动作为沟通民心的平台、畅通民意的桥梁、改善民生的渠道，把活动办成群众支持、群众检验、群众满意的民心工程。最重要的是多一些换位思考，多一些耐心。有时候群众反映问题不太讲究方式方法，不能因此就与群众对立起来。即便是无理访、缠访，也要做好接待工作，把问题化解在春风化雨中。

四要用好批评与自我批评这个有力武器。开展批评与自我批评，是我们党自我净化、自我完善、自我革新、自我提高的优良传统，是严格党内生活、锤炼党性修养的重要法宝。各级党员干部要把开展批评与自我批评作为清除政治灰尘和政治微生物的有力武器，理性地看待批评，正确地开展批评，虚心地接受批评。要敢于批评与自我批评，动真的、碰硬的，对自己、对他人的缺点和错误，该反省的反省、该批评的批评，真正“红红脸、出出汗、排排毒”。要善于批评与自我批评，坚持事实说话，讲究方式方法，按照“五见面四必谈”的要求深入开展谈心交流，真正达到“团结—批评—团结”的目的。要深入开展批评与自我批评，开门见山、直奔主题，深挖根源、点到要害，防止对上级放“礼炮”，对同级放“哑炮”，对自己放“空炮”。各级各单位要召开专题民主生活会，真刀真枪提意见，满腔热情帮同志，使每名党员干部都有所悟、有所得。

五要抓住整改落实、建章立制这个关键动作。这是整个教育实践活动体现成果、取信于民、形成长效机制的重要一环。要制定整改方案。各级各单位要认真制定整改方案，落实整改责任，明确整改时限，严格整改标准。领导班子成员要制定个人整改措施，村、社区等基层组织也要列出问题清单，明确整改措施。要认真进行整改。对存在的问题要及时有效地立改立行，向群众作出整改承诺，群众不满意的要返工补课。要建章立制。对已有的制度进行全方位梳理，把行之有效的制度长期坚持下去，抓紧建立健全各项规章制度，坚持一手立规矩、定制度，一手抓整改、促落实，真正把权力关进制度的笼子里。要搞好民主评议。集中整改告一段落后，要综合运用民主测评、民意调查、网络投票等形式，对活动进行民主评议，确保整改成效群众看得见、感受得到，真正让群众广泛认同。

六要抓实“六个专项行动”和“十二项惠民举措”特色载体。我们结合省委、市委要求和我区实际，谋划了正风肃纪、深化“三提”、助推“四大攻坚年”、基层基础提升、“三访三解三促”、服务暑期先锋“六个专项行动”和切实还利于民、实施就业优先战略、提升社会保障能力、加强基础设施建设、提升城市公共设施水平、推进办事公开、维护公共安全、化解信访积案、加快建设教育名区、理顺基层医疗机构设置、完善公共文化服务体系、加快推进东经路、英才社区标准化建设和启动安居、车站社区达标建设等“十二项惠民举措”，这是区委常委会研究确定的，是这次活动的重点任务，必须抓实抓好、必须兑现。正风肃纪行动重在集中解决“四风”方面的突出问题，围绕“十个专项整治”，以真转真改的态度和决心，什么问题突出就解决什么问题，什么现象严重就整治什么现象；深化“三提”活动，重在提升队伍素质、提升服务质量、提升工作效率，不断激发广大党员干部争先进位、干事创业的积极性，推动各项工作标准更高、速度更快、质量更优、成效更大；助推四大攻坚年活动，重在以更大力度抓进度、抓协调、抓落实、抓服务，逐级分解任务，层层分担压力；基层基础提升年行动，重在抓基层、打基础，加强基层组织建设，强化基层公共服务和社会管理职能；“三访三解三促”行动，重在引导各级领导和机关干部下基层、接地气，受教育、办实事，进一步密切党群干群关系；服务暑期先锋行动，重在汇聚服务暑期正能量，以更加坚定的决心、更加高昂的斗志、更加务实的举措做好暑期工作。要集中抓好“十二项惠民举措”，一件一件落实、一件一件办好，把好事送到群众“家门口”，并在此基础上，继续谋划和办成一批惠民实事，努力把改善民生的各项工作做实、做细、做到位。

四、坚持高标准、严要求，切实加强教育实践活动组织领导

全区教育实践活动从今天开始正式启动，到9月基本结束，按照学习教育、听取意见，查摆问题、开展批评，整改落实、建章立制三个环节展开。具体到每一个机关和单位，集中教育时间不少于3个月。今天动员会后，全区各级各部门要抓紧行动起来，2月25日之前各级党组织要全面进行动员，让每名党员都了解活动的基本内容和要求，并在省、市指导下尽快安排好学习教育、征求意见环节的各项工作。全区各级党组织要把教育实践活动作为当前极为重要的政治任务，不折不扣地落实中央和省市委要求，掌握政策、把好方向、搞好动员、精心组织，确保活动有力有序推进、健康开展。具体有这么几方面要求：

一要强化领导、落实责任。发挥领导干部联系点的示范引导作用，以点带面推动工作，是我们党做好工作的一条成功经验。各级党组织要全面负责本级本部门的教育实践活动，主要负责同志要切实履行第一责任人的职责，分管领导要承担起直接责任人的责任。我们要自觉接受市委督导组的指导帮助，同时区委也参照市委标准，抽调精干力量组成了3个由副县级领导干部牵头任组长的督导组，加强对活动的督促、检查、指导。要真纠真责、认真履职，把主要精力放在重点要求、重点对象、重点领导、重点环节的督促检查上，严格审核把关，有效传导压力，以每一个环节的高标准，确保整个活动的高质量。要注重分类指导，具体情况具体分析，不同情况区别对待，在规定动作做准确、做到位的基础上，力求自选动作有创新、出特色、做精彩，防止面上“一刀切”、上下“一般粗”。

二要领导带头、示范带动。区委常委会要在教育实践活动中走在前面，发挥好表率作用。各级领导机关、领导干部特别是主要负责同志要努力做到“八个带头”，即带头学习提高、带头调查研究、带头听取意见、带头交心谈心、带头接受监督、带头开展批评和自我批评、带头查摆问题、带头进行整改。各级领导干部都要按照中央和省委、市委要求，确定自己的联系点，县级领导干部蹲点调研不少于3天。真正深入下去，把联系点建成示范点，形成一级抓一级、一级带一级的良好活动格局。

三要严格认真、不走过场。讲认真是我们党的根本工作态度，讲认真就是抓落实，我们必须以认真、较真的劲头开展好活动。在活动中还要注意把握好几个方面的思想倾向。要防止“躁”。上半年，我们各项任务是很繁重的，容易忽视学习，可能会对活动存在急躁情绪，总想活动快点结束，认识提高不上来。尤其今年上半年，四大攻坚年活动刚刚起步，涉暑工程项目要按时竣工，总投资近200亿的13个重点项目要转进落地，工作千头万绪、相互交织。但不能把工作与群众路线教育实践活动对立起来，而是要把活动作为难得的契机，推动工作更好更快开展。活动中既要合理规划学习时间，创新学习方式，使干部能静下心来学；又要针对基层不同的层级，编辑少而精、务实管用的学习小册子，使大家真正学得进去。要防止“浮”。一些基层干部可能会自认为长期在基层工作，熟悉情况、心中有数，不愿意或者认为没必要沉下去听取群众意见，致使一些真实的意见捞不上来。要采取有效措施让基层干部走出办公室，走到群众中以心换心，掌握群众的所思所想、所需所盼，真正的把一些问题捞出来，能够使整改更有针对性。要防止“空”。越到基层，干部的“四风”表现越具体，群众就会看得越清晰，查摆问题一定要求实戒空，实实在在，即知即改，一件一件地纠正。不能笼而统之，调子很高，却空洞无物，使群众看不到干部对待问题的真诚态度和改进行动。要防止“偏”。长期以来，可以说，我们经历了很多年的改革，基层积淀的问题偏多，有的是历史遗留问题，有的是政策方面问题，有的是财力方面问题，有的是工作不到位问题，有的是干部不正之风造成的，有的是群众期望值过高所致，等等，不能都简单归结为干部作风问题，从而偏离活动主旨，挫伤干部积极性。要防止“虚”。整个活动的三个环节都要抓好抓实，不做秀，不弄虚功，不走过场。对群众的意见要求，能解决的抓紧解决；没有条件解决的，不能为了取悦群众，不负责任地承诺、开空头支票。

四要统筹兼顾、搞好结合。教育实践活动的根本目的是推动科学发展、促进工作落实。全区各级各单位要切实强化全局意识、大局思维，坚持活动与发展两手抓、两促进、两不误、双丰收。要科学地摆布好我们搞活动的时间和服务暑期、促进发展的精力，把开展活动与推进“四大攻坚年”结合起来，与做好暑期工作结合起来，与强化干部队伍建设结合起来，与夯实基层基础结合起来，这“四个结合”是我区“自选动作”。要把党员干部在活动中激发出来的工作热情和进取精神转化为做好工作的强大动力，使活动每个环节、每项措施都为全区发展大局服务，以活动促进发展，以发展实绩展示活动成效。

五要宣传引导、推出典型。这次活动社会关注、群众期盼，抓好宣传舆论工作十分重要。宣传部门要快速跟进，及时开辟专栏，加大对教育实践活动的动态、综合和经验报道。要精心策划，把握好时机和节奏，以群众喜闻乐见的形式，宣传中央精神和省委、市委、区委的要求，宣传开展活动的好经验、好做法，宣传活动带来的新变化、新成效，回应社会关切，增强正面声音，营造全员支持、广泛参与的良好氛围。各级党组织要深入挖掘和培树一批自觉反对“四风”、真心服务群众和辛勤工作、无私奉献的先进集体和优秀个人，及时总结宣传先进典型的优良作风和事迹，以身边事迹感化身边人；要尽快选树一批活动扎实、成效显著、富有北戴河特色和有推广价值的示范点，将教育实践活动成果具象化、可视化，为各类党组织提供学习赶超的标杆和样板。群众路线教育实践活动时间正值暑期全程，我区的活动开展情况直接展示在各级领导眼前，全市也计划把我区活动开展情况作为亮点。同时也要坚决查办曝光一批顶风违纪的反面典型，以身边案例教育身边人，形成高压态势，产生震慑作用，确保活动健康深入开展。

同志们，搞好党的群众路线教育实践活动，责任重大、任务艰巨、群众期盼。我们要认真贯彻中央和省、市委的部署要求，以高度的政治责任感、良好的精神状态和扎实的工作作风，把教育实践活动作为重要机遇和过硬手段，带着强烈的责任和自觉把活动抓好抓实、抓出成效，努力交出一份让组织放心、群众满意、社会认可的优秀答卷！

稿件来源：中共北戴河区委办公室

专　题

北戴河区融入京津冀协同发展承接高端产业转移的研究与思考

京津冀协同发展战略提出以来，全省各地纷纷积极行动，主动对接，秦皇岛市对相关工作也进行多次安排部署。作为拥有“夏都”和“京津后花园”之称的北戴河区，如何在京津冀协同发展的大潮中乘势借力发展，通过承接高端产业转移，壮大区域经济实力，值得深入研究与思考。

一、京津冀协同发展战略提出的现实背景

京津冀协同发展，是在国家推进新型城镇化、中国经济转型升级、全面深化改革的重大背景下提出来的，已被提升为重大国家战略，发展机遇前所未有。

（一）国家对京津冀协同发展的战略部署。国家新一届领导集体组成以来，始终将京津冀协同发展作为一项关注和思考的重大问题。2013年5月，习近平总书记在天津视察调研时强调，要谱写新时期社会主义现代化的双城记；2013年8月，习近平总书记在北戴河研究河北发展问题时，明确提出要推动京津冀协同发展，要求河北省充分利用毗邻京津的比较优势，充分挖掘现有潜力，形成新的经济增长极。2014年2月26日，习近平总书记主持召开座谈会，深刻阐释了推进京津冀协同发展的重大意义，准确廓清了京津冀协同发展的丰富内涵。习总书记明确指出：推进京津冀协同发展，要立足各自比较优势、立足现代产业分工要求、立足区域优势互补原则、立足合作共赢理念，以京津冀城市群建设为载体、以优化区域分工和产业布局为重点、以资源要素空间统筹规划利用为主线、以构建长效体制机制为抓手，从广度和深度上加快发展。同时，对京津冀协同发展提出了七点要求：一要着力加强顶层设计，抓紧编制首都经济圈一体化发展的相关规划；二要着力加大对协同发展的推动；三要着力加快推进产业对接协作，理顺三地产业发展链条，形成区域间产业合理分布和上下游联动机制，对接产业规划，不搞同构性、同质化发展；四要着力调整优化城市布局和空间结构，促进城市分工协作，提高城市群一体化水平；五要着力扩大环境容量生态空间，加强生态环境保护合作；六要着力构建现代化交通网络系统，把交通一体化作为先行领域，加快构建快速、便捷、高效、安全、大容量、低成本的互联互通综合交通网络；七要着力加快推进市场一体化进程。以此为标志，京津冀协同发展正式上升为重大国家战略，开启了京津冀一体化发展的新篇章。

（二）京津与河北存在的梯级差异。北京是政治文化中心，其科技资源、要素资源具有明显优势，天津在制造、港口方面非常突出，河北则地域广袤，是京津的腹地，三地区位一衣带水，发展本应相辅相成，但从多年发展情况看，三地发展极不均衡，尤其是产业发展和公共服务方面存在断层。经网络调查，京津冀地区在以下三方面存在较大差异。一是经济实力差距大。2013年，北京、天津、河北三地地区生产总值分别为19500.6亿元、14370.16亿元、28301.4亿元，河北省的人均GDP远远

低于京津两市，甚至低于全国平均水平。北京拥有央企总部、国内外金融机构、跨国企业集团总部，各级各类机构和单位40余万家，全国113家央企中，90家总部在北京，而天津和河北没有。河北省的经济实力，与京津两市之间存在如此大的差距，反映了京津冀城市群“双核”格局突出，内部发展不平衡。二是产业结构不合理。从三次产业结构看，2013年北京一、二、三产比重为0.8：22.3：76.9，央企、制造业、高新技术企业、服务业等发展比较均衡，但中心区产业布局过密。天津三次产业比重为1.3：50.6：48.1，支柱产业为制造工业企业和日用消费品企业，其中工业占比过重，服务业比重偏低，高新技术产业发展滞后。河北省三次产业比重为12.4：52.1：35.5，主要以河北钢铁、唐山钢铁等能源企业为主，农业效益低，领军企业少，能源企业占比过重。总体看，北京已经是后工业化时期，天津则是工业化中期，而河北则刚刚进入工业化中期，且三地产业同构性、同质化问题突出，发展定位雷同，产业链条重叠，尤其是三地工业经济中，重化工业和制造业都占比偏重，造成重复投资、效率低下、资源浪费，不利于形成优势互补的整体竞争力。三是公共资源不均衡。京津冀都市圈面积21万平方公里左右，但在医疗、教育与文化等方面的公共资源差距显著。仅就北京而言，拥有全国四分之一的国家重点院校、三分之一的国家重点实验室、二分之一的两院院士。全国“211”大学，北京有26所（占全国五分之一）、天津有4所，河北2所。医疗资源方面，除部队医院外，北京拥有三甲医院50家，其中不乏北京协和医院、北京同仁医院等若干家有医疗特色与专科项目的综合性大医院，河北拥有三甲医院43家，天津31家。各类公共服务业的过分集中、无限膨胀，对北京的人口、交通、稳定等造成巨大压力，而我省在服务业方面还存在很大差距。从经济发展和社会服务各个方面比较，京津与河北之间已经形成了极端的“核心—边缘”结构，加快产业转移，实现协同发展刻不容缓。

（三）省市承接京津高端产业转移的方向。对于融入京津冀协同发展工作，省市各级高度重视，3月27日，省委、省政府召开河北省推进京津冀协同发展工作会议，对我省有关工作进行安排部署，提出河北在京津冀协同发展中的战略定位是打造“四个支撑区”，即优化城市布局的支撑区、现代产业体系的支撑区、综合交通网络的支撑区、生态涵养保护的支撑区。要求我市加快培育国家级装备制造业基地；依托自身优势，与北京共同打造文化旅游、高端休闲、健康养老服务业基地，发展节能环保、新能源、新材料以及生物医药、电子信息等产业；规划相对集中的行政区，完善设施、优化服务，为首都单位外迁提供备选地。4月1日，我市召开推动京津冀协同发展工作会议，会议提出了坚持服务京津与发展自己相结合、坚持错位发展与功能互补相结合、坚持整体谋划与重点突出相结合、坚持改革开放与制度创新相结合的四项原则。确定加快建设“三大承接平台”，即：首都行政教育医疗功能疏解集中承载区、京秦高新技术产业合作发展示范区、京津冀高端商务区。决定在我区规划建设14平方公里行政功能承载区，在北戴河新区规划建设30平方公里的首都功能承载区和35平方公里的生活配套服务区，重点承接医疗、文化、教育、旅游、健康养老、体育等功能转移，形成首都医疗文化旅游体育资源转移基地、国家健康养老产业发展示范基地和首都行政办公特别功能区。

二、我区承接京津高端产业的条件和现状

近年来，我区依托环境、区位、暑期等优势，区域经济社会和产业等方面得到长足发展，已基本具备承接首都行政功能和旅游、医疗、文化、教育等方面产业转移的条件，但在具体工作中，仍存在急需破解的问题和瓶颈。

（一）区位资源等方面优势。北戴河是京津华北门户，地处东北与华北咽喉，区内及周边公路、铁路、航空、海运等交通便捷，津秦客专已正式投入运营，待京唐秦城际快速铁路建成后，从北京、天津到北戴河的时间将缩减到1小时以内，京津冀1小时生活圈将正式形成。独特的区位和便利的交通使北戴河能够直接参与区域合作与分工，承接京津产业转移和辐射带动。北戴河及周边拥有各类高校10余所，培养着面向国内外的8万余名各类人才，可为各类企业发展提供强有力的人才和技术支撑。北戴河是国家级园林城市，城市绿化覆盖率57.4%，建成区绿地率53.69%，人均公共绿地面积53.33平方米，一级空气质量天数年均达300天以上，每立方厘米空气中的负氧离子达到4000～7000个，含量是一般城市的20倍，被誉为“天然氧吧”。海岸线全长21.09公里，海水质量常年保持在国家景观娱乐用水A类标准。这种生态环境对比环境质量特别是大气质量日益恶化的京津地区，具有明显的比较优势。辖区拥有各级各类休疗养院159家，各类会议室700余个，是全国规模最大的休养疗养基地和会议培训中心。这些资源可在承接首都行政功能和旅游、医疗、文化、教育、健康养老等方面产业转移过程中发挥积极作用。

（二）北戴河区产业发展现状。2013年，北戴河区全年完成地区生产总值38.92亿元，其中第一产业1.16亿元、第二产业7.16亿元、第三产业30.6亿元，三次产业比为3.0：18.4：78.6。一产方面，全区共有集体所有农用地总面积25860.92亩，以蔬菜、林果、花卉苗木种植为主。二产方面，截至2013年底，区内共有规模以上工业企业10家，完成增加值3.17亿元，主要包括电子信息、专用设备制造、轻工包装和金属制品加工四个产业。三产方面，主要以总部经济、文化创意、高端旅游、商贸服务等产业为主。我区现有总部企业（含商贸物流、文化创意等企业）共405家，其中商贸物流企业175家、文化创意企业51家、地产企业50家，其他保险、金融担保、代理和软件类企业129家。2013年总部企业实现税收26597万元，占全部税收的61.6%。2013年全区共接待国内外游客703.8万人次，实现门票收入9091万元。

（三）经济发展面临的问题和瓶颈。经过多年发展，我区的经济实力不断提升，但经济结构仍不合理，经济总量过小的问题依然存在，仍处于“吃饭型”财政阶段，缺乏稳固的税源支撑，缺少重大立区产业项目。从产业结构看,第一产业在国民经济中比例逐渐缩小,其地位不断下降，从事农业劳动的人群年龄偏大，适应新品种、新技术的能力低，由传统大田作物向高效设施农业、绿色生态农业和旅游观光农业的转换过程缓慢。第二产业发展平稳,工业正处于由传统工业向高新技术产业的转型过程中，实体经济工业规模小，且增长缓慢，对经济增长贡献度不大。随着房地产行业整体萧条状况持续和房地产企业外迁，建筑业对税收的贡献率也呈明显下滑趋势。第三产业发展较快,继续领跑于其他产业,占主导性地位。但从收入比例看，各类总部企业税收贡献占比过大，受总部企业流动性大、不确定因素多的影响，我区整体经济基础还很脆弱。旅游等传统产业档次偏低，难以吸引高端消费人群，整个产业还处在“富民不强区”的层次。总体来看，我区产业基本呈现“一产总量小、二产基础弱、三产档次低”的状态。

综上所述，就北戴河自身条件和当前产业发展状况而言，承接首都行政功能疏解和高端产业外溢具有一定的比较优势，也具备承接的基础条件，应主动融入京津冀协同发展的大潮，按照协同发展的有关要求，进一步理清发展思路，对产业定位和结构布局做出适当调整。

三、推进承接京津高端产业发展的思路

在对接京津协同发展过程中，我区提出的初步设想是：着眼建设功能特色城市要求，发挥区位、环境、生态、暑期、产业等比较优势，服务京津、对接京津，与京津两市及省内相邻地区功能互补、错位发展，突出抓好高端产业转移和行政功能疏解两个重点，强势打造“滨海行政会客厅”和高端产业增长极。就产业发展而言，我区应在适当调整总部经济、高端旅游、文化创意、高新技术四大经济增长点发展方向的基础上，大力发展养生养老、医疗保健、会议会展、教育培训等新兴产业，着力打造高端产业核心承载区。

（一）打造“京津冀滨海高端度假区”。北戴河是我国第一个由中央政府命名的避暑地，是中国现代旅游业的摇篮；拥有我国创建最早、规模最大、单位最多、功能最全的休疗养基地，是新中国旅游的发祥地；从1954年至今，中央首长暑期来此办公、休息，是我国唯一的中央领导度假地。自开埠之始，北戴河高端旅游避暑度假地的定位就被确立下来。经过多年的演变发展，旅游行业更是吸纳了全区绝大部分的劳动力，成为全民创业的重要平台和群众增收致富的主要途径。近年来，我区旅游行业保持了持续健康的发展势头，2013年，共接待国内游客701.21万人次，据初步统计，其中大部分游客来自京津及河北周边地区。北戴河在承接首都经济圈产业转移，打造“京津冀滨海高端度假区”方面具备了先天的基础和优势。为此，充分发挥北戴河比较优势，确立高端旅游产业的引领地位，推进品质化、特色化发展，已成为我区参与首都经济圈产业分工，承接多项功能转移的首要任务。一是用高端旅游统揽经济发展和城市建设。无论是总部经济、文化创意和高新技术产业这些既有经济增长点，还是首都教育、医疗、健康、养生等承接转移产业，都要紧紧围绕高端旅游产业的需求来发展、来谋划，通过产业旅游化逐步实现旅游产业化。要用AAAAA级景区的标准统筹城乡发展规划，统筹基础设施、公共设施和生活设施建设，逐步实现城市景区化，把北戴河全区域建成一个AAAAA级景区。二是将现有优势巩固提升为发展内力。通过多年努力，我区旅游接待服务能力有了明显提升，智慧旅游服务体系建设已处于全省领先水平，特色民宿、春节灯会也已发展成为旅游品牌。抓好现有优势的巩固提升，对推动“京津冀滨海高端度假区”建设具有重要意义。应积极发展高星级酒店并引导其全年营业；发挥政策引领作用，引导民宿提档升级，培育由民宿组成的五星级酒店；引导、鼓励现有景区加大投入，力争区内所有景区3年内全部达到AAAAA；引进知名旅游企业，在北部新城建设新的AAAAA级景区，完善游、购、娱等旅游要素；建设覆盖全区的智慧旅游服务体系，引导区内旅游接待单位主动融入智慧旅游系统，争创全国先进。三是加快特色商务服务功能建设。积极引进国内外高端商务服务企业，推进与城市定位相匹配的商务休闲功能建设；发挥行业协会的作用，开展北戴河旅游名吃、名店的评选活动；加大宣传推介力度，打造北戴河名吃名店品牌。四是加强面向高端游客的定向营销。谋划建设俄语门户网站，在境外旅游客源地宣传促销，吸引更多的境外游客；针对京津冀地区高收入群体进行定向营销，推进北京—天津—北戴河综合旅游线路建设，共享三地景区景点等优势旅游资源，重点吸引高端游客群体。

（二）打造“文化创意产业核心功能区”。北戴河区拥有深厚的文化底蕴，历代帝王、近代名人和老一辈革命家在此留下轶事和名篇佳作，现存百年以上中外别墅135栋，是中国四大别墅区之一。2006年起，北戴河把文化创意产业作为重要经济增长点精心培育，建成各类艺术馆、博物馆17家，先后打造了怪楼文化艺术产业园及以五凤楼、雍剑秋等老别墅为依托的文化创意产业园区。吸引了北京歌华、均衡博弈等多家企业总部和歌华营地、河北画院北戴河分院等文化企业、艺术家入驻，文化创意产业已经发展到涵盖公关策划、广告策划、新闻出版等类别的近百家企业。从目前总体发展情况看，偏重文化方面较多，创意产业发展有待增强，虽然取得了一定的社会影响力，但单纯由文化创意产生税收贡献有限。在对接京津文化创意产业工作中，应充分利用国家公共文化服务体系示范区的政策优势和独特的人文环境，深化与北京朝阳区等在文化创意产业方面的战略合作，加强宣传推介，吸引京津相关企业与我区在企业互动、项目合作、产业转移、信息共享、宣传培训等方面积极合作。一是明确承接方向。在兼顾社会效益的同时，将经济效益放在第一位，充分挖掘现有园区、休疗养院闲置资源等，重点引进报刊业、图书出版业、广播影视业、音像产业、网络产业、广告业、动漫业等附加值高的产业。二是完善产业链条。鼓励现有文化企业、知名艺术家，依托自身在业界的影响力，引进艺术品拍卖等文化创作上下游产业，延伸产业链条，形成集培训、创作、鉴赏、拍卖等为一体的文化创意产业格局。三是发展文化金融。针对文化企业多属“轻资产”，抵押担保物不足，信用等级不高，难从银行贷款的问题，引进专业的贷款融资公司，鼓励区内金融机构推出适合文化企业的金融产品，探索以版权、著作权、商标权等为质押的贷款融资新模式。

（三）打造“国家健康养老产业发展示范基地”。区内拥有丰富的医疗和休闲养生资源，北京军区281疗养院肾病治疗康复技术，煤矿疗养院尘肺病治疗康复技术，省一疗气功、太极拳康复养生等项目全国闻名。近年来，随着外地购房客户的逐年增加和人们健康保健意识的增强，我区暑期已吸引大批“候鸟型”度假养老人群，但此类人群居住分散、消费能力有限，难以形成产业效应。北戴河应依托现有资源优势，将医疗康复、养老养生和休闲度假产业有机结合，作为新兴服务业大力扶持发展，重点发展以医养结合型、家庭公寓型、生态体验型为代表的医疗养生产业，着力构建以生命健康产业为特色的国家健康养老产业发展示范基地。其中，医养结合型以转型参与养老养生事业的休疗机构为主，与北京知名医院建立联系，依托齐备的医疗设施、丰富的人力资源和多年的管理经验，开展专科诊疗、医疗康复、健康保健、养老养生等业务，融入中医理疗、禅学养生等先进理念，可作为医疗养生产业的主力军培养；家庭公寓型以小型公寓、别墅群为基础，引进相关企业市场化运作，主推居家式养老模式，具有很好的独立性、私密性等特点，配以完备的医疗、家政、交通等服务体系，可吸引高端人群长期居住；生态体验型重点发展集食宿、娱乐、保健、养生、养老等于一体的园林式多功能特色生态养老机构，不仅拥有生态型的居住环境，更可适当参与花草蔬菜种植、家畜饲养等农业劳动，可作为特色养老养生机构大力推广，依托北戴河集发公司老年生态供养中心，探索“政府+企业”模式，发展养老养生产业。

（四）打造“北京教育资源承载基地”。北京市作为我国教育资源最为丰富的地区，拥有重点高校、科研实验机构众多和高端人才汇集的独特优势。我区城市空间局促，产业发展要兼顾生态环境和暑期服务，为此，在承接北京教育资源转移方面更要有所侧重，有所选择。一是重点引进高校科研机构。充分发挥高校科研机构体量小、能耗少、附加值高的优势，科学规划建设北京—北戴河高校实验研发中心。主动对接北京市各高校及附属科研机构，吸引其将研究实验功能和机构放入研发中心，逐步形成规模，产生集聚效应。二是注重吸引高端民办教育机构。在积极做好承接北京公立教育资源转移各项工作的同时，充分认识民办教育对推动教育事业发展，拉动区域经济活力的重要作用。科学筛选、引进知名度高、社会影响力大的民办教育机构，研究奖励扶持相关政策和综合管理机制，推进北戴河高端民办教育品牌化、特色化发展。三是积极发展教育培训产业。学习借鉴新加坡南洋理工大学教育培训模式，加强与国家各部委、高等院校、知名专家及海外培训机构的合作，建立专家讲师人才库，广泛开展政策研究、人才培训、专家访问、领导干部进修等培训活动，鼓励京津重点高校在我区设立硕士博士、MBA培养点。

（五）打造“高端总部经济聚集区”。近年来，我区始终把做大做强总部经济作为推动城市转型的重要战略，积累了很多发展总部经济的成功经验和做法，现有的以商贸物流为代表的总部企业，已为我区经济发展做出巨大贡献。但我区的总部经济仍处于初级阶段，现有的400余家总部企业中，大部分企业属于注册型总部，这种总部经济形态对财税政策支持的力度和周期依赖度较高，对财税政策调整比较敏感，造成了此类总部随意性强、流动性强的特点，随着区域政策趋同、竞争加剧，发展注册型总部的局限性日益凸显。在京津冀协同发展的大背景下，应积极拓展与北京海淀区、朝阳区、CBD的对接合作，努力构建与京津之间的多重地域功能关系，从适应总部经济发展的整体环境入手，配以专业化的服务支撑体系，才能使总部企业引得进、留得住，真正实现“有限空间、无限发展”。一是构筑发展新模式。随着绿色、环保、回归自然的办公和生活理念的盛行，催生了以人为本的生态办公模式“EOD（Ecological Office District绿色生态办公区）”，是继CBD之后的新型办公模式，其低密度、个性化、高端化，对环境要求高的特点，与我区现行的规划政策和环境优势高度契合，可作为未来总部经济发展的主要模式。二是构建专业服务环境。与总部经济相适应的服务环境覆盖金融、保险、会展、商贸、航运、物流、旅游、法律、教育培训、中介咨询、公关、电子信息网络等诸多领域，应在现有基础上，对照先进地区查找不足，做优环境，逐步形成围绕总部经济的专业化服务支撑体系。三是确定发展重点。依据自身资源优势、城市功能定位，主动承接京津等总部经济发达地区的“龟背效应”，重点吸引世界500强企业以及具有较大国际影响力的跨国公司各级总部、具有产业优势的外埠大企业总部、国内外现代服务业企业总部和各类企业的研发中心、销售中心、采购中心、结算中心等。调整总部企业布局，行成各具特色的总部经济聚集区。

（六）打造“高新技术成果转化和科技创新创业示范区”。北戴河区下辖一个省级经济开发区，现有工业企业29家，其中规模以上企业10家，初步形成了电子信息、专用设备制造、轻工包装和金属制品加工四个主导产业。现有企业缺少自主品牌和产品，技术含量偏低，多为大企业生产配套，企业收益受整体经济形势和上游企业影响较大，市场竞争力和抵御市场风险的能力较弱。结合京津冀协同发展，应以北戴河经济开发区为平台，坚持科技引领、创新驱动，推进开发区转型升级为高新技术产业园区，积极培育壮大新兴产业，大力支持新能源、新材料、电子信息、生物医药等战略性高新技术产业的引进和发展，推进高新技术成果转化和科技创新创业。一是坚持错位发展。对京津高新技术产业外溢及周边地区产业现状进行深度分析，选准方向，错位发展，通过引进企业、自主创业、产业转型等方式，力争在某一产业或某一行业形成完整的产业链条，在一定范围内形成产业聚集效应。二是促进成果转化。将科技创新作为提升企业科技水平和市场竞争力的重要抓手，在继续鼓励区内企业深化与中科院、北京铁科院等科研院所进行合作，承接转化研发成果，提升产品技术含量的同时，积极扶持企业开展自主研发，促进传统工业企业转型升级。三是引进高端人才。高新技术产业是知识密集、技术密集的产业，要实现高新技术产业发展方面的突破，必须引进高水平的技术力量，在基础设施、社会保障等各个方面加大投入力度，营造吸引优秀科技人员和经营管理者创新创业的良好环境。

（七）打造“中国北方会展会议中心”。会展产业是相对独立且具有活力的朝阳产业。北戴河比邻京津，自然环境优越，休疗养机构众多，会展培训资源丰富，据统计，我区仅现有各休疗机构就有各类会议室700余个。多年来，承接会议会展活动已成为各休疗单位的重要经营内容。随着首都部分行政事业单位、驻京央企总部的分批转移，各系统、各单位、各企业不同类型和规模的会议活动举办地也将作出相应调整，我区发展会议会展经济，依托京津，打造“中国北方会展会议中心”潜力巨大。一是建立健全会展业管理和促进体系。要结合我区实际，确定中长期发展规划，研究制定并及时调整会展业有关政策措施和管理办法，引导和促使会展业规范、健康、有序、可持续发展。二是加快培育发展会展龙头企业。支持引导各休疗机构、会展企业提升软硬件设施，提高展会组织、策划、服务水准和经营管理水平。鼓励引进和培养专业人才，建立完善规范的管理与运营制度。吸引各种资本参与会展经济发展，加快餐饮、宾馆、娱乐等相关配套服务建设，延伸产业链。三是着力培育特色会展会议品牌。依托北戴河优势资源，积极争取国内外行业权威机构、国家有关部委、行业协会支持，大力培育以康体养生、文体艺术、旅游发展等为主题的研讨会、高端论坛，并争取将北戴河确立为永久会址，力争在国内外形成与博鳌论坛、夏季达沃斯峰会等具有同等声势和影响的会议会展品牌。

四、承接京津高端产业转移工作的建议

主动融入京津冀协同发展，承接高端产业转移，健全的市政配套、完善的社会保障、优良的发展环境是基础，这些方面北戴河还有很多瓶颈和制约需要破解。

（一）拓展区域经济发展空间。北戴河区常驻人口6.9万人，而每年游客接待量为700余万人次，按照常规标准核定的城市规模和用地规模已远远不能满足服务暑期和经济社会发展的需要。应尽快启动北戴河城市空间发展战略研究，对北戴河城市总体规划和土地利用总体规划进行调编，突破以常住人口作为规划依据的编制要求，根据旅游承载需求和服务暑期的要求调整规划，进一步拓展发展空间。同时，结合规划调编情况配足相关建设用地指标，取消基本农田保护任务，转为建设用地，保障重点高端产业项目顺利落地。

（二）完善市政基础设施配套。充分考虑产业承接、经济发展带来的人口压力，不断加大市政基础设施投入力度，实施道路交通完善提升工程，进一步增强城市道路的承载能力，缓解暑期及产业发展带来的交通压力。实施自来水扩容、电力增容、集中供暖、通讯设施升级等工程，有效提升供水安全、休疗养院冬季取暖等方面保障能力。对现有市政设施、绿化亮化等进行升级改造，尽最大努力满足产业发展需求。加快智慧城市建设，利用先进技术实现城市建设的智能化、高效化，为居住人群提供安全、舒适、便捷的生活环境。

（三）提升社会服务保障能力。与京津对等的社会服务保障，是留住高端人才的重要基础。应积极与北京各级各类名校对接，通过开展联合办学或成立分校等方式，全面提升我区基础教育水平，为企业高管、高端人才家属提供良好教育环境。深化与北京知名医疗机构的合作，尽快实现一批医疗服务、培训、实习项目落户落地。广泛邀请国内外知名医疗专家来区诊疗培训，整体提升医疗卫生保障能力。加强文化、体育场馆建设，满足群众日常文化需求。

（四）优化投资发展环境。以全面加强政务环境和商务环境建设为抓手，加强与京津的政策对接，力争在产业转移、财税分享、平台共建、市场衔接、社保接续等方面与京津保持一致。认真做好行政审批事项清理和承接工作，加强政务服务中心建设，推行领办、代办、“一条龙”服务等行之有效的做法，全力打造“办事最快政府”。着力吸引各类银行、保险公司来我区设立分行、分公司，增加银行营业网点数量，形成完备的金融体系，满足行政机构和高端产业用户对金融、保险、物流等方面的需求。

在京津冀协同发展的大潮中，我们既要坚持顶层设计，坚决贯彻上级决策部署，又要正视自我、找准定位、主动作为，努力寻找北戴河与京津合作的契合点，深度融入京津冀协同发展，力争在产业提升、经济发展等各个方面实现更大的突破。

资料来源：北戴河区人民政府办公室

关于以“旅游立区”战略推动区域经济发展的思考

北戴河区委常委、副区长 周向东

（2014年3月18日）

按照党的群众路线教育实践活动调研工作要求，结合分管工作实际，本人自3月11日开始，利用五天时间进行了集中蹲点调研。11日下午，到联系点区旅游局调研，了解活动开展情况，同联系点负责人、旅游局局长胡权同志进行一对一约谈；13日上午、14日全天，三次召开专题征求意见会，先后邀请休疗养院、景区景点、旅行社以及驻区几大家、行业驻区单位代表，发放征求意见表50份，征集对区委常委会和区政府工作意见建议24条；12日上午、13日下午两次到指导点拨道洼村，与村班子成员、大学生村官进行交流座谈，征求意见和建议，了解全面情况，特别是拆迁和征地工作进展情况，存在的困难和问题；15日下午、16日全天，利用休息时间，分别到齐石艺术学校和教育局召开座谈会，征求民办教育机构的负责同志、区属6所小学和3所初中学校的校长，对常委班子、政府班子的意见，交流探讨教师队伍管理、教学水平提升等方面的思路和举措。

通过深入细致地调查研究，对基层情况有了更加全面的掌握，对存在的问题有了更加清晰、准确的了解，对他们对党委、政府工作的要求也有了更加明确的认识。特别是对我区旅游产业的发展有了更深入的认识，现就我区旅游产业发展调研情况作如下报告：

2013年，我区共接待国内外游客703.82万人次，实现旅游社会总收入66.97亿元，分别增长2.57%和18.8%，辖区11个景区（点）共接待游客536.9万人次，实现门票收入9091.25万元，分别增长7.97%和10.79%。

全区接待床位总数约10万张，旅游住宿接待单位308家（其中星级宾馆共23家，包括四星级酒店8家、三星级酒店14家、二星级酒店1家）；各类民宿1955家，床位60407张，直接从业人员4225人（其中星级民宿81家，包括五星级2家、四星级13家、三星级36家、二星级20家）。

辖区内共有旅游景区点11家，其中国家AAAA级景区5家、AA级景区2家、免费开放景点3家。（长城号游船为海上观光船）。

全区旅行社（含分社）48家。

一、调研中发现的问题梳理

调研过程中，特别是座谈时，大家对我区旅游产业的发展非常关注、关心，从宏观到具体，提出了旅游产业发展中存在的许多问题，通过梳理，大家提出的问题主要体现在三个大的方面：

（一）“旅游立区”战略弱化。2009年末，市委市政府提出了“旅游立市”的发展目标，制定了《关于实施旅游立市战略的决定》。2010年，我区提出“旅游立区”的发展战略，但并未出台相关的文件，没有系统提出“旅游立区”战略的发展方向、奋斗目标和工作措施，近两年来，这一战略不再出现在党委、政府的工作报告中。

（二）旅游产业发展方向不清晰。疗养院向何处去、景区景点怎么升级、项目建设如何与旅游融合等等，缺乏清晰明确的政策引导，旅游正逐渐被暑期替代。

（三）对旅游产业发展的关注度、政策支持力度下降。支持旅游产业发展的相关政策到期后未再出台，“四大攻坚年”提出了诸多旅游项目建设、提升目标，但缺乏政策支持，落实困难。

二、解决问题的对策建议

通过座谈讨论，在全面了解存在问题的同时，更加注重主动征求大家对解决上述问题的建议。在此基础上，经认真思考，结合自己的一些见解，提出深入实施“旅游立区”战略的建议。

（一）充分认识深入实施“旅游立区”战略的重大意义

1. 深入实施“旅游立区”战略，是历史发展的必然选择。北戴河是我国第一个由中央政府命名的允中外人士杂居的避暑地，被誉为中国现代旅游业的摇篮；是我国创建最早、规模最大、单位最多、功能最全的休疗养基地，被称为新中国旅游的发祥地；从1954年就开始接待毛主席等老一辈无产阶级革命家来此休息、办公，现已成为唯一的中央领导度假地。2010年，区委、区政府提出实施“旅游立区”战略，是顺应历史发展做出的必然选择。

2. 深入实施“旅游立区”战略，是暑期工作的必然要求。作为中央首长暑期唯一度假地，北戴河承担着艰巨繁重的暑期服务任务，城市建设、绿化亮化、市政保障、物资供应、道路交通、医疗卫生等等各个方面，我们都必须提供高质量的服务。北戴河暑期越来越引起省、市领导的高度重视，暑期服务的标准和要求也在逐年提高，可以说，暑期工作已经成为各项工作的中心、重点。各项工作，包括经济工作都必须服从、服务于暑期工作。

3. 深入实施“旅游立区”战略，是人民群众增收致富的迫切需要。旅游业吸纳了全区绝大部分的劳动力，为他们提供了就业岗位。群众通过从事宾馆、民宿、餐饮、超市、交通运输等旅游服务业，收入水平都得到了显著提高。2013年，我区农民人均收入12055元，旅游服务业是主要的收入来源。旅游业已经成为老百姓增收致富的主要途径。

（二）牢牢把握深入实施“旅游立区”战略的基本原则

1. 坚持用“旅游立区”战略统筹经济发展和项目建设。总部经济、文化创意和高新技术产业都要围绕高端旅游产业的需求来发展、来谋划，通过产业旅游化来逐步实现旅游产业化。

2. 坚持用“旅游立区”战略统筹城乡发展和市政建设。实施“旅游立区”战略的最终目标，是把北戴河全区域建成一个5A级景区。要用“旅游立区”战略来统筹城市社区和25个行政村的发展规划，统筹城乡基础设施、公共设施和生活设施建设，逐步实现城市景区化。

3. 坚持通过主动选商确保引进高端旅游项目。瞄准战略投资者，主动对接国内外一流的旅游企业，有针对性的进行招商引资，确保引进项目达到国内国际一流水平。

4. 坚持通过做强优势产业引领高端旅游发展。优先发展高星级酒店、特色疗养院、星级民宿、特色餐饮和人性化交通运输产业，确保在全市领先，力争在全省、全国领先。

5. 坚持政府推动与市场运作相结合。加强对旅游业的综合协调、宏观指导和市场监管，完善政策引导激励机制，吸引战略投资者，逐步形成规模企业引领，全民创业参与的旅游产业发展格局。

（三）抓早抓好深入实施“旅游立区”战略的当前任务

1. 恢复、提升休疗养这一传统优势产业。抢抓京津冀协同发展的有利契机，积极争取引进北京国家级医疗机构来嫁接改造休疗养院；帮助中国煤矿工人疗养院、北京军区281医院等特色医疗机构进一步提档升级，扩大影响力；整合、规范中医按摩、眼科等小型特色医疗机构，严格依法经营，培育其逐步做大做强。

2. 发展高星级酒店并引导其全年营业。积极争取各部委、央企支持，按照高星级酒店标准，投资改造所属宾馆和培训中心；引进国内外知名的有实力、有经验的酒店管理集团和旅游企业，建设、托管高星级酒店；制定优惠政策，引导星级酒店提档升级并全年营业。

3. 引导民宿高端化发展。制定奖励政策，引导民宿提档升级；发挥行业协会作用，规范民宿经营行为；将智慧旅游服务向民宿延伸，减少招手揽客行为；引进知名旅游企业对高星级民宿进行整合嫁接，培育由民宿组成的五星级酒店。

4. 打造特色、知名景区。制定奖励政策，鼓励区属景区通过增加收入获得建设发展资金，引导私营景区加大投入，确保区内所有景区3年内全部达到AAAAA；主动对接一流旅游企业，在北部建设新的AAAAA级景区。

5. 打造北戴河旅游名吃、名店。发挥旅游协会的作用，开展北戴河旅游名吃、名店的评选活动；建立规范约束机制，保持风味和水准；加大宣传推介力度，打造北戴河名吃、名店品牌。

6. 提高旅游交通服务水平。利用淘汰黄标车的有利契机，提高我区旅游汽车的档次；加强对旅游汽车公司、出租汽车公司的管理，开展情溢旅途、彩虹坦途创建活动，培育文明交通。

7. 建设高标准智慧旅游服务体系。积极争取上级资金支持，主动融入智慧城市建设，建设覆盖全区的智慧旅游服务体系；引导更多的宾馆酒店、景区景点等旅游企业主动融入智慧旅游系统，争创全国先进。

8. 尝试面向高端游客的定向营销。争取上级政府、旅游部门的支持，在境外旅游客源地整体宣传推介北戴河，吸引更多的俄罗斯、韩国、台湾游客；针对国内高收入群体进行定向营销，吸引高端游客。

9. 坚持旅游与文化、体育融合发展。深入挖掘文化、体育资源，打造文体主题旅游产品；进一步丰富完善情侣狂欢节、轮滑节和铁人三项赛等旅游内涵，使其更具特色，更有活力。

10. 优化发展环境。加大执法力度，加强对浴场、停车场、海鲜大排档等游客集中区域的管理力度，严厉打击欺客宰客、欺行霸市行为；坚决取缔渔船载客、追车揽客等违法经营行为；整合资源，建立游客投诉集中统一处理机制，提高执法效能；完善餐前确认制度，加强诚信体系建设。

（四）切实强化深入实施“旅游立区”战略的保障措施

1. 加强组织领导。调整区旅游发展委员会，对旅游业发展集中谋划、定期研究、跟踪服务、破解瓶颈，协调解决旅游发展中的重大问题，确保“旅游立区”战略的有效实施。

2. 加强政策扶持。制定鼓励宾馆酒店、民宿提档升级、鼓励高星级酒店全年营业的奖励政策；分别制定区属景区和私营景区的奖励政策，鼓励其尽快达到AAAAA级。

3. 加强人才队伍建设。加强与秦皇岛外国语职业学院旅游院系、秦皇岛职业技术学院旅游系的合作，培养旅游人才；定期组织旅游管理人员到发达地区学习；开展分行业分层次的专题培训；加强对涉旅从业人员的专业培训和职业道德建设，提高服务水平。

资料来源：北戴河区人民政府办公室

关于加快北戴河总部经济集群发展的思考

总部经济作为我区经济发展的重要战略，对于调整优化产业结构、推动经济转型升级意义重大。经过多年发展，我区总部经济已初具规模，为进一步促进总部经济集群发展，不断提升城市综合竞争力，近期，区政府办公室对我区总部经济现状进行了调研，有关情况如下。

一、总部和总部经济

（一）概念

总部，一般是指经济组织的管理、控制、调度、研究中心，是经济组织的高端和人才高地。总部经济，是指由于大型经济组织的总部（包括地区总部和分支机构）在某一区域的集聚，带动该区域经济发展的高端经济形态。集聚，是总部经济发展的重要特征。

（二）要素

1.发展总部经济的必备条件：（1）区域拥有高素质的人力资源和科研教育资源，公司总部能够以较低的成本进行知识密集性价值活动创造。制定优惠政策，吸引更多优秀人才到该城市创业发展，是该城市发展总部经济的重要条件。（2）区域要有良好的区位优势和良好的交通运输网络设施。（3）区域必须具有便捷的信息获取以及良好地同异地沟通的信息通道，同时在基础性资源条件方面能够同附近周边地区形成较大的差异。（4）区域必须具备良好高效的法律制度环境，具有多元文化氛围。（5）区域应逐步形成围绕总部服务的专业化服务支撑体系。与总部经济相适应的专业化服务支撑体系应覆盖金融、保险、会展、商贸、航运、物流、旅游、法律、教育培训、中介咨询、公关、电子信息网络等诸多领域。

2.总部经济发展的6个一级指标：基础条件、商务设施、研发能力、专业服务、政府服务和开放程度。众多企业集团将总部向北京、上海、天津、广州等中心城市迁移，正是由于这些城市拥有相对丰富的企业总部所需的高端战略资源。

二、我区发展总部经济所采取的措施及取得的成效

（一）运用多种方式加强总部经济招商。依托港口、区位、环境等优势，瞄准大企业、大集团，围绕地区总部、分支机构、采购中心、结算中心和煤炭、钢材、船运、地产等重点行业，实行招商引资引税责任制，领导干部带头跑办项目；在开发区率先实施岗位竞聘、绩效考核，激励全员抓招商；建立与休疗单位、会议经济的对接机制，充分利用暑期一些大企业、大集团在北戴河培训、疗养的契机开展招商；面向京津、山西、内蒙等地，通过现有企业向企业上层和关联企业开展以商招商、点对点招商；连续举办多次京津冀一体化区域合作论坛，与北京CBD建立战略合作关系，共同组织开展针对性强的小团组招商活动。

（二）注重总部经济发展平台和载体建设。把开发区作为吸引总部企业的重要载体，整合区内驻区休疗养院、百年别墅和商务别墅等资源，着力打造集企业区、商业区、物流区等功能齐全的配套园区。完成河北省北戴河信息技术研发中心一期建设，吸引国内外信息产业企业，全力打造集研发、孵化、生产、培训及交流为一体的高新技术人才聚集的信息产业园区。精心打造了华贸企业总部区、北戴河文化创意产业片区、五凤楼园区、雍剑秋别墅园区及沈钧儒、何香凝别墅园区，着力搭建总部经济和文化创意

产业发展平台。

（三）总部经济发展的外部环境持续优化。一是围绕“高端旅游、总部经济、文化创意、高新技术”四大产业增长点，实施了葡萄酒庄园、五星级酒店、高尔夫球场、海滨会馆等与总部经济产业关联度、融合度较高的高端项目。二是专门成立了总部经济和文化创意产业政务服务机构，专门负责对外联络、信息收集、组织协调等工作，对入驻的总部和创意企业，提供知识产权保护、注册登记、年检、担保贷款等方面服务；年缴税款500万元以上的总部企业，协调驻区银行在信贷、结算、信息传递等方面提供重点服务；对需在北戴河长期居住的管理、技术人员，帮助协调解决住房问题。三是制定出台了《关于鼓励发展文化创意产业和总部经济的优惠政策》，在所得税方面，对落户企业，按照年缴所得税区留成部分50%的比例，奖励企业发展；在增值税方面，按照年缴增值税区留成部分40%～60%的比例，奖励企业发展；在营业税方面，按照年缴营业税区留成部分30%的比例，奖励企业发展。

（四）总部企业实现了初步聚集和良好的税收贡献度。经过多年发展，目前我区共有总部企业（含商贸物流、文化创意等企业）405家，其中，商贸物流企业175家，以北京国华置业有限公司、中国石油东北销售公司、中杭燃料、力量能源、金火能源等为代表，且煤炭、钢铁和铁精粉销售企业已形成一定的集聚效应。文化创意企业51家，以宣亚国际、新潮流为代表，国家文化产业融合示范区项目已达成合作意向，初步形成了广告公关、影视传媒、咨询策划、运动保健、教育培训五大类文化创意产业。地产企业50家，保险、金融担保、代理、软件等其它行业企业129家。同时，总部经济作为我区四大经济增长点之一，对于财政收入贡献度的重要性不言而喻。（如图）

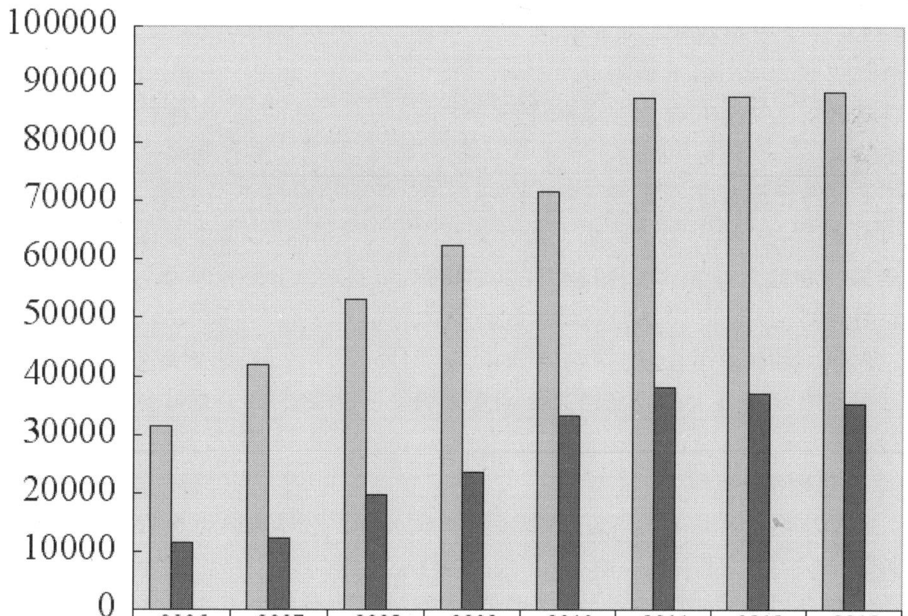

	2006	2007	2008	2009	2010	2011	2012	2013
全部财政收入	31388	41989	53167	62456	71726	87679	88068	88769
总部经济和文化创意产业	11532	12192	19667	23589	33138	38190	36980	35169
比重	36.70%	29.00%	37.00%	37.80%	46.20%	43.60%	42.00%	39.60%

2006-2013年总部经济及文化创意产业税收情况（单位：万元）

三、我区发展总部经济的比较优势和问题瓶颈

（一）比较优势

1.生态环境优势。生态环境是北戴河最大的优势，是第一竞争力，北戴河拥有地球上海洋、森林、湿地三大主要生态系统，城市绿化覆盖率57.29%，建成区绿地率53.58%，人均公共绿地面积53.26平方米，每立方厘米空气中的负氧离子最高可达15000个，被誉为“天然氧吧”。

2.地理区位优势。北戴河地处京津冀经济圈和环渤海经济圈，毗邻京津，京哈铁路、102国道、205国道以及京哈、秦承、沿海高速等多条重要交通道路在此通过，距山海关机场25公里，距暑期即将投入使用的北戴河国际机场34公里，距世界最大的能源输出港——秦皇岛港15公里。津秦客专已投入运营，京唐秦城际快速铁路建成后，从天津、北京到北戴河的时间将缩减为50多分钟。

3.政治资源优势。北戴河是闻名中外的中国“夏都”，每年暑期党和国家领导人在此办公、休养，现有驻区休疗养院、培训中心159家，是中国规模最大的休养疗养基地和会议培训中心。在北戴河投资兴业，便于与国家行业主管部门建立直接联系、争取政策支持。

4.旅游资源优势。北戴河是世界著名的旅游胜地，先后被评为首批国家级重点风景名胜区、中国优秀旅游胜地四十佳、中国优秀旅游城市。2013年，共接待游客703.8万人次，人流、物流、资金流、信息流的大量聚集，使这里拥有巨大的市场潜力和高密度的消费人群。

（二）问题瓶颈

1.经济总量需扩容。经过多年发展，我区的经济实力不断提升，但仍存在经济总量偏小、主导产业优势不明显的问题，总部经济发展缺少产业支撑。我国除少数几个国际性大都市外，一般性城市都是通过一个或几个优势主导产业为中心，带动人、财、物的流动，形成大流通格局，加速相关产业的聚集。在我区，产业尤其是主导产业发展尚未形成规模，对外来资本吸引力相对较弱，且产业间关联度偏低，没有形成规模较大、分工细致的产业链和产业群。

2.产业结构需调整。主要表现在缺乏稳固的税源支撑，缺少重大立区产业项目。我区三次产业结构看似合理，但实质上存在着一产特色不足，在国民经济中比例逐渐缩小，二产规模偏小，增长缓慢，对经济增长贡献度不大，三产业发展较快，档次偏低，难以吸引高端消费人群的问题。

3.配套服务需完善。之前已经提到，与总部经济相适应的专业化服务支撑体系应覆盖金融、保险、会展、商贸、航运、物流、旅游、法律、教育培训、中介咨询、公关、电子信息网络等诸多领域，这些多为第三产业范畴。我区第三产业特别是在服务行业层面，总体上仍处于初级发展阶段，难以满足总部企业发展所需的高端资源。

此外，我区在发展总部经济方面虽然取得了一定的成绩，但现有的405家总部企业多为注册型总部，这种总部经济形态对财税政策支持的力度和周期依赖度较高，对财税政策调整比较敏感，随着区域政策趋同、竞争加剧，发展注册型总部难度逐渐加大。

四、丰台总部基地经验借鉴

丰台总部基地占地65公顷，总建筑面积140万平方米，由中关村科技园区与英国道丰国际集团合作开发，是中关村目前最大的中外合资单体项目，也是我国首个总部经济区。早在2011年，该基地已聚集近4000家大中小型企业，其中年收入过亿企业约110家，上市公司81家，中央国资委一、二级企业50余家。当前，丰台总部基地已与我区建立了良好的合作关系，且具有了在我区建设总部基地的意向。

（一）理念新，打造及时。2003年，学术界提出了总部经济的概念。在理论界、经济圈、传媒和政府部门等都对其还处于关注阶段时，中关村科技园区抓住时机，率先提出了总部基地的概念，打造了中国首个专属总部经济基地。正是这一项目的开发建设，总部经济掀起热潮，成为全国乃至全球的新

经济课题。中关村（丰台）总部基地也成为第一家真正以自己的行动实现总部经济理论的一个科技园区。

（二）规模大，功能齐全。中关村（丰台）总部基地项目被列为北京市60大重点外资工程之一，北京市69大重点工程之一。该基地配套有六星级大酒店、商务酒店、小公寓、高级商业街、总部大讲堂、高级会所、健身中心、小酒吧等商业商务设施以及高智能化基础系统，会务、休闲、娱乐、商洽等场所一应俱全，足不出基地便能满足入驻人员学习、工作和生活的需要。

（三）机制巧，经营灵活。中关村（丰台）总部基地的开发机制是政府引入外资，共同开发园区土地二级市场，摆正了园区管委会、园区下属土地开发总公司和外资公司三者之间的关系。隶属于中关村丰台管委会的北京丰台科技园建设有限公司，对园区土地进行一级开发，将生地整理成熟地，以土地入股（每亩130万元），与英国道丰国际集团、北京道丰数码园开发建设有限公司共同组建中关村丰台园道丰科技商务园建设发展有限公司。在新的开发模式下，道丰公司作为园区开发商，按照统一规划、统一设计、统一建设的要求，先期完成房地产一级开发，再对外进行招商，出售给进驻园区的企业，并负责以后的物业管理；中关村丰台园管委会不再直接进行园区的房地产建设与对外招商，重点负责园区内的整体发展规划，把好入园企业性质关，为入园企业做好公共服务，保证土地的产业性质不被改变；北京丰台科技园建设有限公司，除负责土地一级开发外，同时参与董事会、经理层决策，协助园区管委会控制入园企业的质量，派出财务总监，全面掌握道丰公司的经营情况。三者之间的协作机制，既规范了政府的行为，又充分发挥了各自的积极性和优势。

（四）服务精，政策完善。主要表现：一是为企业提供一条龙的入驻基础服务；二是定期引进和组织高端的经济和学术交流会议；三是每月组织一次总裁沙龙活动，为入驻企业的决策层提供交流平台；四是根据企业员工的需求，不定期组织一些专业讲座或培训，帮助企业员工充电；五是配套各类工作和生活设施，提供高品质物业管理服务。优惠政策主要有：凡入驻总部基地的高新技术企业，皆享受中关村科技园区优惠政策，企业经营所得税按15%的税率征收；高新技术企业自注册之日起，3年内免征所得税，第四至第五年减免按7.5%的税率征收；在人事关系、户籍、居住等方面给予特殊的优惠。

（五）宣传广，招商有力。通过开辟多维接触点，积极与政府领导、专家学者和企业家进行广泛沟通和交流，推广“总部基地”、“总部经济”概念，参加了国家级、国际论坛达20多个，接待了国务院10多个部委、地方20多个省市和40多个城市及地区领导的视察和考察。在招商方面，当地打出了两面旗帜，采取了六大措施。两面旗帜：一面是“首都”，利用首都的号召力，提高总部基地形象与品位，增强总部基地的吸引力；另一面是中关村，利用中关村的无形资产和高新技术产业园区优惠措施，吸引企业总部入驻。六大措施：一是主动联系外地企业，扩大成交客户基数；二是拓展外地代理体系，合作开发市场；三是主动参加各种经济会议，宣传总部经济，带动招商；四是发挥各地驻京办事处的纽带作用，发掘属地客户；五是积极联系外地企业驻京分支机构，促进母体企业对总部基地的了解，带动招商；六是组织营销策划活动，带动客户基数的产生并促进招商的实现。

（六）起步快，效益明显。实行招商与建设同步启动，从2003年7月举行首届招商会以来，已经吸引了美国江森、乐华梅兰、中国诚通控股公司等200余家、涉及30多个行业的高技术企业总部签约入驻。2011 年，该基地实现技工贸收入2640亿元，上交税费58亿元，以丰台区1%的土地面积创造了1/4的地区财政收入。

五、加快我区总部经济集群发展的对策建议

（一）加强统筹协调，健全加快总部经济发展的工作机制。一是加强组织领导。成

立专门的总部经济发展领导和协调机构，负责制定总部经济发展规划和相关政策，认定总部企业资格，审核有关奖励事项，分析监测总部经济运行情况，协调处理总部经济发展的重大问题。二是加强政策协调。进一步完善鼓励总部经济发展的政策体系，结合我区已有的《关于鼓励发展文化创意产业和总部经济的优惠政策 》，制定我区总部企业认定办法、关于加快总部经济发展的意见等规范性文件，由总部经济领导机构牵头负责政策的实施，明确职责分工，确保各项优惠政策得到贯彻落实。三是完善统计和考核体系。建立总部企业统计分析体系和统计核算制度，健全领导干部和部门联系总部企业制度，全面准确掌握全区总部经济发展状况。分解落实总部经济发展任务目标，建立考核评价体系，纳入全方位目标管理。四是加强总部经济研究。开发区、发改局等经济部门要加强总部经济的理论研究和实证研究，提高把握和促进总部经济发展的能力和水平。

（二）打牢发展基础，强化总部经济发展的支撑条件。一是加强硬件环境建设。进一步加快水、电、气、暖、讯、道路等城市基础设施建设，加快北部新城建设、赤土山拆迁改造等工程，提高城市承载能力。加大污染治理力度，切实加强生态环境建设，深入推进环境综合整治，营造良好的人居环境。二是加大人才资源支撑力度。构筑人才公共服务体系，积极拓宽引才渠道，加大高端人才的柔性引进力度，鼓励优秀人才来我区从事兼职、咨询、讲学、技术合作等服务，为总部经济发展提供有力的外脑支持。结合总部经济的人才需求，注重对我区短缺人才的培养，通过与高等院校及教育培训机构建立人才对口输送机制，为入驻企业提供丰富的人力资源。三是健全服务支撑体系。定期向总部企业发布发展规划、重大政策、重大项目信息。加快完善银行、保险、会展、招商、商贸、物流、法律、教育、培训等专业化服务体系，结合全民创业攻坚年活动，大力发展现代服务业为代表的第三产业，全力解决总部经济发展所需的高端战略资源，为总部企业提供优质服务。

（三）丰富平台载体，为总部经济发展提供广阔空间。一是建设总部基地。尽快启动北戴河城市空间发展战略研究，对北戴河城市总体规划和土地利用总体规划进行调编，在此基础上，统筹考虑各方因素（如在我市召开的推动京津冀协同发展工作会上，提出了在我区规划建设14平方公里行政功能承载区等），科学规划建设总部基地。二是发展楼宇经济。楼宇经济是以商务楼宇为主要载体，通过开发、租赁、售卖等形式，引进金融商务、软件信息、中介咨询、现代物流等高端服务业，从而扩大税源，增加财政收入，带动区域经济发展的一种新兴经济形态。楼宇经济具有占地面积少、科技含量高、集聚功能强、产值效益大等特点，“一栋楼宇胜似一条街”，“一栋楼宇相当于一个工业区”。针对我区土地面积少的实际，大力发展总部楼宇，吸引总部企业入驻，实现各种要素的聚集。三是加强区域间总部经济发展的沟通对接。借鉴其它城市总部经济发展的典型做法，加强与周边县区的沟通联系，可以以“区县结对”的方式，依托各自资源优势，合作共建一些特色产业基地，优势互补。

（四）调优产业结构，营造总部企业发展的经济环境。一产抓特色。充分发挥区位、资源和产业比较优势，坚持错位发展、差异化发展，大力发展花卉苗木、观光旅游等农业优势产业，全面退出大田作物，积极选择具有市场竞争力的特色产业和特色产品，在资金投入、科技支撑、园区打造、主体培育、政策扶持上全力倾斜，推进特色产业向优势区域聚集，特色产品向规模化、集约化发展，努力把特色产业、特色产品做大做强。二产抓提升。抓好现有工业企业技术改造，改造提升优势传统产业，培育发展战略性新兴产业，向高附加值产业转移，延伸拓展生产性服务业，实现我区工业经济总体规模和质量效益大提升。三产抓拓展。以国家服务业综合改革试点为契机，在管理体制、产业发展和要素保障等方面先试先行；

优先发展现代物流、金融保险、会展商务、中介咨询等与总部企业发展高度关联的现代服务业，做大做强做精旅游、文化产业，努力实现第三产业的全面繁荣。

（五）完善优惠政策，加大总部经济发展的扶持力度。一是研究制定总部企业认定标准。根据我区产业政策，参照国内外通行惯例，合理划分总部企业类型，制定不同类别的总部认定标准，明确分类扶持政策。二是实行优惠的融资政策。支持总部企业利用资本市场进行融资，协调解决总部企业在境内外上市融资过程中的问题。鼓励总部企业通过资产重组、合资合作、发行债券等多种方式，拓宽融资渠道。三是实行积极的土地政策。加强总部企业用地保障，将总部企业用地优先纳入年度土地供应计划。四是提高服务水平。简化总部企业行政审批手续和流程，提高政府服务效率。完善政府与总部企业的联系沟通机制，加强与企业之间“点对点”沟通联系，及时掌握总部企业需求，切实帮助企业解决一些实际问题。

（六）加强宣传推介，全面打造北戴河总部经济新名片。一是加大招商力度。一方面，要持续加大总部经济的定向招商引资力度，吸引更多的企业总部入驻；另一方面，引进总部，更要注重总部的税收贡献与总部职能的同步引入。无论是引入的地区总部、国内总部还是行政总部、营销总部、研发总部等，都要实实在在具有总部应有的职能，努力实现注册型总部与功能型总部两翼齐飞。二是加强总部基地品牌推广。总部品牌和商品一样，是企业选择总部城市必备要素。以北京丰台总部基地为例，早在2004年用于总部基地宣传的广告费用就多达7000万元，大力举办论坛、年会、峰会等活动。通过一系列宣传推介活动，使丰台“总部基地”概念深入人心。我区发展总部经济，也要叫响北戴河总部基地品牌，拓展总部经济宣传渠道。通过电视、互联网、报刊等多种媒体资源，大力宣传总部经济在全区经济社会发展中的地位和作用，提高全区社会各界对发展总部经济重要性的认知。应定期策划总部经济主题宣传活动，积极宣传北戴河区总部经济发展思路、重点方向及政策环境，展示总部经济发展成效，不断增强我区发展总部经济的吸引力、知名度和影响力。三是以旅游为依托为企业总部打造广告平台。我区拥有得天独厚的旅游资源，2013年游客接待量已达700多万人次。可以充分利用旅游资源优势，为企业总部设立广告平台。在游客相对集中的街道、景区、公园合理设置总部经济宣传广告，扩大宣传效应。

资料来源：北戴河区人民政府办公室

以文化为魂 铸“美丽之冠”
努力让群众共享文化改革发展新成果

中共北戴河区委副书记、区政府区长 刘学彬

文化，是一个城市的灵魂。文化的繁荣，能够使城市经济更具实力、城市形象更有魅力、城市发展更富活力。作为享誉国内外的旅游名城，北戴河立足“百年胜地、美丽之冠”的城市定位，紧紧围绕建设“美丽实力幸福北戴河”的发展目标，依托自然生态、历史人文等方面的独特优势，全面加强公共文化服务体系建设。2013年，顺利通过国家公共文化服务体系示范区创建验收。

完善文化设施，提升承载功能。按照修旧如旧、完善功能的原则，对原工人文化宫进行了修缮改造，在保持原有建筑风格的基础上，增加会议演出、影视放映、艺术展陈、文博收藏等文化承载功能。改造后，文化宫承接了大部分文化艺术展览、影视放映、群众性文艺节目排演等活动，成为群众文化生活的重要阵地。整合多种社会资源，积极引导民间资本参与公共文化设施建设与服务，几年来先后建成了北戴河博物馆、轮滑博物馆、怪楼文化艺术产业园、贵德艺术馆、浪淘沙艺术馆等19家艺术馆、博物馆，年均举办各类展览、培训活动近200场次。坚持文化与旅游、与体育有机结合，2005年正式开园的奥林匹克大道公园以弘扬奥运精神、传播奥运文化为主题，经过多年的体育文化培育，成为了举办体育赛事、大型演出活动、群众运动休闲的重要场所。此外，青少年活动中心、老年活动中心、社区文化活动中心、村民活动中心等一批群众文化活动场馆和设施相继建成并投入使用，全区所有镇（街）、村（居）均建有综合文化站、文化活动室，覆盖率达到了100%，农村书屋、文化信息资源共享、电影放映等系列文化惠民工程全面落实，形成了城区有文化场馆，镇、街有文化中心（文化站），村、居有图书室、文化室的三级文化服务网络。

丰富文化活动，营造浓厚氛围。广泛开展群众喜闻乐见的文化活动，是健全公共文化服务体系的重要内容，也是群众共享公共文化服务的直接体现。北戴河区依托丰富的民俗文化、亲海文化、红色文化、暑期文化、旅游体育休闲文化等特色文化资源，组织开展丰富多彩的文化活动。元旦、春节、中秋、国庆等传统节庆日期间，组织开展春节联欢会、迎中秋·庆国庆文艺演出等文艺活动。利用镇街文化活动中心、广场、图书室等文化设施，开展“喜看家乡新变化”文艺晚会、卡拉OK演唱会、每月一歌等活动，充分调动居民参与社区文化建设的积极性。坚持文化与科技、计生、法制等工作相结合，每年组织文艺演出、秧歌拉街、文艺演出、文体赛事等百余场文化下乡服务活动。结合暑期服务工作，组建轮滑志愿者服务队、暑期先锋志愿服务队、“文明交通行”志愿服务队，将服务暑期、奉献暑期落实在文体活动中。本着“安全、小型、经典、分散”的原则，组织精彩纷呈的暑期文化展演，2013年先后组织了北戴河6789第一届海洋音乐节、俄罗斯风情演出等暑期系列文化活动3000余场次，举办了雅好文华——癸巳北戴河之夏书画十人展、“中国梦——神玉神州行”走进北戴河皇家古玉珍玩展、“笔墨山海”梅墨生师生作品展、“夫劳克·贝克”个人绘画作品展等高品位文化艺术展演活动22场次。

优化文化服务，打造特色品牌。通过深入挖掘整合文化资源，下大力培育“运动之春、浪漫之夏、时尚之秋、休闲之冬”四季文化活动品牌，努力打造“运动之春”轮滑节、春节文化灯会、情侣狂欢节、暑期街

头音乐美术文化人、俄罗斯特色广场文艺演出、艺术写生基地等10余个群众性城市文化品牌，音乐文化人活动被文化部授予第十届中国艺术节项目类“群星奖”。精心推出《海上生明月》——全省首台直面市场的大型滨海情景演出，成为借助社会力量打造群众文化品牌的成功范本。截至目前，该演出已连续上演6年，累计投入6000万元，演出300余场次，接待观众200万人次。此外，为给群众提供更多的优质文化服务，创新基层文化服务方式，创建了全省首家“文化超市”，即以文化为主要内容，向群众提供文化政策咨询、文化信息发布、文化产品销售、文化机构及文化名人推介等各层面服务，“文化超市”成为了面向基层群众的小型文化服务综合体。2013年建成以来，已向3000余人次群众提供各类文化服务。中国文化报、河北日报、燕赵都市报和省、市电视台等媒体先后进行报道。

建强文化队伍，发挥引领作用。文艺人才在公共文化服务体系建设中既是实践者，又是推动者。目前，我区镇（街）均配备了文化站工作人员，村（居）均配备了文化管理员。全区先后组建秧歌队、合唱队、锣鼓队、艺术团等群众性文艺队伍42支，总人数达1100余人，实现了村村都有文艺队伍的目标。本着“服务群众”的原则，加强文化站（室）规范化、科学化、人性化管理。各文化站（室）结合自身特点创新管理方式，突出服务特色，按照群众需求聘请文化辅导员，充分调度群众参与活动的主动性，使文化站（室）真正成为群众的好去处，成为群众文化工作的龙头阵地。对于基层文化站（室），注重加强文化指导和培训服务，在单庄、东坨头、费石庄、东山社区等8个基层村（居）挂牌成立文化辅导基地，区文化馆定期指派专业人员到各文化站（室）和文化辅导基地辅导培训，年均培训500余节次。同时，组织文化志愿者队伍，在全区广泛开展国学、书法、绘画、摄影等义务培训，年均培训200余场次。

文化，体现一个城市的底蕴和积淀。北戴河区将不断强化“以文化为魂”的理念，秉承“以群众为中心”的工作导向，坚持文化发展为人民、文化成果惠人民、文化建设靠人民的工作方针，积极探索实施符合区情实际的文化惠民举措，高标准推进公共文化服务体系建设，努力让更多群众共享文化改革发展新成果。

资料来源：北戴河区人民政府办公室

整合优势资源 打造养生“夏都” 加快发展高端健康养老产业

北戴河区拥有独特自然环境、优越气候环境和完备休疗体系，具有发展高端健康养老产业的天然优势。区政府办公室结合立足区情实际，对北戴河发展高端健康养老产业进行了粗浅的分析和思考，提出北戴河发展高端健康养老产业的发展建议。

一、北戴河养老产业发展现状和存在问题

（一）产业现状

养老产业是指以老年人为服务对象，以养老服务为内容，主要通过市场化运作配置养老资源向老年人提供商品和服务，由老年市场需求拉动而兴起的综合性产业。目前，我区仅有5家民办养老机构，床位800余张，占地面积3万余平米，建筑面积2万余平米，从业人员100余人，基本满足本地区机构养老的需求。按照“谁投资、谁管理、谁受益”的原则，区政府积极引导和支持社会力量兴办养老机构，鼓励支持企事业单位、集体组织及个人等社会力量兴办各具特色、功能完善、不同档次的养老服务机构。现主要有以下几种类型：

1.定期候鸟型。夏秋季有大量外地老年人慕名而来，消暑度假，一般居住时间较短，主要接待身体健康的老年人为主。

2.深度照料型。主要接收半自理、不能自理的本地区老年人为主，养老机构通过提供相关服务、照料，为深受老年病困扰的家庭提供养老服务。

3.医养结合型。主要是休疗机构转型参与养老事业，依托其医疗设施、人力资源和管理经验，提供医养结合的养老服务。目前我区个别养老院的转型也只是初步的探索，尚未形成规模。

4.家庭公寓型。以小型公寓为主的家庭式养老的机构，具有很好的独立性、私密性等特点，具有适合家庭长期养老的优势。

5.生态种养型。集饮食、住宿、娱乐、健身和医疗保健于一体的园林式多功能生态养老机构。老年人不仅享受各种绿色植物装点的生态环境，也可以自愿参与一些适合的劳动。

（二）存在问题

1.系统性规划欠缺。由于养老产业作为一个新型业态，市场尚未对其进行清晰界定，因此产业发展容易陷于盲动。同时，各级政府缺乏较为完善的针对养老产业发展的相关政策指导和规划引导，也不利于养老产业的长足发展，

2.产业关联性不紧。旅游业是我区的富民产业，而高端健康养老产业与旅游产业可以说是相通的，但目前两个产业的关联性还不紧密，绝大部分游客来北戴河还是偏重滨海休闲度假，针对养老产品和旅游产业相结合的专业营销比较薄弱，发展经验有待积累，产业关联性有待提升。

3.发展速度较迟缓。由于市场主体对发展养老产业的优惠政策理解不深、对养老市场了解不透、对福利事业关注不够等原因，民间资本进入养老产业，特别是进入高端健康养老产业的速度迟缓。同时，由于兴办社会养老机构具有投入大、周期长、周转慢、利润低的特点，很多企业不愿投资养老服务事业。近年来，我区虽有个别经营者进入养老服务业，但尚未形成规模，因此很难有较快的发展速度和成熟的经验可以借鉴。

4.配套政策待完善。我区现有现有的养老服务业结构相对单一，养老机构仅限于提供吃、住等基本服务，基本上以照顾和护理老人为主，服务产品尚不丰富，缺乏护理、

医疗、康复等综合化服务，没有形成完善的产业；绝大多数养老机构处于中低档次水平，目前尚无实际意义上的中高档老年公寓，不能满足部分老年群体日益增长的多样化的服务需求；同时，有法律上的保障和政策上的扶持是养老产业较快发展的有力保证，而我区目前尚缺乏明确的优惠政策扶持措施，社会兴办养老机构的积极性不高。

5.专业化程度不高。一是受传统观念的影响，从事养老服务的人力资源相对较少，而且养老机构特别是民办养老机构的人员管理不规范，存在岗位不明、职责不清的情况。二是人员构成比例不尽合理，护理人员总数还比较少，具有养老护理职能技术资格证的更少，加之由于缺乏系统的业务培训，其业务技能难以满足老年人的多层次、多样化的服务需求。三是机构的服务内容缺乏针对性，特别是针对老年人健康的相关服务项目，及针对老年人心理慰藉的个性化服务项目。

三、养老产业的发展分析

（一）发展机遇

1.人口老龄化挑战。“十二五”时期，我国人口老龄化将呈现老龄化、高龄化、空巢化加速发展的新特征。根据《经济日报》预测，我国老年人口规模2020年将达到2.55亿，2030年达到3.71亿，2040年达到4.37亿，2050年达到4.83亿。同全国一样，我市已经进入人口老龄化快速发展阶段，2013年底全市60岁以上老年人口有47.3万人，预计2017年将达到56.2万人，2020年将达到63.3万人。老年人康复护理、医疗保健、精神文化需求日益凸显，养老产业势将成为我国经济转型升级的重要产业之一。

2.养老需求快速发展。以2020年全国2.55亿老年人进行测算，按照国际通行的5%老年人需要进入机构养老标准，我国至少需要1100多万张养老床位，而根据民政部数据2013年只有约500万张，缺口达600多万张。日益庞大的老年人口和市场需求，继续采取政府包办社会福利的方式显然是不可持续的，市场化改革势在必行，产业化运作势在必然。“银发经济”呈现井喷蓄发态势并有望在“十二五”期间迅猛发展，具有明显的经济推动作用。

3.政策支持力度空前。2000年中共中央、国务院《关于加强老龄工作的决定》首次提出“老年服务业的发展要走社会化、产业化的道路”“培育和发展老龄消费市场”。“十二五”规划纲要进一步强调“加快发展社会养老服务，培育壮大老龄服务事业和产业……鼓励社会资本兴办具有护理功能的养老服务机构”。老年人作为特殊的消费群体，其庞大的人口基数、不断提高的物质文化需求和逐步转变的消费观念正在推动我国养老产业的兴起。发展养老产业，不仅是实现“老有所养”，构建和谐社会的内在要求，还是拉动内需，增加就业，推动经济增长的重要举措，是极具发展潜力的新型产业。

（二）重要意义

1.缓解季节矛盾。每年7–8月份，慕名而来的来我区旅游者络绎不绝，旅游客流量特别集中。9月过后,旅游者寥寥无几，造成北戴河旅游区存在着明显的季节性问题，以致影响到我区的旅游产业有序发展及地区经济的发展，发展养老产业可以有效缓解淡旺季矛盾，延长旅游周期，提升经济活力。

2.切实改善民生。养老产业是一个与广大社会公众日常生活有着密切联系的产业，是一个典型的民生产业。发展养老产业有助于保障改善民生、提升幸福指数。加快养老服务产业发展，努力构建不同服务层次、不同消费水平的养老模式，为老年群体提供丰富的、适合其需求的物质、精神产品及各种服务，确保其“老有所养”，实现老有所食、老有所医、老有所居，老有所乐，促进我区社会的和谐稳定，提升百姓的幸福指数，能为我区建设美丽实力幸福北戴河添上浓墨重彩的一笔。

3.优化产业结构。养老产业是一个横跨第一、二、三产业的综合产业体系，产业跨度大，涉及范围广，不仅包含老年用品、食品、医疗、房地产、旅游、文化娱乐等产业，而且对上下游产业，如：建筑设备及原材料、电子设备、保险金融、教育等行业具有显著的经济带动效应。积极发展养老服务产业不仅可以刺激消费、培育新的产业经济增长点，最终拉动内需，促进经济发展。同时还可以围绕养老产业发展起来的相关产业和养老产业一起形成养老产业链，带来连锁效应，促进与之相关产业发展，实现我区三次产业的协调联动和产业结构优化升级。

4.提升城市实力。养老产业拥有“两高+两低+多功能”的产业特征，“两高”即高技术含量、高附加值。高端健康养老产业提供的已不再是传统意义上的休闲、保健、看护服务，而是综合应用先进科技手段提高生命质量的技术密集性产业，如：生物医药、物联网、现代交通等高技术都是高端健康养老产业的支撑技术，与高技术相伴随是该产业的高附加值。“两低”即低能耗、低污染。“多功能”即具有经济、社会、文化和生态等多种功能，利于人的发展、人的素质提高、人的生活质量提升，其发展对城市可持续发展、核心竞争力的提升至关重要。

5.活跃地方经济。养老产业被称为“金融、保险”相关服务产业助推器，由于其面对的服务人群是老年人，老年人是养老保险、医疗保险的主要受众，通过产业关联的合理预测，未来越来越多的老年人选择来北戴河疗养，使北戴河成为具有极大潜力的养老金融和保险业务市场。使得我区以此引入金融、保险相关企业，在为老年人提供更为便捷的金融保险服务同时，优化了我区金融结构，拓宽金融服务范围，进一步地将金融支持引入地方经济建设中。保险公司的多元化业务发展也将会满足北戴河其他企业金融需求。此外，常年留在北戴河养老的老年人即形成了养老金理财市场，从而扩大北戴河金融服务需要，从而吸引金融机构入驻北戴河，进而为我区经济社会发展带来金融支持，激活地方经济发展。

6.增加就业岗位。养老服务产业涉及领域广，涵盖的行业大多属于劳动密集型行业，对劳动力素质要求的弹性较大，比较适合文化素质参差不齐的状况，可扩大就业领域，缓解就业压力，能较好的解决我区农村剩余劳动力特别是“4050”人员就业问题；同时养老服务产业主要通过市场化、社会化方式配置养老资源，积极鼓励民间资本投资兴办养老机构和服务设施，实行投资主体多元化，有利于减轻政府在养老财政支出上的负担。

7.拓展民宿产业。《北戴河区民宿管理暂行规定》明确界定，民宿是指在北戴河区划范围内，村（居）民利用自有安全合法的闲置房屋及院落从事以盈利为目的的旅店业为主及附属配套经营行为的，依法取得有关营业许可及证照，楼房建筑在3层及以下或客房数量在5到20间规模的家庭旅馆。我区现有民宿近2000家，床位6万余张，占全区住宿接待能力的“半壁江山”，未来通过科学引导和改造提升，可以满足大批量老年群体入住。每年仅暑期7月至8月民宿户住宿率能达到90%以上，每年4至6月和秋季9月至10月间住宿率不足10%，发展养老产业可以激活春秋季处于闲置阶段民宿产业，使区内民宿资源得到有效利用。

（三）北戴河发展高端健康养老产业的优势

1.独特区位。北戴河是京津华北门户，地处东北与华北咽喉，位于京津冀、环渤海两大经济圈内，与北京相距270公里，与天津相距220公里，京沈高速、205国道从境内穿过，京沈高速引线直达城区，距山海关机场25公里，距正在筹建的北戴河机场34公里。2013年开通的津秦客专使天津到北戴河的时间缩减为1个小时左右。北戴河与两大经济圈重要城市构筑2小时交通圈基本可以实现，区域联系将越来越便捷，面向京津冀、辐射东三省的养老产业拥有充分的市场支撑。

2.资源禀赋。北戴河气候宜人，夏无酷暑，冬无严寒，拥有地球上海洋、森林、湿地这三个主要的生态系统。北戴河空气清新、洁净，平均每立方厘米负氧离子含量为4000～7000个，是天然的绿色氧吧。优越的自然生态环境优势成为北戴河发展养老产业得天独厚的条件。

3.基础完善。目前北戴河是中国规模最大的休疗养基地和健身休闲中心，区内休疗养院在医疗服务、康体保健类的医疗资源相对丰富。如：北京军区北戴河疗养院、中国煤矿工人北戴河疗养院、国家电力公司北戴河疗养院、河北省医疗气功医院等一批国内有名的特色专科，北京军区疗养院特色专科有：肾病治疗及康复、糖尿病、高血压的治疗康复调理、健康体检、亚健康调理；中国煤矿工人北戴河疗养院特色专科有：骨病专科、尘肺病专科、结石专科；国家电力公司北戴河疗养院特色专科有：骨病专科、尘肺病专科、结石专科；河北省医疗气功医院特色专科有：推拿药浴科、气功康复科、中医科。同时，北戴河拥有国内设备、技术一流的秦皇岛湿地体检中心，通过整治上述休疗机构，可为发展高端养老产业提供了坚实医疗保障条件。

4.政策支持。市委、市政府高度重视养老产业发展，仅2014年，就相继制定和出台了《关于加快发展养老服务业的实施意见》、《关于加快发展健康产业的实施意见》等相关文件，从政策的顶层设计鼓励和支持高端健康养老产业的发展。北戴河区委、区政府高度重视抓住京津冀协同发展这一重大历史机遇，以改革开放为发展动力，借助北戴河旅游资源丰富，创新创业氛围浓厚，充满激情与活力。目前，秦皇岛正在打造京津冀城市群中的一颗明珠，已经把包括高端健康养老产业在内的现代服务业作为优先、着重的发展方向，力争实现率先发展。

5.历史机遇。作为暑期休假地，北戴河现有驻区休疗养院159家，具备完备的办公、会议、生活功能，可以借助休疗单位改制转型的历史机遇，借助和激活淡季处于休眠状态休疗资源发展高端健康养老产业，使我区拥有其他城市无法比拟的先天优势，通过资源整合利用，大大降低发展养老产业的前期投入，使北戴河成为高端旅游、教育医疗、科技研发、健康养老的最佳承载地，也可构建首都医疗文化旅游教育体育资源转移基地、国家健康养老产业发展示范基地和首都行政办公特别功能区。

四、北戴河发展高端养老产业的路径设计及政策建议

（一）路径设计

1.制定产业规划。按照“因地制宜、突出特色、合理布局”的原则，在结合区情做好整体规划的前提下，制定详细的养老服务产业发展规划，合理确定发展目标，将社会养老服务设施建设纳入我区经济社会发展规划及城乡建设规划，合理安排，科学布局。下大力做好前期调查研究，规划编制一定要深入和精细，特别是对区内现有休疗单位现状，养老产业基地建设的市场前景、市场容量、市场趋势及投入产出、利润、税收、就业、产业带动力等进行专业定量研究，建立科学完备的统计指标体系。建议区委、区政府相关部门就上述问题委托专业机构进行专题研究，并向社会公众发布研究成果。

2.构建养老体系。北戴河发展养老经济要从全局统筹发展战略考虑，健全规范产业发展机制：一是建立分管区领导牵头，发改、财政、民政、人社、住建、规划、卫生、国土、税务等部门参加的养老服务发展领导协调机构，加强养老服务产业的规范管理和监督，及时研究解决养老服务业发展中遇到的重大问题。二是积极完善产业发展模式，按照“谁投资、谁管理、谁受益”的原则，鼓励和支持不同市场主体积极研发老年服务产品、项目，形成养、疗、研、学、乐等一条龙产业结构，加快形成养老服务与商贸餐饮、医疗康复、教育培训、文化娱乐、体育健身、旅游度假等领域产业联系网络，带动相关产业发展，谋划构建养老经济产业集群。三是构筑“滨海生态休闲旅游区+高端健康养老基地”两大平台。以“两大平台”为核心，统筹城乡，辐射全域，构建较为完整的养老经济体系，特别要把北戴河“民宿”产业纳入到养老经济体系中去。

3.选准突破方向。根据养老产业前后端延伸的产业链，在制定北戴河养老产业规划中可以重点对准“九大产业”发展方向，分别为养老房地产、养生养老用品制造业、休闲养生农业、养生医疗保健业、休闲养生教

育培训业、养生文化产业、养生旅游业、养生基地建设和休闲会展业。“九大产业”方向是否平均用力、不分重点地来发展“九大产业”还需值得深入思考和探索。首先，要优先发展侯鸟式养生基地建设，把建设高品位、优服务、有成效地养老产业基地放在重中之重，开创养老经济发展新局面。前期建设要综合部署招商选商、区内优势资源整合、配套服务设施布局、技术人才引进、服人员培训等，力争开端良好。其次，要提前布局发展滨海度假、养生餐饮、运动健身、休疗养生、文化养生等重点内容，与“两大平台”建设相适应，配套构建完整的养老产业的一系列服务。最后，积极引进那些国内外知名企业到北戴河投资养生养老产业，争取引进大资本，构建大平台，优先发展养老经济。

4.打造“养生夏都”。抓好用好京津冀协同发展机遇，转化为北戴河转型发展、绿色崛起的动力源泉，要抓好对接、跑办，借势来破解难题。要准确定位“养生夏都”发展方向，构建完备的养老经济发展体系，建设覆盖北戴河城乡全域的高端养生养老产业核心区，加速推进城乡一体化进程，夯实“两个率先”的实现基础，特别要充分利用各类疗养院改制转型历史机遇，培育典型试点，先行先试，为我所用，承接京津养老资源，打造以“健康养老、生态养老”为品牌的全国养老示范基地。

（二）政策建议

1.加大政策扶持。目前，秦皇岛市作为国家养老服务业综合改革试点城市，已经出台有关支持养老机构发展的鼓励政策，但受国家宏观政策制约，还存在政策不配套、不系统等问题。针对养老资源整合、养老产业基地发展的土地、产权、融资、税收等相关政策尚未完善政策，还没有形成统一的一揽子政策。建议区委、区政府积极争取国家和河北省的特殊优惠政策，争取先行先试，做省内改革发展的“排头兵”，尽快出台北戴河发展养老产业经济的一揽子政策，以吸引国内外资本投资我区养生养老产业。

2.优化发展环境。政府要为相关市场主体提供良好的发展环境，政府要在诸如土地整理、平台建设、服务设施布局等方面加大工作力度，这一方面需要政府所做的工作非常多，特别是养老产业基地一定要整合现有配套服务设施、人才、服务内容，如：休疗机构、康复医院、运动中心、健身中心、养生中心等，这都需要政府做好政策顶层设计作为支撑，加大工作推进力度。建议根据区情实际，根据现有资源，提前布局与养老产业基地相关的医疗、康复、体育、健身、休闲、养生的规划布局，加大“智慧城市”助推养老产业产业发展的力度，在人才引进、服务培训上可以依托区域内高校提前做好准备。

3.构建多种模式。一是结合我区经济实际和资源禀赋，形成区域特色鲜明、不同类型的养老模式。戴河镇依托瓜果、蔬菜等生态农业、旅游观光农业蓬勃发展，适合发展乡村养老、农家养老、田园养老、旅游养老等模式，南部滨海片区及北部新城适合发展社区居家养老、以房养老等模式，兴办中高档老年公寓；二是积极鼓励建设“医养合一”养老机构。将养老机构和区内医疗资源有效结合，积极鼓励有条件的社会医疗单位创办医疗康复相结合的养老机构，鼓励养老机构在符合医疗机构设置规划和医疗机构基本标准的前提下，经审查批准后内设医疗机构，实现“医养合一”。

4.注重营销策划。加强北戴河整体包装营销，精心设计养老产业精品项目，联动景区整体包装促销，积极鼓励参加各类宣传推介活动。重视网络营销，综合利用网络宣传。开展依托海洋、休闲主题等推介活动，广邀京津冀媒体记者前来采访，进而增强外部资本到我区投资和老年人休闲的意愿。强化品牌营销，加强旅游企业、社区社团的交流合作，开展公务定点、团队活动促销。

5.加大人才培育。稳定和扩大养老服务队伍，健全养老服务人员的培训教育机制，提高养老服务从业人员的专业化水平。一是鼓励区内有条件的职业教育机构如职业技术学院等设立养老管理与服务、老年护理、老年社会学和老年人用品开发等专业，为发展养老产业和养老机构培养有知识、懂技术、会管理的专业人才，为全面铺开养老服务产业做好人才储备。二是加强养老服务从业人员职业技能培训。把养老服务从业人员技能培训纳入城乡就业培训体系，由区民政、人社按照职业标准组织开展养老护理、家政服务等相关职业的技能培训，经职业技能鉴定合格的，发给相应的职业资格证书，实行持证上岗。

资料来源：北戴河区人民政府办公室

关于将“三化”理念融入城市建设与管理的思考

近年来，随着经济社会发展，各地对于城市建设和管理的重视程度越来越高，都在努力完善提升基础设施建设，加强园林绿化工作，提升城市艺术品位，加大管理整治力度。不知不觉中，精细化、艺术化、园林化的理念正在悄然融入城市建设与管理。对于一个城市来讲，只有将“三化”理念运用好、发挥好，城市建设管理水平才能得到质的提升，有效增强城市的竞争力和吸引力。

一、城市建管的内涵和“三化”理念的提出

一座城市的竞争力来源于其完善的功能、优良的环境、发达的经济、繁荣的文化、和谐的社会，同时更有赖于特点鲜明的城市个性和魅力，而城市建设管理水平的高低更直观的反映着竞争力的大小，现代城市的发展要求建设与管理的水平必须同步提高。

（一）城市建管的内涵

1.加强城市建管是营造宜居环境的有效手段。2010年上海世博会的主题是“城市让生活更美好”，而加强城市建设、优化城市管理则是为我们创造宜居环境最直接、最有效的手段。随着经济社会的发展，我国目前已进入了全面建设小康社会的新阶段、新时期，人民群众对于幸福的要求已不仅仅停留在初级阶段，而是追求生活的舒适和便利。加强城市建设与管理，能够直接改善城市的居住环境，而如何加强城市建管，是决定城市居住环境质量的重要因素。这其中，只有坚持以人为本，潜移默化地融入“三化”理念，才能更好的营造适宜人居的城市环境。

2. 加强城市建管是发展区域经济的重要载体。随着城市化战略的深入实施，经济社会改革的继续推进，加强城市建设管理越来越成为增强城市综合竞争力，推动社会经济快速发展的重要载体。强化城市公共服务能力建设，增加服务发展空间，能够有效优化环境，聚拢人气。加大交通、物流等基础设施建设，能够更好地服务经济社会发展大局。而城市管理的规范程度则是一个城市形象和品牌的突出表现。同时，近年来在城市建设管理中兴起的经营城市理念，也成为区域经济发展的重要内容，能够使市场主动参与到城市建设和管理中，有效提升城市建管的效率和水平。

3.加强城市建管是社会文明程度的具体体现。一个城市的文明程度，是城市综合竞争力的重要组成部分，也是城市形象、品牌和发展水平的集中体现。高楼大厦的高度和数量并不能体现一座城市的文明程度，反而公共卫生间的布局和整洁程度、过街天桥或地下通道的设置情况、城市公交站点的便捷程度、公共设施的人性化程度却是城市文明与否的重要标签。同时，加强城市人性化管理，规范和引导各类人的不文明行为，让城市参与者能够普遍提升文明水平，也是体现城市文明的重要内容。

（二）“三化”理念的提出背景

1.“三化”的概念

所谓“三化”理念，实际是指城市建设和管理中要坚持的精细化、艺术化和园林化。精细化着重表现在城市管理方面，当然在建设中也要严格遵循精细原则，从细处着眼，从小处着手，切实将城市分割成一个个小的单元，并将其有机组合，形成钟表般精密的磨合运行。艺术化是指城市建设管理要有内涵、有深度，更多的让人们感受到一座城市的历史和其所体现的城市性格、代表的城市精神。园林化是比较容易让城市管理者进入误区的一项工作，其实要实现园林化，

并不是树木多、绿地多就能行了，适度、合理、规范才是园林化的真正内涵。

2.实施“三化”的必要性

有人说中国众多的城市在初次感悟时都是相似的，因为所搞的建筑雷同，都是高楼大厦林立；管理模式相似，都是以城管为主力的强制化。而“三化”理念则要求在城市建设管理中，要坚持差异性原则，因地适宜的建设和行之有效的管理，以有效提升城市品位，塑造城市形象。

精细化：实施精细化管理是提高城市管理效能的重要举措，是改善城市生产、生活环境，提升城市品位的有效途径，也是城市建设管理的必然趋势，对于城市的可持续发展和深化经济社会改革具有重要的积极作用。精细化的目标是通过对城市建设和管理标准情节的确认和细化，通过有效整合力量，优化资源配置，建立与之对应的分工明确、责权分明、沟通快捷、协调有力、运转高效的管理系统，让城市面貌更加优美，城市环境更加宜居，城市形象更加动人。

艺术化：城市，不仅仅是由建筑构成的物质空间，同时，也是公众工作和生活的精神空间。一座城市的兴起和沧桑演变，都铭记着市民们的思想、习俗、情感，以及动人的事件和故事，也正是这些，铸就了一座城市“活的历史”文脉和精神气质，并且通过一代代的传承而产生着长远的影响。城市的这种文脉和气质，常常可以被初来者清晰的感受到，成为他对一座城市的识别和情感记忆的重要部分。因此，在城市建设管理的每个细微之处，都要尽可能的融入这种情感，以有效提升城市品位，增强城市艺术性、文化性。

园林化：园林绿地是建设在城市中的一个绿色生态系统，渗透到各行各业、各个领域，创造优美环境，促进经济发展和人民的健康，为改革开放服务，为生产生活学习提供强有力的支撑，其效益是综合的、广泛的、长期的和不可替代的。园林化能够有效改善城市气候，保护环境，净化空气等，具有明显的生态效益；能够创造城市景观，增加休闲健身场所和公共空间，进一步凸显社会效益；在园林化的过程中，园林本身还能够直接或者间接的产生经济效益。这也是为什么纽约在寸土寸金的市中心还保留着5000多亩中央公园的原因。

二、立足北戴河城市建管现状剖析问题及原因

（一）基础现状

1.城市生态和基础设施情况

生态良好、环境优美是北戴河的核心优势。作为国家级园林城市，森林覆盖率13.28%，城市绿化覆盖率57.29%，人均公共绿地面积53.33平方米，一级空气质量天数年均达300天以上，每立方厘米空气中的负氧离子达到4000～7000个，被誉为“天然氧吧”。可以说，北戴河的自然生态环境优美，资源丰富，在发展社会经济中具有得天独厚的优势。

北戴河基础设施情况应该说比较完备。北戴河区现有城市道路251条，总长度89.5公里，面积98.7万平方米，人行道铺装总面积23.99万平方米；城市道路雨水排放设施全长31公里（收水井2130座、检查井481座）；桥17座；涵洞153洞。在自来水供应方面，北戴河水厂设计日供水能力5万吨，暑期超负荷供水最高达8万余吨，目前全区25个村中仅有7个村能够供应自来水，其余则为地下水供应，与全域城乡一体化发展的目标还有一定差距。此外，近年来，年均700多万人次的游客接待数量，使北戴河每年的暑期都出现超负荷的运转状态，这在一定程度上是难以单纯通过加强城市基础设施建设得到有效解决的。

2.城市建管“三化”融入情况

在精细化方面，城市规划建设上，始终按照“寸土规划、以米设计、精心施工”的原则，精心雕琢城市每一个角落，让百年胜地熠熠生辉。城市管理上，暑期创造性的实施领导包街制度，对重点街区实行全覆盖、全负责的管理机制，此外，近年来还强力推行旅游服务市场的精细化，强化培训和引导，让优秀的旅游品质成为了北戴河的靓丽

品牌。

在艺术化方面，注重挖掘历史文化内涵，注入现代时尚元素，突出北戴河格调。按照“一街一景、一街一品”的思路，深入实施了10多条道路及火车站片区的建筑街景改造工程，再现了北戴河“万国建筑博物馆”的风采。在城区主要路段、重点部位及城市角落设置城市雕塑、叠水景观、树干画、树洞画、岩彩画等文化景观小品，使整个城市在点滴之处都体现文化艺术的浸润。

在园林化方面，立足“百年胜地，美丽之冠”城市定位，坚持绿化+生态、绿化+文化、绿化+产业的总体思路，遵循无处不精细、无处不精美、无处不精彩要求，实现了生态园林景观化、精品园林艺术化、城市园林人文化。凸显了“一湾金沙拥碧海，两山绿树掩红楼”的优美景观。

（二）管理现状

目前，北戴河城市建设工作主要由区住建局（全区市政道路等基础设施的建设维修）、园林局（全区绿化提升养护）、交通局（交通道路的建设维护）、城管局（亮化及城市家具设置）等部门和单位承担，城市管理工作主要由规划分局、城管局（市容市貌）、“三打”办（违法占地违法建筑管理）等部门和单位承担。在管理体制上与秦皇岛市的情况有所不同，建设管理部门较为分散，也容易出现职责不清、管理盲区的现象。

（三）北戴河城市建设管理中存在的问题及原因

北戴河作为河北省乃至全国较为特殊的一座滨海小城，它的每一处变化都能产生很强的放大效应。可以说，在城市建设上，北戴河走在了全国前列，在管理上也付出了艰辛的努力，但是与“三化”理念的融入相比，尚存在需要提升和优化的地方。

一是城市功能形象定位个性化不足。近年来，我区坚持“百年胜地，美丽之冠”的城市定位，全力推进城市建设和管理，经济社会得到有效发展，城市环境容貌得到进一步提升。可以说在艺术化、园林化、精细化的方面，北戴河已经处在了国内的先进水平。但是，我区在城市建管中，还没有形成特色鲜明的城市个性。无论是春季的动感时尚、夏季的激情似火、秋季的浪漫迷人、冬季的温情款款，都应该形成鲜明的特点和明显的印记。此外，北戴河的艺术小品、雕塑等文化建设方面还存在着或多或少的“刻意为之”的现象，与周边环境的相容性有待提高，园林绿化的管护方面还有待进一步挖潜和提高。

二是城市空间设施缺乏必要支撑。自然资源突出的北戴河，留给城市发展的空间却很少，南部滨海片区在环境承载、交通组织、基础设施等方面已达到超饱和状态，部分产业项目受土地局限无法顺利实施。北戴河虽然海岸线绵长、沙滩柔软质细，但是真正在纵向拓展的空间也仅有保二路、剑秋路能够体现滨海小城的独特魅力，在空间和设施上显现出疲态。

三是精细化管理缺乏长效机制。受旅游淡旺季的影响，北戴河的城市管理目前还存在着季节性不均衡，管理水平有待提高的问题，冬季城市不用管，夏季城市管不过来，在一定程度上还存在重突击轻长效的现象。为了迎接暑期到来，往往通过专项行动组织实施管理整治工作，力度很大，效果显著，但在日常工作中还存在着死角死面等明显问题。此外，我区还没有形成科学的城市管理机制，执法力度不到位，使城市管理的综合功能难以得到发挥。

之所以北戴河在城市建设和管理中还存在着上述问题，主要原因是（1）城市建管缺乏大的规划设计，存在随意性；（2）相关制度和政策缺失，造成规划刚性坚持不足；（3）城市建设管理工作人员的素质存在参差不齐的现象。

三、国内外先进地区的成功做法

（一）国内先进城市的做法

1.深圳——新进崛起的优秀园林城市。深圳作为中国最年轻的城市之一，从建设的第一天起就坚持高标准绿化，努力打造优美的园林城市。按照“城区园林化、山区森林化、道路林荫化、庭院花园化”的要求，深圳致力于打造公园之城，提升园林绿化品位，形成了独具特色的城市绿色风格。作为创建国家生态园林城市示范市的深圳，在园林绿化上坚持了自然、艺术、特色相协调的思路，高起点规划，高标准建设，高效能管理，真正展现了优秀园林城市的绝美风采。

2.香港——精细管理之下的“东方之珠”。香港位置优越、面积狭小，用了30年左右的时间，成功治理了一系列随城市发展而衍生的管理问题，被认为是世界城市管理较为先进的地区之一。这与其持之以恒的坚持精细化管理不无关系，通过全局与细微的统筹、人与制度的均衡、政府与市场的组合等方式，将精细化深入每条道路、每寸土地，创造了“东方之珠”的美誉。

3.大连——古典与现代碰撞出来的艺术之城。大连作为一个近代新兴城市，在规划建设中充分体现了近代建筑与现代的碰撞，由此也成就了其艺术之城和“北方明珠”的美誉。大连建筑风格各异，人文情调丰富，既有流行于欧洲的圆穹式建筑，古罗马柱式建筑，巴洛克式建筑，也有俄罗斯一条街、日本别墅建筑群，中国式建筑等。在大连的建设和管理中，充分体现了古老与现代、典雅与浪漫、传统与西洋的融合，形成自然和谐、优美动人的城市交响乐。

（二）国外先进国家和地区的做法

新加坡被誉为“世界花园城市”，虽然作为世界上人口密度最大的国家之一，但并无混乱和拥挤，整个城市规划科学，布局合理，管理精细，极具美感。可以说，新加坡城市建设管理充分将“三化”理念融入进去了。

一是城市建管的精细化。新加坡自建国之初就严格落实精细化、精致化、精确化的城市管理理念，以规划为统领、以法制为先导、以严管为手段、以精细为目标，在世界上熠熠生辉。新加坡坚持以人为本，强调服务优先，加强法治保障，形成了一套成熟的管理理念。在管理体制上，部门职责明确，众多管理部门的职责均由法律形式固定下来。城市管理协调有力，成立“花园城市行动委员会”，在拟定政策、综合协调方面发挥了重要作用。此外，新加坡还积极推行社区自治，设立社区发展理事会，有效激发社区居民参与城市管理的自觉性。

二是市容环境园林化。新加坡给人的感受是虽然新加坡的国土面积不大，但是最为难得的是，在这样一个寸土寸金的国家却绝不吝惜绿化用地，城市绿化率达50%以上，几乎每一座建筑都伫立在苍翠的绿色里。新加坡坚持“城在园中，人在绿中，花园城市”的园林化理念，坚持适地适树原则，引进多种植物进行种植，灌木生长力求自然生长而不刻意整形修剪，形成错落有致、自然和谐的景观效果。凡是能够绿化的屋顶、桥面、墙体、桥墩、栅栏、灯杆等空间均应用藤本攀爬类植物进行立体绿化，并且与建筑物相互融合，形成了绿桥、绿柱、绿廊、绿道，极大的拓展了绿化的空间。之所以新加坡的园林化如此突出，离不开它绿化的规划法律地位和生态资源的保护地位具备强烈的刚性，也正因如此，新加坡的园林城市才被世人所津津乐道。

三是城市品位艺术化。新加坡建筑多姿多彩，到处绿树成荫，马路整洁有序，社会秩序优良，“城市即花园”理念得到了生动的诠释。新加坡把打造全球化城市文化作为“再造新加坡”战略的重要组成部分，努力建设“充满动感与魅力的世界级艺术城市”。新加坡人认为，城市建筑不仅是城市文化的载体，也是城市文化的重要组成部分，城市布局、空间结构所呈现的景观体现城市的文化特征，连同其人文资源共同形成城市的风格和魅力。历史是一个城市的灵魂，保存和维护城市历史文化遗产是新加坡城市设计的价值取向。所以新加坡通过立法将值得纪念的老建筑予以保留，并且对道路、街道等进行重新规划设计，并且在指示牌、公交亭等设施上下足了艺术化的功夫，使得整个城市都洋溢着文化艺术的气息。

四、对策和建议

为使“三化”理念更好的融入北戴河城市建设和管理，顶层的规划设计必不可少，制度与人的协调发展亦是非常重要，应该从以下方面进行努力完善。

（一）优化空间功能布局，明确城市发展定位。在将“三化”理念融入城市建设管理工作之前，应该对一个城市的功能定位有一个基本清晰的认识，这样才能做到有的放矢。要根据北戴河的区位、环境、气候、人文、历史等多方面的优势，进一步明晰城市发展战略。在当前京津高端服务业的扩张并寻求新的发展空间的大趋势下，建议北戴河的发展定位为：以高端休闲旅游、商务总部、智慧产业为引领的时尚之都，在此之下，要充分利用北戴河临海生态这一独特优势，以浪漫海岸为主题，打造核心竞争力，以暑期服务为主打，强化第一品牌效应（党和国家领导人到北戴河休假成为国家制度的政策优势），并形成五大功能分区：一是以休疗养院优势资源为依托的南部高端旅游度假区；二是以北部新城开发建设为基础的北部生活保障区；三是以自然资源为核心的东部生态休闲区；四是以总部基地、高端旅游项目为支撑的西部商务休闲区；五是以行政机关和旅游综合体为中心的中部综合服务区。

在“三化”理念的运用上，坚持不刻意、不做作的意识，根据不同功能分区因地适宜，防止视觉疲劳和针对性不强的问题。在南部高端旅游区，坚持一处一景，充分展现北戴河的园林之美、艺术之美；在北部生活保障区，强化基础设施配套建设，加强城市管理，打造秩序环境良好的宜居城区；在东部生态休闲区，注重园林绿化的自然特色，保持优美的天然环境。在西部商务休闲区，加强大环境建设，强化道路等设施提升，打造便捷舒适城区；在中部综合服务区，加强城市智慧建设，提升综合服务品质。

（二）强化制度规范建设，奠定“三化”实施基础。在城市建设管理过程中，一时、一处的坚持精细化、园林化、艺术化较为容易，难得的是在长期的、日常的工作中，如何能够一以贯之的融入“三化”理念，这就要求制度和规范来充分发挥作用。一是成立城市建设管理委员会，将各种建设管理职能进行集中，形成分工明确、沟通有效、管理到位的城市建管体制。二是探索建立专家论证制度。在“三化”理念的实施中，无论是精细化、艺术化还是园林化，都存在着“仁者见仁智者见智”的情况，要在纷繁的城市建设管理中把握好定位实属不易，这就要求我们借鉴规委会的议事程序和规范，探索建立专家论证制度，让权威、科学的理念指导北戴河的建设和管理。三是建立各项专业性规范。目前我区已经制定了《北戴河城市家具导则》，将公交站亭、垃圾箱、灯杆等适宜我区设置的相关设施形式和样式通过规范的形式确定下来，以便在今后的建设中有所遵循，防止出现风格偏差等问题，充分保证城市建设的艺术品位。按照这种思路，应该在各项专业规范上进行探索建立，比如《北戴河绿化品种导则》《北戴河牌匾管理规范》《北戴河建筑外立面色彩规范》等等。

（三）完善市政设施配套，提升城市发展动力。空间和基础永远是一个城市发展的后备力量和坚实基础，换言之，“三化”理念的融入需要强有力的载体。结合我区加快城乡一体化的建设步伐，要对城乡规划布局进行科学调整，实施道路交通完善提升工程，进一步增强城市道路的承载能力，缓解暑期高峰和机构转移带来的交通压力。加快实施自来水扩容、电力增容、集中供暖、通讯设施升级等工程，有效提升供水、供电、供暖等各方面的保障能力。加快智慧城市建设，利用先进技术实现城市建设的智能化、高效化，创造安全、舒适、便捷的工作生活环境。

（四）运用市场调节机制，增强城市建管活力。加强城市建设和管理，让“三化”理念更好的融入其中，需要有基础性的保障，一方面是资金保障，另一方面是智力保障。目前，城市基础设施建设的巨大需求与政府财政税收形成了巨大反差，不仅北戴河区如此，相信全国大多数城市都有这样的苦衷。那么出路在哪，就在于善用“经营城市”的理念，运用市场机制向社会筹集建设资金，正因为北戴河具有巨大的吸引力，所以才有更多的投资青睐。比如通过土地市场进行有效调节，在园林绿化中通过建设经营性庄园或游园，有效增加园林绿化的附加值。智力保障则更多体现在园林化和艺术化中，通过市场竞争来更加优化园林和艺术方案，让更优秀的作品融入到城市建设中来，避免先入为主的弊端和一叶蔽目的局限，让城市形象活灵活现的出现在我们面前。

总之，在坚持将“三化”理念融入城市建设和管理的过程中，我们既要充分发挥主观能动性，创造性的来塑造更美好的市容环境，又需要时刻坚持因地制宜、实事求是的原则，防止过犹不及的尴尬。城市建设管理在强调创新的同时，更需要的还有坚持，用持之以恒的精神去做、去实施、去落实，才能真正促进城市建管水平的真正提高。

资料来源：北戴河区人民政府办公室

大事记

1月

1日

北戴河区经济普查领导小组办公室工作人员入户登记，开展第三次全国经济普查，普查登记于3月31日结束。北戴河区上报全部法人单位1470个、个体户5602户、产业活动单位1738个，分别比第二次全国经济普查增长52.01%、7.75% 、497.25%。

是日

北戴河火车站旅客实现了刷身份证进出站功能。旅客通过互联网预购高铁车票，到火车站持二代身份证在自动检票机上刷一下，即可进站上车；出站时，再将二代身份证在闸机上刷一下即可直接出站。

是日

北戴河第八届“地质杯”全民冬泳迎新健身活动在北戴河区老虎石海滩浴场举行。来自秦皇岛365健身俱乐部、秦皇岛汤河冬泳队、北戴河冬泳队和冬泳爱好者100余人参加了冬泳活动，平均年龄在50岁以上，最大年龄70岁。

30日

6路30辆插电式混合动力新能源公交客车亮相北戴河区。新能源公交车执行空调车价，即两元一票制，原月票仍然有效，并且价格暂时不变。

是月

北戴河区在秦皇岛市率先启动财政财务集中管理平台建设，通过统一门户，安全集成网络系统，对全区84家预算单位的财务数据集中存贮、管理、统计、归纳、分析，统一规范全区预算单位财务核算。实现财政部门对预算单位、主管部门对基层预算单位财务的实时动态管理；结合财政国库集中支付体系，真正实现对财政资金的事前、事中、事后的监督。

2月

15—16日

政协北戴河区第八届委员会第三次会议召开，应出席委员115人，实际出席108人。中共秦皇岛市委常委、北戴河区委书记李学民代表中共北戴河区委作重要讲话。会议听取并审议通过政协主席严彬所作的《政协北戴河区第八届委员会常务委员会工作报告》、政协副主席杨振久所作的《政协北戴河区第八届委员会常务委员会关于八届二次会议以来提案工作情况的报告》。听取并讨论《北戴河区人民政府工作报告》，讨论《北戴河区2013年国民经济和社会发展计划执行情况及2014年计划草案的报告》《北戴河区2013年财政预算执行情况和2014年财政预算草案的报告》《北戴河区人民法院工作报告》《北戴河区人民检察院工作报告》。会议通过政协北戴河区第八届委员会第三次会议政治决议。

16—17日

北戴河区第十四届人民代表大会第四次会议召开，出席会议代表129人，列席会议代表69人。会议听取和审议了区人大常委会主任王玉海所作的《北戴河区人大常委会工作报告》、区长刘学彬所作的《北戴河区人民政府工作报告》、发展改革局局长冯松所作的《关于北戴河区2013年国民经济和社会发展计划执行情况及2014年计划草案的报告（书面）》、财政局局长高银山所作的《关于北戴河区2013年财政预算执行情况和2014年财政预算草案的报告（书面）》、区人民法院院长黄滨所做的《北戴河区人民法院工作报告》、区人民检察院代检察长陈国栋所作的《北戴河区人民检察院工作报告》，并形成相应决议。会议选举陈国栋为北戴河区人民检察院检察长。

19日

在全区开展党的群众路线教育实践活动。印发《北戴河区开展党的群众路线教育实践活动的实施方案》，坚持以中共十八大与十八届二中、三中全会和习近平总书记系列重要讲话精神为指导，全面贯彻落实中央要求和省、市、区委全会精神，以为民、务实、清廉为主题，以“照镜子、正衣冠、洗洗澡、治治病”为总要求，以“党员干部转作风、人民群众得实惠、深化改革迈大步、绿色崛起上水平”为目标，以补精神之“钙”、除“四风”之害、祛行为之垢、立为民之制为重点，突出作风建设，贯彻整风精神，坚决反对形式主义、官僚主义、享乐主义和奢靡之风，着力解决人民群众反映强烈的突出问题，着力解决影响发展环境的突出问题，着力提高做好新形势下群众工作的能力，为实现“两个率先”宏伟目标、建设美丽实力幸福北戴河提供强大动力，奠定坚实基础。

25日

区环保局、区商务局、区财政局、中国银行北戴河支行联合派专人进驻区政务服务中心，对淘汰的“黄标车”办理财政补贴业务。

28日

北戴河区与神州数码有限公司在秦皇岛大酒店签订“秦皇岛北戴河神州数码信息服务产业基地”项目合作协议。北戴河区委副书记、区长刘学彬，区委常委、常务副区长于凤喜，开发区管委会主任、副区长裴耀辉出席签约仪式。

是月

康泰养老院成立。养老院占地面积7921平方米，建筑面积6048平方米，设置床位350张。前身系黑龙江劳模疗养院，是北戴河区第一家由休疗单位转型的养老福利机构。

3月

5日

北戴河电视台举办“北戴河区党的群众路线教育实践活动频道”启动仪式，标志着全国首家教育实践活动频道在北戴河正式开播。市委常委、北戴河区委书记李学民，区委副书记、区长刘学彬，区领导王志新、单慧英、姚飞、赵启伟、付红出席仪式。

13日

安徽省淮南市淮南矿业集团新庄子煤矿的尘肺病患者李××，在中国煤矿工人北戴河疗养院完成双肺同期大容量灌洗术。至此，中国煤矿工人北戴河疗养院成功完成1万例尘肺病患者大容量全肺灌洗治疗。

19日

北戴河区中国汉字听写大会在实验小学举行，全区各中小学的9支代表队参加了比赛。比赛分为团体选拔和个人决赛两部分。北戴河第二中学代表队、实验小学代表队获胜；董欣、张蕾、张艺暄、王子晗、陆雨坤6位同学，分别获得初中组及小学组各组别的冠军。听写大会由北戴河区委宣传部、北戴河区教育局、北戴河电视台共同举办。

27日

2014首届中国国际营地教育研讨会在北戴河区歌华营地举行，国内外营地教育专家和营地代表、教育代表共140人出席研讨会。研讨会历时2天，通过主题演讲、学术沙龙、营地体验等活动形式，分享国内外营地教育的学术研究成果，探讨如何通过营地教育促进青少年成长与发展，提升政府、学校与社会对于营地教育的关注与认同。国资委大型国有企业监事会主席寻寰中，国家教育部基础一司司长王定华，市委常委、区委书记李学民，区委副书记、区长刘学彬，市委宣传部副部长王立新，市政府副县级督学谷立江，区委常委、副区长周向东，副区长付红出席此次研讨会开幕式。研讨会由启行营地教育发展中心、国际营地协会主办，启行青年发展基金会协办。

31日

北戴河区迎来2014年首批国外旅游团队——来自丹麦哥本哈根市诺尔中学30人的中学生访问团。丹麦中学生访问团是到秦皇岛市实验中学进行为期5天的交流访问。访问期间参观了北戴河集发生态农业观光园、奥林匹克大道公园、鸽子窝公园。

是月

实施公务卡制度改革试点工作，财政部门在区内确立教育局、住建局、财政局等8家预算单位先行试点。签约交通银行北戴河支行投资研发的公务卡支付系统软件，已通过初步测试。公务卡是可用于预算单位日常公务支出和财务报销业务的个人信用卡,其最高信用额度控制在3～5万元。进行公务卡试点改革后,相关预算单位支付业务中原使用现金结算的公务支出,包括办公用品、差旅费、培训费、会议费、公务用车维护费、招待费和5万元以下的零星购买支出等,使用公务卡,减少现金支付结算。

4月

1日

北戴河区公交公司新增70台IC卡车载机，实现域内7条公交线路公交车均安装有IC卡机。全区70周岁以上老年人可使用乘车IC卡免费乘坐，在市内42条公交常年线路上可享受免费优惠。

3日

秦皇岛市委常委、北戴河区委书记李学民主持召开区委理论中心组学习（扩大）会议。学习中共中央领导重要论述，汲取历史教训，反思“四风”问题，切实把“照镜子、正衣冠、洗洗澡、治治病”的总要求落到实处。会上还学习贯彻习近平总书记在兰考县调研指导教育实践活动时的讲话精神，深入学习焦裕禄先进事迹。

16日

北戴河区政府与台湾富晟集团所属企业——台光石化有限公司签约，标志首个台资总部企业入驻北戴河。市委常委、北戴河区委书记李学民，台湾富晟集团总经理、台光石化有限公司董事长赖调灿，区领导于凤喜、裴耀辉、王晓青出席签约仪式。副区长、开发区管委会主任裴耀辉，台光石化有限公司总经理李天偕代表双方签约。

17日

2014年澳大利亚雅顿圣公音乐学校管乐团北戴河音乐会在秦皇岛职业技术学院举行，70名演奏家现场演奏《阿兰胡埃斯协奏曲》《灵歌》《绿色之门》等曲目，600余名师生观看演出。

19日

全国政协人口资源环境委员会副主任李成玉率领全国政协调研组到北戴河区就“滩涂开发与保护”情况进行专题调研。

29日

北戴河区召开“做焦裕禄式好党员好干部”学习心得交流座谈会。市委常委、北戴河区委书记李学民主持会议并作重要讲话。要求全区各级领导干部以座谈交流为契机，倡导弘扬亲民爱民、艰苦奋斗、科学求实、迎难而上、无私奉献的焦裕禄精神，人人都要以焦裕禄为榜样、为镜子、为标杆，争做焦裕禄式的好党员好干部。

是月

北戴河区农牧局部署春季重大动物疫病防控工作，集中对畜禽口蹄疫、高致病性禽流感、猪瘟、高致病性猪蓝耳病等重大动物疫病强制免疫，提高动物疫病综合防控水平。

是月

同道电影坊项目动工。电影坊总建筑面

积4003.68平方米，分AB两座。届时将为影视行业提供一个别具特色的顶级创意空间，聚集优秀影视制作人与制作团队，创造影视精品。

是月

新华网北戴河频道正式开通。该频道分时政资讯、社会法制、民生、三农等11个栏目。对城市的整体形象、旅游业发展、党的群众路线教育实践活动、社会民生等进行全方位报道。同时，利用频道向大众提供政策发布、行业指导、消费提示、信息咨询、投诉答疑等综合服务。北戴河频道成为新华网开设的首个地方频道。

是月

北戴河区财政支付13.78万元，在全市率先为辖区户籍居民投保民生保险，受益68902人，总计承担风险保障75.79亿元。该民生保险保障范围包含自然灾害公众灾后补偿和见义勇为救助补助2项内容，并增加扩展火灾、爆炸和空中物体坠落无责救助责任等保障内容；承保每个居民赔付限额11万元，其中死亡伤残10万元，医疗1万元，每次事故赔偿限额500万元，累计赔偿限额1000万元。

5月

1日

2014北戴河“运动之春”第十届国际轮滑节暨“宝狮莱杯”第八届全国少年速度轮滑锦标赛在北戴河区奥林匹克大道公园举行。来自全国19个省（直辖市、自治区）的80余支代表队500名运动员参赛。其主题为“北戴河‘滑’美10年再出发”。

中共秦皇岛市委常委、秘书长刘宝岐,中共秦皇岛市委常委、北戴河区委书记、中国轮滑协会副主席李学民等领导嘉宾出席。仪式由北戴河区委副书记、区长刘学彬主持。本届“运动之春”轮滑节由国家体育总局社会体育指导中心、河北省体育局、中国轮滑协会联合主办，北戴河区人民政府、秦皇岛市体育局承办。

是日

秦皇岛市首个与智慧旅游电子商务平台对接的智慧景区电子门禁系统在北戴河集发生态农业观光园正式投入使用。全新的电子售票系统，打印出来的电子票上有二维码和条形码，游客通过景区入口闸机时，刷检票面上的二维码或条形码即可入园。

4日

中国共产主义青年团北戴河区第七次代表大会召开。大会应到代表110人，实到代表107人，符合法定人数。大会听取和审议了共青团北戴河区第六届委员会工作报告，并选举产生共青团北戴河区第七届委员会，李佳当选为共青团北戴河区委书记。

6日

北戴河区文学艺术界联合会第二次代表大会召开，出席会议代表120余人。大会讨论并通过文联工作报告和《北戴河区文联章程》修改草案，选举产生文联第二届委员会委员17人，选举于红艳为北戴河区第二届文联主席。市委常委、区委书记李学民出席会议并讲话。区委常委、宣传部长姚飞主持会议。市委宣传部副部长潘杰，市文联主席王新庄、副主席黄振军，区领导王玉海、严彬、单慧英、赵启伟等出席会议。

8日

市委常委、北戴河区委书记李学民会见新加坡华鼎（集团）有限公司董事长、新加坡旅游行业专家李良义一行，并聘请李良义为北戴河区经济社会发展特邀顾问。区委副书记、区长刘学彬，区领导于凤喜、周向东、赵启伟、孙谓青、裴耀辉，以及区委办、区政府办、区发改局、区旅游局相关人员陪同会见。

9日

北戴河区“母亲健康快车村村行”巾帼志愿服务活动启动仪式在妇幼保健站举行。健康检查包括肝胆脾双肾B超、乳腺透照、妇科疾病咨询等内容。该项活动由北戴河区妇联、北戴河区卫生局、北戴河区计划生育局联合开展。

27日

北戴河区困难职工体检中心在中国煤矿工人北戴河疗养院挂牌成立。

29日

北戴河情海湾第三届海上论坛暨北戴河首部爱情微电影《全城花痴》首映礼在北戴河海上音乐厅举行。该片由区文广新局与情海湾共同拍摄制作。影片以情侣、婚纱为载体，展现北戴河优美的自然风光、人文环境。打造北戴河婚纱摄影天堂的品牌。

30日

北戴河加气母气站开工建设，加气母气站位于北戴河区海宁路与金一路交口处。工程占地5769.86平方米，总投资1500万元，是北戴河区即将运行的280辆新能源公交车的主要气源。投入使用的加气母气站日加气能力为3万立方米，具备向公交车、出租车、压缩天然气撬车及其他天然气汽车加气的功能，可辐射北戴河及北戴河新区等周边区域。

31日

全国第六届冰心散文奖颁奖大会在山东省济南市举行，北戴河区作家协会主席孙振彦作品《七色海》获中国散文最高奖项——冰心散文奖，这在北戴河区尚属首次。

6月

1日

北戴河海域首次实施为期3个月的“封海”行动。范围东经公式北纬公式海岸线北起金屋浴场南侧，南至北戴河区与抚宁县海域分界线（戴河口），全长23千米，由海岸线向内海延伸12海里的区域。与休渔期同步，旨在有效维护北戴河海域管理秩序。

5日

朱启钤重孙朱延玖将朱启钤生前珍贵遗物：紫晶衣钮8枚、各国宝星服饰1盒共4枚、墨盒1个、勋章1枚捐赠给北戴河联峰山景区管理处。

10日

“北戴河海滨汽车站——南戴河国际娱乐中心”603路公交班线开通。线路全长22千米，设置站点21个，单程运行45分钟，车辆间隔15～20分钟，票价2元。

11日

北戴河区“阳光下成长”第十七届校园文化艺术节开幕。艺术节由艺术表演和艺术作品展示2个项目组成，所有项目以现场比赛形式进行。全区中小学共创编优秀表演类节目44个，创作水粉画、KT版画、雕镂画、光盘画、玻璃画、毛线画、纸浆画、伞画等绘画作品、书法作品、摄影作品及各类手工作品等100余类5529件，上报区级参评的优秀作品152件。校园艺术节自1997年每年举办一次，在全省赢得了很高的知名度。

13日

北戴河区旅游协会与南北游旅行网签订合作协议，就共享资源、联合宣传、信息化建设等达成共识，南北游旅行网将免费开设“北戴河民宿”专版。从即日起至9月1日，南北游旅行网在首页菜单栏“客栈民宿”开设“北戴河民宿”专版，将该区近2000家民宿全部收进客栈联盟内进行免费图文展示。

是日

2014首届秦皇岛·城市乐跑赛在北戴河举行。全市31家企事业单位900余名选手参赛，参赛选手中年纪最大的65岁，最小的19岁，涵盖了秦皇岛企事业单位的老、中、青各个年龄段。乐跑赛是以“跑出健康、跑出快乐、跑出友谊”为宗旨的非商业性、非竞技性的群众体育活动。这也是秦皇岛首次引入此项活动。

25日

第58届韩国小姐选美大赛在北戴河进行外景拍摄。从韩国和世界18个地区选拔出来的50余名佳丽在碧螺塔酒吧公园、海上音乐厅、鸽子窝公园、奥林匹克大道公园登场亮相。此次外景拍摄通过新浪、腾讯、搜狐、乐视、优酷、旅游卫视等网络和电视媒体同步直播报道。韩国报纸《韩国日报》《美丽韩国》作为韩国小姐组织委员会成员，对这次外景拍摄进行全方位宣传。

27日

秦皇岛公交公司调整5路、22路、601路3条公交线路，并新开公交专线2路。5路调整后线路：海滨汽车站始发，途径联峰路、剑秋北路、联峰北路、新驼峰路、海北路至北戴河火车站，取消原莲花石公园、铁疗、河东寨、陆庄和新驼路口站点，新增崔各庄、费石庄、乔庄、丁庄和陆庄站点；22路调整后线路：海滨汽车站始发，途径海宁路、西经路、剑秋路、联峰北路、新驼峰路、戴河大街、宁海道、205国道、站南大街至北戴河火车站，取消河东寨、陆庄、新驼路口站点，新增莲花石公园、崔各庄、费石庄、乔庄、丁庄、陆庄站点；601路调整后线路：北戴河博物馆始发途径单赤路、联峰北路、新驼峰路、西海滩至河东寨村，取消戴河庭院、海业大酒店、外语学院站点，新增新驼路口、陆庄南口、河东寨村站点。

30日

浪淘沙园竣工。该园位于中海滩路东端，海军疗养院西侧，工程总投资700万元，改造面积2.20万平方米。园内栽植景观乔灌木4326株、地被花卉6081平方米，修建管理用房1座，防浪堤280延长米，园路4400平方米，浪淘沙文化长廊300平方米，铺装广场450平方米，摆放浪淘沙主体雕塑1座，《浪淘沙·北戴河》诗词雕刻石1块，同时实施给排水及亮化工程。施工单位为北戴河集发园林绿化工程有限公司，区园林局进行管理。

是月

全国青少年校园足球冠军杯赛在长春举行，北戴河区海北路小学代表秦皇岛市参加比赛并获得校园足球队三等奖，并获小学组唯一一个“道德风尚奖”。

是月

北戴河兰德科技公司的2项科技成果获科技进步奖，其中“基于物联网技术的港口输煤设备在线监测系统技术研发”获2014年度秦皇岛市科技进步一等奖，“太阳能供暖及自动控制系统”获2014年度河北省住建厅科技进步一等奖。2项获奖成果均突破国内相关技术领域的部分共性关键技术，为促进行业技术进步做出贡献。

是月

2014年高考成绩公布，北戴河区308名考生（实际参考304人），省专以上上线率100%。此次高考，全区考生本一上线2人，本二以上上线56人（文理类26人，艺体类30人），上线率20%；本三以上上线200人，上线率72%。省专以上上线率比上年提高0.32%。

7月

3日

公安部副部长刘彦平在河北省公安厅副厅长、秦皇岛市副市长、市公安局长杨春光和河北省公安边防总队筹备组组长王利明的陪同下，到河北省公安边防总队海警支队特勤队暑期一线视察北戴河暑期海上警卫工作，并看望慰问一线执勤官兵。

6日

来自河北外国语职业学院和其他高校的110名大学生志愿者到戴河镇各民宿村及旅游、公安等涉暑服务的重点岗位，开始为期1个多月的志愿服务活动。

12日

中国·北戴河2014中法气功学术研讨会在河北省医疗气功医院召开。大会由气功学术研讨、中国气功名家功法演示、健身气功功法交流、外宾功法交流4个部分组成。主题为“中医气功、生命与自然”。研讨会由河北省医疗气功医院主办，北京中医药大学、上海气功研究所协办。

16日

纪念《浪淘沙·北戴河》创作60周年书画摄影展在梅墨生艺术馆开幕。展出《浪淘沙·北戴河》名家书画和摄影作品60幅，其中书画作品31幅，摄影作品29幅。

18日

国务委员、国务院秘书长杨晶看望武警河北总队第三支队执勤官兵。

是日

国务委员、公安部部长郭声琨在有关人员陪同下，先后到北戴河火车站、西古城村实地视察指导暑期安保工作。

19日

国务委员、公安部部长郭声琨在中国海警局副局长杨隽等陪同下，到中国海警北戴河暑期警卫一线看望慰问河北海警支队特勤队执勤官兵。

是日

“当行出色”长安四子书画篆刻展在北戴河梅墨生艺术馆开展。书画篆刻展汇集了陕西的吴振锋、魏杰、刘星、蔺雨4位书画篆刻家的书法、国画、篆刻作品42幅，将古都王气、秦汉文脉、太白积雪、大唐遗址的豪放浪漫、悲壮瑰丽表现得酣畅淋漓，“当行出色”由此得名。

是日

著名画家张金荣艺术馆在北戴河区海宁路落成开馆，馆内设有创作室、展厅、展室、培训室等。开馆当天展出张金荣创作的国画、板画、油画等65幅作品。

21日

第五届全国励志教育论坛在北戴河中学举办，来自全国各地的500余名教师参加会议。

是月

秦皇岛市首家故事主题邮局亮相北戴河石塘路，将北戴河的历史文化巧妙融入邮局之中，成为北戴河一道亮丽风景。

是月

北戴河区金地观海园养老院成立。该院前身系河北省北戴河干部疗养院，占地面积1.82万平方米，建筑面积5052平方米，设置床位242张。

是月

北戴河区国有土地交易中心正式成立。

是月

北戴河区120名海上义务救生员正式上岗，为广大游客无偿提供海上救助服务。

8月

1日

北戴河海滨汽车站至山海关老龙头景区的501路公交专线开通，公交专线采用空调大巴车，起点为海滨汽车站，途经刘庄、野生动物园、燕山大学、东港里、乐岛海洋公园，终点为山海关老龙头。全程票价10元。

3日

国务院副秘书长、国家信访局局长舒晓琴到北戴河区调研，河北省委副秘书长、省信访局局长周仲明，秦皇岛市委常委、北戴河区委书记李学民，市委副秘书长、市信访局局长曹立新陪同调研。

6日

中共中央政治局常委、中央书记处书记刘云山看望在北戴河暑期休假的专家。中共中央政治局委员、国务院副总理马凯参加看望和座谈，中共中央政治局委员、中组部部长赵乐际参加看望。

10日

河北卫视大型季播节目《中华好诗词》特别节目《走进秦皇岛》在北戴河劳动人民文化宫进行现场录制。《中华好诗词》以大力弘扬中华传统诗词文化为宗旨，节目主持人由原央视主持人王凯担任，赵忠祥、杨雨、梁晓声等担任“大学士”。还有范曾、王刚、濮存昕、梁宏达等文化名流全程参与。

15日

由中共北戴河区委宣传部编著、新华出版社出版的系列连环画《梦筑北戴河》在秦皇岛市人民广场举行新书发布会。全套连环画共7册：《老信——邮戳上的他乡》《旧照——镜头上的流年》《馆藏——工艺上的刻记》《古树——根系上的绿冠》《遗石——凝碧上的天语》《史诗——笔尖上的伟岸》《街痕——轮子上的风华》。

29日

北戴河天道物产股份有限公司成功在天津股权交易所挂牌上市。这是北戴河区第一家在全国性场外交易市场挂牌的企业。

31日

2014秦皇岛国际马拉松赛在奥体中心体育场开幕。来自12个国家和地区的17030名中外马拉松选手参赛。赛场以奥体中心体育场南侧为起点，途经滨海大道、老虎石海上公园、中海滩、鸽赤路口、碧螺塔酒吧公园、奥林匹克大道公园等，全程42.195千米，其中北戴河区赛道24千米。来自肯尼亚的雅明·艾凯·瓜瓦坎和埃塞俄比亚的舒克·热内莫·沃特，分别以2小时15分25秒和2小时37分43秒，获得男子、女子组全程马拉松冠军。比赛由中国田径协会、河北省体育局、秦皇岛市人民政府主办。

是月

应韩国九里市邀请，北戴河区教育局组织22人师生交流团，赴韩国进行为期5天的交流访问。这是北戴河区师生首次参与赴韩交流活动。

是月

中国环境管理干部学院新校址正式投入使用。新校址在戴河镇谢李庄村，占地面积42.47公顷，建筑面积25万平方米，建有教学楼、实训楼、图书馆、学生公寓等主体工程，配套完工环境工程、环境监测、生态保护等专业实验室，可容纳7500名在校生就读。

9月

7日

2014“体彩超级大乐透”北戴河铁人三项赛在老虎石海上公园举行。来自海内外的205名选手参赛，赛程全长51.50千米，其中游泳1500米、自行车40千米、跑步10千米。群英铁人三项俱乐部选手党琦获得大赛冠军。比赛由河北省体育局、秦皇岛市人民政府主办，秦皇岛市体育局、北戴河区人民政府、河北省铁人三项协会承办。

10日

教师节表彰大会在劳动人民文化宫召开，市委常委、北戴河区委书记李学民出席会议并讲话，区委副书记、区长刘学彬主持会议。会上，区委副书记、开发区工委书记、农工委书记王志新宣读《关于表彰2013～2014先进个人和优秀支教单位的决定》，区委常委、副区长周向东作全区教育布局调整说明，获奖教师代表郑彬彬作表态发言。北戴河中学获高考奖励资金20万元，班主任、师德标兵、学科带头人三个序列中成绩最优秀者分获奖励资金2万元。

12日

“世界苏商秦皇岛行”投资环境及重点项目推介会在北戴河举行。河北、河南、安徽、山东、广东、新疆以及美国纽约等地商会负责人、企业家，江苏省及常州、徐州、淮安、扬州、泰州等地工商联负责人和苏商代表参加了推介会。市委副书记、市长商黎光主持推介会。河北省委常委、统战部部长范照兵，省委常委、市委书记田向利等出席推介会。

19—29日

第十六届亚洲轮滑锦标赛在浙江省海宁市举行。北戴河籍国家速滑队运动员张驰获得1万米、2万米两项冠军，成为中国男子长距离项目第一位获得亚洲冠军的运动员。

29日

庆祝全国人民代表大会成立60周年暨区人大常委会设立33周年成就展在区劳动人民文化宫开幕。市人大常委会主任李秦生，市委常委、北戴河区委书记李学民，市委副秘书长、市暑办主任陈秋华，区领导王志新、王玉海、卢彦昌、张杰、于凤喜、李韶云、赵启伟、裴耀辉，区十四届人大常委会领导班子及组成人员出席开幕仪式。区人大历届离退休老领导和部分省、市、区人大代表应邀出席。李学民在开幕仪式上致辞，区人大常委会主任王玉海主持会议。

是月

北戴河区首家银行卡助农取款服务点落户西坨头村。服务点具有取款、转账、缴付电话费、兑换外汇、余额查询等基本金融服务功能。

10月

10日

“孝行天下”全国诗文大赛颁奖盛典在北戴河区举行。全国27个省、70余个市县近800名诗文爱好者的1500余件（篇）作品参赛，有100余幅作品获奖、9家优秀组织单位获特别奖。

28日

河北省公安消防总队秦皇岛市支队北戴河特勤中队被评为全国公安机关爱民模范集体，政治指导员林士群代表中队赴京领奖，并受到习近平、李克强等党和国家领导人的亲切会见。

是月

北戴河区人口计生局在秦皇岛市计生系统率先开设北戴河区“阳光计生”官方微信平台，通过扫描二维码或搜索北戴河区“阳光计生”官方微信的方式解读政策、办证指南、工作动态、优生优育、早期教育、协会工作等内容。

是月

北戴河区体育局被国家体育总局社会体育指导中心授予“全国轮滑项目推广贡献奖”，这已是该局连续5年获得国家级奖励。

11月

8日

北戴河医院相继与天津肿瘤医院、北京医院、北京协和医院等多家国家级权威医疗机构开展双向合作。天津肿瘤医院乳腺科教授顾林，北京协和医院妇科教授孙大为，在北戴河医院为患者进行专家义诊。

20日

北京军区北戴河疗养院（281医院）女职工宿舍发生特大刑事案件，致6名护士、1名管理员死亡，1人重伤。犯罪嫌疑人，系北京军区北戴河疗养院职工，已被公安机关抓获。

是月

海北路小学被中国轮滑协会命名为中国轮滑运动示范学校。

12月

1日

中俄文化艺术合作产业园在怪楼文化艺术产业片区破土动工。园区总建筑面积3.57万平方米、总投资10亿元人民币。

15日

北戴河区集发就业创业孵化基地被河北省人民政府认定为秦皇岛市首批创业园区。

27日

在第六届全国敬老爱老助老主题教育活动中，北戴河集发农业综合开发股份有限公司李集周获“全国孝亲敬老之星”称号。

30日

北戴河区医院正式实行基本药物零差价销售。

是月

北戴河区环卫处在碣石园公厕内安装全区首个电磁感应采暖炉，同时在公厕内放置温度测量器，每天保洁员可根据室内温度变化，适度调整电磁感应器功率、水温，做到定时开关机、定时定温、智能控制。

是年

北戴河区42个停车场3600余个停车泊位全部实行“一车一卡制”电脑收费管理模式，设置监控设施，做到停车场范围全覆盖。在开放式停车场实行人工手持POS机收费模式，并通过无线传输系统，实现实时上传终端服务器。

是年

在2014年国家林业局森防总站举办的全国“最美森林医生”评选活动中，北戴河区园林局森防股副股长郭爱英获全国“最美森林医生”称号。

是年

北戴河区新型农村合作医疗制度人均筹资标准由上年的340元提高到390元，其中政府补助由280元提高至320元，农民个人缴纳70元。全区25个行政村34998名农民参加新农合，参合率达98%，比上年增长1.80%。

区情综述

自然环境

【位置面积】 北戴河系秦皇岛市辖区，位于渤海湾北岸中部，河北省东北部，地理坐标位于北纬39°47′48″～39°53′17″，东经119°24′08″～119°31′58″。东、北部与海港区毗连，北、西部与抚宁县接界，东西最长11.20千米，南北最宽10.15千米，总面积72.90平方千米，海岸线23千米。区政府驻地东北距秦皇岛市中心19千米，西距首都北京约270千米。京（北京）哈（哈尔滨）铁路、205国道从境内通过。102国道临境，京（北京）沈（沈阳）高速公路从境北附近通过，境内建有高速公路北戴河出口至崔各庄路口连接线，是关内特别是华北连接东北的咽喉，地理位置优越。

【地形地貌】 北戴河地质构造复杂，加之外力的作用，新太古以前生成的东西方向与燕山期后生成的北北东向断裂各4条，把北戴河大地切割成许多规则的块体；25亿年前形成的新太古界变质花岗岩广泛出露，形成了境内形态多样的地貌类型。

域内北部为剥蚀平原，地势低平，略有起伏；南部为低山区，山岭连绵，群峰屹立；东北部为海积平原，分布有海生次成沙丘，局部有沿海沼泽地；西部为洪冲积平原。海拔大多在10米以下，最低海拔1.50米；最高点东联峰山，海拔152.10米。域内戴河和新河两条河流分别在西部和东部入海。海岸线东起黑河口西至戴河口，全长23千米，其中岩石岸线10.80千米，占河北省岩石岸线的52%。海域宽阔，沿岸分布着平均15米宽的绵软沙滩。

海蚀地貌。主要有活海蚀崖和死海蚀崖。其中，活海蚀崖分布在鸽子窝至金山嘴一带。伸入海中岬角的岩石受拍岸浪的拍击、掏蚀，岩石沿节理面崩塌，海岸线向陆地方向后退，一方面形成与海面大致相当的波切台，另一方面形成高达20余米的海蚀崖；死海蚀崖主要特点是形成海蚀阶地和礁石群，主要分布在金山嘴至戴河口之间的岩岸地段。

海积地貌。除滨海低平原外，还有沿海沙滩、连岛沙坝、潮坪、岩滩、河口沙嘴。

【气候类型】 秦皇岛市北戴河区属暖温带半湿润大陆性季风气候。气候特点是四季分明，冬季冷而干燥，夏季多海风，潮湿凉爽，是避暑的好地方，春、秋温暖适中。年平均气温11.10℃，年平均降水量602.30毫米，降雨集中在每年的5—9月，7月最多。

2014年天气气候特点为：气温接近常年，降水显著偏少。年平均气温为11℃，属正常年份。年极端最高气温33.90℃，出现在7月20日，年极端最低气温-15.60℃，出现在2月10日。年降水量为352毫米，属显著偏少年份。

冬季（2013年12月至2014年2月）平均气温-2.90℃，属正常年份。其中，2013年12月平均气温接近常年，1月平均气温较常年偏高1.40℃，2月平均气温较常年偏低0.90℃。春季（3—5月）平均气温11.40℃，较常年高0.60℃，属偏高年份。其中，3月平均气温较常年偏高0.80℃，4月平均气温较常年偏高1℃，5月平均气温与常年持平。夏季（6—8月）平均气温23.50℃，属正常年份。其中，6月、7月平均气温接近常年，8月平均气温较常年偏低0.70℃。秋季（9—11

月）平均气温12.40℃，属正常年份。其中，9月平均气温较常年偏低1.20℃，10月平均气温接近常年，11月平均气温较常年偏高0.90℃。

2014年北戴河区各月平均气温

表1　　单位：℃

月份	平均气温	月份	平均气温	月份	平均气温	月份	平均气温
1月	−3.4	4月	12.4	7月	24.6	10月	13.0
2月	−2.8	5月	17.3	8月	24.0	11月	5.3
3月	4.5	6月	21.9	9月	19.0	12月	−3.6

2014年北戴河区降水量352毫米，比常年偏少250.30毫米，属显著偏少年份。

冬季（2013年12月至2014年2月）降水量6.80毫米，属偏少年份。其中，12月无降水，1月、2月降水量接近常年。春季（3−5月）降水量95.60毫米，属正常年份。其中，3月降水量接近常年，4月降水量仅为1.50毫米，较常年偏少94%，5月降水量较常年偏多30.50毫米。夏季（6−8月）降水量156.80毫米，较常年偏少254.20毫米，属显著偏少年份。其中，6月降水量较常年偏少42.20毫米，7月降水量39毫米，较常年偏少128.40毫米，是1958年有气象记录以来最少值，8月降水量较常年偏少83.60毫米。秋季（9−11月）降水量87.10毫米，属正常年份。其中，9月、10月降水量接近常年，11月降水量较常年偏少9.20毫米。

2014年北戴河区各月平均降水量

表2　　单位：毫米

月 份	降水量	月 份	降水量	月 份	降水量	月 份	降水量
1月	3.6	4月	1.5	7月	39.0	10月	32.6
2月	3.2	5月	85.0	8月	70.9	11月	0.2
3月	9.1	6月	46.9	9月	54.3	12月	5.7

无霜期204天，较常年偏长。初霜日出现在10月14日，终霜日出现在3月23日。

最大冻土深度36厘米，出现在2月份，较常年偏浅；结冰日数125天；冬季最大积雪深度4厘米。

年日照时数2598.10小时，年日照百分率59%，接近常年。

年平均相对湿度69%，接近常年；雾日57天。

年平均风速1.60米/秒，多西北风。

【气象灾害】 2014年，北戴河区出现的主要天气气候事件有大雾、寒潮降温、夏旱等。

1. 大雾：出现大雾天气57天，其中1月1天，2月3天， 3月5天 ，4月3天，5月5天，6月5天，7月11天，8月7天，9月5天，10月10天，11月2天。雾日较常年偏多，给交通运输等行业造成影响。

2. 降温：出现了中等强度以上降温天气，具体情况是：

1月4日、1月13日、1月21日中等降温，1月8−9日强降温；2月3−4日强降温，2月8日、2月28日中等降温；10月13−14日中等降温，10月27−28日强降温；11月2−3日、11月6−7日、11月12−13日、11月17日中等降温；12月2日中等降温，12月8日、12月11日强降温，12月16日中等降温。

3．夏旱：2014年夏季北戴河区降水量较常年偏少60%以上，为有气象记录以来次少值，7月降水量39毫米，是1958年有气象记录以来最少值，农作物受旱灾严重，水库蓄水量严重不足。

（齐义君）

自然资源

【土地资源】 北戴河区土地总面积为7289.89公顷，其中，耕地737.47公顷，园地586.13公顷（全部为果园）、林地1546.31公顷（有林地1339.17公顷、其他林地207.14公顷）、草地28.05公顷（全部为其他草地）、城镇村及工矿用地3017.59公顷（城市2017.36公顷、建制镇465.54公顷、村庄489.75公顷、风景名胜及特殊用地44.94公顷）、交通运输用地486.04公顷（铁路用地86.15公顷、公路用地323.39公顷、农村道路76.50公顷）、水域及水利设施用地637.57公顷（河流水面132.36公顷、坑塘水面107.62公顷、沿海滩涂361.93公顷、沟渠29.40公顷、水工建筑用地6.26公顷）、其他土地250.73公顷（设施农用地229.94公顷、田坎8.19公顷、裸地12.60公顷）。

【水利资源】 北戴河地势微倾于海，地表径流迅速入海。又因北戴河地层为新太古代晚期花岗岩，为弱贫水层或无水层，水资源贫乏。水资源总量为1410万立方米，其中，地表水为1046万立方米，地下水资源量为503万立方米，重复计算量为139万立方米。人均水资源占有量为199立方米，低于秦皇岛市人均水资源占有量290立方米。降水是地表水的唯一来源。地下水资源分布不均，区域特点明显，多分布在两个断层带：戴河、新河与其他河流的沿岸及较大水库、塘坝等地下水补给排泄区内。地下水为流域积层孔隙潜水与基岩裂隙浅水，蓄水性差，没有开采价值，除部分村庄利用不稳定的流层地下水作为饮用和部分农田灌溉用水，全区用水主要靠抚宁洋河水源地和引青龙河水入境供水。

【海洋资源】 北戴河南临渤海，在海区及周边海区有鱼类68种。其中主要鱼种有：日本鲤鱼占52.60%，鲈鱼占9.40%，斑鱼祭鱼占5.80%，银鲳鱼占5.10%，绿鳍马面豚占5%，蓝点鲅占3%，牙鲆占2.70%，黄益鲽占1.10%，白姑鱼占1%。上述鱼种之和占海区鱼类生物量的85.70%。此外还有黄棘头梅童鱼、焦氏舌鳎、青鳞鱼、梭鱼、带鱼、黄鲫、孔鳐等。

无脊椎动物，主要种类为软体和甲壳类动物。软体动物中有短蛸、长蛸、日本枪乌贼、曼氏无针乌贼。甲壳类动物中有三疣梭子蟹、日本鲟、中国对虾、鹰爪糙对虾、日本鼓虾、脊尾白虾、菖氏长臂虾、脊尾褐虾、虾蛄。无脊椎动物的生物量，以三疣梭子蟹为多，占总生物量的42.90%。其次为虾蛄占22%，日本枪乌贼占14.60%，曼氏无针乌贼占6.10%，日本鲟占4.20%，短蛸占3.40%，中国对虾占3.20%，其他占3.60%；底栖生物共11类150种。其中，软体动物56种，甲壳类35种，多毛类27种，棘皮动物9种，鱼类7种，腔肠动物5种，脊索动物4种，益虫2种，星虫、帚虫、纽形动物、扁形动物、腕足类各1种。

金山嘴一带海域为高生物量分布区，海底断面生物量38.14克／平方米，生物密度428.90个／平方米。主要为文昌鱼、海豆芽、毛蚶、凸镜蛤等。在金山嘴近岸10千米一带的海底生物栖息密度高达8033个／平方米，其中98.13%为文昌鱼；在岩礁区和沙底浅海中，蕴藏海参。

潮间带生物有163种，群落以双壳类、甲壳类为多。

【植物资源】 北戴河植物区系在世界植物地理上属于泛北极植物区的中国日本植物亚区。植物起源于第三纪植物区系，未受到第四纪大规模冰川的直接侵袭，受中亚干燥化的影响也不太大，所以第三纪植物区系未遭受根本性破坏，一直保留到现在。如豆科的合欢，苦木科的臭椿，无患子科的栾树，壳斗科的板栗等，在区内都有零星分布，它们都是第三纪植物区系的直接后代。中国日本区系的特产植物，如百禾科的知母，大戟科的猫儿眼，菊科的泥胡菜等在这里均有分布。

植物有海生植物、入药植物和木本植物。海生植物中常见的有海白菜、龙须菜、昆布、海菊花等。入药植物有麻黄、荆介、麦冬、薏米等近200种，多分布在东、西联峰山，海滨林场和滨海沙滩。木本植物种类繁多、可分为43个科，共137个品种。主要有油松、刺槐、栎等，较为珍贵稀有的桑橙、牡丹、爬地柏、垂柳等，有古树298株，名木168株，稀有树木16株。其中1株国槐树龄已达599岁，属国家一级古树。

本地的地带性植被，为温带常绿针叶林和落叶阔叶混交林。此外，还分布有灌丛草坡、盐生灌丛和盐生草甸等。

【动物资源】 北戴河南临渤海，在海区及周边海域，有可供开发利用的游泳动物、底栖动物。又由于北戴河海岸与烟波浩渺的大海、绵延起伏的山脉，以及沿海的平原形成鲜明对比，有利于过路鸟的辨认，因此这里又是鸟类动物乐园。此外还有环节、软体、节肢类、兽类等野生动物。

野生动物有8个种类450余种，最为丰富的是鸟类资源，有20目61科415种，其中，国家一级保护的12种，二级保护的49种；留鸟36种，候鸟369种，是中国第一个候鸟保护区。位于赤土山附近的“北戴河湿地”，被纳入“国际湿地保护网络”，2011年被列入国家湿地公园试点，每年吸引着众多的中外观鸟爱好者，被誉为“观鸟的麦加”。

两栖、爬行类。两栖动物有青蛙、蟾蜍。爬行动物有蛇、蜥蜴、壁虎、龟等。

兽类。主要有：狐狸，冬季在东联峰山偶有，数量不多。目前，在本地常见的兽类有獾、山狸、野兔、黄鼬、刺猬、蝙蝠等。

环节、软体、节肢类。环节动物有蚯蚓、蚂蟥。软体动物有河蚌、蜗牛。节肢动物有蝴蝶、蜜蜂、野蜂、蝼蛄、螳螂、蜻蜓、蟋蟀、蚂蚁、金龟子、椿象、河虾、河蟹、蜈蚣、蚰蜒、蜘蛛等。

建置沿革

北戴河历史悠久，远在新石器时代，先民就在这块土地上繁衍生息，开始了半渔猎、半农耕的生产劳动，创造了具有明显的龙山文化特征的文明。

据史载，北戴河上古属幽州，商、周属孤竹国，春秋战国时为燕国，秦、汉、隋属辽西郡，唐为河北道营州，明、清属永平府。清光绪二十四年（1898），清朝廷将北戴河海滨辟为避暑区。

中华民国初，改属直隶省津海道临榆县。民国21年（1932）6月，北戴河避暑区改称北戴河海滨自治区。民国23年（1934）3月，北戴河海滨自治区与临榆县正式实行划界，直隶河北省。民国25年（1936）12月，改称北戴河海滨风景区。民国34年（1945）7月，改北戴河风景区为北戴河海滨区管理局，隶属河北省公署。

1948年11月26日，中国人民解放军入境，北戴河解放。建海滨区公所，属河北省秦榆市。1949年4月28日，改秦榆市为秦皇岛市，海滨区隶属之。1954年2月，改海滨区为北戴河区至今。

行政区划

2014年北戴河区辖海滨镇、戴河镇两个镇，25个行政村（刘庄村、草厂村、陆庄村、丁庄村、河东寨村、单庄村、赤土山村、北戴河村、西古城村、车站村、西坨头村、拨道洼村、太平庄村、蔡各庄村、朱庄村、苏庄村、东坨头村、乔庄村、甘各庄村、谢李庄村、费石庄村、大薄荷寨村、小薄荷寨村、崔各庄村、杨各庄村）；北戴河区东山街道办事处、北戴河区西山街道办事处，9个社区居民委员会（育花路社区、东山社区、东经路社区、英才社区、安居社区、西山社区、剑秋路社区、平安路社区、车站社区），两个社区家委会（秦皇岛外国语职业学院家委会、五七一一家委会）和北戴河经济技术开发区。

人口状况

年末，全区户籍人口69043人，其中城镇常住人口69043人，城镇化率100%。另有流动人口11328人。总人口中，男性33197人，占48.08%，女性35846人，占51.92%；18岁以下9701人，占14.05%；18～60岁45258人，占65.55%；60岁以上14084人，占20.40%。总人口中，以汉族为主，达65264人，占94.53%；有满族、回族、蒙古族、朝鲜族、土家族、苗族、侗族、彝族、藏族、壮族、锡伯族、鄂温克族、黎族、达斡尔族、仫佬族、瑶族、哈尼族、傣族、布依族、仡佬族、俄罗斯族、裕固族、畲族等24个少数民族、3779人，占5.47%；超过25人的有满族、回族、蒙古族、朝鲜族、土家族5个民族，其中满族2775人，占少数民族人口的73.43%；蒙古族373人，占9.87%。2014年人口出生率9.26‰，人口死亡率4.76‰，人口自然增长率4.50‰。

宗教信仰

区内有佛教、道教、伊斯兰教、天主教、基督教，信教群众305人，有1个基督教福音堂活动场所。

历史文化

【名胜古迹】 北戴河有一碧万顷的蓝色海洋，峰峦叠嶂的绿色青山，茂密葱郁的城市森林，蜿蜒起伏的金色沙岸，白墙红顶的别墅楼房，构成了“雨水苍茫万里情”的巨幅画面。古迹有秦代的行宫遗址，明代的古刹观音寺等，并形成以联峰山、中海滩、碧螺塔、鸽子窝四大景区为特色的风景名胜网络。

鸽子窝景区　位于北戴河海滨东北端，因鸽子窝公园而得名。景区内除鸽子窝公园外，还有野生动物园、奥林匹克大道公园、怪楼奇园等景观。

碧螺塔景区　位于海滨东南端，与鸽子窝景区相连，因碧螺塔公园而得名。主要景观有碧螺塔酒吧公园、金山嘴、南天门、秦皇行宫遗址、游览码头等。

中海滩景区　与北戴河海滨中心相连，东起海滨七桥南路，西至平水桥，以沿海多游园和海浴场为特色，以老虎石景点为中心，南面是一望无垠的大海，北面是绚丽多姿的楼阁亭榭，站在海岸高大的岩石上，可南观大海，西眺联峰山。主要景点有老虎石海上公园、平水桥公园和滨海绿带。

联峰山景区　西起戴河入境发端，东至平水桥，主要景观有东联峰山，西联峰山，集发生态农业观光园。景区以登山览胜，林中探幽，赏花垂钓为特点。景区东部怪石林立，掩映在苍松翠柏中的石洞，千姿百态，骆驼石、卧牛石，石石怪异；通天洞、桃源洞、老虎洞，洞洞新奇。

【老别墅群】 “层楼近水倚群峰”讲的是北戴河别墅的诗境。蓝天绿树映衬下的红顶、素墙、太阳台构成北戴河别墅群独特的建筑风格，以此而闻名中外，具有很强的观赏性。

北戴河的别墅始建于清光绪十九年（1893），首由英国传教士史德华开其端，至光绪二十四年（1898）清政府辟为避暑区后，外国人及中国的官僚政客纷纷来此建屋，别墅楼房从西山到东山连缀成片，至1948年北戴河解放，已达719幢，规模居中国所有避暑别墅区第二位。

北戴河的别墅在布局上十分注意与自

然环境融合与协调，一般别墅只占用地总面积的15%左右，或依坡就势，或取“悬”用差，依联峰之势，透迤海岸，此所谓“层楼近水倚群峰”。且各个别墅互不相连，中间以绿地花木相隔，围墙高仅至膝，成为意趣自然的庭院，具有浓厚的田园情调。

这些别墅的显著特征，依山面海，疏密有致，山巅、海边、峰回路转之间，斜坡溪涧之旁，诸多别墅，掩映在苍松翠柏之中，其建筑风格迥异。中国建筑多以石为墙，深宅大院，繁荫巨干，香花绿地，以保自然之本色；西式别墅屋必有廊，廊必深邃，以蔽骄阳，多以刺槐、刺松、侧柏为墙，墙高及肩，不碍远眺。

漫步别墅石径小路，既可领略中国浓郁的园林风韵，又能欣赏西方庭院的色彩，给人以美的享受。加之今日中国园林式别墅和现代新建单元式别墅拔地而起，使北戴河的建筑名闻遐迩。

北戴河别墅的另一个特征是名人别墅多。民国7年（1918）第一次世界大战后，中国的官僚政客，到北戴河疗养的日益增多。袁世凯、周学熙、朱启钤、张作霖、张学良、吴鼎昌、段芝贵、傅作义、孙科、顾维钧等都曾到北戴河并建或购有别墅。当地曾流传着一首民谚，叫“吴家楼、段家墙、霞飞馆的大草房”。吴家楼坐落在东联峰山下，其主人吴鼎昌（1884～1950），浙江吴兴人，时任北洋政府中国银行总裁、财政部次长，后任南京国民政府实业部部长、贵州省主席，民国37年（1948）任蒋介石总统府秘书长。段家墙，指段芝贵（1869～1925），安徽合肥人，北洋政府时曾任东三省巡按使，北京京畿警备司令，定国军前敌总指挥，别墅及院墙位于中直北戴河服务局院内。霞飞馆位于联峰山莲花石公园内，现已无存。北戴河每一幢历史别墅都有一个动人的故事。

【名人名迹】 北戴河古属碣石地域，自春秋战国以来，燕昭王、秦始皇、汉武帝、魏武帝、唐太宗等8位皇帝都曾折腰巡幸，裹足驻跸。嬴政、曹操、李世民等又都触景生情，面海抒怀，分别留有《碣石门辞》《观沧海》《春日观海》等遗篇佳作。

北戴河在中国现代旅游史上有“开山鼻祖”的美誉，被人们称为中国旅游业发展的“摇篮”。早在20世纪20年代，就曾被誉为“东亚避暑地之冠”，成为中国著名的四大避暑区之一。当时北戴河拥有世界上最时髦、最新奇的休闲方式，其中海水浴、网球竞赛、仕女骑驴踏青、夜晚莲花石舞会是“最前卫、最流行”的旅游项目。众多名人云集北戴河：康有为、徐世昌、张学良、朱启钤、周学熙、顾维钧、梅兰芳、徐志摩、吕碧成；英籍女作家韩素音、著名记者和作家海伦·斯诺以及司徒雷登、赫德、费正清等都曾在这里尽情享受休闲的快乐。

毛泽东主席说：“北戴河的空气、阳光、大海最是吸引人”。从20世纪中叶，党和国家领导人开始到北戴河办公休息。他们在这里商讨国内外大事，接见外国党领导人、国家元首、外交使团，以及中国的知名人士和劳动者中的优秀代表，几乎所有的中央领导人都曾到过北戴河。毛泽东、朱德、陈毅、叶剑英、郭沫若等，在此写下不朽之作。其中毛泽东主席生前10次到北戴河，他的一首《浪淘沙·北戴河》成为千古绝唱。

据不完全统计，自新中国成立以后，有来自世界各地的近百位外交使臣、外国党的主席、国会、参议院议长、国家元首等贵宾到过北戴河；美国纽约州立大学石溪分校杨振宁教授、美国哥伦比亚学院李政道教授、美国麻省理工学院丁肇中教授、美国加州理工学院马库斯教授和美国马普学会生物物理研究所米歇尔教授5位诺贝尔奖获得者以及菲尔茨奖获得者、美国哈佛大学丘成桐教授等，在2000年8月同期到北戴河并受到党和国家领导人的会见；南非大主教德斯蒙德·图图也曾到过北戴河，而且他是第一个访问中国的南非宗教界领导人。

悠久的历史、旖旎的风光和众多的名胜

古迹，吸引着百余位中国的政界精英、优秀的作家、诗人到北戴河并以他们特有的感悟书写出200余篇诗词、散文，为北戴河区人民留下宝贵的精神财富。

组织机构

【中共北戴河区委及工作部门负责人】

书　　记　李学民
副 书 记　刘学彬
　　　　　王志新（12月免）
区委常委　李学民
　　　　　刘学彬
　　　　　王志新（12月免）
　　　　　张立星（3月免）
　　　　　卢彦昌（3月任）
　　　　　张　杰
　　　　　于凤喜（7月任）
　　　　　周向东（7月任）
　　　　　姚　飞
　　　　　李韶云（7月任）
　　　　　王　慧（女，2月免）
　　　　　赵启伟
　　　　　陈秋华（挂职）
区委委员（按姓氏笔画排序）
　于凤喜　王玉海　王志新（12月免）
　王希江　王慧（女，12月免）
　卢洪文　冯志远　任立民　刘卫平
　刘学彬　齐淑丽（女）　孙谓青
　严　彬　李学民　李韶云　张　杰
　张　敏　张立星（3月免）
　卢彦昌（3月任）
　单慧英（女，2月任）
　周向东　周金捍　赵启伟　赵国祥
　赵振辉（2月免）　姚　飞　裴耀辉
区委候补委员：（按得票多少排序）
　姜维秀　李运臣　杜占山
　董　菲（女，2月免）　冯　松
区委办公室主任　赵启伟
组织部部长　王　慧（女，2月免）
　　　　　　单慧英（女，2月任）
宣传部部长　姚　飞
统战部部长　王　慧（女，兼6月免）
　　　　　　单慧英（女，兼6月任）
区精神文明建设委员会办公室主任
　　　　　　冯静宇
老干部局局长　赵景新（2月免）
　　　　　　孟　军（2月任）
党校校长　王　慧（女，兼2月免）
　　　　　单慧英（女，兼2月任）
信访局局长　任立民　（2月免）
　　　　　　张占华　（2月任）
机要局局长　李增光
区委保密委员会办公室主任、
保密局局长　李增光（兼）
区信息化办公室主任　李春兰（女）
区暑期工作领导小组办公室主任
　　　　　　杨世滨
区委农工委书记　王志新（12月免）
　　　　　　　　赵启伟（12月任）
机构编制委员会办公室主任
　　　　　　　　孙秀琪（女）

【区委派出机构负责人】

中共北戴河经济技术开发区工作委员会
书记　　　　王志新（11月免）
中共北戴河区委直属工作委员会
书记　　　　徐　斌
中共北戴河区休疗旅游工作委员会
书记　　　　胡　权（兼）
中共北戴河区西山街道工作委员会
书记　　　　杜占山
中共北戴河区东山街道工作委员会
书记　　　　姜维秀

【北戴河区人民代表大会及工作部门负责人】

人大常委会主　任　王玉海
　　　　　副主任　刘海平
　　　　　　　　　韩新民
　　　　　　　　　曹艳红（女）
　　　　　　　　　张军生

人大常委会委员（按姓氏笔画排序）
未淑云（女，蒙古族） 李志强
李铁林（满族） 李淑花（女）
李集周 张继宏 陈永祥
赵永军 赵德全 袁利梅（女）
晁建东 徐占明 高劲松
董晓峰 程淑颖（女）
办公室主任 董晓峰（3月免）
代表科主任 李铁林
教科文卫委主任 卢志民
财经委主任 高劲松
法工委主任 赵永军

【北戴河区人民政府及工作部门负责人】
区 长 刘学彬
副区长 于凤喜
周向东
李海泳（11月免）
任 晨
付 红（女）
丁新杰
孙谓青
董立宏
裴耀辉（挂职）
区政府办公室主任 冯志远
区突发公共事件应急委员会办公室主任
王英明
区发展改革局局长 冯 松
区人口和计划生育局局长 贾志勇
区国有资产经营公司总经理 韩英山
区审计局局长 刘卫平（3月免）
陈春华（3月任）
区财政局局长 高银山
区统计局局长 张东海
区机关事务管理局局长 赵英士
区教育局局长 王晓光
区旅游局局长 胡 权
区旅游促进中心主任 胡 权（兼）
区物价局局长 闫文章
区政务服务中心主任 张志军
区食品稽查大队队长 张志云
区广播电视台台长 李文彬
区文化广电新闻出版（版权）局
局长 李春光
区农牧局局长 李运臣（3月免）
谢海龙（3月任）
区园林局局长 赵国祥（6月免）
齐淑丽（女，6月任）
区民政局局长 张寅生
区住房和城乡建设局局长 张 敏
区城市管理局局长 张 利
区环境保护局局长 李宝明
区卫生局局长 陈春华（2月免）
李运臣（2月任）
区交通运输局局长
齐淑丽（女，6月免）
陈自彬（6月任）
区人力资源和社会保障局局长
田秋燕（女）
区安全生产监督管理局局长 毕青春
区科学技术局局长 张新志
区商务局局长 谭凤金
区供销社书记、主任 徐庆荣

【政协北戴河区委员会及工作部门负责人】
政 协 主 席 严 彬
政协党组副书记 孙 晨（5月任）
副主席 陈艳霞（女）
杨振久
卢洪文
高银山
政协常委（按姓氏笔画排序）
王文义 王树忠（蒙古族） 王智华
田欣华（女） 刘立辉
刘润秋 李 伟（满族） 李洋洋
李文彬 杨国栋 张志强 张振江
周学年 孟香爽（女） 傅德礼
薛 伟
行政办公室主任 李洋洋
委员工作委员会主任 周学年
提案委员会主任 孟香爽（女，2月免）
王丽艳（女，2月任）

【中共北戴河区纪律检查委员会及工作部门负责人】

区委常委、区纪委书记　张　杰
区纪委副书记、监察局局长
张　毓（3月免）
王笑杰（女，3月任）
区纪委副书记　董晓峰（2月任）
第一纪检监察室主任　孟祥勇
第二纪检监察室主任　马文刚
党风政风监督室主任　侯静元
信访室主任　任　科
区纪委常委（按姓氏笔画排序）
马文刚　王笑杰（女）　张　杰
张　毓（2月免）
孟祥勇（2月免）　侯静元
区纪委委员（按姓氏笔画为序）
马文刚　王笑杰（女）　左德成
任　晨　刘卫平　齐淑丽（女）
张　杰　张　毓（2月免）　孟祥勇
赵志伟（3月免）　侯静元　贾志勇
高新荣　曹印武　曹晓军　程黎明
董晓峰　谢海龙

【北戴河经济技术开发区及工作部门负责人】

开发区管委会主任　裴耀辉
副主任　丁新杰（7月免）
王立刚
王贵君
王晓青（女）
周金捍（7月任）
投资促进局局长　李学博
综合办公室主任　左德成
财政局局长　张海燕（女）
经济发展局局长　孙立新

【法治国防系统工作部门负责人】

北戴河区委政法委书记　李韶云
北戴河区委政法委副书记、
区综治办主任　刘益深
北戴河公安分局局长
李海泳（11月免）
陈　曦（11月任）
北戴河公安分局政委　李宪友
北戴河区人民检察院检察长
赵振辉（1月免）
陈国栋（1月任）
北戴河区人民法院党组书记、院长
黄　滨
北戴河区司法局局长　苏万峰
武警河北省总队第三支队支队长
刘文喜
武警河北省总队第三支队政治委员
宋胜昔
北戴河消防大队大队长
李立华（3月免）
戴保江（7月任）
海警支队特勤队队长　靳　雳
北戴河边防派出所所长　岳旭光
北戴河边防派出所教导员　杨　勇
北戴河区人民武装部部长　卢彦昌
北戴河区人民武装部政治委员
张立星（3月免）
荀　斌（3月任）
北戴河区人民防空办公室主任
张　敏（兼）

【人民团体系统工作部门负责人】

北戴河区总工会主席　张军生
共青团北戴河区委书记
董　菲（女，2月免）
李　佳（女，2月任）
北戴河区妇联主席　袁利梅（女）
北戴河区科学技术协会主席　张新志
北戴河区残联理事长　王巧燕（女）
北戴河区文学艺术联合会主席
于红艳（女）
北戴河区工商业联合会主席
陈艳霞（女，兼12月任）
北戴河区工商业联合会党组书记
李　军

【镇街道办事处工作部门负责人】

北戴河区海滨镇党委书记
周金捍（2月免）
李继文（2月任）
北戴河区海滨镇党委副书记、镇长
李继文（2月免）
程黎明（2月任）
北戴河区海滨镇人大主席团主席
李志强
北戴河区戴河镇党委书记
陈自彬（6月免）
赵国祥（6月任）
北戴河区戴河镇镇长
谢海龙（2月免）
任立民（2月任）
北戴河区戴河镇人大主席团主席
李淑花（女）
北戴河区东山街道办事处主任　姜维秀
北戴河区西山街道办事处主任　杜占山

【省、市主要驻区单位负责人】

中国银行北戴河支行行长
韩卫红（5月免）
任敬湛（5月任）
中国工商银行北戴河支行行长　夏　群
中国农业银行北戴河支行行长　丁大勇
中国建设银行北戴河支行行长　王启滨
交通银行北戴河支行行长　董继红
秦皇岛银行北戴河支行行长　辛树彬
中国人民财产保财险股份有限公司
北戴河支公司经理　李　阳
中国人寿保险股份有限公司
北戴河支公司经理　孙月娇（2月免）
于树芹（2月任）
河北财达证券有限责任公司秦皇岛
海宁路证券营业部经理　郭永广
北戴河区邮政局局长、书记　刘庆华
中国移动通信集团河北有限公司
北戴河分公司经理　费立军
中国电信北戴河分公司经理
秦　敏（1月免）
冯海忠（1月任）
中国联通北戴河分公司经理
郭浩然（12月免）
赵卫国（12月任）
秦皇岛电力公司北戴河供电分公司经理
刘健全（10月免）
张振强（10月任）
秦皇岛北戴河供水总公司经理
马超群（2月免）
苏　魁（2月任）
河北广电网络集团秦皇岛渤海在线
北戴河分公司经理　顾　东（11月免）
鲁铁铮（11月任）
秦皇岛燃气总公司北戴河公司经理
公佩山

【垂直管理机构负责人】

秦皇岛市质量技术监督局
北戴河区分局局长　王墨江
秦皇岛市北戴河区工商行政管理局局长
于志勇
国土资源局秦皇岛市北戴河区分局局长
张　宽
秦皇岛市规划局北戴河区分局局长
王希江
北戴河区国家税务局局长　杨　禹
北戴河区地方税务局局长　杨连盛

国民经济和社会发展

【概况】　2014年，全年实现地区生产总值40.87亿元，比上年增长6.90%；全社会固定资产投资完成40.33亿元，比上年增长18.20%；全部财政收入达到8.78亿元，比上年下降1.10%，其中区级公共财政预算收入达到5.11亿元，比上年增长2.90%。城市居民人均可支配收入达到30145元，比上年净增2362元，比上年增长8.50%；农村居民人均可支配收入达到14146元，比上年净增1647元，比上年增长13.20%。全区金融机构各项存款余额91.27亿元，比上年增长7.10%，其中，城乡居民储蓄存款69.38亿元，比上年增长11%；各项贷款余额41.11亿元，比上年增长0.10%。

【农业】 全年粮食播种面积601公顷，比上年减少24公顷；油料播种面积52公顷，比上年减少12公顷。粮食、油料类总产量完成4438吨、181吨，分别比上年下降11.80%、18.50%。完成禽蛋类产量1235吨、蔬菜产量25044吨、奶类总产量2728吨、水产类产量1400吨，分别比上年增长13.80%、3.40%、6.10%和11.10%；肉类产量495吨，比上年下降13.60%。

全年农村用电量8197万千瓦时，比上年增加200万千瓦时；年末农业机械总动力达到18881千瓦，比上年减少656千瓦；农业化肥施用折纯量491吨，比上年增加8吨；农田有效灌溉面积980公顷。

【工业】 全年实现全部工业增加值3.35亿元，比上年增长3.5%。其中规模以上工业企业实现增加值2.81亿元，比上年增长3.20%；实现总产值11.75亿元，比上年下降29%；累计实现利润1.03亿元，比上年增长306.50%。

【固定资产投资】 全年完成全社会固定资产投资40.33亿元，比上年增长18.20%；其中固定资产投资完成39.53亿元，比上年增长17.60%。

【交通运输】 全年公路客运量完成229.80万人次，比上年增长0.04%；客运周转量完成4136.40万人千米，比上年增长0.04%；全年公路货运量完成153.10万吨，比上年下降0.10%；公路运输周转量完成3827.50万吨千米，比上年下降0.10%。

【邮电通信】 2014年，完成邮电通信业务收入9242万元，比上年下降22.30%；接入互连网计算机年末达到21647台，比上年下降0.30%；移动电话年末达到10.31万部，比上年下降9.40%。

【旅游】 全年接待中外游客742.49万人次，比上年增长5.50%，其中入境游客2.90万人次，增长11.10%；辖区景点门票收入1.20亿元，比上年增长32.50%，其中区属景点门票收入6519万元，增长34.90%。

【国内贸易】 消费品市场运行平稳，居民消费升级步伐进一步加快，全年实现社会消费品零售总额50.01亿元，比上年增长12.30%。

【对外及对外省市经济】 2014年批准内资项目84个，累计引进内资39.53亿元，比上年增长13.90%。实际利用外资2357万美元，完成市定目标任务的102.50%，比上年增长13%。进出口总额921万美元，完成市定目标任务的100.70%，比上年增长5.70%。

【民营经济】 制定《北戴河区全民创业若干扶持办法（试行）》，开展创业培训3700人次。博泓小贷公司和区人社局为创业人员发放小额担保贷款4607万元。天道计算机股份有限公司在天津股权交易所成功上市，成为区内首家上市融资的小微企业。实施区领导“一对一”帮扶特色民宿行动，对34个重点民宿进行分类指导。

【金融财政】 全年完成财政总收入8.78亿元，比上年下降1.10%，其中区级公共财政预算收入5.11亿元，比上年增长2.90%。全部公共预算支出7.81亿元，增长6.20%。金融机构各项存款余额91.27亿元，其中城乡居民储蓄存款余额69.38亿元，分别比上年增长7.10%和11%。各项贷款余额41.11亿元，比上年增长0.10%。

【社会事业】 科学技术 2014年，有3项科技成果获市科技进步奖，其中1项获一等奖、2项获三等奖。组织申报25个项目列入2014年度市级科技计划，获市科技资金支持51万元。专利申请量35项，授权量25项。组织推荐认定河北省科技型中小企业13家。

教育事业　对北戴河区蔡各庄小学、北戴河第二中学操场进行改造；改建北戴河中学教师餐厅，新建排球场、羽毛球场；大力发展学前教育，全区幼儿入园率99.40%。承办第五届全国励志教育论坛、全省学校管理和校园文化建设现场会，高标准通过国家义务教育发展基本均衡督导评估验收。初步开展双向游学活动，与韩国九里市建立友好联系，有22名师生赴韩国进行为期5天的交流访问。

文化事业　以公共文化服务体系示范区创建为依托，深入开展特色文化惠民活动，建立西古城村、刘庄村、西山街道办事处等“文化超市”，举办新春摄影展、音乐会，壮大文化志愿者、民间文艺团体队伍，精心组织“幸福北戴河”春节灯会和纪念《浪淘沙·北戴河》创作60周年系列文化活动，推出各类展演500余场次。至年末，有线电视模拟用户670户，有线电视数字用户2.71万户，入网率93.70%。

卫生事业　深化医药卫生体制改革，启动公立医院改革，建成集体产权村卫生室9个，基层卫生院全部实现药品零差价。新农合参合率达到98%。

体育事业　成功举办第十届轮滑节，荣获“全国轮滑项目推广贡献奖”。承办及协办2014首届秦皇岛·城市乐跑赛、2014体彩超级大乐透铁人三项赛、2014秦皇岛国际马拉松赛等大型赛事。

【居民生活和社会保障】　城乡人民生活水平进一步提高。城市居民年人均可支配收入30145元，比上年增长8.50%；农村居民年人均可支配收入14146元，比上年增长13.20%。

社会保障体系日臻完善　全区企业养老保险参保覆盖人数16987人，机关事业养老保险参保覆盖人数6623人，城乡居民社会养老保险参保人数20318人。城镇职工基本医疗保险参保11090人，生育保险参保8372人。失业保险参保人员8904人。全区企业职工养老保险、机关事业养老保险、城乡居民养老保险基金征缴分别达到6497.70万元、7437.70万元和665.96万元；城镇职工基本医疗保险、生育保险基金征缴分别为2684.10万元和179.35万元；失业保险基金征缴达到815.08万元。

中共北戴河区委员会

概况

2014年，全区紧扣发展主题，抢抓河北沿海地区率先发展、环渤海地区加速崛起、京津冀协同发展机遇，全面加快跨越前进、绿色崛起步伐。全区工作的总体要求是：认真贯彻落实中共中央和省、市决策部署，坚持把建设世界名区和经济强区作为不懈追求，围绕打造“国际名片”、建设国际滨海休闲度假之都的目标，积极抢抓京津冀协同发展历史机遇，按照“1+4+2”（“1”即做好暑期工作，“4”即推进项目建设、城市提升、全民创业、城乡一体化四大攻坚年活动，“2”即加强党的建设、法治建设）总体思路，奋力开创富民强区新业绩，为实现“两个率先”、建设美丽实力幸福北戴河奠定坚实基础。

重要决策

【开展党的群众路线教育实践活动】 2月19日，区委印发《北戴河区开展党的群众路线教育实践活动的实施方案》。坚持以中共十八大与十八届二中、三中全会和习近平总书记系列重要讲话精神为指导，全面贯彻落实中共中央要求和省、市、区委全会精神，以为民务实清廉为主题，以“照镜子、正衣冠、洗洗澡、治治病”为总要求，以“党员干部转作风、人民群众得实惠、深化改革迈大步、绿色崛起上水平”为目标，以补精神之“钙”、除“四风”之害、祛行为之垢、立为民之制为重点，突出作风建设，贯彻整风精神，坚决反对形式主义、官僚主义、享乐主义和奢靡之风，着力解决人民群众反映强烈的突出问题，着力解决影响发展环境的突出问题，着力提高做好新形势下群众工作的能力，为实现“两个率先”宏伟目标、建设美丽实力幸福北戴河提供强大动力，奠定坚实基础。

【实现队伍提素、服务提质、工作提效】 4月11日，区委办、区政府办印发《北戴河区深化提素提质提效行动实施方案》。明确目标任务是：立足当前、着眼长远，因地制宜、因势利导，以创先争优的精神状态和改革创新的方法措施，着力实现队伍提素、服务提质、工作提效，不断提高对经济社会发展的贡献度和人民群众的满意度。

【着力解决关系群众切身利益问题】 4月15日，区委办、区政府办印发《北戴河区基层基础提升年行动实施方案》。以中共十八大与十八届二中、三中全会和习近平总书记系列重要讲话精神为指导，全面贯彻落实中央要求和省、市、区委全会精神，以党的群众路线教育实践活动为统揽，以服务基层、服务群众为主题，推动工作职权下放、工作力量下沉、工作重心下移，让群众好办事、为群众办好事，着力解决发生在群众身边的不正之风，着力解决关系群众切身利益的问题，着力解决服务群众“最后一公里问题”，着力提高做好新形势下群众工作的能力和水平。

【加强一村一居一组的帮扶机制】 5月28日，区委办印发《关于进一步加强“一村一居一组”长效帮扶机制的通知》。各县级干部要以上率下全面深入所包村（居）走访调研，实行周小结、月总结机制，及时总结提炼分包工作特色，通过亮点工作集中体现活动成果，努力将所包村居打造成适宜经验推广的活动示范点。一是指导各村（居）群众路线教育实践活动；二是落实代办制，解决服务群众“最后一公里问题”；三是化解信访积案，排查矛盾隐患；四是提升村居面貌，改善居住环境；五是推进精神文明建设，丰富群众生活；六是发展村（居）经济和社会事业，提高群众幸福指数；七是推进基层组织建设，提升服务能力；八是为老百姓办实事解难题；九是结合分包村居情况确定的其他重点帮扶工作。

【开展绿满北戴河专项行动】 5月30日，区委办、区政府办印发《北戴河区绿满戴河庭院专项行动方案》。按照建设“美丽实力幸福北戴河”的战略目标、“因地制宜，要与林果发展、村庄长远规划及群众文化生活相结合”的总体要求和“栽足四旁、栽满庭院、墙体绿化、见缝插绿”的绿化工作具体要求，以改善农村居住环境和生活质量为目的，充分利用道路两侧、庭院、门前屋后、闲散地、废弃地进行绿化，稳步实施，强力推进，全力打造村在林中、房在园中、人在景中的乡村绿色新家园。

【加强党风廉政建设】 7月17日，区委办、区政府办印发《2014年全区党风廉政建设和反腐败工作任务分工》。各级党组织要切实担负起全面领导党风廉政建设和反腐败工作的主体责任。党组织主要负责人作为第一责任人，要牢固树立不抓党风廉政建设就是严重失职的意识，坚持做到重要工作亲自部署、重大问题亲自过问、重点环节亲自协调、重要案件亲自督办。领导班子成员要严格履行“一岗双责”，在抓好业务工作的同时，切实抓好职责范围内的党风廉政建设工作，做到同部署，同落实，同检查，同考核。

【提升北戴河街区景观】 11月27日，区委、区政府印发《北戴河区街区景观改造提升工程实施方案》。坚持以科学发展观为指导，围绕“百年胜地·美丽之冠”的城市发展定位和建设美丽实力幸福北戴河的总体目标，动员社会各界力量，扎实开展街区景观改造提升工程，进一步提升北戴河城市建设与管理的精细化、人性化、艺术化水平，努力提高城市环境竞争优势，加快推进“北戴河国际名片”建设进程。按照中央、省、市有关要求，对全区58条道路和街区实施景观改造提升。截至2014年暑期前，已完成保二路等14条道路改造。

【实施首批便民服务措施】 12月2日，区委办印发《关于实施第一批便民服务措施的通知》。明确面向群众的便民服务措施、面向企业的便民措施、面向社会的综合性便民服务措施等，要求相关部门和单位根据各自职能和承担事项，明确分管负责人、责任科室和人员，按照时间进度节点，统筹协调，加强督导，扎实推进各项便民服务措施落到实处，让广大人民群众切身感受到党的群众路线教育实践活动取得的成效。

【农村土地承包经营权确权登记颁证】 12月12日，区委办、区政府办印发《北戴河区农村土地承包经营权确权登记颁证工作实施方案》。计划用3年时间基本完成全区农村土地承包经营权确权登记颁证工作，2014年开展海滨镇各村及戴河镇费石庄村的土地承包经营权确权登记颁证工作，完成全区承包地总面积的10%；2015年全面推开，当年完成承包地总面积的50%；2016年完成承包地总面积的40%，全区农村土地承包经营权确权登记颁证工作基本完成；2017年扫尾，重点突破难点村，完善相关工作，全面完成农村土地承包经营权确权登记颁证工作。

【落实党风廉政建设党委主体责任和纪委监督责任】 12月17日，区委印发《关于落实党风廉政建设党委主体责任和纪委监督责任的意见（试行）》。以习近平总书记系列重要讲话精神为指导，坚持党要管党、从严治党，以明晰责任界限为重点，以完善责任体系为支撑，以健全体制机制为关键，以创新载体抓手为突破，着力构建党风廉政建设权责对等的责任分解体系、科学规范的责任落实机制、完整闭合的责任追究链条，切实做到主体明确、责任清晰、担责有力、问责有效，促进各级党委（党组）认真抓好党风廉政建设工作任务的落实，各级纪检监察组织履行好监督执纪问责职责，以良好的党风政风推动全区经济社会健康发展。

【整改落实中央巡视组反馈意见】 12月20日，区委印发《中央巡视组反馈意见整改落实工作方案》。深入贯彻落实习近总书平系列重要讲话特别是关于加强和改进巡视工作的重要讲话精神，成立中央巡视组反馈意见整改落实工作领导小组并明确职责分工，逐项整改在党风廉政建设和反腐败工作、落实中央八项规定精神和作风建设、严明党的政治纪律和组织纪律、执行民主集中制和干部选拔任用等方面存在的主要问题，把党要管党、从严治党的要求落到实处，努力营造良好政治生态，为全区实现“两个率先”目标和建设美丽实力幸福北戴河凝聚强大的正能量。

重要会议

【区委常委会议】 2014年，中共北戴河区委召开15次常务委员会。

1月12日，中共北戴河区委召开第十一届三十四次常委会议。会议听取区委十一届五次全委（扩大）会议筹备情况汇报；研究区委常委会工作报告；研究《中共北戴河区委关于学习贯彻党的十八届三中全会和省委八届六次全会、市委十一届六次全会精神的决议（讨论稿）》及说明；研究2014年主要经济指标计划安排情况。

1月27日，中共北戴河区委召开区委第十一届三十五次常委会议。会议研究《北戴河区2013年度国民经济和社会发展计划执行情况暨2014年计划草案的报告》《区政府工作报告》；听取区政协党组关于召开八届政协三次会议有关事项的汇报及区人大党组关于十四届人大四次会议筹备情况的汇报；研究《2014年北戴河区政府预算草案》《北戴河区2013年财政预算执行情况和2014年财政预算草案的报告》。

2月17日，中共北戴河区委召开第十一届三十六次常委会议。会议研究《关于试行镇党代会年会制的实施方案》《关于全区开展党的群众路线教育实践活动的实施方案》《关于成立区委党的群众路线教育实践活动领导小组的意见》《全区党的群众路线教育实践活动动员大会会议方案》《区委常委会克服“四风”公开承诺》《关于建立党的群众路线教育实践活动县级以上领导干部联系点的方案》等相关工作。

2月19日，中共北戴河区委召开第十一届三十七次常委会议。研究《科级领导班子和科级干部综合考核评价办法（试行）》及干部事宜。

4月10日，中共北戴河区委召开区委第十一届三十八次常委（扩大）会议。会议传达学习4月9日市委、市人大、市政府、市政协四大家领导在北戴河区现场办公会议精神；研究北戴河区“三访三解三促”活动相关事宜。

5月16日，中共北戴河区委召开第十一届三十九次常委会议。会议传达学习总书记习近平2次批示精神，研究北戴河区贯彻落实中央和省、市党的群众路线教育实践活动工作会议精神的措施；传达2014年省暑期工作领导小组第一次会议精神；研究《关于完善内生稳定工作机制建设平安和谐北戴河的意见》《关于全面开展反恐防暴群防群治确保北戴河平安稳定的实施方案》《关于依法规范和维护区党政综合办公楼信访秩序的暂行办法》；研究北戴河区“三公”经费压缩事宜；补议共青团北戴河区第七届委员会常委、书记、副书记候选人预备人选；研究干部事宜。

6月5日，中共北戴河区委召开区委第十一届四十次常委（扩大）会议。会议听取全区安全生产工作情况汇报；研究干部事宜。

7月11日，中共北戴河区委召开第十一届四十一次常委会议。会议传达全省纪检监察机关推进转职能转方式转作风电视电话会议精神，听取全区贯彻落实意见的汇报；研究2014年全区党风廉政建设和反腐败工作任务分工意见。

8月27日，中共北戴河区委召开第十一届四十二次常委会议。会议研究《北戴河区2014年暑期工作总结表彰暨后四个月重点工作推进大会会议方案》《关于表彰2014年度暑期工作先进单位、先进集体和工作模范、先进个人的决定》；2014年暑期一线党员先锋岗先进个人评选表彰相关事宜；2014年为北戴河添光彩先进个人评选表彰相关事宜；《北戴河区综治委关于表彰2014年暑期反恐防暴群防群治工作先进单位和先进个人的决定》《关于表彰2014年暑期优秀大学生志愿者的决定》。

9月5日，中共北戴河区委召开第十一届四十三次常委（扩大）会议。会议研究《关于全区中小学布局调整建设的实施方案》；听取关于迎接国家义务教育发展基本均衡县评估认定工作进展情况的报告及公开招聘教师工作情况的报告。

10月31日，中共北戴河区委召开第十一届四十四次常委（扩大）会议。会议研究赤土山村安置房项目贷款融资相关事宜；听取大气污染防治工作汇报；研究中俄文化产业园项目协议相关事宜。

11月21日，中共北戴河区委召开第十一届四十五次常委会议。会议传达全市创建全国文明城市会议精神；通报“11·20”案件；研究《北戴河区街区景观改造提升工程实施方案》。

12月1日，中共北戴河区委召开第十一届四十六次常委会议。会议传达省委《关于坚决拥护中央对梁滨进行组织调查决定切实抓好反腐败斗争和当前工作的通知》精神及市委人大工作会议精神；研究2014年社区“两委”换届选举工作相关事宜、2014年军队转业干部安置事宜、干部事宜。

12月26日，中共北戴河区委召开第十一届四十七次常委会议。传达省市村“两委”换届工作动员部署会议精神，研究全区农村“两委”换届选举工作相关事宜；学习新《中华人民共和国安全生产法》主要精神，研究全区安全生产“党政同责、一岗双责”实施办法；研究补选区人大代表候选人建议名单及区政协委员候选人建议名单；听取区人大党组关于十四届人大五次会议筹备情况的汇报、区政协党组关于八届政协四次会议筹备情况的汇报；研究北戴河区2014年十大新闻事件。

12月31日，中共北戴河区委召开第十一届四十八次常委会议。会议听取区委十一届六次全委（扩大）会议筹备情况的汇报；研究区委常委会工作报告、《中共北戴河区委关于贯彻落实党的十八届四中全会、省委八届九次全会、市委十一届七次全会精神，全面推进法治北戴河建设的决议》《关于2015年农村面貌改造提升行动北戴河区重点片区建设相关事宜》、全区2013年度科级领导班子和科级干部考核情况。

【全区性会议】 1月14日，市委常委、北戴河区委书记李学民主持召开中国共产党北戴河区第十一届委员会第五次全体（扩大）会议。市委常委、区委书记李学民代表区委常委会作工作报告；表决通过《中共北戴河区委关于学习贯彻党的十八届三中全会和省委八届六次全会、市委十一届六次全会精神的决议》；区委副书记、区长刘学彬总结部署经济工作和城镇化工作。区委委员、区委候补委员，区纪委委员，非区委委员、候补委员的县级领导干部，区内的市党代表，两镇、两街和区委各部门、区直各单位、开发区各部门的主要负责人，区人大、区政协、区纪委各科室的负责人，行业驻区单位主要负责人，部分驻区休疗单位主要负责人，村居党组织主要负责人、村主任，部分生产性企业负责人，曾任区几大家领导班子正职的离退休领导出席会议。

2月19日，市委常委、区委书记李学民主持召开全区党的群众路线教育实践活动动员大会。安排部署党的群众路线教育实践活动，动员全区各级党组织和广大党员干部，以高度的政治责任感和整风的精神，扎实深入地开展教育实践活动。全区副县级以上领导干部，全区各部门、各单位主要负责人，两镇、两街党政主要负责人、主管副书记，加强基层建设年活动各包村（居）干部，全区各村、社区党组书记等出席会议，市委教育实践活动督导组组长曹艳春及区委书记李学民作重要讲话。

4月17日，市委常委、区委书记李学民主持召开区党政联席（扩大）会议第一次会议。专题研究驻区休疗养院资源整合问题。全区副县级以上领导干部及相关单位负责人出席会议，李学民作重要讲话。

6月28日，区委副书记、区长刘学彬主持召开暑期工作动员大会。贯彻中央、省、市暑期工作有关会议精神，对2014年全区暑期工作和经济工作进行动员部署，就圆满完成暑期任务进行誓师。区委、区人大、区政府、区政协四大家领导班子成员，中共中央直属机关管理局北戴河服务局等几家领导，全区副县级以上领导干部，全区各部门、各单位主要负责人，各镇街工作人员、包村（社区）干部、各社区、农村两委班子成员和治保主任，全区涉暑单位，部分驻区休疗单位主要负责人代表，部分驻区部队，全区生产性企业负责人等出席会议，区委书记李学民和区委副书记、区长刘学彬作重要讲话。

7月11日，市委常委、区委书记李学民主持召开区党政联席会议第三次会议。全区副县级以上领导干部及相关单位负责人出席会议。区委副书记、区长刘学彬传达7月8日下午省委常委、市委书记田向利主持召开的市暑期工作会议精神；李学民就下步暑期工作作重要讲话。

9月3日，区委副书记、区长刘学彬主持召开2014年暑期工作总结表彰暨后四个月重点工作推进大会。总结2014年暑期工作，就后四个月经济工作、下一暑期年度工作、群众路线活动开展等重点工作进行安排部署；对暑期工作中涌现出的各类先进进行表彰。区委、区人大、区政府、区政协四大家领导班子成员，中共中央直属机关管理局北戴河服务局等几家领导，全区副县级以上领导干部，全区各部门、各单位主要负责人，各镇街工作人员、包村（社区）干部、各社区、农村两委班子成员和治保主任，全区涉暑单位，部分驻区休疗单位主要负责人代表，部分驻区部队，受表彰的先进代表等出席会议，市委常委、区委书记李学民和区委副书记、区长刘学彬作重要讲话。

10月31日，市委常委、区委书记李学民主持召开区党政联席（扩大）会议第四次会议。全区副县级以上领导干部及相关单位负责人出席会议。区委常委、常务副区长于凤喜通报全区2014年前三季度经济运行情况；区长刘学彬就全区经济工作作重要讲话。李学民作重要讲话。

区委办公室工作

【概况】 2014年，区委办公室贯彻落实习近平总书记关于党委办公厅工作“五个坚持”总要求，围绕打造干部队伍“四化”品牌，始终秉持“唯大局、求实是、致于行”工作理念，进一步完善了包括文秘综合、督导检查、信息调研、机要保密、公务接待、文明礼仪、车辆管理、财务管理、会务筹备等内容的《办公室工作细则》。全年起草、修改、整理各类综合材料140余篇，其中编写上报调研文章20余篇，编写《2013～2014年区委大事记》，组织、协调各类会议140余场，圆满完成各项任务约300次。

【督查工作】 强化一线动态督查，坚持全部督办任务深入一线摸实情。整合督查工作台账，实现动态消号式督办。创刊督查工作动态，确保反馈及时、准确。充分发挥综合协调职能。全年开展专项督查100余次，下发督办卡287件，圆满完成视察调研活动50余次。督促相关单位做好暑期反恐防暴、应急处置、噪声治理等工作，协调解决暑期各类问题400余件。与区纪委监察局、区政府督查室组成暑期工作联合督导组，联合督查机制得到市领导田向利、刘宝岐的肯定性批示，经验做法在市委《综合与调研》内刊上刊发。

【信息工作】 全年上报各类信息2.50万余条，平均每天上报110余条，被各级信息刊物采用720余篇（条），其中长篇信息26篇，先后得到艾文礼、杨晶、张庆伟、张越、田向利等领导批示；编发《北戴河信息》73期、收录信息700余条。认真做好区内信息服务工作，在当日信息当日刊发的基础上，大力压缩一般性信息，集中反映全区重点工作进展情况，提高刊物的可读性。全年总得分2174.20分，连续两年在全省所有县区中位列第1位。

【文秘工作】 全年起草、修改、整理各类综合材料140余篇，完成文字工作量270余万字，确保了上级文件和区委精神的迅速准确传达贯彻。健全完善文件档案管理制度，全年接收上级文件805份，下发文件74份，传阅区委主要领导批示937份，确保公文办理的科学规范和及时有序。高标准做好全委会、区委常委会、书记办公会、书记月工作碰头会等各类会议的会务筹备和服务工作。

【暑期工作】 始终坚持“大暑办”机制，围绕“安全暑期、和谐暑期、简朴暑期、满意暑期”目标，结合区情实际，制发《北戴河区2014年度暑期工作计划》《关于做好2014年暑期值班工作的通知》《关于进一步严肃暑期值班纪律的通知》等文件，与各单位签订《办公室系统暑期工作责任状》，对不履行工作职责、不落实暑期工作制度的，严肃通报批评，确保暑期期间政令畅通。健全暑办工作机制，完善《2014年暑期任务相关工作安排》《暑期重要点位联系安排表》《2014年暑期任务接待服务点位责任分解表》，暑期踏查任务线路4500千米，完成各种任务约300次。成功策划组织“北戴河区2014年暑期工作动员誓师大会”和“2014年暑期工作总结表彰暨后四个月重点工作推进大会”。加强与全区各涉暑部门和单位的沟通互动，梳理汇总暑期项目106项，协调解决安全隐患、市容市貌、市政设施等方面问题400余件。暑期期间，编印《暑期工作动态》65期、《暑期工作动态》（专刊）9期。

【机要工作】 建立机要服务机制，入驻创意之家为区领导提供随行机要服务，暑期中形成专报62期、送阅400余人次，并主动承担省、市派出台密码通信任务，完成90余份涉密文件送阅任务，实现机要服务“零停留、零失误”目标。区委机要局被授予“2014年度全省党政系统机要密码工作先进集体”称号。

【保密工作】 高度重视保密工作，先后对全区297个涉密网络、1270台终端等进行保密安全检查，并通过提示卡、突击抽查、涉密人员培训、硬件改造等措施提高保密工作水平。认真做好群众的来信来访来电，积极协调责任领导和部门，竭尽所能推动矛盾化解，全年妥善处理接待群众来信来访来电1500余次。

【政务信息化管理】 转变服务理念，创新服务举措，通过个性化、精细化、特色化、规范化服务，向各级领导和中外宾朋宣传推介北戴河，以纪念《浪淘沙·北戴河》创作60周年为主题，围绕展示全区项目建设、绿化、文化、亮化、生态等内容组织编撰、编印《北戴河2014》画册。围绕服务招商引资、会议考察等重大活动，制作多媒体影像资料，全年拍摄照片3万余张，制作PPT演示片8个，有效展示了全区发展建设成果。

信访工作

【工作制度建设】 制作《群众依法逐级走访流程图》《信访群众参与信访事项满意度评价通知》，悬挂于接访大厅显著位置。修改完善《接访工作流程》《信访首接首办责任制》等规章制度，规范初信初访受理工作。坚持定期进行工作研究和信访形势分析，积极为群众排忧解难，每次重大活动前都召开班子会进行研究，制定方案，明确责任。

提高联合接访中心工作效能，每天保证3个综合接谈室、5个部门接待窗口同时向群众开放。中心服务功能完善，在2013年引进心理咨询的基础上，年内又新增设法律咨询服务，安排1名专业律师为信访群众进行无偿法律服务。联合接访中心为信访群众提供“一站式”受理、“一条龙”服务、“一揽子”解决的便民服务平台，以往要到几个部门反映的问题，在中心一次就可以全部受理。在区门户网站建立信访“绿色通道”，让群众足不出户反映问题，查询办理情况，降低群众的信访成本和社会管理成本。启动实施信访网络化一期工程，与国家、省、市局信访网络系统对接，上级交办案件和上报情况信息实现网络化传输管理。全面提高信访工作主动性。创新工作思路和理念，与区“两办”督查室、人大信访科、纪检信访室、群工办、民情办、区长热线电话、书记区长信箱、涉法涉诉中心、民事调解中心密切联系、协调联动，及时全面地了解掌握群众的诉求问题和热点难点，对重大问题定期沟通会商，认真分析研判，提出解决意见和预警性信息。依托镇街群众工作站，整合镇街维稳工作资源，形成群众工作站、信访办、综治办、司法所“四位一体”的大调解工作格局。

【依法治访】 利用法制宣传、接待来访群众等各种机会宣传新的信访政策，坚持访诉分离，教育引导群众依法逐级上访，印发《北戴河区依法规范和维护区党政综合办公楼信访秩序的暂行办法》《关于完善治理进京“非访”问题机制的实施方案》。对于进京“非访”及其他信访过程中的违法行为，及时报公安机关依法处理。

【信访矛盾排查】 开展“大排查、大调处”活动，深入基层了解群众的矛盾纠纷和不稳定因素，把问题发现并解决在基层。区、镇（街）、村（居）三级分别建立信访排查工作网络，在党员、干部、群众中发展建立信息员队伍，实现排查网络全覆盖。排查工作坚持日排查、周汇总、月调度制度，突发重大问题隐患做到随发现、随报告、随研究、随部署。重大节日、会议及暑期等重点时段前，集中开展横向到边、纵向到底的三级大排查活动，并逐一进行分类梳理排队，对重大和较大隐患建立信访台账，做到情况清、底数明。

【信访案件办理】 依托党的群众路线教育活动，结合“一村一组、一居一组、一包三年”长效帮扶机制，区委、区政府、区人大、区政协领导组织带领包村（居）单位，深入基层一线，对全区25个行政村和11个社区调研走访、帮扶解困，调处化解群众矛盾纠纷356件，协调解决群众的信访问题217件。开展积案化解专项行动，经过包案领导和责任单位认真做工作，梳理出的33件重点信访积案和11件涉法涉诉案件均取得明显进展，其中，14件重点信访案件息诉息访，涉法涉诉案件有3件解决完毕，4件引入司法程序。完成省、市交办信访事项100%结案、息诉率达到60%以上的目标，省“化解信访积案”专项行动交办案件32件（省、市交办案件均存在重复计数的情况），结案率100%，息诉息访24件，息诉息访率75%；市联席办“五大百日攻坚”专项行动交办案件38件，已100%结案，息诉息访25件，息诉息访率65.80%。

【做好初信初访】 研究制定工作方案，明确初信初访责任分工，提高初信初访的一次性办结率。2014年，接待处理初信初访212批1121人次，办结率95.8%。对领导批示、转办的重要信访件，安排专人进行跟踪督办，保证办案工作质量，最大限度减少“案了事未了”的发生。对梳理出的老案、积案、钉子案、骨头案逐一明确包案领导和责任单位，规定时间倒排时限加以解决。全区成功彻底解决信访疑难案件21件，切实做到“息诉息访、案结事了”。

【群众信访】 年内，接待受理区内信访520批3009人次，其中集体访102批2277人次，个体访418批732人次；进京非正常访97人次，进京集体访4批84人次，赴省集体访2批16人次，均得到妥善处置。落实区党政领导公开接访效果显著，未发生区党政领导因空岗被省、市联席办通报情况。

（王向阳）

纪检监察工作

【概况】 2014年，北戴河区纪委监察局认真贯彻落实中央、省、市纪委全会精神，不断加强反腐败体制机制创新和制度保障，严明党的各项纪律，坚持不懈纠正“四风”（形式主义、官僚主义、享乐主义、奢靡之风），深入推进惩治和预防腐败体系建设，加快推动纪检监察机关“三转”（转职能、转方式、转作风）工作进程。年内，全区初核案件线索14件，立案11件，结案11件，处理违纪党员干部11人，其中开除党籍3人，党内严重警告2人，党内警告6人。涉及科级党员干部4人，一般党员干部7人。

【党风廉政建设】 区委带头落实党风廉政建设主体责任，做到党委做加法，把思想教育、作风建设、队伍管理、惩防体系建设等主体工作揽过去，为纪委减负松绑；纪委做减法，对议事协调机构进行清理，把不该管的工作交还主责部门，把人员和精力集中到监督、执纪和问责上。区委日常工作坚持“三个必谈”，即每逢全区性大会必谈党风廉政建设、每月必安排一次常委碰头会总结部署党风廉政建设工作、任职谈话必谈党风廉政建设。区委主要领导对重要工作亲自部署、重大案件亲自过问、重点环节亲自协调、重要案件亲自督办，把党风廉政建设放到与发展和稳定同等重要的地位。

对2014年党风廉政建设和反腐败工作任务进行分工，明确反腐倡廉工作任务31项，并分解到17名区级领导干部，做到责任清，任务明。特别强调一把手要切实履行第一责任人责任。坚持以上率下，上下联动，把主体责任延伸到农村、社区等基层单位，形成上下贯通、层层负责的完整链条，形成一级抓一级、层层抓落实的工作格局。实行严格的责任追究制度。

加强对农村三资管理平台运用情况的督导检查，确保数据信息全面录入，切实发挥监督作用。在对两镇村财镇代管工作进行摸底调查的基础上，印发《北戴河区村财镇代管工作实施细则（试行）》，进一步规范村集体经济组织会计核算和财务管理，提高资金使用效益。区纪委联合两镇纪委，对文件落实情况进行多次督导检查，确保各项规定落到实处。

【转职能 转方式 转作风】 对内设机构和议事协调机构进行调整清理。将纠风室更名为党风政风监督室（区政府纠正行业不正之风办公室），将检查室更名为第一纪检监察室，监察综合室更名为第二纪检监察室，监察综合室职能并入办公室，各室重新设置科室职能。对区纪委监察局牵头和参与的89个议事协调机构进行清理，保留或继续参与议事协调机构12个，向主责部门移交5个，移交、撤销或退出后继续保持工作联系的9个。按照市纪委监察局《关于严格落实冀办字〔2014〕31号文件精神调整规范纪委书记（纪检组长）职责分工的通知》，调整2个镇和8个区直部门纪（工）委、纪检组。

【查办案件】 夯实信访工作基础，做好春节、暑期、国庆等重点时段的信访维稳工作，未发生因纪检信访引发的越级访、集体访。全年接信访举报17件，按期办结率100%。全面优化案件结构，加大对领导干部违反党纪政纪、涉嫌违法行为的审查和处置力度。年内，初核案件线索14件，立案11件，结案11件，处理违纪党员干部11人，其中，开除党籍3人，党内严重警告2人，党内警告6人，涉及科级党员干部4人，一般党员干部7人。落实受处分人回访制度，按规定对3名受处分人及其党支部负责人进行回访。对全国两会期间出现的进京非访事件进行调查处理，对该事件有关责任单位和责任人进行通报批评，4名有关单位领导和责任人由区委、区纪委有关领导进行诫勉谈话。

【巡查工作】 10月中旬起，区纪委成立2个巡查组，先后对区民政局和卫生执法监督所、区城管局和国有资产经营公司开展巡查，每个单位巡查时间不少于1个月。此次巡查将落实八项规定、党风廉政建设责任制、反腐倡廉规章制度及“三公”经费、“两个环境”建设、工程项目建设、专项资金使用等情况作为重点内容。对于在巡查中发现的违纪违规问题，巡查组将自动转为调查组，及时对违纪问题开展调查。

【四个不直接分管】 印发《关于进一步严肃工作纪律健全工作制度的通知》，强化对权力运行的制约和监督，各部门各单位分别按照文件要求调整领导班子分工，明确主要负责人不直接分管财物、干部人事、工程建设、物资采购工作，建立健全正职领导、副职分管、集体决策的长效机制。明确分管领导对分管工作负直接领导责任，党政正职对副职分管的工作负主要领导责任，相关情况已报区纪委备案。

【政府投资项目建设“七公开”】 在全区使用财政性资金、具有一定实施周期、涉及环节比较多、区级单个项目资金额达到30万元以上的基本建设项目中，全面推行“七公开”：即，建设计划公开、资金补助政策公开、招标管理公开、施工过程管理公开、质量监督管理公开、资金使用管理公开、竣（交）工验收管理公开，此项工作实行月报告制。区园林局、区住建局、区水务局等12家单位已将33项建设项目进行公开。

【谈心提醒教育】 制发《关于进一步开展领导干部谈心提醒教育的通知》。对31名党员干部进行谈心提醒教育，其中正科级8人，副科级21人，普通干部2人。筹建区谈心提醒教育室，通过开展谈心活动，加强基础设施建设，结合党的群众路线教育实践活动“四必谈”的要求，督促各单位积极开展谈心提醒教育，两镇、两街、休疗旅游工委等单位将谈心范围扩大到基层单位的负责人。

【廉政教育】 在全区党政机关全面推进机关权力运行规范化建设，各单位通过制作权力行使流程图、岗位职责和廉政风险警示牌、廉政屏保等措施，使工作人员树立廉政风险防范意识。《秦皇岛日报》于5月21日、6月10日先后两次进行报道。《中国纪检监察报》以《秦皇岛：晒“权力清单”割“利益肥肉”》为题，对北戴河区这一做法进行宣传报道，对标注“廉政风险等级”办公椅套等创新做法给予高度评价。编印《纪检监察动态》，加大正面宣传力度。

【廉政文化】 加大廉政文化建设示范点创建力度，年内共向市纪委推荐10家单位为市级第二批星级廉政文化示范点和廉政教育基地。在滨海大道灯杆上悬挂宣传刀旗，在机关、社区等张贴廉政宣传标语和廉政公益广告，组织居民开展廉政文化宣传活动；各学校通过篆刻、书法、开设“廉政课堂”等形式加强对学生的廉洁教育；在农村加强以对基层党员干部行为约束为重点的廉政教育。

【机关作风建设】 突出重要节假日等关键节点，加大对全区公车管理使用和利用公款大吃大喝等违反八项规定和四风问题检查的频次和力度。全年检查公车封存情况36次，登记检查封存公车3600余辆次，对停放在景区、饭店、大型购物超市等公车私用情况进行检查30余次。继续巩固公车清理的成果，按照市清车办要求严格对超编、超标车和越野车的管理使用，严把督导检查关。对全区清理整改办公用房工作进行“回头看”，对超标面积30%以内的，按规定进行分隔或腾退，无法分隔、腾退和调剂的由区纪委备案。加强对领导干部公款旅游、利用公款到私人会所、农家乐、机关食堂大吃大喝，吃拿卡要、利用婚丧嫁娶借机敛财等行为的监督，对3起违反中央八项规定和“四风”典型案件进行上报。

【机关效能投诉平台建设】 在北戴河门户网站公布效能投诉举报邮箱，受理人民群众针对工作作风、工作效能等方面的投诉。开通以来，妥善处理网上投诉2起。在全区公用企事业单位推行“零障碍”服务全程协办机制，公布效能投诉举报电话。在区政务服务中心和工商、国税、地税、国土、住建等窗口单位推行客户评价系统。

【加大效能检查力度】 对全区各单位工作纪律执行情况进行全面督查，全年进行效能检查38次；清明节前后，多次组织人员对森林防火措施落实情况进行监督检查，检查区内重点防火点13处，对发现的问题责成有关单位立即整改。用气安全工作专项检查企业。开展暑期联合督查工作，及时发现并督导解决存在问题；印发《联合督查快讯》63期，向各相关责任单位下发“督办卡”42件，立行立改问题392个。

【正风肃纪】 做好县级领导班子和领导干部正风肃纪自查工作，组织县级领导干部围绕10个重点方面和41项具体问题进行自查自纠，及时梳理汇总区委、人大、政府、政协四套县级班子和领导干部正风肃纪查摆问题自查表，按时上报市纪委。在党政机关单位党员干部中开展整治“会所中的歪风”专项治理工作，区全体党政机关党员干部均签署不到私人会所活动承诺书，未发现持有会员卡现象。对私人会所登记注册情况进行清查，未发现登记注册的私人会所。

【群众路线教育实践活动督导】 抽调委局机关及基层纪检监察干部参与到区委3个督导组，围绕区委活动办的统一要求开展督导工作，确保全区各部门各单位教育实践活动扎实开展。注重与区活动办、宣传报道组和各督导单位的对接联系，对督导工作中出现的问题及时发现并沟通反馈。根据督导工作进展制发督导工作提示卡和活动专报，建立并落实日报告工作机制。各督导组及时收集各单位活动材料，建立健全督导档案，善始善终完成各项督导工作。

（孙　静）

组织工作

【概况】 2014年，全区组织工作以深入贯彻落实中共十八大精神为指引，深化党的群众路线教育实践活动成果，办理惠民实事900余件。积极践行“三严三实”要求，整治侵害群众利益行为74件，新建制度589个。新选拔任用干部34人，切实推进基层党组织和党员队伍建设。在全市优选法先完成农村（社区）“两委”换届工作。围绕京津冀协同发展，新增各类人才46人。

【开展党的群众路线教育实践活动】 在省市规定活动的基础上，谋划具有北戴河特色的鲜活载体。分层面分领域打造区旅游局等13个精品示范点，制定创建标准，活动走在全市最前列，市委书记田向利和省委督导组组长王玉梅也多次给予肯定和表扬。车站村的专题组织生活会代表全市、全省顺利通过中央第八巡回督导组的严格审核。开展正风肃纪行动，全区公开和简化办事程序的单位达到100%，审批效率平均提高50%；全面清理超标超配公车、超标办公用房，全部做到会员卡“零持有”；大幅压缩“三公”经费28.1%，整治侵害群众利益行为74件。废止制度37个，修订制度152个，新建制度589个，为从源头上遏制“四风”提供根本制度保障。积极回应群众关切，着力解决群众反映强烈的突出问题和联系服务群众“最后一公里”问题，先后实施海北路北延工程、车站村污水管网建设等900余件惠民实事。

【干部队伍建设】 以群众路线教育实践活动为契机，在全区范围内开展区直机关干部到基层实践锻炼活动，帮助基层理思路、破难题、办实事、促发展。此项工作在新华社、新华网、《河北日报》、河北新闻网等多家媒体刊发报道。在全区大学生村官中开展“青春无悔·美丽乡村”活动，不断激发大学生村官干事创业激情与活力。落实《关于进一步加强和规范县乡干部管理工作的意见》，针对干部管理中涉及到的问题进行认真研究和深刻剖析，集中进行专项核查治理，顺利通过省检查组的督导检查。做好整治事业单位公开招聘突出问题专项行动工作，顺利通过市人社局、市委组织部检查组的督导检查，进一步推动干部管理工作的常态化、长效化、科学化。

【干部选拔任用】 加大干部任职交流力度和年轻干部选拔力度，把基层一线作为干部锻炼成长的主阵地，形成“干部在一线培养、业绩在一线创造、人才在一线选拔”的用人导向，其经验做法《“三个一线”练出干部真本事》在《人民日报党建周刊》、中国共产党新闻网、《河北日报》连续刊发。1名大学生村官公开选拔为乡科级领导干部。在全区开展学习修订后的《干部任用条例》宣传月活动，认真贯彻落实《干部任用工作条例》，严格履行干部选拔任用程序，强化领导职数刚性意识，不突破、不超配、不变通，严格按照编制部门核定职数配备干部。年内，任免干部89人次，其中提拔干部34人、平职调整49人次、转任非领导职务6人，28人实绩突出被提拔使用到重要领导岗位。重新核定全区超职数配备科级干部基数，研究制定整改消化计划和整改时限，切实把消化超职数配备干部工作落到实处。

【干部考核】 修订完善《科级领导班子和科级干部综合考核评价办法（试行）》，完善科级领导班子和科级干部日常行为考核督导机制，不断加强考核结果实际运用。区委成立6个由县级干部任组长的考核小组，完成对全区80个单位的年度考核工作。在全区干部职工中推行工作记账计量制度，不断提升干部队伍综合素质、服务质量和工作效率。

【干部监督管理】 进一步拓展干部监督工作渠道，完善干部监督机制，在全区科级干部中开展个人有关事项报告工作制度，采取多种方式，对科级干部持有因私出国境证件和家庭成员及主要社会关系情况进行全方位、立体式的摸底调查，并对调查结果按照配偶、子女取得外国国籍、永久居留权、长期居留许可分类建立电子台账，使领导干部自身及其家庭情况更加公开透明。在全区开展科级干部在企业兼职（任职）违规取酬专项治理、在社会团体兼职清理规范等工作。落实《关于建立整治用人上不正之风工作联席会议制度的暂行办法》《科级党政领导干部年度经济责任审计暂行办法》，加大离任审计工作力度，严格对因公、因私出国（境）人员的政审工作。

【干部教育培训】 开展干部系统培训工程，建立“借力育才”长效培训机制，依托区内国家级和省部级培训中心、休疗养院，组织新提拔科级干部、纪检监察干部及选调生、大学生村官参加全国政协干部培训班、中纪委纪检监察综合业务培训班、市委党校主题培训班等，通过“名师资、名课程”对干部进行高端打造，累计培训230余人次。开办北戴河大讲堂，邀请省委党校党建教研部主任孟庆云教授对全区副科级以上领导干部，社区、学校、“两新”组织党组织书记和党员代表共计700余人，就深刻领会习近平系列讲话精神进行专题辅导。实施“对标培训工程”，组织全区80余名正科级干部赴浙江省委党校参加“创新驱动·绿色崛起”专题研讨班。

【基层组织建设】 整顿转化软弱涣散基层党组织。2014年共排查出后进党组织3个、后进社区1个。为确保整顿转化工作取得实效，建立整顿转化台账，明确工作目标和转化时限，层层签订责任状。由区领导带队与后进村居结对子，实施“配优干部、建强组织、培育产业、化解矛盾、严格制度”五位一体帮扶机制，聚焦问题、强力整治，全部按时完成整顿任务。

开展村（社区）“两委”换届工作。在全市率先对农村、社区“两委”换届工作实行统一部署、统一组织、统一指导、统一检查。印发《村党组织“两推一选”操作规程》《村民委员会换届选举操作规程》，严格按照流程规范操作，保证选举过程公开、公平、公正。2月10日，在全市率先完成农村（社区）“两委”换届工作，并在市委党校举办为期3天的全区新一届农村（社区）干部培训班。

有效促进“区政务服务中心—镇（街）政务服务中心—村（社区）便民服务室”三级服务平台建设，并在全市率先实现村居代办服务和入户走访全覆盖，全年累计为群众办理各类事项2300余件，现场办结率达到100%，承诺件按期办结率达到96%。全面提升基层党组织服务群众的能力和水平，在农村探索创新以双创致富、双线提升、双亮履职、双联共建为主要内容的“四双工作法”，相关经验做法在《人民日报》刊发，并得到省委常委、组织部长梁田庚的充分肯定。

党员志愿服务常态化建设。深化“暑期一线党建工程”，启动“港城先锋·红色义工”党员志愿服务活动，全区建立指挥中心1个，系统指挥分中心17个，党员志愿服务队153支，党员志愿者工作站、实践基地38个，明确活动日集中服务、诉求受理、结对联系、认岗履责、主题实践活动5种活动形式，探索亮牌承诺、活动记录、考核评价、激励回馈4项工作机制。组织开展“服务暑期先锋行动”，在重要路段、景区景点设立党员志愿服务台46个，热情为游客排忧解难。相关经验信息先后在《人民日报》《河北日报》等媒体刊发。

建立“一村一组”长效综合帮扶体系。创新帮扶举措，下沉工作力量，将以往联系点制度、领导包案维稳制度、部门包村制度进行整合归一，全部纳入“一村一组”综合帮扶体系，2014年选派168名机关干部、67个服务组蹲点服务。开展以“领导干部下访、包村干部走访、党代表约访，了解民盼民需、化解矛盾纠纷、破解攻坚难题，促跨越发展、促民生改善、促作风转变”为主要内容的“三访三解三促”行动，累计征集到各类意见建议2340余条，开展现场办公750余次，协调解决各类问题1320余件。

建立“1+10”党代表任期制工作体系。在全市率先试行党代表任期制，出台党代表提案提议、询问质询、调研视察、重要事项征求党代表意见、党代表联系群众等10项配套机制，形成“1+10”制度体系。同时指导全区所有镇（街道）、村（社区）建立标准化的“党代表工作室”，确定每周三上午为党代表接待日，将区镇两级党代表特别是区直单位“一把手”编排到基层党代表工作室定期驻室办公，与党员群众面对面交流。相关经验信息在《河北日报》等媒体刊发。

【人才工作】 不断完善区委统一领导、成员单位各司其职、相关部门密切配合的人才工作机制，健全人才工作情况通报、督查调度以及重大事项决策专家论证制度。实施人才工作目标责任制，细化工作任务，年初将本年度人才工作目标分解落实到各镇、街和区直部门，共同推进各项工作落实。建立完善区人才信息库，做好市管专家申报推荐工作，2014年有1人被评为“秦皇岛市市管优秀专家”。围绕融入京津冀协同发展，组织召开北戴河区人才联谊会换届大会，邀请京津等地驻区培训中心、休疗养院主要领导以及在北戴河疗养、居住的外地高端人才加入，会员人数由28人扩大到74人。强化院地校地合作，做好借力暑期工作，发挥“艺术写生基地”“暑期社会实践基地”等基地式“人才洼地”效应，邀请京津高校师生，在平水桥公园、月季园、中海滩老虎石段、中海滩东二路段、东经路等路段绘制树洞画60幅。《北戴河“五式引才”打通京津冀人才承接高速路》经验材料分别在《光明网》《共产党员》上刊发。依托区人才交流中心，积极为社会提供人才咨询、就业指导、信息交流等各种市场服务。引导人才发挥作用，开展科技、文化、卫生三下乡活动，发放种植养殖技术、疫病防控措施等农业科技资料3000余份，科普图书1500余本；法律专家、医疗专家、科技特派员现场接待群众咨询60余人次，解答法律、技术难题100余个。《北戴河发挥人才作用助推经济发展》

经验做法在新华社刊发。

【党员电教及远程教育】 充分发挥电教远教职能优势，助力党的群众路线教育实践活动和区委中心工作取得实效。充分运用“三网一信”（党建互联网、远教助学网、电化教育网和手机短信）开放式党建平台建设经验和成果，积极引入微信等主流新兴媒体技术，启动实施北戴河区“智慧远教”党建工程，相关经验在新华社、共产党员网等多家国家级和省市媒体刊发。通过区级“智慧远教”微信公众号与3G版手机网站相结合的方式，组建北戴河区“智慧远教”手机党建平台；指导全区各镇（街道）、村（社区）分别开设本级“智慧远教”微信服务账号，并在各远教站点显著位置悬挂包含各级微信服务账号、党建网站二维码的“智慧远教”展牌；启动实施“党员e家”党建网站全覆盖工程，实现区、镇（街道）、村（社区）三级党建网站全覆盖；开通北戴河区互联网“党员电教超市”，实现传统电教超市与现代媒体的无缝对接；开通北戴河区党的群众路线教育实践活动和北戴河区网络党代表工作室专题网站；组织拍摄车站村李成先进事迹专题片《辞职》、理论文献片《诗画北戴河》；精选《价值》和《奉献》两部电教片参加“港城先锋·我身边的共产党员” DV电视片观摩交流网络投票活动。

（赵雅卓）

【老干部工作】 2014年，全区有离休干部55人，其中本地离休干部42人，易地安置13人；享受副地级待遇1人，县级待遇8人，享受县级待遇19人，其他27人。全区有退休干部800人，其中县级实职25人。认真落实离退休干部阅读文件、听报告、参加重要会议和重大活动等制度。按照“党的群众路线教育实践活动”要求，征求离退休干部意见和建议，组织2次参观活动；全年走访慰问离退休老干部和遗属120人次，看望生病住院老干部15人次，送医送药40余次。办理离退休老干部善后工作5人次，家属满意率100%。

落实老干部政治待遇 组织离休干部党支部开展学习交流活动，定期或不定期向老干部通报全区经济发展与经济运行情况。春节、七一、重阳节等节日，区领导向100余人次的离退休老干部通报了全区的经济形势，并单独与部分老干部进行座谈，听取老干部们的建议和意见。每次重要会议和出台重大政策，均邀请老干部代表参加座谈，充分发挥老干部参政议政职能。

落实老干部生活待遇 年初走访慰问全区80名离休、县级实职退休干部，通报区情及老干部局工作，征求意见建议；为生活困难的党员老干部及部分遗属，送去200～500元不等的慰问金，全年共计发放慰问金2万余元。建立老干部局工作人员分片联系老干部制度，机关人员不定期进行家访，了解老干部身体情况、家庭困难，介绍当前的政策以及和他们密切相关的问题，并将了解情况进行汇总。针对离休老干部双高期就诊、住院、转院难等问题，与区人民医院协调解决。全年看望生病住院老干部15人次，去世善后5人次，为老干部上门送药40余次。

老干部活动 以北戴河老年大学为依托，开设摄影、声乐、绘画、舞蹈、老年模特等专业班，举办各种文体活动，开展主题实践活动、家乡变化摄影、书画作品展等。6月7日，老年大学与辽宁省鞍山市铁东区老年大学150余名学员一起在北戴河老干部局活动场地举办联谊联欢活动；24日，组织离退休干部和西山社区老党员共40余人到秦皇岛市委党校参观秦皇岛简史馆、秦皇岛市委党校校史馆。9月24日，组织离退休老干部30余人参观区内重点旅游改造项目；24–26日，组织开展重阳节象棋、跳棋、扑克趣味比赛活动，全区100余名离退休干部参加。

抓好关心下一代工作 区关心下一代工作者队伍中已集聚100余名老干部、老战士、老专家、老教师、老劳模“五老报告团”，他们以亲身经历和人格魅力，积极配合开展未成年人思想道德教育。至年末，全区关工委报告团已做报告41场，受教育者达5万人次，78名老干部担任校外辅导员，创办家长学校49所，培训家长2万人次，有39

名老同志与后进青少年结成对子，成立帮教小组70余个，帮教失足青少年73名，举办普法讲座20余场，受教育青少年5万余人次。

（袁　芳）

【党校工作】 2014年，围绕区委的中心工作，开发利用市委党校、驻区休疗培训机构的优质资源，采取联办、协办等多种办学办班形式，充分利用网上党校、刊授教材等宣传教育培训载体，加强对党的路线方针政策的宣传。会同区委组织部对党员干部进行培训、轮训；与司法局共同举办全区村（居）干部法制宣传教育培训班，编制《党的群众路线刊授教育专刊》。在网上党校设置领导讲话、网络课堂、专题活动等栏目，实现干部教育培训与现代信息化、网络化科技手段的有效对接。以党的群众路线教育实践活动、党风廉政建设、反邪教警示教育等内容为主题，编发刊授教材12期。3月，在全区范围内组织开展“党的群众路线理论征文”活动，征集理论文章42篇。年内，组织300余名党员干部参加12期市委党校的培训；在全区党的群众路线教育实践活动中，为区活动办、住建局、司法局等8家单位协调、联系市委党校教授讲党课，宣讲党的理论知识。组建区委党校师资库，将区党政领导干部、各类专业人才、优秀党员等选入党校师资库，已有18家单位推荐20名师资人员，师资库初步形成。制定《师资库管理办法》，7名师资库人员组织开展15期法律、信访、农业、计生等方面的教育培训。

（倪玉舫）

宣传思想工作

【概况】 紧紧围绕“两个率先”和建设“美丽实力幸福北戴河”的奋斗目标，把握中心、服务大局，各项工作在改革创新中整体推进，总体工作水平再上新台阶。在全国首家开通党的群众路线教育实践活动电视频道。全年在省级以上媒体发稿457篇（幅），央视报道22次，2次现场直播。围绕党的群众路线教育实践活动，举办“做好新时期群众工作”“毛泽东群众路线思想与实践”等6场专题报告会，组织研讨交流会、理论宣讲、演讲比赛等主题实践活动300余场。举办《东临碣石有新篇——毛泽东〈浪淘沙·北戴河〉创作60周年纪念会》、“12·4”首个国家宪法日集中宣誓仪式。编辑出版《梦筑北戴河》系列小人书和《北戴河新文艺作品集》，编印《图说我们的价值观》小人书5万册，设计北戴河特色招贴画5000套。连环画《梦翔北戴河》获得秦皇岛市第四届“文艺繁荣奖”唯一优秀作品特别奖，《梦筑北戴河》获得全市优秀外宣品一等奖，区委宣传部被评为“市优秀外宣品制作优秀组织单位”。推出1个国家级文明村，2个省级文明村居，3个省级文明单位，1个省级志愿服务先进单位，1名中国好人提名，4名省级志愿服务先进个人，2名市级平民偶像，11名市级美德少年，50名“五好”先进典型，220名“为北戴河添光彩先进个人”。宣传部被评为“2014年度全市宣传思想文化工作先进集体”，获得“2012～2013年度省级文明单位”称号。

【宣传工作】 区电视台在全国首家开办党的群众路线教育实践活动专题频道，开设《活动快报》《会议实况》《大讲堂》《新闻发布厅》等14档栏目，新华社对北戴河区的创新举措进行了报道。《北戴河时报》开辟新风赞、新闻现场、寻找最美家庭、事争一流逢旗必夺秣马厉兵迎战暑期等专栏，采写《把主要精力放在抓经济促发展上》《我区召开经济工作运行调度会》《对俄旅游促销使俄游市场回暖》《访东三路街景景观整治提升工程》《三个文化艺术活动项目在我区启动》《北戴河浪淘沙园探访记》《打造中国北方最大婚纱摄影基地》等深度报道50余篇。选择供水工人、环卫工人、志愿者、城管队员等人物典型10余个，予以深度采访长篇报道；对环卫处、海浴场、排管处、东三路工程指挥部等先进集体予以重点报道；撰写《事争一流、逢旗必夺圆满完成暑期服务任务》等评论。

【理论教育】 为区委理论中心组成员征订《马克思主义哲学十讲》《六个“为什么”》《理论热点面对面》等理论学习书籍。编印《中心组理论学习读本》3期，面向全区科级以上干部发放，并召开区委理论中心组（扩大）学习会进行集中学习辅导。开展“创建学习型机关”活动，抓好“集中学习日”“每周一课”两项制度的落实。组织开展研讨交流会、主题征文、演讲比赛、专题讲座、知识竞赛等系列主题实践活动300余场。修订完善《区委常委会中心组理论学习制度》，确保理论学习经常化、制度化、规范化。

【精神文明建设】 *核心价值观宣传深入人心* 利用宣传栏、文化墙、宣传刀旗、电子显示屏等户外宣传载体，在景区景点、迎宾大道、社区广场等重点部位、主要路段和人流量大的公共场所，采取点线结合的方式宣传社会主义核心价值观。绘制文化墙1000米，新增宣传栏45块、宣传展牌10块，设置大型宣传标语2组；编印《图说我们的价值观》小人书5万册，面向居民、游客、学校和机关企事业单位免费赠阅；设计印制有北戴河特色的社会主义核心价值观招贴画5000套，在政府机关、商业门店、宾馆民宿、社区居民楼等场所广泛张贴。10月16日，河北省首批社会主义核心价值观建设示范区考核组对北戴河区特色鲜明的亮点工作给予高度评价。

志愿服务活动细致入微 招募注册志愿者7000余人，重组整合各类志愿服务队伍近70支，机关事业单位实现志愿者全员化，志愿服务内容涵盖环境保护、扶贫济困、文化宣传、治安防范、文明巡访等方面。开展“六个一百”志愿服务行动，建立76个重点帮扶对子。全年志愿者为中外游客提供义务咨询近万次，救助溺水、走失人员100余人，捡拾现金、相机等贵重物品并归还游客折合人民币100余万元。

“身边好人”效应继续放大 以“梦在心中，路在脚下”为主题，举办“中国梦·赶考行”大型宣讲活动70余场，任广振在全市百姓故事汇大型宣讲活动中获得唯一特别奖；继续开展“为北戴河添光彩”和“五好”（好父母、好子女、好商户、好居民、好村民）先进典型评选活动，表彰“为北戴河添光彩”先进个人220名、“五好”先进个人50人，其中5名外地游客首届入选“为北戴河添光彩”先进个人；在村居建立功德录、好人档案、功德榜，让身边好人“榜上有名”；依托秋韵园建立好人公园，在老虎石海上公园、党政综合楼大厅等处长期举办时代楷模展，传播好人精神。

【未成年人思想道德建设】 以培养“四有”新人为目标，在全区中小学组织开展“做一个有道德的人”主题系列活动。通过认星争优、日行一善、优秀童谣传唱、“向国旗敬礼”网上签名寄语、“善行天下——我爱妈妈”感恩教育等一系列主题活动的开展，使广大中小学生得到自我教育和提高；加大乡村少年宫建设扶持力度，海北路小学少年宫开设的轮滑、足球、篆刻、烙画等校本课程特色鲜明，争取到中央专项彩票公益金的大力支持，少年宫基础设施建设和管理水平大幅提升，蔡各庄小学少年宫被列入中央专项彩票公益金支持计划。

【文化产业】 积极推进怪楼文化艺术产业园三期工程，壮阁美术馆项目已建设完成，并于暑期投入使用；同道电影坊项目主体工程已建设完成；中俄文化风情街区于暑期前完工。打造情侣文化品牌，启动实施情海湾婚纱摄影项目建设。与河北省老干部北戴河休养所（东海滩花园）合作，投资1000余万元，初步建设集拍摄服务、餐饮服务、休闲服务于一体的小型综合体。以文化企业为参会主体参加深圳文化博览会，重点宣传北戴河区文化产业最新发展成果，集中推介大型文化产业创新项目，突出展示展销特色文化精品。2014年继续组织申报“十大文化产业项目”和文化产业“十强县”，争取到上级文化产业发展引导资金190万元。

【文化活动】 8月3日，举办“东临碣石有新篇——毛泽东《浪淘沙·北戴河》创作60

周年纪念会”，张家声、虹云、雅坤、刘秉义等德艺双馨的艺术家登台献艺。围绕活动举办各级各类广场文艺演出、城乡汇演、艺术展览、文化讲座、体育展示等文化活动2000余场，新华社、《河北日报》《秦皇岛日报》等20余家媒体集中进行报道。精心安排高端展览、中外文化交流、时尚演出、街头文化人等5大类共300余场丰富多彩的暑期文化活动。全年举办文化下乡、春节灯会、文化庙会、新春摄影、澳大利亚雅顿圣公音乐学校管乐团音乐会、音乐、美术文化人、“浪漫之夏”文艺演出、海上音乐厅专场文艺晚会、大型室外演出《海上生明月》等10余项大型活动，吸引观众30余万人次。

在培养文化人才和打造文艺精品上下功夫，改选配备区文联和下属各协会主席，依托各类文化场馆搭建艺术展示平台，为文艺工作者提供创作、交流的空间。碧螺塔酒吧公园总经理王有奇获得“燕赵文化之星”称号，《梦翔北戴河》小人书、歌曲《老人是咱家中宝》、散文《品位北戴河》、摄影作品《静静的碧螺湾》、小说《黑白劫》等一批文艺作品获得2014年度秦皇岛市“文艺繁荣奖”。

【网络监管】 2014年2月组建互联网信息办公室，注册申请“北戴河发布”官方微博，粉丝数已达300余名，发布微博信息超过1300条，积极参与秦皇岛发布组织的“你眼中幸福秦皇岛”“感恩母亲节·网友寄语”等一系列微活动，在对外宣传、服务民生等方面发布原创微博700多条，转发“秦皇岛发布”微博350余条，转发“河北发布”微博180余条，转发《人民日报》微博150余条，关注转发人民网、新华网、央视新闻、善行河北等官方微博，发布最美北戴河人、“中国梦·赶考行”百姓故事汇、名人留迹北戴河、心灵氧吧、养生堂、食尚辞典等微博专题，与网友互动交流。

做好网情监控工作　利用电脑、手机上网，对重点网站、论坛和贴吧进行全天24小时监控。发现涉及北戴河区各类互联网负面舆情48起，形成专报22期，呈报相关区领导。

开展网络评论工作　开展网上舆论引导，围绕“庆祝中国共产党成立93周年”“中国梦·赶考行”“学习贯彻习近平总书记系列重要讲话精神”等主题，组织撰写原创网评文章512篇，发表在“中国网强国社区”“凤凰论坛”“天涯社区”“长城论坛”“搜狐社区”、新浪、网易等。围绕“北戴河好山好水好地方”“风格北戴河”“梦筑北戴河”“观鸟胜地北戴河”“浪漫北戴河”“北戴河馆藏历史”等主题，共组织撰写原创帖文2381篇，博文1102篇，微博254条。围绕《四中全会公报评论解读：党治国理政新的起点》、“习近平福建工作期间关心支持国防和军队建设纪事”“京津冀协同发展之路网建设”等主题，新闻转发56条、跟帖526条，年内上报舆情信息424条。

加大网络宣传北戴河力度　围绕“两个率先”“美丽实力幸福北戴河”等主题，累计在重点新闻网站（人民网、新华网、中国网、中国新闻网、中国经济网）、重点商业网站（新浪、搜狐、网易、腾讯、凤凰）和省级重点新闻网站（河北新闻网、长城网）发稿809篇。

（周丽媛）

机构编制工作

【优化执政资源配置】 控制机构编制和人员，确保实现财政供养人员只减不增。全年开具“编制使用通知单”20份，“机关事业单位人员编制使用卡”63份。推行编制实名制管理，防止混编混岗，及时更新机构编制实名制管理数据库，实现机构和人员编制的分类、动态管理，使机构编制和实有人员信息准确对应。对20名机关事业单位新增人员，依据入编手续及时录入相关信息；对99名调出、退休、开除、辞职、死亡等减少人员依据减编手续及时调整相关信息；对128个涉及个人信息变更的事项进行实时更新。为落实国有土地使用权出让制度，规范国有土地使用权招标拍卖挂牌行为，结合市政府办公厅下发的《关于向北戴河区政府下放国有土地供应权限的通知》，在本区挂牌设立相应的职能机构。在北戴河区农业技术推广站挂北戴河区农产品质量安全检测站牌子，并调整相应工作职能。对区教育局部分下属事业单位和局机关内设机构进行调整，积极向上级部门争取调整教师编制或统计口径，解决教师结构性缺编问题；为区机关事务管理局增设公共机构节能管理股，并调整相应工作职能。

【政府机构改革】 开展新一轮政府机构改革工作，将政府工作部门人员编制、实有人数、职能配置、领导职数等全部文件进行收集归类，摸清家底；将政府机构改革特别是食品药品监督体制改革列入年度重点工作，组织前期调研，全面掌握涉改单位职责、编制、人员、经费、设备、食品安全检验检测资源等情况，为全面组织实施机构改革奠定基础。

【行政审批制度改革】 对全区29家主管部门实施的行政许可事项、非行政许可审批事项以及行政监管事项进行调查摸底，初步统计全区有行政审批129项，非行政许可64项，行政监管事项46项。推进取消和下放行政审批事项衔接工作，2013年以来全区应衔接上级取消下放审批事项共25项（其中取消2项，接收23项），承接上级政府下放的行政审批事项16项。组织召开行政权力清单制度建设工作部署会，制定《北戴河区行政权力清单》表格，明确全区行政权力清单制度的实施范围、工作任务和时间节点，全部工作完成后将面向社会公开。经统计，共计11家单位与各县同级部门相比行政权力存在欠缺情况，18家单位与各县同级部门相比行政权力不存在欠缺情况，该情况已上报区政府，为市政府向城市区下放管理权限提供基础依据。

【事业单位分类改革】 按照区政府办《关于全区事业单位分类的实施意见》要求，下发《关于开展事业单位分类工作的通知》，并根据39家上报的初步分类请示及工作职责，进行拟分类并上报市编委办。

【机构编制管理】 机构编制和人员核查工作　对全区各级机关、事业单位的机构编制和人员进行全面、彻底核查，并与电子编制证管理系统进行核对。会同组织、人社、财政等部门组成联合审核组，按权限分工对各单位报送的核查信息进行集中审核。对联合审查中发现的问题进行梳理归类，根据实际问题制定出具体的整改措施，及时整改。发放“北戴河区机构编制和人员实地核查情况表”，对80家单位进行实地审核。至10月底，全区198家机构的信息全部导入中央编办数据库。

推进党政机关网站开办审核、标识管理及中文域名注册工作　对区直党政机关及群团机关等41家单位的机构名称、建网站情况开展调查摸底工作。组织召开区直党政机关、事业单位网站开办审核、资格复核和网站标识管理工作培训会，为做好标识管理cfff工作提供技术保障。完成全区170家单位网上名称规范及加挂网站标识工作。积极组织开展域名注册、缴费、续费及网络红页操作工作，继续提高注册单位和域名注册覆盖率，全区188家单位完成续费工作，续费率100%。

【事业单位登记管理工作】 2014年，全区事业单位变更登记15项，设立登记2家，注销登记1家。严把年检材料“资格、材料、资金、审核”四道关口，对事业单位名称、人员编制、资金来源、办公场所、业务开展、证书使用等内容逐项审核。应年检的事业单位60个，已年检事业单位60个，年检率100%。对63卷登记资料进行整理归档。进一步完善信息台账，将事业单位登记事项在网上依法进行公告，并对62卷登记资料进行整理归档。

（郑莹莹）

统一战线工作

【概况】 2014年，统战工作把握团结、民主的主题，认真履行统战工作职责，积极做好民主党派、工商联、无党派人士以及民族宗教、对台和海外统战工作。组织全区各民主党派、工商联、无党派代表人士和社会各界的统战成员，以集中学习、座谈、研讨等形式，共同学习中共十八大会议精神。开展群众路线教育实践活动，围绕“七征集八征求”，紧扣作风建设，通过到各党派发放征求意见表、座谈交流、深入联系点走访调研等形式，广泛征求意见建议，对“四风”问题反复征求、反复聚焦。召开座谈会3次，发放“征求意见表”46份，梳理意见建议4条。健全统战宣传网络，畅通统战信息渠道，宣传党的统战方针、政策，扩大统战工作影响。做好统战对象先进人物事迹的宣传，上报信息和宣传稿件10篇。

【多党合作与政治协商】 对全区的党外干部进行摸底调查，设立信息数据库和台账。现有科级党外干部14人，其中11人担任实职，正科级党外领导干部4人，其中担任政府部门党外正职3人。对全区党外知识分子进行摸底调查，全区共有党外知识分子191人。成立党外知识分子联谊会，推选出1名党外副县级领导干部任会长，设常务副会长1人，副会长5人，秘书长1人，理事16人。

【对台工作】 全区有侨胞侨属24人。以宣传海外统战及对台工作方针政策为重点，做好“三胞”接待服务工作，全年接待台胞和眷属6人，为4位台属办理赴台探亲手续。做好“三胞”眷属的思想政治教育工作，协调解决生产、生活中的困难和问题。在“三胞”眷属中开展“五个一”活动，即向海外亲友“发一封信、打一个电话、传递一个信息、联系一个项目、引进一笔资金”，拓展招商引资途径，为经济建设服务。

【非公有制经济人士工作】 开展调查研究，切实发挥好参政议政主渠道作用。区政协聘任了部分民营企业家在区政协任有关职务，充分发挥非公经济人士在区政协工作中的参政议政主渠道作用；对区委、区政府研究制定的有关发展非公有制经济的政策、措施，提出建设性意见。组织非公经济人士对区招商引资、企业改制、城市建设等进行专题调研，通过走访、召开座谈会和发放调查问卷等方式，听取广大会员的意见、建议和诉求，帮助会员协调解决实际困难。

【民族宗教工作】 2014年，结合宗教维稳网络建设，北戴河区在原有的宗教三级信息通报联络网的基础上，继续加强管理网络建设，建立三级宗教工作网络，完善镇（街）、村（居）两级宗教工作责任制，做到层层有人抓，时时有人管，处处全覆盖。编印《宗教工作手册》，方便工作，强化管理。至年末，未发生任何影响宗教稳定的事件，宗教活动开展平稳有序。

（宁　萌）

工委工作

【区委直属工委工作】 2014年，北戴河区直工委所属基层党组织55个，其中，党总支7个，党支部88个。党员1565人，其中，女性党员567人，35岁以下党员295人，大专以上学历党员1064人，少数民族党员55人，在职党员1114人，提前离岗、离退休党员382人。

思想政治建设　开展中国特色社会主义和中国梦宣传教育。组织党员干部学习中国特色社会主义理论、党史国史、世界社会主义史。组织开展“中国梦·赶考行”主题教育活动、“我的中国梦”主题征文活动。以“善行河北”为主题，开展“学习雷锋月”“身边好人”系列评选活动。开展“文明交通、平安出行”知识竞赛答题活动。打造“健康幸福机关”，举办趣味登山活动，丰富党员干部体育文化生活。开展建党93周年系列庆祝活动。“七一”前夕组织30余名入党积极分子开展入党宣誓活动。召开纪念建党93周年暨优秀基层党组织、优秀党务工作者和优秀共产党员表彰大会，表彰工委系统开放型服务型先进基层党组织20个、党员服务之星60名、优秀党务工作者30名，并分别授予“开放型服务型先进基层党组织”“党员服务之星”“优秀党务工作者”称号。

组织建设　新组建农工委、食安办两个党支部，指导完成组织部、发改局、环保局等8个党支部的换届选举。新接收交通局、供销社2个党支部整体转入。年内培训入党积极分子31名，新发展党员22名，其中，妇女党员5名，35岁以下青年党员12名，少数民族党员1名。为190名党员接转组织关系。给予2名违纪党员纪律处分。加强基层组织建设年活动。选派优秀干部挂任赤土山村党支部副书记，为赤土山村17户困难户、五保户及所有大病患者和残疾人建立民情档案。归纳关系群众切身利益的3件事和解决措施，建立民情台账，对该村发展提出合理化建议并捐赠学习材料、书籍，改造村党员活动室，落实代办制，设立便民服务室。抓好基层服务型党组织建设，完善系统内党员志愿者队伍，组织党员志愿者定期到浅水湾、赤土山大桥、喷泉广场木栈道两侧清理垃圾。结合党的群众路线教育实践活动及“一村一居一组”帮扶工作，组织疾控中心、海滨镇卫生院、计生局、妇幼保健站等单位开展“和谐村居·关爱健康”党员服务月活动，深入赤土山村、刘庄村、育花路社区为400余名群众进行义诊及健康知识宣传。抓好区直武装部工作，完成11个分队381人的民兵预备役整组任务，多次进行操练和实兵演练，接受省军区领导的检阅。组织150人开展民兵对检观摩军事考核活动。

作风建设　落实中共中央“八项规定”和市委“四条纪律”，整治“三难”（门难进、脸难看、事难办）、文山会海、慵懒散拖、吃拿卡要等不正之风，落实《党政机关厉行节约反对浪费条例》《党政机关国内公务接待管理规定》，控制“三公”经费支出，推动节约型机关建设。抓好党的群众路线教育实践活动规定篇目学习和“六项教育”，组织各总支、支部党员干部开展“七征集八征求”活动，着力解决“四风”问题、关系群众切身利益问题和联系服务群众“最后一公里”问题，并建立健全一批于法周延、于事简便的制度规定。深化“一村一组、一居一组、一包三年”长效帮扶机制，开展“蹲点服务”行动，选派1名优秀机关干部到村居挂任党组织副书记。开展“三访三解三促”行动，建立“1+X”直接联系服务制度，帮助基层党员群众排忧解难。慰问赤土山村5户困难老党员，为他们送去豆浆机等生活用品。通过“手机记录精彩瞬间”微博征集活动，号召广大党员利用手机随时记录暑期工作中美好的人、事、景，通过微博、博客、微信等形式广泛宣传北戴河。组织慰问工委系统内9家涉暑一线单位，表彰系统内94名暑期一线单位“为民服务、奉献暑期”优秀共产党员。

（高海英）

【开发区工委工作】　党员队伍思想建设　深入开展党的群众路线教育实践活动，机关和非公企业13个党支部、196名党员全覆盖，通过观看影片、实地参观、开展知识竞赛等多种教育形式和编印简报、设计展板条幅、印发明白纸等多种宣传形式，营造思想教育氛围，打牢为民务实清廉的思想基础。广泛开展“秦皇岛五问”“北戴河五问”大讨论，加强道德大讲堂、图书室等载体平台建设，完善集中学习制度，创建学习型、创新型机关。深化巩固“干部作风建设年”“基层组织建设年”活动成果，践行一线工作法，解决企业历史遗留问题，公交车、道路修缮等一批基层关心的问题得到解决。完善班子自身建设、内部管理、联系群众和理论学习等4项制度，工作作风更加扎实。

党员干部队伍建设　贯彻执行民主集中制，落实“四个不直接分管”制度，坚持开好民主生活会，提高科学发展、民主决策、依法行政水平。推行岗位竞聘，强化绩效考核，组织定期培训，提升综合业务素质。加强文体基础设施建设，注重发挥工、青、妇等群团作用，开展“港城先锋·红色义工”志愿服务和扶贫帮困“春雨行动”，完成秦皇岛市国际马拉松赛等重大赛事志愿服务。根据非公企业党建工作的特点，选优配强党支部负责人，严把入党审核关，积极发展新党员，加强组织阵地建设。完善党支部生活制度，搭建网络交流平台，加强党员动态管理，推进企业党建规范化、标准化建设。选配科级干部担任党建指导员，围绕企业发展目标，培树典型，发挥党员模范带动作用。

反腐倡廉和作风建设　坚持党要管党、从严治党，严格落实中共中央“八项规定”，强化党风廉政建设“一岗双责”，坚决反对和抵制“四风”。通过开展法治、政治品德、职业道德、社会公德、廉洁自律、核心价值观、“中国梦”及正反典型等教育，提高拒腐防变意识。组织开展日常工作制度执行情况的督导检查，固化教育实践活动的成果。开展厉行节约反对浪费、正风肃纪、顶风变相违规问题自查等专项整治，全面清理办公用房，规范公车使用，坚决整治“会所中的歪风”，批判“休闲文化”，配合上级部门清查“裸官”“吃空饷”及持有会员卡等问题，改进文风会风，压缩会议20%，精简文件18%，压缩“三公”经费20%。

打造和谐稳定开发区　加强暑期重点部位保障，安排定点执勤与道路巡查，实行日报告、零报告制度，有效防范突发性事件，为游客服务千余次。强化民兵基层基础，推进警企联动，开展反恐防暴群防群治，加强社会网格化管理。贯彻执行企业安全生产标准，开展安全生产检查，完善安全监管体系，及时消除各类隐患，全年无安全生产事故发生。树立防大汛思想，做好队伍建设、物资储备和隐患排查等工作，确保汛期安全。

群团建设和社会事业发展　发挥工会、共青团、妇联等群团组织的桥梁作用，开展“文明城市”创建活动，加强思想道德和社会规范教育，推进精神文明建设，被评为“2012－2013年度省级文明单位”。开展全民健身活动，组织参加全市“乐跑”比赛、全区健走、篮球比赛等活动。实施环境保护网格化管理，加强节能节电教育，推进节能减排深入开展。开展“六五普法”，加强法治建设。推进企业吸纳周边村民就业，帮助企业规范劳动关系。

（王　伟）

【区委农工委工作】　2014年，区委农工委紧紧围绕全区“1+4”工作格局，按照“四化同步”（工业化、信息化、城镇化及农业现代化）和全面推进城乡一体化攻坚年活动的安排部署，紧密结合第二批党的群众路线教育实践活动，周密谋划，统筹推进“三农”工作，收到良好效果。在工作中，坚持以农村稳定、农民增收为前提，突出抓好农村面貌改造提升行动；以土地流转为抓手，做大做强现代农业产业；以特色项目为重点，打造山区发展新亮点；以产权制度改革试点村为突破，促进农村综合改革；以促进农村发展为目标，加强基层组织建设和队伍建设。同时不断加强自身建设，提高农工委系统执政能力和服务水平。在全市调研评比工作中，1篇调研文章被评为市级一等奖，1篇被评为市级三等奖。

全年共争取上级资金1600万元；区委农工委被评为全市农业农村调研工作先进单位；1人被评为省级先进工作者，1人被评为全市农村面貌改造提升行动驻村工作先进个人；全区农村面貌改造提升工作在省、市综合考核中排名全市第一；2人分获区级奖励。戴河镇车站村和谢李庄村被授予“2014年度河北省美丽乡村”称号。9月21日，《河北日报》头版头条刊登了题为《“百年胜地”的城乡嬗变》的报道；9月25日，全省美丽庭院创建工作现场观摩会在北戴河区召开。

城乡一体化建设　按照《北戴河区城乡一体化攻坚年活动实施方案》要求，围绕城乡一体化6大任务、30项具体工作，推进全区城乡一体化建设。至年末，城乡户籍管理、社会保障、垃圾处理、公共交通、教育等5个方面已基本实现城乡一体化，农村电网改造已全部完成，网络通信、有线电视已实现城乡全覆盖。

农村面貌改造提升建设 2014年全区25个行政村已全部纳入省定重点村范围，在全省各县（区）中率先全域完成省定重点村各项任务。制定《2014年北戴河区农村面貌改造提升行动（基层建设年活动）实施方案》，成立由区委主要领导任组长的领导组织机构。组织编写《美丽乡村，幸福家园》宣传册和宣传光盘。筛选确定1个市级样板村（车站村）、1条市级精品示范线（西古城—车站精品示范线，包括车站、西古城、西坨头、拨道洼、费石庄共5个村）和3个区级样板村（车站村、谢李庄村、拨道洼村）重点建设，辐射带动全区改造提升行动和基层建设年活动深入开展。严格实行"一村一组，一包三年、一包到底"的驻村帮扶工作机制，25个行政村每村一位县级干部分包，选派36名机关干部组成12个工作队驻村开展工作。围绕"15件实事"要求，谋划80个改造提升行动建设项目，计划总投资1.14亿元，完成投资1.33亿元。做好基础设施建设、饮水安全、厕所改造等规定动作。

山区综合开发建设 全年谋划实施集发农业综合开发、奥东农业生态园和北戴河天洋国际酒庄等3个山区建设项目，总投资3.4亿元，已全部完工。同时，重点培育生态休闲旅游等新兴产业。北戴河华贸松石国际球会项目已完成18洞国际标准高尔夫球场及球场会所等配套设施建设。西古城村农家院达到101户3000余张床位，每户平均收入比上年增长8万余元；陆庄村家庭旅馆达到196家8900余张床位，仅旅馆一项村民一年可创收900余万元。在产业项目的辐射带动下，有效完善了示范区内基础设施建设项目。硬化道路1860平方米，新增垃圾桶63个，增设保洁员5人，新建1处旅游厕所，新植花草乔木1.68万余株，环村林带2000延长米，新植绿地3万余平方米。组织奥东生态园基地扩建项目和集发公司蔬菜基地设施扩建项目申报市级山区开发资金扶持，共争取22万元资金。

产权制度改革 区委农工委为全区产权制度改革工作领导小组办公室。2014年，全区农村集体建设用地、宅基地使用权调查工作范围涉及两镇的21个行政村（太平庄村、拨道洼村、杨各庄村、谢李庄村为拆迁村除外）。已协调区国土分局完成地籍调查工作，13个村完成测量工作。

（宋　琼）

【区休疗旅游工委工作】 2014年，休疗旅游工委下辖31个基层党组织，其中党委7个、党总支5个、党支部19个，党员983人。

党的群众路线教育实践活动 按照文件规定标准建设示范点，省、市、区领导以及兄弟单位多次到示范点参观学习。综合运用讲课学、集中学、个人学、视频学、互助学"五学"模式，指导下属13个支部深入开展学习。分别与云南省普洱市、黑龙江省佳木斯市等友好城市旅游部门及山海关区、抚宁县等兄弟县区旅游部门对接，通过QQ、邮箱、微博、邮寄等方式互送学习材料、互学先进经验、互提存在问题、互促整改提高。将活动与民宿规范管理、行业管理、旅游市场秩序整治等工作相结合，不断提升工作水平。全体党员干部按照"为民务实清廉"的总要求，聚焦"四风"问题，认真查摆问题，开展批评。邀请上级部门负责人、服务对象及基层群众300余人召开座谈会10余次，面向社会各界广泛征求意见建议270余条，并认真整改落实。工委先后深入国土资源部北戴河培训中心、野生动物救护中心、北戴河宣和酒店等6家单位调研。从6月5日开始，全面深入开展谈心谈话活动，累计谈心50余次。多次召开班子会议，按照活动要求，做到查摆"四风"问题不聚焦的不放过，突出问题没有回应的不放过，自我剖析不深刻的不放过，没有见人见物见思想的不放过，没有明示承诺的不放过，整改措施不到位的不放过。落实"促旅游发展八举措""四项惠民政策""六项制度规定""服务游客十项承诺"等相关制度，切实解决好联系服务群众"最后一公里"问题。

基层党组织建设　年内，1个党组织换届，1个党组织整建制转入。工委及时对基层党组织的换届选举、委员增补、健全组织进行指导和帮助，对选举增补工作进行认真审批。4月，配合区委组织部，组织8家休疗系统25名积极分子参加入党培训学习。开展休疗旅游系统“庆七一　颂党恩”等系列活动。开展党员志愿服务活动，涌现出7名道德模范和1家服务团队。开展“港城先锋·红色义工”主题实践活动，7月1日，组织部分疗养院的党员干部、医护人员走上街头、走进社区开展党员义务奉献活动，向部分暑期一线党组织和窗口党员配发“先锋党员”党徽。在重点区域、景区景点、服务窗口广泛设立“共产党员先锋岗”“共产党员责任区”“共产党员摊位”。开展“党员一句话服务承诺”活动，引导党员结合自身实际，围绕暑期工作大局做出共性承诺、岗位承诺、实事承诺和自律承诺，通过党务公开栏、服务桌牌、窗口公告等形式向群众和游客进行公示，接受社会监督。开展以“察民情、听民声、解民忧、聚民心”为主题的下基层支部走访活动。加强党员信息库建设，有效实现党组织和党员动态管理。

党风廉政建设　加强对全局广大党员干部的党性、党风、党纪教育。利用电教专题片、民主生活会等形式，组织学习宣传《廉政准则》和中央、省、市、区关于进一步加强党风廉政建设工作的意见等文件；在怪楼艺术片区创建廉政文化园，制作廉政文化宣传板，利用一些典型案例对党员干部开展警示教育。

民主评议行风工作　在2014年的行风评议活动中，围绕旅游经济发展大局，坚持与时俱进、开拓创新，把行风建设与旅游行业管理、队伍建设、旅游市场综合整治、旅游宣传促销等有机结合，组织干部职工开展宗旨教育、法制教育、职业道德教育。针对旅游系统行风建设特别是服务方面存在的问题，制定具体服务承诺内容，公开热线电话，接受社会各界的监督；制定优化旅游环境服务措施，修订完善《重大事项廉政风险提示制度》《服务承诺制度》等15项制度，兴办了一批好事实事。

（任苗洁）

北戴河区人民代表大会

区人民代表大会会议

【北戴河区第十四届人民代表大会第四次会议】 2月16－17日，在区党政综合办公楼三楼会议厅举行，出席会议代表129人，列席69人。会议听取和审议了区人大常委会主任王玉海所作的《北戴河区人大常委会工作报告》、区长刘学彬所作的《北戴河区人民政府工作报告》、区发展改革局局长冯松所作的《关于北戴河区2013年国民经济和社会发展计划执行情况及2014年计划草案的报告（书面）》、区财政局局长高银山所作的《关于北戴河区2013年财政预算执行情况和2014年财政预算草案的报告（书面）》、区人民法院院长黄滨所作的《北戴河区人民法院工作报告》、区人民检察院代检察长陈国栋所作的《北戴河区人民检察院工作报告》，并形成了相应决议。会议选举陈国栋为北戴河区人民检察院检察长。

区人大常委会会议

【第十四届人大常委会第十二次会议】 1月15日召开，常委会组成人员王玉海、刘海平、韩新民、曹艳红、张军生、未淑云、李志强、李铁林、李淑花、李集周、陈永祥、赵永军、袁利梅、晁建东、徐占明、高劲松、董晓峰、董菲出席会议，列席会议的有区人民法院院长黄滨，区人民检察院副检察长高新荣，人大机关办公室、代表委、科教文卫委、财经委、法工委（以下简称委室）负责人。会议任命陈国栋为区人民检察院副检察长、代理检察长；补选李国欣为市人大代表；研究通过关于表彰先进代表小组和优秀人大代表的决定；研究区人大常委会工作报告。

【第十四届人大常委会第十三次会议】 1月28日召开，常委会组成人员王玉海、刘海平、韩新民、曹艳红、张军生、李志强、李铁林、李淑花、李集周、赵永军、袁利梅、晁建东、徐占明、高劲松、董晓峰出席会议，列席会议的有区人民检察院代检察长陈国栋，区人民法院副院长郭宝荣，人大机关委室负责人。会议研究关于召开十四届人大四次会议的有关事项。

【第十四届人大常委会第十四次会议】 2月13日召开，常委会组成人员王玉海、刘海平、韩新民、曹艳红、张军生、未淑云、李志强、李铁林、李淑花、李集周、陈永祥、赵永军、袁利梅、晁建东、徐占明、高劲松、董晓峰、程淑颖出席会议，列席会议的有人大机关委室负责人。经区人大常委会研究决定，批准北戴河区人民检察院关于提请逮捕区人大代表马某某的报告。

【第十四届人大常委会第十五次会议】 3月28日召开，常委会组成人员王玉海、刘海平、韩新民、曹艳红、张军生、未淑云、李志强、李铁林、李集周、张继宏、陈永祥、赵永军、袁利梅、晁建东、高劲松出席会议，列席会议的有区委常委、政府常务副区长于凤喜，区人民法院院长黄滨，区人民检察院副检察长高新荣，以及政府办、人社局、人大机关委室的负责人。会议研究通过区人大常委会2014年工作要点。会议进行了人事任免事项：免去董晓峰人大常委会办公室主任职务；任命王笑杰为区监察局局长、谢海龙为区农牧局局长、李运臣为区卫生局局长、陈春华为区审计局局长。

【第十四届人大常委会第十六次会议】 8月21日召开，常委会组成人员王玉海、刘海平、韩新民、曹艳红、张军生、未淑云、李志强、李铁林、李淑花、李集周、陈永祥、赵永军、袁利梅、徐占明、高劲松出席会议，列席会议的有区委常委、区政府副区长周向东，区人民法院院长黄滨，区人民检察院检察长陈国栋，以及政府办、教育局、人社局、人大机关委室的负责人。同时，特邀人大代表张洪萍、陈敏以及司法局主要负责人列席会议。会议任命陈自彬为区交通运输局局长；听取和审议区政府关于“教育名区”建设情况；区人民法院、区人民检察院关于司法队伍建设情况的报告；审议通过《中华人民共和国人民调解法》执法检查报告。

【第十四届人大常委会第十七次会议】 10月28日召开，常委会组成人员王玉海、刘海平、韩新民、曹艳红、张军生、未淑云、李志强、李铁林、李淑花、李集周、张继宏、陈永祥、赵永军、袁利梅、晁建东、徐占明、高劲松、董晓峰出席会议，列席会议的有区委常委、政府常务副区长于凤喜，区人民检察院检察长陈国栋，区财政局、住建局、人大机关委室的负责人。会议研究区政府关于将2014年第一批棚户区改造项目相关资金列入年度财政预算的请示。会议同意区政府提出的《北戴河区人民政府关于将2014年第一批棚户区改造项目相关资金列入年度财政预算的请示》。区人大常委会要求：区政府要用好政策，要研究资金使用风险规避办法，办法出台前不要放贷。要加强资金使用的全程管理，审计部门要加强审计监督，保证资金使用效益，确保借得来、用得好、管得住、还得上。

【第十四届人大常委会第十八次会议】 11月7日召开，常委会组成人员王玉海、刘海平、韩新民、曹艳红、张军生、李志强、李铁林、李淑花、李集周、张继宏、陈永祥、赵永军、袁利梅、晁建东、徐占明、高劲松出席会议，列席会议的有区委常委、政府常务副区长于凤喜，区人民法院副院长李淑晖，区人民检察院副检察长裴春武，区政府办、财政局、发改局等单位主要负责人和人大机关委室的负责人。会议还特邀省人大代表单建军，区人大代表李春兴、陆绍增参加。

会议听取和审议区政府关于2013年区本级财政预算执行情况的审计报告、关于2013年财政决算情况的报告、关于2014年1—6月全区财政预算执行情况的报告、关于2014年1—6月全区国民经济和社会发展计划执行情况的报告。区人大常委会的审议意见要求区政府不断优化发展环境，大力抓好项目建设，持续深化全民创业，加速各项事业的发展，全力完成全年计划、预算任务，会议批准2013年财政决算。

区人大常委会对全区经济工作及项目建设情况进行专题询问。询问会上，6位人大常委会委员和3位特邀人大代表就当前全区经济工作中的热点问题进行询问，既有项目建设、总部经济、经济指标完成情况，又有土地政策、规划政策、职能部门为企业服务等具体问题。各个部门负责人对人大常委会委员和人大代表的提问进行认真答复，委员和代表均表示满意。

区人大常委会主要工作

【概况】 2014年，区人大常委会紧紧围绕区委“两个率先”总体目标和“1+4”工作格局，选准人大工作的切入点，推动全区重大决策部署和中心工作的落实，采取多种形式加强对区政府、区人民法院、区人民检察院开展监督工作。年内召开常委会会议8次，主任会议12次，听取和审议区政府、区人民法院、区人民检察院专项工作报告13

项，开展执法检查、视察、调研37项，作出决议决定和审议意见15项，为推进全区经济社会发展做出了积极贡献。

【依法行使监督权】 2014年，区人大常委会围绕城乡一体化、四大攻坚年建设和暑期工作，确立13项重点监督事项和议题。围绕城市发展定位，先后开展“打造国际旅游休闲目的地”、城乡一体规划、产业布局等专项调研工作，形成调研成果5项。首次邀请省、市、区三级人大代表围绕项目建设、总部经济、经济指标完成情况、土地规划政策、职能部门服务等重点工作进行询问，政府相关部门主要负责人现场答复。听取和审议区政府关于国民经济和社会发展计划、财政预算执行情况及财政收支审计、节能减排、大气污染防治、新能源建设等方面的专题报告。常委会关注民生实事办理，成立3个调研小组，分别视察8件民生实事的办理情况，并专题听取和审议区政府《关于改善民生、为民办实事工作情况的报告》。区人大常委会助推公益事业发展，组成专题调研组分别深入全区中小学和民办学校开展调研，召开教育布局调整座谈会，推进“教育名区”建设。开展社会养老服务机构建设专题调研，对全区养老服务工作现状做出评估。积极促进全区户籍居民“民生保险”投保工作，使全区6.89万名居民受益。区人大常委会促进公共服务质量提升，把代表提出的“加强区内公厕、停车场建设与管理的建议”作为重点建议来办理。组织代表对鸽赤路改造、东三路街景提升、亮化美化绿化、文体设施建设、食品安全、老旧小区安装治安技防设备等工作开展视察调研。

【依法行使任免权】 坚持党管干部和人大依法任免的有机统一，在人事任命前，安排任前法律知识考试，并把考试内容与被任命人员业务工作相结合，提升国家机关工作人员依法行政的自觉性。进一步完善和规范任前表态发言等程序，增强拟任人员责任感和使命感，激发干部队伍的干劲和活力。2014年，区人大常委会依法任免国家机关工作人员19人。

【代表工作】 区人大常委会分三期对区镇两级代表进行培训；结合暑期工作和党的群众路线教育实践活动，组织代表开展争做“六大员”活动。全年组织代表139人次参加视察、调研活动，提出各类建议64条。所提建议得到解决和列入逐步解决规划的61件，占总数的95%。开展“代表进机关”活动，组织人大代表走进法院、检察院、开发区、公安分局、发改局、教育局、政务服务中心等部门，掌握各单位工作状态和服务质量，督促各单位工作人员把优化服务环境体现在依法行政、热情服务、尽职尽责等方面。区人大常委会注重完善代表建议办理、代表履职登记、代表联络等工作机制，坚持重大事项和重要工作向代表通报、代表列席常委会会议、代表团团长例会等制度，用机制为代表发挥作用搭建平台。关注关心区人大代表生活、精神和政治等方面，先后走访慰问劳模代表、连任多届老代表和离退休人大工作者，及时帮助解决问题；召开政情通报会，使代表全面了解掌握党委政府的工作重点；开展评优创先活动，评选出优秀代表建议20件。

【法律监督】 重视司法队伍建设，任免人民法院、人民检察院工作人员和人民陪审员之前，常委会都对拟任命人员的工作能力和任职条件进行核查。组织代表分别到区人民法院、人民检察院就队伍建设情况进行调研，摸清存在的问题，探索解决方法。针对人民法院、人民检察院提出的“因部分犯罪嫌疑人自伤自残，致使无法羁押、收监”的问题，区人大常委会开展专题调研，形成调研报告，及时反馈给上级有关部门。强化法律监督工作，年内组织庭审评议2次，评议法官、检察官、律师11人次。开展《人民调解法》《行政许可法》等执法检查活动，检查调阅部分案件卷宗，听取相关情况汇报，促进法律法规的贯彻实施。开展依法行政调研工作，听取区政府相关工作汇报。将执法检查、庭审评议等工作集中在暑期和其他关键时期安排，维护重要时期的和谐稳定。开展涉法涉诉积案调研，全面掌握稳定动态。

【信访工作】 区人大常委会注重人民群众来信来访工作，坚持做到不慢待每一名群众，不忽略每一个细小环节，对于群众的每个问题，区人大常委会都认真对待，及时转交督办，并要求承办部门件件有落实，事事有反馈。全年共接待群众来访10批13人次，处理群众来信3件，转办案件2件，为群众提供法律咨询4人次。

【人大代表变更】 北戴河区第十四届人民代表大会代表名额为137名，2013年度实有代表135名。纪振勇、王慧、赵振辉、董菲、杜宪忠、齐忠怀6名代表因工作调离，其代表资格自行终止。2014年1月补选于凤喜、陈国栋、李继文、李宝泉4人为区人大代表。

2014年度实有代表133人。其中杨立民因贪污罪被北戴河区人民法院判处有期徒刑10年零6个月，马超群因涉嫌受贿被区人民检察院依法立案侦查，均被暂时停止执行代表职务。

区第十四届人民代表大会代表

（133人，按姓氏笔画排序。其中杨立民、马超群代表被暂时停止执行代表职务）

丁茂春　于凤喜　马超群　王文玺
王玉海　王志新　王秋菊（女）
王晓臣　王晓光　王晓青（女）
田　涛　未淑云（女、蒙古族）
冯利辉　冯　松　冯树坤（女）
母四川　朱凤霞（女）　朱新生
刘兰山　刘　伟　刘　秦（女）
刘　新　刘利燕（女、满族）
刘学彬（蒙古族）　刘海平
刘振田　刘海复　刘海燕（女）
江秀山　孙晓华（女）　孙景余
杜占山　杨　文　杨　武
杨　玲（女）　杨立民　杨占武
杨加胜　杨明信（满族）
杨家平（满族）　苏文庆　苏君柱
李　成　李文侠（女）　李天宝
李志国　李克梅（女）　李志强
李学民　李春华　李春兴　李建平
李徊林　李继文　李铁林（满族）
李宝泉　李海泳　李淑花（女）
李梦群（女）　李集周　李智勇
严　彬　肖海东（女）　员　杰
宋胜昔　宋振平　宋福贵　张　利
张　敏　张凤华（女）　张军生
张秀云（女）　张志田　张志加
张学军　张洪华　张洪萍（女）
张继宏　张福利　张德开　陆绍增
陈　敏　陈山河　陈永祥　陈自彬
陈金富　陈秋华（满族）　陈国栋
陈维生　范彦杰（女）　岳彩合
金国胜（满族）　金树学　金　晶
周建华　周金捍　单士忠　单建军
尚勇利　胡　权　胡荣田　赵　伟
赵永军　赵庆国　赵洪岐　赵德全
侯亚东　姜维秀　秦宝军
袁利梅（女）　晁建东　徐占明
徐庆荣　郭　权　高劲松
高树萍（女）　高银山（满族）
唐国柱　黄　滨　曹志明
曹艳红（女）　韩月萍（女）
韩新民　董晓峰　董继新
程香女（女）　程淑颖（女）
谢明琪　谢海龙　蔡文利　裴世保
裴耀辉　薛洪滨

（周春梅）

北戴河区人民政府

重要会议

【区政府常务会议】 2014年，区十四届政府召开10次常务会议。

1月21日，召开区十四届政府第九次常务会议。研究赤土山始发拆迁事宜，审定《北戴河区安全生产委员会组织机构和职责》《北戴河区安全生产委员会成员单位职责》，研究成立北戴河区规划建设委员会事宜，研究北戴河区2013年度退役士兵安置方案。

1月24日，召开区十四届政府第十次常务会议。研究《北戴河区政府工作报告》《北戴河区2013年国民经济和社会发展计划执行情况及2014年计划草案的报告》《北戴河区2013年财政预算执行情况和2014年财政预算草案的报告》。

3月8日，召开区十四届政府第十一次常务会议。研究人事任免事宜。

4月2日，召开区十四届政府第十二次常务会议。研究违法占地违法建筑处置工作方案。

4月25日，召开区十四届政府第十三次常务会议。研究赤土山村征收改造相关事宜，研究车站村拆迁安置房建设相关事宜。

5月29日，召开区十四届政府第十四次常务会议。研究土地交易管理相关事宜，研究北戴河区妇女儿童发展规划（2011—2020年）；研究停车场管理相关事宜。

7月27日，召开区十四届政府第十五次常务会议。研究人事任免事宜，研究2013年度冬季退役士兵安置方案。

8月30日，召开区十四届政府第十六次常务会议。研究中小学（幼儿园）布局重点调整建设的实施方案，听取迎国检工作进展情况汇报，听取2014年教师节表彰活动汇报。

12月20日，召开区十四届政府第十七次常务会议，区政府班子成员集中学习修改后的《中华人民共和国安全生产法》。

12月26日，召开区十四届政府第十八次常务会议。研究“2015休闲之冬·北戴河旅游嘉年华”活动方案及相关事宜；研究医疗卫生体制改革和爱国卫生重点工作急需解决的有关问题。

【区长办公会议】 2014年，召开8次区长办公会。

1月21日，召开区长办公会。研究2014年绿化方案；研究房屋修建处拖欠职工工资借款核销事宜；听取全运会及运动员奖励标准有关情况汇报；研究迁安奥特宾馆外立面有关遗留问题的处理意见；研究北戴河中学餐厅二期工程项目变更为北戴河中学教师餐厅和运动场地及路面硬化事宜；研究蔡各庄小学操场改造事宜；研究教学仪器厂遗留问题；研究歌华营地一期土地出让问题；研究违法占地违法建筑处置工作方案。

3月8日，召开区长办公会。研究教师招聘事宜；研究2014年公路养护、绿化管护和设施维修事宜；研究联峰山油松林病虫害防治前期相关工作；研究城管局2014年相关工程事宜；研究海浴场及周边摊位发包经营事宜；研究2014年市政工程事宜；研究歌华营地二期土地出让问题；研究太平庄村拆迁改造项目评审事宜；研究北戴河区全民创业若干扶持办法（试行）；研究2014年《政府工作报告》和重点项目责任分解。

4月2日，召开区长办公会。研究小薄荷

寨村统建住宅楼事宜；研究北戴河海洋气象预报台项目用地事宜；研究暑期北戴河海域实施“封海”行动事宜；研究2014年五保提标事宜；研究病险水库除险加固工程；研究“运动之春”五一轮滑节活动方案；研究怪楼艺术片区雕塑和东三路雕塑采购事宜；通报恒丰易盛艺术品交易中心项目相关情况；研究部分小区视频监控设备安装事宜；研究旅游相关工作事宜；研究初高中校舍加固工程事宜。

5月29日，召开区长办公会。研究区属事业和企业单位欠缴养老保险金情况事宜；研究北二中操场改造事宜；研究粮库维修事宜；研究绿满戴河庭院工程相关事宜；研究东三路街景整治提升工程相关事宜；研究部分路段设立道路标志事宜；研究海北路北段道路及附属设施建设相关事宜；研究车站村污水管网事宜；研究金鸽路改造事宜。

7月27日，召开区长办公会。研究招聘小学（幼儿园）教师事宜；研究北三中校舍加固改造工程暂缓实施事宜；研究赤土山村旅馆及商业安置用地事宜；研究2014年绿化工程增项事宜；研究北戴河金鼎保安服务有限公司新办公地址改造事宜；研究2014年暑期城市管理相关工程事宜；研究交警指挥中心和事故处理办公用房改建事宜；研究供暖设备大修和分户改造工程招标事宜；研究滨海小区锅炉房改造事宜；研究疾控中心配备高压配电设备事宜；研究西山街道老旧小区基础设施改造工程事宜。

9月1日，召开区长办公会。研究土地招拍挂事宜。

12月20日，召开区长办公会。研究区级储备小麦轮换事宜；研究落实市政府推进政府向社会力量购买服务的实施意见；研究解决北戴河火车站片区改造遗留问题有关事宜；研究文化馆和图书馆土地划拨事宜；研究第二批北戴河区文物保护单位名录；研究解决海宁路1～2号楼供水困难事宜；研究离职社区居委会干部生活待遇事宜；研究区保障性安居工程四期经济适用住房预售事宜；研究丁庄污水管道维修事宜；研究抢修刘庄和北岭供热站锅炉事宜。

12月26日，召开区长办公会。研究北戴河火车站片区商业安置房物业管理事宜；研究北戴河火车站片区住宅安置房建设事宜；研究北戴河火车站片区商业安置房用地事宜；研究委托车站村委会拆迁安置有关事宜；研究隆基泰和集团涉及区项目建设资金事宜；研究2015年省定北戴河重点片区村庄规划设计单位和规划费用事宜；研究中俄文化艺术产业园区管网迁改等事宜；研究电力大厦南侧拆迁土地协议出让事宜；研究区政府招待所和房建人员分流事宜。

【全区性会议】 1月3日，区委副书记、区长刘学彬在北戴河火车站片区改造工程指挥部二楼会议室主持召开拨道洼村拆迁改造工作调度会，副区长孙谓青出席，政府办、戴河镇、火车站片区改造工程指挥部、隆基泰和集团相关负责人参加。刘学彬听取近期拨道洼村拆迁改造工作进展情况以及存在问题的汇报，并对项目审计、土地征收、资金使用等工作进行安排部署。

1月8日，区委副书记、区长刘学彬，副区长丁新杰、孙谓青在实地查看育花路农贸市场经营情况、市容环境秩序和青少年活动中心后，召开专题会议，区政府办、区商务局、区城管局、区教育局、区东山街道办事处、区规划分局、交警五大队等部门和单位负责人参加。在详细听取各部门和单位对育花路规范管理、市场建设、道路交通疏导、沿街秩序规范、早夜市经营管理等方面的意见建议后，刘学彬对规范化管理提出要求。副区长丁新杰、孙谓青就进一步加强市场建设管理提出具体意见。

1月10月，区委常委、副区长周向东，副区长孙谓青召开2014年“幸福北戴河”春节灯会筹备工作调度会，组委会成员单位负责人参加。会议进一步明确了筹备阶段各工作组、各责任单位责任分工和完成时限，认真研究了灯会期间应急处理、停车秩序、展演文化等具体问题。

1月16日，区委常委、常务副区长于凤

喜主持召开2014年13项重点推进项目调度会，开发区管委会副主任王晓青出席，各项目负责人参加会议。在详细听取各项目进展情况、存在问题及下步工作汇报后。于凤喜针对项目推进过程中遇到的困难和问题逐项提出意见。

1月21日，区政府副区长、公安分局局长李海泳主持召开2014年“幸福北戴河”春节灯会安保工作调度会，会议传达了《2014年“幸福北戴河”春节灯会安全秩序组安保工作实施方案》，就做好安保工作，李海泳提出具体要求。

1月28日，副区长付红主持召开集发生态农业观光园2014年春节庙会活动协调会，就做好相关工作，付红提出具体要求。

2月20日，区委常委、常务副区长于凤喜主持召开治理淘汰黄标车工作调度会，副区长、公安分局局长李海泳，区政协副主席、财政局局长高银山出席，区政府办、区环保局、区商务局、区政务服务中心、北戴河公安分局、交警五大队、区政府督查室等部门负责人参加。会议通报了北戴河区黄标车治理淘汰工作进展情况及存在问题，对淘汰补贴工作进行安排部署。于凤喜提出具体要求。

2月21日，副区长任晨召开移民信访稳定专题调度会，区政府办、区水务局、区民政局、区信访局、海滨镇、戴河镇等部门和单位负责人参加。会议传达了全市移民信访稳定工作会议精神，听取了与会部门关于移民信访稳定工作情况汇报，就进一步做好相关工作，任晨提出具体要求。

3月4日，副区长孙谓青主持召开违法占地违法建设处置工作座谈会议，区监察局、区城管局、区食安办、区食品稽查大队、区规划分局、区国土分局、北戴河公安分局、区工商局、区质监分局、“三打”办、自来水公司、供电分公司、两镇、两街等部门和单位负责人参加。会议研究讨论违法占地违法建设处置工作方案，对下步工作进行安排部署。

3月26日，副区长董立宏召开大气污染防治协调会，区住建局、区城管局、区发改局、区商务局、区燃气公司、区国土分局和区规划分局等部门单位负责人参加。会议认真讨论了全市《环境整治攻坚年行动目标责任书》（征求意见稿），提出了具体建议。就推进2014年燃煤锅炉取缔目标工作，董立宏提出要求。

是日，副区长孙谓青在联峰山森林防火大队主持召开2014年春季森林防火工作调度会，区园林局、区交通局、区教育局、两镇以及森林防火重点单位负责人参加。会议传达了中央、省、市森林防火工作会议精神，通报全市近期森林防火工作有关情况。孙谓青就做好当前森林防火工作提出具体要求。

3月27日，副区长任晨主持召开农业产业结构调整工作调度会，区农工委、区农牧局、区水务局、区科技局、区供销社、区民政局、区财政局、区园林局、戴河镇、海滨镇和部分村主要负责人参加。会议听取与会部门农业产业结构调整的思路和建议，安排部署2014年全区退出大田作物目标任务。任晨就做好下步工作提出要求。

4月9日，副区长董立宏主持召开扬尘治理调度会，区环保局、区住建局、区城管局、区交通局、区园林局、公安分局、交警五大队负责人参加。会议传达了全市大气污染防治工作会议和有关领导指示精神。董立宏就进一步做好扬尘治理工作提出要求。

4月13日，区委常委、副区长周向东在实验小学召开2014年全区教育工作会，教育局班子成员、各股室负责人，各中小学、幼儿园中层以上干部及社会力量办学单位负责人参加。会议全面总结2013年以来全区教育工作情况，对2014年重点工作进行安排部署。周向东就进一步做好全区教育工作提出要求。

4月28日，区领导刘学彬、孙谓青在北戴河火车站片区改造工程指挥部二楼会议室召开现场办公会，区住建局、区规划分局、区国土分局、戴河镇、北戴河火车站片区改造工程指挥部办公室、车站村相关负责人参加。会议就火车站片区改造涉及的公产安置补偿、液氨管线迁建、车站村安置房建设分配、基础设施配套等工作进行安排部署。刘学彬提出要求。

5月8日，副区长付红主持召开“秦皇岛市首届城市乐跑赛”准备工作协调会。开发区管委、区总工会、团区委、区妇联、区直工委、区教育局、区城管局、区体育局、区旅游局、区园林局、区人社局等相关单位负责人参加会议。会议听取了体育局关于乐跑赛活动安排情况汇报，并对活动相关环节进行了深入研究。就做好本次活动的组织筹备工作，付红提出要求。

5月9日，副区长、公安分局局长李海泳带领公安分局有关负责人现场调度部署北戴河火车站反恐防暴工作，就搭建整体防控格局，进一步强化反恐防暴能力，李海泳提出要求。

5月21日，区委常委、常务副区长于凤喜召开政府系统建议提案办理工作会，区人大常委会副主任曹艳红、区政协副主席杨振久出席，区政府各部门、各单位主要负责人，区人大常委会代表委、区政协提案委负责人，部分人大代表、政协委员参加。会议对2012−2013年度政府系统承办人大代表建议、政协委员提案工作优秀单位和先进个人进行表彰，区园林局、区住建局进行表态发言。于凤喜就做好2014年建议提案办理工作提出要求。

5月28日，副区长任晨带领区农牧局、区城管局、区旅游局、区安监局、区国土分局、北戴河公安分局、海滨镇、海警支队特勤队、边防派出所等部门和单位有关负责人及执法人员集中治理船舶非法载客行为。重点检查了鸽子窝、省办浴场、老虎石海上公园、平水桥公园、剑秋路南口等重点部位招揽乘坐渔船及渔船非法载客行为，并对海上情况进行了巡查。任晨就加大联合执法力度，打击违法行为提出要求。

是日，副区长董立宏主持召开油气输送管线等违章占压清理工作调度会，区政府办、区发改局、区安监局、区住建局、石油管道公司和燃气公司等部门和单位负责人参加。会上宣读了《北戴河区油气输送管线等违章占压清理工作实施方案（草案）》，相关部门汇报了工作开展情况，就扎实做好北戴河区油气输油管线等违章占压清理工作，董立宏提出要求。

5月30日，区委常委、常务副区长于凤喜，副区长孙谓青召开停车场管理工作协调会，区城管局、区园林局、区文广新局、区旅游局、区公安分局、区国土分局和两镇负责人及区内部分拥有停车场的企事业单位负责人参加会议。会议通报全区停车场管理办法、相关实施方案及停车场现状，重点对管理权移交和规范停车收费管理等工作进行安排部署。

6月5日，区委副书记、区长刘学彬召开情海湾情侣文化产业园项目调度会，区委常委、常务副区长于凤喜，副区长付红，副区长、开发区管委会主任裴耀辉出席，区发改局、区文广新局、区规划分局负责人及项目单位负责人参加会议。在认真听取项目单位进展情况汇报后，刘学彬提出要求。

6月16日，副区长任晨、董立宏带领区水务局、区交通局、区住建局、区安监局、区供销社、海滨镇、戴河镇、西山街道办事处等相关部门和单位负责人对病险水库、险工险段、涉河在建工程、危房监护措施、防汛物资储备等汛期安全工作进行督导检查。在随后召开的调度会上，区领导就做好相关工作提出明确要求。

6月23日，区委常委、副区长周向东召开北戴河火车站片区包街整治工作现场会，区交通局、区城管局、区园林局、北戴河公安分局、戴河镇以及车站派出所、铁路派出所负责人参加。会议通报了近期各级领导到北戴河火车站片区检查工作相关情况，严肃指出了当前反映强烈的接站秩序混乱、出租车拼客营运等问题，明确要求各相关部门和单位于6月25日正式启动暑期工作机制。

6月24日，区委副书记、区长刘学彬到北戴河医院调研暑期医疗服务保障工作，副区长丁新杰，区政府办、北戴河人民医院主要负责人陪同调研。刘学彬先后查看了北戴河人民医院发热门诊、急救中心、肠道门诊、海蜇蜇伤门诊、海蜇蜇伤观察室及病房等暑期服务准备情况后，在医院六楼会议室召开会议，就进一步做好暑期医疗服务保障工作座谈，刘学彬一行听取了医院关于暑期医疗保障工作汇报，并作指示。

6月26日，副区长任晨召开2014年度防汛工作会议，区防汛指挥部各成员单位主要负责人参加。会议传达全市防汛工作会议精神，通报2014年防汛形势与准备情况，重点防汛单位签订了责任状。任晨就加强防汛工作提出具体要求。

6月27日，副区长丁新杰召开暑期食品安全保障工作调度会，区食安办、区商务局、区农牧局、区林业局、区工商局、区质监局、北戴河公安分局、戴河镇、海滨镇、西山街道办事处、东山街道办事处等有关部门和单位负责人参加。会议听取了各有关部门食品安全监管工作汇报和信息员、义务监督员网络建设情况汇报。丁新杰对暑期食品安全工作提出具体要求。

7月9日，副区长丁新杰在欧鹏酒店召开全区2014年保暑期餐饮业食品安全工作暨培训会议，区食安办、区食品稽查大队、区工商局、区质监分局、北戴河公安分局等部门和单位以及全区大型宾馆、疗养院、招待所团餐接待单位相关负责人共计240余人参加。会议通报了前期餐饮业食品安全检查情况，与休疗单位、团餐接待单位代表签订了责任状，进行了餐饮食品安全知识培训。

7月20日，副区长孙谓青主持召开暑期供水供电保障工作调度会议，区住建局、自来水公司、供电分公司、两镇等相关部门和单位负责人参加。会议听取了各相关单位关于供水供电工作的汇报，就工作中存在的问题和下步工作进行安排部署。孙谓青对暑期供水供电保障工作提出具体要求。

7月21日，区委副书记、区长刘学彬主持召开沿海浴场安全保障工作调度会，区领导王志新、孙谓青出席会议，区城管局、区卫生局、区海浴场管理处、北戴河人民医院、边防派出所、海事等部门和单位负责人参加。会议听取了各相关部门和单位关于沿海浴场安全保障工作开展情况的汇报，刘学彬就下步工作进行安排部署提出要求。

7月26日，副区长董立宏到市场建设服务中心调度反恐防爆工作，市场建设服务中心全体工作人员以及驻中心公安干警、武警和部分商户代表参加。会议通报当前石塘路市场防恐防爆形势和所面临问题，就进一步做好安全稳定工作，董立宏提出具体要求。

8月19日，区委常委、副区长周向东召开迎接国家义务教育均衡发展督导评估协调会，区政府办、区教育局、区财政局、区人社局、区住建局、区审计局、区文广新局、区环保局、区规划分局、两镇等各涉教部门和单位相关负责人参加。会议通报了国家义务教育均衡发展督导评估时间、程序、内容，并对各涉教部门和单位任务分工进行了明确。周向东对国家义务教育均衡发展督导评估提出具体要求。

8月27−29日，副区长任晨带领区农牧局、戴河镇等单位主要负责人到费石庄村郡清兰生态园、丰盛园农场、方远农业科技开发有限公司、谢李庄村河乐家庭农场、崔各庄村葡萄基地调研，详细了解发展规划、设施棚室建设、相关生产技术和生产情况。就进一步做好农业产业结构调整升级，任晨提出要求。

9月1日，副区长付红主持召开2014年中国体育彩票北戴河铁人三项赛保障工作协调会，市体育局及区直各相关单位负责人参加。会议明确了各相关部门和单位工作职责和主要任务，并就赛事服务保障工作进行了安排部署。付红要求：一要安全第一，全力做好赛事保障工作；二要通力合作，确保各项任务圆满完成；三要勇于担当，确保工作落实到位。

9月2日，副区长任晨以及区农牧局主要负责人到朱庄村、北戴河村和甘各庄村指导农业产业结构调整工作，先后察看了朱庄村晟发家庭农场、北戴河村文森家庭农场和甘各庄村达亿蓝莓种植有限公司，详细了解各农场生产经营情况，任晨提出要求。

9月30日，区委副书记、区长刘学彬到火车站片区改造工程指挥部现场办公，并在指挥部召开专题会议，区领导孙谓青、高银山出席，区财政局、区国土分局、区规划分局、区住建局、戴河镇、北戴河火车站片区改造工程指挥部办公室、车站村相关负责人参加。会议就火车站片区改造涉及的车站村住宅安置房建设、商业安置房配套、杨各庄村拆迁安置等相关问题进行安排部署。刘学彬作出指示。

10月16日，副区长任晨带领区农工委、区农牧局、区水务局、戴河镇负责人调研家庭农场发展情况。任晨一行实地查看了东方红家庭农场、丰盛园家庭农场、河乐家庭农场，详细了解农场建设情况、生产经营状况、存在问题和困难，并对发展家庭农场提出具体要求。

10月22日，区委常委、常务副区长于凤喜召开中俄文化艺术合作产业园项目筹备组第一次会议，区领导付红、孙谓青、高银山出席，区文广新局、区发改局、区园林局、区国土分局、区规划分局、重点项目办及项目方代表参加。会议就项目相关规划条件、土地评估、挂牌出让、项目立项、树木移植、临时水电等前期工作进行充分沟通。于凤喜作重要指示。付红、孙谓青分别就项目推进工作提出具体要求。

是日，区委常委、常务副区长于凤喜召开行政权力清单制度建设工作部署会，区政府办、区编办及全区32家具有行政职权的部门单位负责人参加会议。会议重点对行政权力清单制度实施范围及工作任务等内容进行讲解和安排部署。于凤喜提出具体要求。

10月27日，召开今冬明春森林防火工作动员会，副区长孙谓青出席会议，区森林防火指挥部成员单位主要负责人以及重点森林防火单位负责人参加。会议传达了全市森林防火会议精神，通报了2013—2014年度全区森林防火工作情况和当前北戴河区森林防火形势。会议要求全区各相关部门和单位要高度重视森林防火工作。会上，孙谓青代表区政府与防火责任单位代表签订了森林防火责任状。

10月30日，副区长丁新杰主持召开迎接省、市医疗卫生体制改革工作考核协调会，区政府办、区宣传部、区卫生局、区财政局、区发改局、区人社局等相关部门和单位有关负责人参加。丁新杰传达全市医改工作调度会议精神，并就做好迎接省、市医改工作考核提出具体要求。

11月6日，副区长任晨、董立宏主持召开际牧牛业搬迁工作调度会，区环保局、区农牧局、区水务局、戴河镇主要负责人参加。会议传达市委副秘书长、市暑办主任陈秋华在际牧牛业迁址工作现场协调会的讲话精神，听取有关工作情况汇报。会议要求各有关部门和单位要扎实做好基础工作，严厉查处企业对环境的污染行为。

11月14日，副区长董立宏、孙谓青带领区安监局、区住建局、区园林局、区质监分局等部门和单位负责人检查冬季安全生产和森林防火工作。区领导先后实地检查了区房产局、滨海小区和百花小区供热站，以及中国环境管理干部学院新校址施工现场和联峰山森林防火。每到一处，区领导都仔细查看了安全生产记录、应急处置预案等安全保障措施，并针对行业特点现场就有关问题和下步工作重点提出具体要求。

11月17日，副区长孙谓青主持召开违法占地违法建筑整治工作调度会，区国土分局、区规划分局、“三打”办、戴河镇、海滨镇等部门和单位负人参加。会议听取全区违法占地违法建筑现状和整治工作汇报，并就下步工作进行安排部署。

12月3日，副区长任晨主持召开农村土地承包经营权确权登记颁证工作推进会，区委农工委、区农牧局、区财政局、区国土分局、区法制办、区档案馆、海滨镇、戴河镇等相关部门和单位负责人参加。会议就2014年确权登记办证工作进行安排部署，并针对工作中可能出现的有关问题进行研究讨论。任晨就进一步抓好农村土地承包经营权确权登记工作提出要求。

12月18日，区委常委、常务副区长于

凤喜主持召开兴隆摩尔世界综合体项目调度会，副区长孙谓青、开发区管委会副主任王晓青出席会议，区发改局、区国土分局、区规划分局、区国有资产经营公司、海滨镇、东山街道办事处、北戴河开发区投资促进局、重点项目办、“三打”办等部门和单位负责人参加。会上成立了项目前期工作领导小组，通报了有关情况，并就项目用地调查摸底工作进行安排部署。于凤喜讲话。孙谓青、王晓青分别就调查摸底阶段工作职责、注意事项等提出具体要求。

12月29日，副区长董立宏带领区安监局、区商务局、区旅游局、区质监分局等部门相关负责人到家惠超市、中化道达尔加油站、集发生态农业观光园等重点企业检查安全生产工作。董立宏提出要求。

12月30日，区领导周向东、孙谓青主持召开农民工工资支付保障工作会议，区人社局、区住建局以及区内重点项目单位和施工单位负责人参加。会议通报全区当前农民工工资支付工作开展情况，就下步工作进行安排部署。

12月30日，副区长孙谓青主持召开全区房地产开发建设违法行为专项整治调度会，区住建局、区发改局、区国土分局、区规划分局、两镇相关负责人参加。会议传达了全省房地产开发建设违法行为专项整治电视电话会议精神，对全区整治工作进行安排部署。

（张强　李志鹏　宋伟　陈媛媛
李罡　陈玉磊　王景晓）

为民办实事

【概况】 2014年，区委、区政府全面贯彻落实中共中央和省、市、区委全会精神，抢抓沿海地区率先发展的战略机遇，紧紧围绕“1+4”工作格局，致力于了解民情、尊重民意、服务民生，不断加大财政投入，努力解决群众关心关注的实际问题，使广大群众得到更多实惠，共享经济社会发展成果，决定在直接关系群众生活等方面办好8件利民实事，除戴河镇9个村污水管网配套工程需跨年完成外，其余7件实事已完成。

【供暖分户改造】 组织实施避暑园小区和地税局家属楼共计12栋342户3.40万平方米的供暖分户改造工程，已于取暖期前完工。

【天然气扩户任务】 天然气扩户工程共涉及79栋2062户。其中东山街道39栋983户，西山街道40栋1079户，已全部完成。

【居民游园公共设施提升和小街小巷绿化升级】 累计概算投资1022万元，对奥林匹克大道公园、月季园、浪淘沙园及望龟亭等景区、游园及街巷公共绿地基础设施进行维修。对东三路、安一路、北六路、单赤路等21条街巷进行改造、绿化、美化。

【改造提升城乡垃圾收集站、公厕】 累计概算投资约276万元，对三河、北六路南口、鸽子窝、育花路、单赤路5处生活垃圾收集站进行改造提升；对碣石园、三河、红石路3处公厕进行改造提升；在小薄荷寨村、拨道洼村、蔡各庄村、谢李庄村新建4座垃圾收集站，各项工程已全部完工并投入使用。

【为部分老旧小区安装治安视频监控设备】 全区新增治安监控摄像头199个，其中，车站派出所辖区41个，东山派出所辖区33个，海宁路派出所辖区26个，莲蓬山派出所辖区58个，西山派出所辖区27个，中海滩派出所辖区14个，已全部启用。

【老旧小区公共设施和绿化提升】 完成育花一区、二区10处化粪池清掏及管道维修工作，清运各类杂物40车。更换北岭二区5栋居民楼的自来水入户单管及地下管网，新建小区化粪池并引入主污水管网；更换辰光小区、惠园小区铁艺围墙；为北三区16栋楼安装路灯32盏，并对街道管辖范围的庭院灯进行检修；对南岭小区进行绿化5600平方米，路面硬化300平方米；对英才社区居委会门前、锅炉房旁居民小区内的70延长米路面进行翻修。实施北岭一区、三区、单庄小区3个小区绿地改造工程，改造面积1.5万平方米。以上各项改造提升工程全部完成。

【为全区户籍居民投保“民生保险”】 区财政出资13.78万元，在全市率先为辖区全部户籍居民投保“民生保险”，受益人数68902人，累计保障金额75.79亿元，保障范围包括自然灾害公众灾后补偿、见义勇为救助补助以及火灾、爆炸和空中物体坠落无责救助等，每个居民最高赔付限额11万元。

【戴河镇9个村实施污水管网配套】 新建太平庄村、车站村、杨各庄村、苏庄村、朱庄村、北戴河村、谢李庄村、蔡各庄村、甘各庄村污水管网，采用PE管和钢筋混凝土管材铺设管道共计50910延长米，同时在苏庄村、蔡各庄村和北戴河村分别建设污水提升泵站一座。该项目为跨年度工程，2015年将继续组织推进。

（王嘉川）

区政府办公室工作

【概况】 2014年，区政府办公室紧紧围绕“两个率先”宏伟目标，扎实开展党的群众路线教育实践活动，尽心尽职当参谋，统筹全局抓协调，优质高效强保障，不断提高工作效率和服务水平，较好地完成了所承担的工作任务。

围绕“安全暑期、和谐暑期、简朴暑期、满意暑期”目标，积极协调做好安全稳定、物资供应、卫生防疫、市政保障、海蜇伤人防治等暑期各项任务。落实“两条线”工作要求，同步做好服务保障和服务发展，做好深圳华侨城、中企投资等大企业、大集团到北戴河区考察接待工作。精心谋划工作思路，制定活动方案，参与承办“运动之春”第十届轮滑节、以春节灯会为主要内容的“休闲之冬·北戴河旅游嘉年华”等节庆品牌活动。本着隆重、热烈、节俭的原则，组织策划中俄文化艺术合作产业园、恒丰易盛艺术品交易中心签约仪式等重大活动，得到与会领导、嘉宾高度赞誉。着眼于《政府工作报告》确定的“为民实事”、安全生产、“双违”治理、“四大攻坚年”等全局性重点工作和经济社会发展中的关键环节，进一步强化责任意识、大局意识和效率意识，积极主动协助领导协调、处理、解决决策执行过程中出现的矛盾和问题。结合党的群众路线教育实践活动，深入刘庄村，开展入户调查走访，宣讲中共十八大以来的方针和政策，征询群众意见。以农村面貌改造提升工作为契机，帮助开展环境卫生整治活动，净化村容村貌。开展“三个一百”等帮扶活动，关心慰问弱势群体，让他们感受到党和政府的温暖。

【文秘工作】 2014年，起草各类文件稿件500余份200余万字。完成了关于融入京津冀协同发展承接高端产业转移的研究与思考、关于发挥资源优势发展高端健康养老产业的研究与思考等10个高质量调研成果，为领导决策和施政提供参考。严格履行收文登记、传阅、交办及发文审核、签发等公文处理程序，全年处理上级来文1117件、下级请示报告669件、群众来信和领导批示342件；制发区政府和区政府办公室文件281件，利用市、区电子公文交换平台接收、上报、下发各类文件929件，向区内各部门、单位转文3350件，每一份文件均做到及时、准确、规范，不错发、无遗失。全年组织召开政府常务会10次，区长办公会8次，全区性大型综合会议10余次，其他各类中小型专题会议60余次，迎接省、市各级督导检查汇报会20余次。

【督查工作】 坚持“铁腕抓督查”，采取一线督查、跟踪督查、联合督查等方式，认真抓好区委、区政府重大决策部署、议定事项及领导批示、交办事项落实反馈。注重将解决问题和提出合理化建议作为重点，充分发挥媒体监督作用，提升督查权威。2014年编发《政务督查专报》11期、《联合督查快讯》62期、其他各类专刊68期。被市政府办公厅授予“督查工作先进单位”称号。

【信息工作】 对原《政务快报》进行全新改版，更名为《北戴河政务时讯》，从版面编排、栏目设置、信息内容等方面进行全新优化升级。围绕全区重大决策部署和亮点工作做好政务信息综合整理报送，全年编发《政务时讯》77期，市政府信息刊物采用北戴河区信息90余条（篇），省政府《要情快报》采用5条，省政府《政务交流》采用2篇（长篇），4篇经省政府办公厅上报国务院办公厅，政务信息排名位居全市第一。

【应急管理工作】 加强“一案三制”应急体系建设，通过演练不断提高应急预案的科学性和操作性；认真应对各类突发事件，尤其是针对海蜇伤人突发状况，协调督导严格落实“四防三治”措施，有效控制海蜇伤人事件发生；开展“防灾减灾日”“安全生产月”“科普宣教巡展”等应急知识宣传活动，普及防灾减灾避险知识，提高广大民众自救互救能力。

【法制工作】 按照有权必有责要求，组织开展行政执法案卷和行政执法行为检查。完成罚没许可证换发，严格执行规范性文件制定、备案、定期清理和政府规范性文件内容权限设定有关要求。组织全区485名执法人员进行行政执法证件年检培训考试，参考率、合格率均达100%。清理执法证件176个并及时向社会公布。探索行政复议工作新思路、新方法，受理行政复议案件2件，未发生因行政复议决定引发的行政诉讼案件。在全市依法行政考核中名列各县区榜首，并被市政府推荐为全省依法行政工作先进单位。

【民族宗教工作】 围绕“共同团结奋斗、共同繁荣发展”主题，推进民族宗教事务管理创新，加强民族宗教工作组织领导，加大民族宗教领域维稳力度，未发生影响民族宗教安全稳定事件。

【外事工作】 严格外事审批程序，办理随团出国考察手续2批次、中学生对外交流1批次，未出现重大涉外事件和严重违反外事纪律情况。全年办理邀请外国人到秦皇岛手续2批次，高标准完成接待来自日本、韩国等外事人员15批150余人次。

【民情工作】 2014年，受理民情事项2181件，其中市长热线电话转办1832件，区长公开电话349件，办复率100%。收到群众的感谢来电、来信18件，切实为群众解决了一大批热点难点问题。

【提案工作】 贯彻落实市政府办公厅关于承办工作的有关要求，不断细化措施、加强机制建设，提高承办工作质量。全年办理各级人大代表建议68件、政协委员提案90件，满意和基本满意率为100%。

（宋丽娜、张晓斌、张磊、杨芳、刘晓航、田甜、王嘉川、王伟、赵静宇）

【地方志工作】 《北戴河年鉴》2014年卷编纂工作 3月，以区委办、区政府办名义制定《关于做好〈北戴河年鉴2014年卷编纂工作的通知〉》，印发到全区各单位、部门、驻区单位及人民团体，对做好年鉴的编纂工作提出要求。组织编辑人员学习国家、省地方志工作条例等有关法律法规，学习其他县区的先进经验。根据区情对2014年年鉴的编纂方案进行商讨、研究和谋划。对重大、重要和有影响的材料与提供材料单位或有关单位咨询、核实，确保入鉴资料准确。经过年鉴编辑人员共同努力，于10月末完成《北戴河年鉴》2014年卷的27个类目、140个分目、600余条条目，共31万余字的初稿。同时，修改完善《北戴河年鉴》2012年卷、2013年卷，报出版社及区领导审核，年底前全部交付印刷。

村镇志编纂工作　在《北戴河年鉴》2014年卷编纂工作的同时，组织人员对村镇志编纂工作进行学习和讨论，根据实际情况，设计北戴河村镇志篇目。9月，市地方志办公室举办村镇志培训工作，派编辑人员参会接受培训，后又派人参加市地方志办公室到省外村镇志编纂工作先进地区参观学习。根据本区村镇的实际情况，抓住北戴河的特色、特点，按照市方志办的指导意见，初步设定全区两个镇分别立卷，各自成书，即《北戴河区村镇志·海滨镇卷》《北戴河区村镇志·戴河镇卷》，海滨镇突出其主城区政治地位，戴河镇卷以北戴河火车站及农业为特色。对已制定的北戴河村镇志篇目进行完善，北戴河村镇志篇目基本定稿。加强对村镇志编纂工作进行指导。主动与村镇志编写人员联系，了解、掌握有关情况，并对各村镇志编写人员不同形式的咨询、了解有关情况、查找资料的人进行热情接待，提供服务，协调解决困难和问题，确保修志进度和质量。对拨道洼村等已报村镇志材料的编写人员和材料进行指导并充实内容。

发挥志书、年鉴资源的开发利用　年内，发放北戴河新、老志书50余册，发放《北戴河年鉴》2011年卷40余册，接待省、市、区有关单位、个人查询资料70余人次。参与编写宣传部主编的《北戴河文学大系》。为省、市年鉴编纂工作提供北戴河部分的相关资料。特别是在村镇志编写工作中，为各镇、村的编写人员提供相关资料达30余人次。同时，也搜集到不少的相关资料，为村镇志的编纂工作打下良好的基础。

（韦　国）

【政府采购】　年内，完成政府采购221批次，采购金额8788.45万元，节约财政资金1107.47万元，节约率11.19%。其中，政府集中采购金额1424.92万元，部门集中采购金额7363.53万元。规范招投标程序，组织评审专家小组对招标文件进行论证，确保招标文件的合法性和合理性。建立供应商准入制度，按照公平竞争原则，实施供应商档案管理、业绩评价等办法，形成良好的政府采购市场环境。

扩大全区的政府采购范围和规模，全区行政事业单位公务用车全部实行定点保险和格力空调协议供货制度，车辆保险支出节约28.87万元，格力空调协议供货采购33.57万元。加强对节能、环保产品采购的监督管理。优先采购“节能产品清单”“环境标志产品清单”内的产品，在政府采购招标过程中给予优惠政策。对纳入强制采购目录的项目严格把关，不符合要求的采购计划一律做退回处理。对采购审批实行程序化管理，明确采购计划审核、资金拨付审核和采购方式变更等审批事项的具体内容，责任到人严格把关。提高政府采购的计划性，细化政府采购预算和采购计划编制，减少政府采购当中的随意性，提高政府采购工作效率。

（周永勃）

人事工作

【机关事业人员管理】　2014年，全区有公务员477人（包括两街、两镇政府系统人员），参照公务员管理事业人员79人，事业单位人员2733人，其中管理人员520人、专业技术人员1715人、工勤技能人员498人。

对全区机关、事业单位的一般工作人员进行年度考核，其中，机关120人参加考核，优秀17人；机关工勤人员106人参加考核，优秀12人；事业2487人参加考核，优秀381人。

为28家事业单位调整岗位设置，涉及人员1285人，其中管理人员13人，专业技术人员1184人，工勤技能人员88人；对46家单位进行补聘，涉及人员458人。根据事业单位岗位调整与聘用情况的变化，及时对514人的聘用合同进行变更，鉴证聘用合同1542份。

【专业技术人员管理】　2014年，全区专业技术人员评审、初定160人，其中高级职称

49人、中级职称81人、初级职称30人。至年末，全区事业单位共有专业技术人员1707人，其中，教育系统1061人，卫生系统312人，其他部门334人。按照专业技术职称分高级职称207人，中级职称805人，初级职称695人。办理考取职称资格证书62本，其他各类职称资格证书83本。全区1802名专业技术人员全部通过“继续教育证书”审验。

（王　林）

政务服务工作

【概况】 北戴河区人民政府政务服务中心共进驻22个职能部门，涉及185项行政许可、非行政许可和便民服务事项。中心主要办理国内外投资者在北戴河区申请投资经营性项目等相关行政主管部门的审批及审核上报，核发各种审批文件、证照，办理相关经济组织和居民申领的有关证照，同时受理有关咨询和投诉。中心建有对外办事窗口30个，采取敞开式对外服务，并设有电子触摸屏、大屏幕、饮水机、书写桌椅等设施，为服务对象提供必备实用的办事环境和配套商务、金融等服务机构，方便企业和群众办事。2014年，中心共办结各类审批和服务事项2.90万件。收储金额5909万元。收到锦旗5面，表扬信82封。评选出工商局窗口、质监局窗口、地税局窗口为年度文明示范窗口。政务服务中心被市政务服务中心授予全市政务服务系统2014年度信息工作先进单位称号。

【项目审批服务】 做好进厅审批事项梳理和上级下放审批事项的衔接进驻工作。全面开展审批事项清理，认真分析、帮助引导各窗口单位根据审批项目类型、办理流程、审批依据、审批标准、提交材料、收费标准、承诺时限等情况做好审批事项的梳理上报工作。同时与相关窗口部门积极沟通，做好行政审批事项接收和下放后的衔接工作。走访工商局、城管局、卫生执法监督所等相关进驻窗口单位，就相关部门存在集中审批、集中受理执行不严格、不到位，事项两头受理、群众两头跑，窗口收费不规范等问题与进驻窗口单位主要领导进行走访座谈，取得积极效果；压缩审批时限，减少审批环节，优化审批流程。

各窗口在行政许可法和有关法律法规规定内，结合区情实际，进一步简化办事程序，再造审批流程，缩短承诺时限要比法定时限压缩50%，落实建设项目单个部门审批时限和企业注册审批时限不超过3个工作日；协调北戴河供水总公司进驻中心办理业务，该公司进驻区中心设置对外服务窗口，为全区百姓提供受理用户接水申请、解答用户用水事宜咨询、受理意见投诉等服务。认真落实国、地税窗口实行联合办理税务登记业务，纳税人只需向1家税务机关申报办理税务登记，由受理税务机关核发1份代表国税局和地税局共同进行税务登记管理的税务登记证件，极大地方便了群众；完善“绿色通道”审批流程。对重大项目积极与市中心项目领办处协调联动，落实联合踏勘、联合指导、联合方案会审、施工图联合审查、联合竣工验收等全过程联合审批制度。中心对符合法律法规的重点项目开通绿色通道，全程领办帮办，对有利于经济发展的重大项目，企业提出申请，在不违背法律法规原则的前提下，适当变通采取先签后补的办法，促项目尽早落地。全年，中心进行联合审批21起；对群众急需办理的事项，推行延时服务、预约服务和上门服务3种服务。对于特殊人群的特殊需要，开启“绿色通道”，加快材料内部传递速度，最大限度地方便群众办事，全年提供上门服务32次。

成立重点项目联合审批领办代办服务办公室，为省市区重点项目、涉暑项目、北戴河开发区投资项目，地方支柱产业、重点企业建设项目、招商引资项目等提供无偿全程领办代办服务。按照自愿委托、无偿代办、合法高效、上下联动的原则提供重点项目领办代办服务。出台《北戴河区重点项目全程代办服务暂行办法》，指定专人为中心领办代办服务员，通过中心网站、手机报、微信等多种媒体公开重大项目领办帮办联系卡，明确联系人，公开联系电话，建立项目领办代办QQ群。全年领办代办事项83件，其中62件为公司企业注册，21件为建设项目联合审图和联合验收。

【便民利企举措】 开展“政务服务直通车”进产业园区、企业、社区、农村等活动，为群众提供“零距离”贴心服务。全年，通过“政务服务直通车”发放各类宣传资料300余份，现场解答群众咨询100余人次；设立导询服务台，为办事群众提供业务咨询现场答疑，引导办事群众到相应窗口办理事项并负责为老年人及写字不方便人群提供填表服务；开通政务服务官方微信平台，办事群众可接收中心定期推送的政务服务信息，也可通过微信与工作人员即时咨询交流。至年末，关注用户已上百人，平均每天都有数十位网民通过微信向中心咨询和查询办理审批及服务事项；在办事大厅安装公共广播系统，每天8次定时对中心工作人员服务行为及公共场所禁止喧哗、禁止吸烟等进行广播提醒，随时为企业和办事群众提供导询服务，维持大厅办公秩序，发布失物招领和疏导楼外停车场交通；针对南厅三面玻璃冬冷夏热和中央空调效果不佳的问题，投资进行了封闭改造；更换等候区座椅，配备医药箱、老花镜等便民用品。

【镇街政务服务中心建设】 定期召开镇街主管领导工作会议，系统研究、解决镇街中心和村（社区）便民服务室在运行中出现的问题；完善三级代办服务体系，成立便民服务导办领办代办工作领导小组。镇街中心分别设立代办服务窗口，选派专人负责。各便民服务室推行“导办、领办、代办、上门办、现场办、预约办”六办服务，实行服务项目、政策依据、服务程序、收费标准、提交材料、承诺时限等服务具体内容、办事关键环节六公开，各项工作透明运行；召开现场观摩培训会，对全区镇街中心主任和34名代办员进行三级代办服务培训，对各村（社区）代办工作中的工作制度、服务规范等提出要求；修改并印制《便民服务手册》《办事指南》《代办员工作手册》、便民卡、便民服务台账；统一制作代办员胸卡、便民服务卡。对镇街中心及便民服务室进行普查验收，普查验收小组通过查阅档案、实地查看和召开座谈会等多种形式，对镇街中心按照领导高度重视、组织机构健全、工作人员敬业、场所建设规范、办公设施完备、办事程序公开、“部门”应进必进、管理制度完善、服务便捷高效、监察督促有力等十项内容进行验收，对便民服务室依照组织机构、办公场所、标识标牌、办公设施、办公时间、服务事项、登记统计、内部管理、联系沟通、宣传评价等十项内容进行验收。验收结束后，区中心根据实际情况对镇街中心及便民服务室进行打分，并将验收结果上报市中心。

（张志娟）

机关事务管理

【概况】 北戴河区机关事务管理局负责为党政机关综合办公楼内38家机关单位的正常办公提供安保、保洁、会议、维修、餐饮等后勤服务保障工作和全区公共用能机构等日常节能减排工作及临时交办任务。加强对电梯、空调、配电室、供水、供电等各项重点设备的安全检查和维护，做好办公楼消防器材及设施的管理、维护。加强安保、保洁人员综合素质教育和监督检查工作，提高主动服务的意识和能力。

【日常服务】 全年更换和修理各类灯具1600余次、门锁340次、防盗门24次、高层玻璃17块、下水管件500余次，各项室内粉刷800余平方米，并及时做好电梯维保、消防检查、水泵更换、配电柜清理等各方面的维护维修工作。加强对职工食堂的管理，严把采购、入库、出库、加工检验等多道卫生关口，加强成本核算，逐项细化落实责任，进一步稳控销售价格，做到方便实惠、物美价廉。同时，不断丰富和变换菜肴品种，减少浪费环节，加强青菜、成品、炊具、日常易耗品的合理利用率，多重分解、变废为宝。加强政府广场的管理，安排专人负责，进一步合理开启和关闭广场的各种用电设备，并加强24小时巡查工作，及时发现和解决设备维护维修问题，全年更换各类彩灯射灯600余个、破损地砖800余块，并刷新车位线、道路标线和护栏，清理花坛及周边环境，对晚间群众集体舞服务做进一步的细化。办公楼整体保洁工作严格按照卫生工作标准，对于楼道、电梯间、会议室、卫生间、垃圾道等重点部位做到全天候保洁，定时进行蚊蝇消杀，每天4次进行逐项检查，确保全部达到卫生标准。会议服务、文件印刷、报刊投递等各项日常性服务已形成较为稳定的工作程序，全年接待各类型会议420余场次，各类文件印刷万余份，报刊投递日发行量在千份以上，各类邮件不计其数。

【公共机构节能】 按照全市新的统计要求，做好全区公共机构节能统计和宣传工作，并对各用能单位进行检查和指导，使全区电、水、煤、天然气、汽油、柴油等主要能源资源消耗量人均值较上年度均有下降，各单位节能意识明显增强，节能制度进一步完善落实，老旧用能设备设施逐步淘汰。全面落实《公共机构节能条例》的相关要求，不断提高中央空调、机房等大型用能设备的自主管理和维护能力。

（王　欢）

档案管理

【概况】 2014年，北戴河区档案馆围绕区委、区政府中心工作，坚持档案工作为经济建设服务，为社会发展服务，为人民群众服务，认真履行档案事业行政管理和档案保管利用两大职能，努力实现全年工作目标。

【提升档案从业人员素质】 3月7日，举办北戴河区档案人员继续教育培训班，有92人参加培训，教授档案归档整理、安全保管、全宗卷规范等业务知识，解读《秦皇岛市归档文件整理办法实施细则》《秦皇岛市档案收集管理办法》等文件。同时，针对基层档案人员对业务掌握情况和单位职能特点，进行分别指导。

【加强档案信息化建设】 按照该区制定的档案事业“十二五”发展规划，档案数字化是一项重点工作，按照“随收随整随录”原则，集中人力将所有进馆档案进行数字化工作，年内新增全文扫描3110页。在网站管理方面，严格按照网站运行维护有关规定要求，维护更新网站各栏目内容，明确专人负责，网站新增多种专栏，方便群众浏览。

【开展业务指导工作】 加强档案业务指导，打牢基础业务建设。重点加强对一年一度文件收集、整理归档、编目工作指导。下发文件，对全年立卷归档工作提出要求；深入各镇（街）、机关、企事业单位，进行调查研究、检查指导工作。经过全区各机关档案员共同努力，该区立卷归档合格率达到96%。针对村级档案管理实际情况，为村干部进行现场档案业务培训，对村级档案收集、档案管理及规范建档等进行重点讲解；赠送刘庄村价值约1000元档案装具，促进村级档案室建设。

【丰富馆藏，注重民生档案工作】 档案接收工作　加强档案资源建设，改善馆藏结构，丰富馆藏内容，把广泛开展档案征集、接收工作，作为档案资源建设重要内容来抓。不断加大档案工作社会宣传力度和档案资料征集力度，拓宽收集、征集范围和渠道，逐步建立档案资料征集管理机制，明确档案资料移交范围和时限。按照年初计划，对全区各单位2009年以前产生档案的进行接收进馆工作，共接收档案865件。

档案安全保管工作　严格按照档案法律法规要求，制订档案安全管理制度，包括《档案库房管理制度》《档案查阅利用制度》《档案管理人员岗位职责》等相关制度，制定《突发事件应急预案》。定期对库房进行安全检查，节假日24小时值班，落实到人，认真巡查做好记录；安排专人落实、做好档案库房"十防"和电子、文书等各种档案保密工作，定期检查；对已配备设施，如电脑、空调、防火防盗报警系统、电源电线等进行定期检查，并对案卷数量、质量、霉变情况进行检查，落实档案管理安全责任制。

档案开放及提供利用工作　2014年共提供接待利用档案427人次，1211件次。特别是随着机构编制核查工作开展，区档案馆迎来上半年查档高峰，为做好查档接待工作，保障服务效率和质量，区档案馆在查档科室增加人员，针对档案查询调阅、复印、登记盖章等环节，明确分工，专人专管，保障各环节畅通，提高办事效率。

区档案馆还利用馆藏档案编写《北戴河区大事记》《北戴河区经济活动汇编》《政府工作报告汇编》《国民经济和社会发展规划汇编》《人大常委会工作报告汇编》等编研材料12册，方便利用者查阅。

政府信息公开中心工作　严格执行《现行文件报送制度》《政府信息公开条例》，采取按季度报送制度，依托该馆添置的触摸屏和软件，高标准建好政务公开信息平台。面向社会，服务百姓，为人民群众了解党和国家方针政策建立畅通渠道，为人民群众维护自身合法权益提供有效帮助。

【档案事业统计年报工作】　年内，区档案馆早安排、早部署，采取"全面督促，重点指导"方法开展年报统计工作。对于档案人员更换和数据变动较大单位，该馆工作人员深入基层档案室进行具体指导，圆满完成2013年度全区档案事业统计年报工作。共采集40家机关事业单位数据，如实反映该区基层事业发展基本情况。

【档案法制宣传工作】　把档案法制建设宣传作为档案宣传主要内容，重点围绕《中华人民共和国档案法》《河北省档案管理条例》，在《档案法》颁布周年纪念日、"国际档案日"以及"12·4"法制宣传日，面向社会，借助媒体，积极开展宣传活动。在贯彻落实《秦皇岛市归档文件整理规则》、施行《机关文件材料归档范围和文书档案保管期限规定》过程中，利用召开档案工作会议、开展业务指导、档案室晋等升级、调研检查等机会进行广泛宣传。

【档案管理法治化建设】　以档案行政执法为切入点，加快档案法治化建设进程。从10月初开始，区档案馆对该区档案工作进行年度检查，检查内容包括机关档案工作组织管理、档案业务建设、档案基础设施建设、档案信息化建设和档案开发利用工作以及2013年度档案归档文件整理情况等。检查组采取听、看、议的方法进行，及时提出各单位档案工作中存在问题并进行现场反馈。从检查整体情况看，该区各单位都能按照有关标准，科学有效地开展工作。

（姚海鹏）

政协北戴河区委员会

政协全体委员会议

【政协北戴河区第八届委员会第三次会议】 2月15—16日，政协北戴河区第八届委员会第三次会议在区党政综合办公楼三楼会议厅召开。应出席委员115人，实际出席108人，特邀区委、区人大、区政府、区纪委和区人武部负责人，离退休的区政协原主席、副主席，区公安分局、区人民检察院、区人民法院以及行业驻区单位主要负责人参加会议，各镇街、区直各部门主要负责人列席会议。市委常委、北戴河区委书记李学民代表中共北戴河区委作重要讲话。会议听取并审议通过政协主席严彬所作的《政协北戴河区第八届委员会常务委员会工作报告》，政协副主席杨振久所作的《政协北戴河区第八届委员会常务委员会关于八届二次会议以来提案工作情况的报告》。全体委员列席北戴河区第十四届人民代表大会第四次会议，听取并讨论《北戴河区人民政府工作报告》，讨论《北戴河区2013年国民经济和社会发展计划执行情况及2014年计划草案的报告》《北戴河区2013年财政预算执行情况和2014年财政预算草案的报告》《北戴河区人民法院工作报告》《北戴河区人民检察院工作报告》。会议通过政协北戴河区第八届委员会第三次会议政治决议。

区政协常委会会议

【政协第八届委员会常务委员会第七次会议】 1月28日，召开政协八届七次常委会，会议由政协主席严彬主持。常委会通过赵长吉、李强2人辞去第八届区政协委员，拟增补李振旭、祖述俭2人为第八届区政协委员；审议通过关于召开区政协八届三次会议的决定、区政协八届三次会议的有关事项、区政协八届委员会常务委员会工作报告及区政协八届委员会常务委员会提案工作报告。

【政协第八届委员会常务委员会第八次会议】 2月16日，召开区政协八届八次常委会，会议由政协主席严彬主持。会议听取政协八届三次会议期间各小组讨论情况汇报，审议通过区政协八届三次会议提案审查情况报告（草案）、区政协八届三次会议政治决议（草案）。

【政协第八届委员会常务委员会第九次会议】 3月14日，召开区政协八届九次常委会，会议由政协主席严彬主持。通过孟香爽、王丽艳、张秀凤、高飞4人的人事任免事项，研究讨论《北戴河区政协2014年工作要点》，提出具体修改意见；研究确定2014年重点提案、重点调研课题及任务分解。

【政协第八届委员会常务委员会第十次会议】 5月29日，召开区政协八届十次常委会。会议由政协主席严彬主持，会议传达学习习近平在指导兰考县委常委班子专题民主生活会上的讲话精神；审议通过《关于逐步取缔燃煤锅炉、科学选择替代方案的调研报告》和《关于集中消毒餐饮具安全卫生问题的调研报告》；研究部署《关于在全区政协委员中开展“五个一”活动的意见》。

【政协第八届委员会常务委员会第十一次会议】 12月4日，召开区政协八届十一次常委会，会议由政协主席严彬主持，区委常委、常务副区长于凤喜及有关部门负责人列席会议。会议听取区政府2014年为民办实事工作落实情况的报告、区政府关于政协八届三次会议提案办理情况的汇报；听取各委员活动组开展招商引资“五个一”活动情况汇报；分析探讨《关于发展高端旅游产业的调研报告》和《关于我区失地农民就业与社会保障问题的调研报告》；学习中共十八届四中全会公报、决定。

区政协主要工作

【协商议政】 八届三次会议期间，组织委员认真听取并讨论《政府工作报告》和其他报告，围绕全区经济社会发展的重大问题积极协商议政，通过小组讨论、提案、反映社情民意等形式，提交意见建议100余条，为区委、区政府科学决策提供重要参考。常委会会议围绕政府为民办实事、招商引资、高端旅游发展等重点工作，认真开展专题协商，所提出的意见建议得到区领导及有关部门的重视和采纳。各专委会、委员活动组紧密联系相关部门，先后就民营经济发展、乡村旅游业发展、休闲体育产业发展等多项工作，深入开展对口协商和界别协商，促进有关问题的解决和落实。

【民主监督】 围绕人民群众普遍关注的热点、难点问题，运用提案、调研、视察等形式，积极开展咨政监督活动。八届三次会议以来，共收到委员提案91件，立案90件，确定重点提案3件。提案办理中，通过主席领衔督办、走访承办单位、召开专题座谈会、开展办理情况“回头看”等方式，最大限度地提高提案成果的转化率。截至年底，90件提案已全部答复完毕，提案反馈率、满意或基本满意率均达到100%。全年收集并向有关部门反映社情民意信息30余条。组织委员围绕近海海域环境治理、开发区企业发展、食品安全、社区矫正和法律援助等项工作进行监督视察，提出“加强环境治理，减少入海河流污染”“加强产学研联合，增强企业创新能力”“深化食品安全网格化监管，为百姓提供放心食品”等多项意见建议，部分已经被相关部门采纳并运用到实际工作之中。推荐政协委员担任政府职能部门的行风评议员和特邀监督员，定期参加各部门开展的执法执纪、调研、检查等活动，对基层单位、窗口行业的政风行风建设进行民主评议。多次组织委员旁听法院庭审，对有关法律、法规执行情况实施民主监督，促进公正司法。

【参政议政】 年内，先后就环境大气污染、民宿业发展、教育资源整合、道路交通安全、失地农民就业与社会保障等课题开展专题调研，形成一批较高质量的调研报告。其中《逐步取缔燃煤锅炉，科学选择替代方案》和《关于促进民宿业健康发展的思考》两份报告，得到市委常委、区委书记李学民的充分肯定，做出批示要求区政府及相关部门进行认真研议，推进工作落实。

【调研考察和经验交流】 4月19日，接待并参与了全国政协人口资源环境委员会副主任李成玉率领全国政协调研组到北戴河区，就“滩涂开发与保护”情况进行专题调研活动。4月20日，接待并参与了省政协副主席段惠军率领省政协重点课题组到北戴河区就“全市健康养老产业如何承接京津冀协同发展新格局”进行调研活动。4月27–29日，参加晋冀鲁豫县级政协工作经验交流会第三十八次会议（河南新蔡县），围绕“发挥委员优势，大力招商引资，助推县域经济发展”议题进行深入交流和探讨。9月11日，接待并参与了全国徐福文化与传承研讨会与会人员到北戴河区参观调研活动，来自全国各地的40余名专家学者就秦行宫遗址的保护和利用提出意见和建议。26–28日，参加晋冀鲁豫县级政协工作经验交流会第三十九次会议（山西黎城县），围绕“加强区域合作、推动旅游发展”议题进行了深入交流和探讨。

【党的群众路线教育实践活动】 根据市、区委统一部署，区政协党组和机关深入开展党的群众路线教育实践活动，聚焦形式主义、官僚主义、享乐主义和奢靡之风，先后组织开展蹲点调研、主题座谈会、“三堂会诊”、反向测评等一系列活动，通过群众提、自己找、上级点、互相帮、集体议等多种方式，查摆突出问题50余条，召开民主生活会认真开展批评与自我批评，狠抓45项整改落实、专项整治和制度建设任务，相关重要整改意见和规章制度已付诸实施，先后建立和完善《区政协调查视察工作规则》《区政协专委会工作制度》等多项规章制度。认真贯彻中共中央八项规定，规范各类会议和调研视察工作，做到节俭、高效、务实。严格执行公务接待标准，压减一般性公务支出等。

【政协委员变更】 政协八届七次常委会增补李振旭、祖述俭为政协委员，赵长吉和李强因工作调离辞去政协委员资格。截至2014年底共有委员115人，特邀列席委员5人。

区政协委员名单

（共120人，以姓氏笔画为序）

于志勇　卫丽敏（女）　马海明
王　东　王　芳（女，满族）
王　青　王　惠（女）　王文义
王文胜　王东升　王有奇
王树忠（蒙古族）王铁军（满族）
王鸿雁　王雅婷（女）　王朝满
王智华　王墨江　井赞泉　公晨艺
计春江　艾　琳（女）　卢玉平
卢洪文　田　宏（女）
田欣华（女）　田春来　白　鹤
冯树合　毕青春（满族）
师建国（满族）　朱　红（女）
朱晓东　刘　明　刘立辉
刘艳红（女）　刘艳柱　刘润秋
刘景平　刘锁华　刘渤江　严　彬
李　扬（女）　李　伟（满族）
李　伟　李　军　李文彬　李其滨
李宝明　李治国　李建春
李春兰（女）　李洋洋　李振旭
李霄霏　杨　宏　杨立更　杨仲秋
杨国兴　杨国栋　杨振久
杨静媛（女）　肖　敏（女）
吴庆红（女）　谷平海　宋汝位
张东海　张志强　张振江　张家祥
张海燕（女）　张寅生　张盘成
陈国刚　陈秋菊（女）　陈艳霞（女）
采蓉梅（女）　周学年　周维忠
郑国滨　孟香爽（女）　赵国祥
赵洪辉　逄忠利　姚占来（满族）
祖述俭　夏建军　顾　东　高志强
高丽杰（女，蒙古族）　高春华
高银山（满族）　郭　晨　郭一心
郭永广　郭红娟（女，满族）
郭路祥　姬献平（女）　黄　伟
曹晓军（满族）　曹瑞旺
崔　颖（女，满族）　崔兆文
崔国利　商洪林　梁军涛　蒋玉滨
蒋丽艳（女）　韩英山　韩英河
傅德礼　管　茁　滕运林
潘颖丽（女）　薛　伟
特邀列席委员
王　铁　冯　军　李　蘅（女，满族）
张秀兵　徐轶尊

（周　杨）

民主党派 · 工商联

民主党派

【中国国民党革命委员会北戴河区支部】 2014年，中国国民党革命委员会北戴河区支部（简称民革北戴河支部）有党员25人。其中副主任医师职称的4人、教授职称的2人。4月，顺利完成支部换届工作。主任委员：逄忠利，北戴河医院副主任医师；副主任委员：采蓉梅，女，北戴河二中高级教师。支部党员中有市政协特邀委员2人，区政协常委1人，区政协委员7人。支部为解决行动不便百姓看病难的问题，举行入户义诊活动。携带血压仪、心电图机等设备，对行动不便、癌症晚期患者上门服务，并建立了相关患者的病情就诊档案，定期回访；支部党员到牛头崖镇中心卫生院义诊。北戴河医院5名民革成员全部是临床科室学科带头人，在各自的专业领域有一定的建树。支部坚持每周到牛头崖镇中心卫生院义诊和专家诊疗。

【中国民主同盟北戴河区支部】 2014年，中国民主同盟北戴河支部（简称民盟北戴河支部）有盟员22人，新入盟1人。其中，副主任医师职称的4人，主任医师1人，高级工程师1人。主任委员：刘润秋，北戴河二中高级教师；副主任委员：吴庆红，女，北戴河医院儿科主任，副主任医师；宣传委员：韩英河，供职北戴河专家休养所；组织委员：杨力伟，北戴河国税局开发区分局副局长。支部盟员中市政协委员1人，区政协常委1人，区政协委员2人。在岗盟员除在本职工作中尽职尽责外，还在社会中担当一些职务，如盟员韩英河担任北戴河区书法家协会主席，盟员徐占明担任北戴河区美术家协会主席，他们组织协会会员参加各种公益活动。2014年完成支部换届工作，支部中的市、区政协委员上交市级提案1份，区级提案5份，全部立案。支部牵头完成关于北戴河区《整合教育资源，促进教育事业发展的思考》调研报告。

【中国民主建国会北戴河区总支委员会】 2014年，中国民主建国会北戴河区总支委员会（简称民建北戴河总支委员会）有会员29人。主任委员：周学年，北戴河区政协委员工作委主任；副主任委员：李新，供职秦皇岛保险公司；潘颖利，女，供职东方爱婴早教中心。会员中市政协委员1人，区人大常委1人，区政协常委1人，区政协委员5人。组织会员学习中共十八大及十八届四中全会精神；支部组织会员进行体检；向民建市委提交社情民意50余份，提案15篇；会员王久龄获得市社情民意先进个人，周学年获得市提案工作先进个人，王久龄、王超、肖玉恩获得市民建优秀会员称号。

【中国民主促进会北戴河区工作委员会】 2014年，中国民主促进会北戴河区工作委员会（简称民进北戴河工委）分为两个支部，有会员35人，年内新入会1人。工委主任委员：李伟，秦皇岛广播电视大学北戴河分校校长；工委副主任委员兼第一支部主任委员：郭晨，秦皇岛广播电视大学北戴河分校教务主任。第二支部主任委员：冯树合，北戴河区联峰山公园管理处副主任。会员中市政协委员1人，区人大代表1人，区政协常委1人，区政协委员4人。工委定期召开提案、信息研讨会，就社会热点问题进行讨论、研究，并集思广益，深入调查，形成有价值的议案、提案。2月，工委主任委员李伟和一支部主任委员郭晨联合区委统战部、北戴河明慧公司到区环保局调研区属燃煤小锅炉污染问题。4－5月，协同北戴河区政协“取缔燃煤锅炉 科学选择替代方案”调研课题组，就解决环境空气污染问题，到区环保局、热力公司、燃气公司、市热力公司、市燃气公司、陆庄村委会和部分村民家里进行走访、调研，形成了一系列的调研报告。

【中国农工民主党北戴河区支委会】 2014年，中国农工民主党北戴河支委会（简称农工党北戴河支委会）有党员12人，新入党1人。党员中有主任医师职称2人，副主任医师职称4人。支委会主任委员：王晓臣，北戴河区医院医保科主任；副主任委员：李春风，女，国家电网公司北戴河疗养院内科主任。党员中有区人大代表1人，区政协常委1人，区政协委员1人。支委会组织党员认真学习中共十八届三中、四中全会文件精神。定期组织全体党员学习统战工作会议精神，传达农工民主党市委会议精神。支委会被农工民主党市委评选为基层先进支部，7名党员被评为优秀党员。1月，邀请山海关支部、市直一支部主委，介绍基层支部工作经验，取长补短；6月，会同市医院支部、市中医院支部到北戴河新区团林东村进行义诊；11月，参加农工民主党市委组织的调研小组到福建省三明市对公立医院改革进行深入调研，了解三保合一的益处并形成调研报告。支委会关心党员生活，在党员患病或家中有事时，给予关心、帮助，每年为离退休老党员订阅健康杂志。

【九三学社北戴河区支社】 2014年，九三学社北戴河区支社（简称九三北戴河支社）有社员24人，新发展社员2人，有高级工程师职称的9人，副主任医师职称的2人。主任委员：张志强，北戴河区工程质量监督站站长；副主任委员：蒋玉斌，北戴河冰都工贸有限公司总经理；张东明，女，秦皇岛职业技术学院外事办副主任。社员付红为九三市委委员。社员中有市政协委员3人，区政协常委1人，区政协委员3人。9月，为加强学社的组织工作，九三学社市委对专门委员会进行调整，付红任妇女工作委员会主任，张东明任教科文委员会主任。3月，秦皇岛市政协十二届二次全会，支社3名市政协委员分别就市人民群众普遍关心的热点和难点问题写了政协提案。支社主委张志强与市骨科医院陈小方共同提交的《关于加强住宅小区消防安全的建议》，作为《秦皇岛晚报》刊登的市政协委员提案之一，被采访报道。支社社员、中粮集团华夏葡萄酒有限公司总工程师严斌撰写的《关于保护酿酒葡萄种植业，促进红葡萄酒产业健康发展的建议》，被市政协财经委员会列为重点督办的提案。支社社员还积极参加九三学社市委参政议政课题调研，结合本职工作，社员张东明撰写了《创建高职软件示范园区，加快培养软件与服务外包人才》的调研报告，社员马莉撰写了《秦皇岛市突出优先领域，大力发展文化产业的建议》。支社4名区政协委员积极参加区政协所在小组的“五个一”活动，捐款捐物，参加帮扶和慰问困难户等活动。蒋玉斌春节为困难户捐款1000元，六一儿童节为区小学捐款1000元。8月，九三学社河北省委在北戴河召开老年社员座谈会。北戴河支社为离退休的老年社员订阅了《益寿文摘合订本》《生活文摘报》。

（宁　萌）

北戴河区工商业联合会

【概况】 2014年，北戴河区工商业联合会有会员286人，其中，非公有制经济代表人士137人，基层组织2个。年内，发展会员11人。北戴河区工商联充分发挥党委、政府与民营经济人士的桥梁和纽带作用，针对个体私营经济发展中面临的困难，深入调查研究，广泛听取广大会员的意见、建议和诉求。千方百计解决民营企业融资难问题，组织企业参加银企对接活动，协调区内小额贷款机构，加大对创业企业的贷款额度。引导会员企业积极参加招商活动。加强工商联网站建设，宣传民营企业家的优秀事迹，发布生产、经营、招聘、产品等信息。

【参政议政】 区工商联积极引导非公经济人士关心社会事务，关注区域经济发展，认真做好调研成果的转化工作。区政协聘任部分民营企业家在区政协任有关职务，充分发挥工商联在区政协工作中的参政议政主渠道作用；对区委、政府研究制定的有关发展非公有制经济的政策、措施，提出建设性意见；对区招商引资、企业改制、城市建设等进行专题调研，通过走访、召开座谈会和发放调查问卷等方式，听取广大会员的意见、建议和诉求，帮助会员协调解决实际困难；引导会员中的人大代表、政协委员共同撰写政协提案和人大代表建议。

【光彩事业】 组织会员参加“帮扶”活动，元旦、春节期间，工商联组织部分民营企业家到西山街道和蔡各庄村开展走访慰问活动，到5户低保困难户家中慰问，并送上米、面、油等生活用品以及慰问金，价值1万余元。六一儿童节，组织区民营企业家代表，联合团区委，到北戴河区蔡各庄小学、北戴河区西山小学开展慰问活动，送去价值近5000元的学习用品。八一建军节之前，组织民营企业家到河北武警总队第三支队对广大武警官兵进行节日慰问，送去肉、蛋、蔬菜、饮料等价值近万元的慰问品。

【联谊工作】 加强区域间工商联的联系，建立友好商会，坚持与外地工商联加强联系，拓宽思路，为非公经济发展创造新的发展空间和有利条件。利用暑期各种资源和优势，围绕培育新的经济增长点，拓展非公经济发展领域，组织非公经济人士参加商贸洽谈会，学习外地招商引资、小商品经济发展的新模式、高起点规划和城市建设等先进经验，为非公企业发展提供宝贵的借鉴。

（郑铁桥）

人民团体

北戴河区总工会

【概况】 2014年，全区基层工会328家，新建工会组织3家；工会会员17347人，新增会员232人。工会工作以省总工会十二大“凝心聚力抓大事、抓善事、抓要事、抓有影响的事”的要求为统领，开展党的群众路线教育实践活动，落实中共中央“八项规定”，做好基层组织建设、职工建功立业活动、协调稳定劳动关系和服务职工等重点工作，维护职工队伍稳定，增强服务意识，发挥职能作用，工会各项工作取得新进展。在各级报刊、媒体发表信息，其中，国家级刊发3篇、省级8篇、市级8篇，在各级网站、电视台报道新闻30余件次。

5月21日，河北电视台新闻联播以“北戴河帮帮团洒下幸福雨”为题，在“培育和践行社会主义核心价值观”专题中播出区总工会创新实施的“幸福雨”帮扶项目。8月23日，《河北工人报》在头版头条，以《秦皇岛市北戴河区总工会整合资源，谋求合作共赢——工会巧“借力”、工作更“给力”》为题对相关工作进行了报道，“劳动者驿站”服务项目在省市电视台播出。选送的歌曲《我的民工兄弟》获得全省职工文艺汇演征集节目二等奖、第十一届河北省五个一工程歌曲奖。区总工会被评为河北省志愿服务工作先进单位，“幸福帮帮团”被评为河北省优秀志愿服务品牌。区总工会被市总工会评为工会工作先进单位。

【帮扶解困】 开展四季服务品牌活动。做好“送温暖工程”，新年、春节期间，区主要领导走访慰问部分特困职工；举行送温暖物资集中发放仪式，现场为91户困难职工发放粮油、慰问金共计9万余元。暑期，集中为困难职工发放救助金6万余元；先后为10个重点部位值勤点准备药品和雨伞，为部分窗口行业和劳动密集型企业准备水、饮料和毛巾等近2万元的慰问品。开展金秋助学活动，建立困难职工子女全程救助机制，发放助学金1万元。开展“送岗位”工作，职工服务中心共提供求职岗位78个，为53人次提供职业介绍。开展大病医疗互助工作，全区参与第三期大病医疗互助职工5352人，收到互助金26.76万元；累计发放大病医疗互助金9.5万元。创新实施“幸福雨”项目。按月为特困职工发放生活补贴；成立“帮帮门店”“帮帮车队”和困难职工体检中心；设立“劳动者驿站”；开展困难职工粮油直供活动。引导企业参与帮扶，集发公司已连续20年参与帮扶结对活动，两节期间为30户困难职工分别发放油、蔬菜和慰问金价值1.50万元，同时出资近5000元为其征订《秦皇岛晚报》。

【开展劳动竞赛】 开展以“凝心聚力促发展、建成小康当先锋”为主题的劳动竞赛活动，从全区实际出发，把服务旅游、服务暑期作为劳动竞赛专项内容。暑期前，联合区旅游局开展旅游行业精细化服务及民宿行业从业人员培训，聘请专业教师、资深顾问，重点培训北戴河概况、服务制胜理念、接待服务礼仪、专项服务技能等，提升职工队伍素质。广泛开展“创建学习型组织，争做知识型职工”，创建“职工之家”“工人先锋号”等活动，激励广大职工在经济建设中更好地发挥主力军作用。

【促进劳动关系和谐稳定】 开展工资集体协商工作。制定区《工资集体协商实施方案》。年内，66家（25人以上）企业单独签订工资集体合同，75家（25人以下）企业签订区域性、行业性工资集体合同。建立劳动关系和谐企业30家。建立健全与人社、司法、法院、信访部门维权维稳工作联络员制度，建立“沟通对话”机制和劳动关系矛盾“四色预警”机制，广泛征求、及时掌握职工的意见、建议和诉求，预防劳动关系矛盾发生。完善劳动关系三方协商机制，帮助、指导基层工会与企业依法建立平等协商和集体合同制度。推进“双亮双树”、群众工作室和企业职工生活后勤保障“四提升”建设，形成职工队伍稳定、劳资共赢的和谐局面。建立流动职工书屋。6月，区总工会结合党的群众路线教育实践活动，在兰德科技公司、北运出租车公司建立“职工书屋”，专门购买书橱，配置图书杂志1000余本。聘请专职律师为职工提供法律咨询和法律援助。全年接待来电来访7人次，全部得到妥善处理。开展普法宣传，发放《职工维权读本》《中华人民共和国劳动合同法》（以下简称《劳动合同法》）等宣传资料500份。建立劳动保护监督检查组织106家，工会小组劳动保护检查员355人。开展“安康杯”竞赛活动和安全生产知识培训，发放知识答题500份。做好劳模管理。定期走访慰问劳模。组织市级以上劳模进行健康体检，为其订阅《河北工人报》。把生活困难的劳模纳入困难职工帮扶体系及时给予救助。

【职工活动】 4月，区总工会结合党的群众路线教育实践活动和社会主义核心价值观建设，以“为家乡发展出力，让劳模精神闪光”为主题，举办“中国梦·劳模行”系列活动。5月，北戴河区困难职工体检中心在中国煤矿工人北戴河疗养院挂牌成立，为92名困难职工提供免费体检、优惠医疗、便民服务等帮扶项目。

（王会恩）

共青团北戴河区委员会

【概况】 2014年，全区共有直属团组织28个，团员3800人，团干部115名。农村团组织建团率100%，国办学校建团率100%。北戴河团区委落实区委和团市委的工作要求，围绕“梦、助、基、业”四大工程，找准定位、强化服务、突出重点、狠抓落实，提高青少年的思想道德素质，深化党建带团建工作，加强团的基层组织建设，共青团事业得到稳步健康发展。中建五局秦皇岛片区团支部被评为省级青年文明号集体；秦皇岛龙聚森食品有限公司团支部获得省级“五四”红旗团支部、岳亮获得第八届“河北省农村青年致富带头人”、单忠诚等5人获得第二届“秦皇岛市农村好青年”、李栋等2人获市级“新长征突击手”、陈媛媛等3人被评为秦皇岛市优秀共青团干部、陈欣等5人被评为秦皇岛市优秀共青团员、北戴河医院获得“秦皇岛市优秀青年志愿服务集体”称号。

【共青团北戴河区第七次代表大会】 5月4日，在区党政机关综合办公楼三楼会议厅，召开共青团北戴河区第七次代表大会，来自各条战线的110名团员青年代表参加会议。会议听取了李佳代表共青团北戴河区第六届委员会所作的《工作报告》，会议审议和通过了《关于共青团北戴河区第六届委员会工作报告决议》。团市委书记袁会民代表共青团秦皇岛市委向大会的召开表示祝贺。市委常委、区委书记李学民到会发表重要讲话，对全区青年提出希望和要求。

会议选举产生共青团第七届委员会委员15人：（以姓氏笔画为序）

申　磊　刘健楠（女）
李　佳（女，蒙古族）　李　姣（女）
李雅娜（女）　宋月明（女）

张　贺　　　　张　婷（女）
张　瑶（女）　张紫薇（女）
陈　欣（女）　陈　玲（女）
金　戈　胡鹤潼（女）　韩　超

选举产生候补委员6人：

田　怡（女，满族）　任苗洁（女）
杨　悦（女）　岳　亮　揣　静（女）
鲍　娜（女）

召开区团委第七届一次全体委员会议，选举产生新一届委员会组成人员7人：

刘健楠（女）　李　佳（女，蒙古族）
宋月明（女）　张　婷（女）
陈　玲（女）　金　戈
胡鹤潼（女）

李佳当选为书记，张婷当选为副书记。

区领导刘学彬、王志新、王玉海、严彬、卢彦昌、单慧英、张杰、周向东、姚飞、赵启伟、张军生、卢洪文出席会议。

【组织建设】 加强团的基层组织建设　坚持党建带团建，巩固乡镇实体化"大团委"建设成果，拓展乡镇直属团组织工作内容，提升基层团组织服务能力。加强对青年文明号的管理考核，推行结对共创，激发先进性、示范性和服务性。加强团的队伍建设，开展教育培训，强化团员意识教育和团干部党性锻炼。启动"北戴河共青团调研月"活动，开展"走进青年——团干部恳谈日"等活动，组织共青团员、青联委员、团干部等进行广泛的交流。团区委2名干部确定海滨镇陆庄村和西山街道英才社区为联系点开展蹲点调研，对陆庄村留守儿童的信息情况、旅游市场情况、英才社区志愿服务、文化活动、服务居民情况进行了解，形成蹲点调研报告2篇。

提高团干部整体素质　结合党的群众路线教育实践活动，组织团干部采取多种方式认真学习，对《论群众路线——重要论述选编》《厉行节约反对浪费——重要论述摘编》《党的群众路线教育实践活动学习资料汇编》等进行重点辅导学习，组织观看《周恩来的四个昼夜》等影视，撰写学习笔记、学习心得。组织机关、镇街、企业、教师、大学生村官等各行业优秀青年代表参加秦皇岛市"学习贯彻总书记习近平系列重要讲话精神"青年交流读书班，聆听专题辅导讲座，分享青春经历和感悟，开展"奋斗的青春最美丽"大讨论活动。

开展多样的实践活动　团区委开展"学雷锋、传美德、志愿服务在行动""红领巾相约中国梦·雷锋精神伴我成长""秦皇岛青年风尚人物"评选、助力农村面貌改造提升行动、义务植树、清理公交站亭志愿服务等主题活动。在"一融三同"活动中，团区委积极谋划，主动作为，与企业和农村青年同学习、同劳动、同生活一周时间，体验、了解青年学习、工作、生活的实际状况和思想动态。

【思想政治工作】 开展培树社会主义核心价值观活动。在北戴河车站、西坨头村等地绘制中国梦、社会主义核心价值观等内容的文化墙1500平方米。"五四"前夕，组织优秀基层青年代表拍摄"实现中国梦，青年正当时"主题宣传短片，在北戴河电视台黄金时段滚动播出。在全区各基层团组织单位、青年示范岗和青年标兵门店、民宿经营户张贴印制有北戴河特色社会主义核心价值观宣传画2000套。参与编印《图说我们的价值观》连环画，并向全区团员青年、学生和广大游客免费赠阅。协助区委开展"为北戴河添光彩先进个人"、美德少年、青年岗位能手、农村好青年等系列评选活动，并对其事迹进行广泛宣传。在全区青年商户中开展"共青团示范岗"创建活动，在石塘路市场、驼峰路市场、红石路市场的青年商户中成立流动团支部组织3个，并为青年团员商户挂牌授旗；开展"孝道基地"志愿者活动，组织青年志愿者为老人义务清理环境卫生、表演节目。

【学校团队工作】 11月19日，在北戴河团区委的统一组织和筹划下，实验小学开展红领巾践行社会主义核心价值观系列活动“孝行天下，我爱妈妈”。在老师的带领下，少先队员们表演了精心编排的文艺节目，同时，全体少先队员起立向妈妈敬礼并宣誓。共有来自全区各单位4000余人参加活动，使中华传统美德“孝道”得到继承和发扬。蔡各庄小学的红领巾践行社会主义核心价值观主题队课作为样板课在全国少先队辅导员培训班上进行展示。

与区教育局开展“美德少年”“雏鹰争章”评选表彰活动，在中小学深入开展“红领巾相约中国梦”主题教育实践活动。利用媒体引导青年，全年共利用微博、微信、Q群等发布青少年关注的热点话题及全区共青团工作的最新信息300余条，听众900余人。

【志愿服务工作】 设立暑期青年志愿服务指挥分中心，开通服务热线；组成“港城先锋、红色义工”青年志愿者服务小分队；在中小学生中开展“平安出行文明礼让”交通小卫士活动，对游客进行文明交通义务劝导、文明旅游宣传、海蜇蜇伤自救等活动，这一活动已经连续坚持15年；在车站、交通路口、景区附近的青年商户中开展“爱心驿站”活动。累计完成各类咨询服务580人次，治理违规招手揽客70余次。

组织区内青年文明号集体与农村面貌改造提升重点村进行对接，青年文明号集体分别利用自己的职业特长，先后为草厂村、大薄荷寨村、蔡各庄村等村村民提供免费体检、环境卫生整治、建设农家书屋、道路硬化等服务。组织“绿色行青年志愿者”服务队，种植“青年林”，先后3次在西部快速路慕义寨路段、108路边、崔各庄环岛附近植树6000余棵。

组织青年志愿者参与北戴河运动之春第十届轮滑节、河北省铁人三项赛现场服务工作。12月4日，青年志愿者团队“幸福方队”300名青年志愿者参加了北戴河区“12·4”国家宪法日暨全国法制宣传日宣誓活动。

【青工青农工作】 服务青年成长成才，助力青年创业，团区委继续开展“贷动青春”青年小额贷款邮储项目，为广大青年自主创业提供资金扶持。建立青年就业创业见习短期实践基地，为15名高校毕业生提供就业岗位，为30余名在校青年提供暑期见习岗位。组织带领团员青年参加2014年全国科技创新成果北戴河专题展。9月19日，团区委举办主题为“传递爱心·邂逅爱情”的青年联谊活动，全区单身男女青年100余人参加联谊活动。

【青年文明号】 开展“青年文明号网络倡文明”活动，各文明号结合岗位实践进行公开承诺。在各直属团组织中开展“用行动践行三个坚持——奋斗的青春最美丽”主题演讲比赛，在医疗卫生支部中开展“青年护士技能比武大赛”；在开发区团工委开展“岗位能手创新竞赛”；刘庄村村官李树玲、城管局干部单虎等作为青年代表，在全区“中国梦”宣讲活动发挥着主力军作用；北戴河医院优秀共青团员王春雨作为全市三名参赛选手之一，参加团中央办公厅举办的“奉献的青春最美丽”主题演讲比赛，取得优异成绩。

【希望工程】 组织青年志愿者代表到秦皇岛市光明之家爱心孤儿院开展“爱心在你我手中传递”活动，为孤儿院的孩子们送去生活必需品，并捐赠爱心捐款5000余元。为7名2014年考入大学且家庭经济困难、品学兼优的高中毕业生争取希望工程助学金4.90万元。六一儿童节前夕，与区工商联企业家一起到2所农村小学，为孩子们送去价值近万元的图书、玩具、学习用品。暑期前，征集3000余册图书送给农村小学。年底，组织青年志愿者、青联等慰问失独家庭、残疾青少年、留守儿童等弱势群体，为他们送去慰问金、慰问品价值4万余元。

【青少年合法权益和维权工作】 2014年，北戴河团区委充分发挥预防青少年违法犯罪工作领导小组各成员单位的职能作用，不断完善工作机制，多次召开预防青少年违法犯罪领导小组办公室会议，研究新形势下预防青少年违法犯罪工作的新特点，制定切实有效的预防青少年违法犯罪的计划措施，深入细致地开展工作。加大普法宣传力度。始终把法制宣传放在预防青少年违法犯罪工作首要环节，多形式、多层次集中开展青少年法制宣传教育活动。

认真落实闲散青少年的管理、帮教工作措施。通过散发法律资料、小册子，建立宣传栏、利用赶集时机循环播放法律知识教育片等方式，营造青少年自觉学文化、学法律的良好氛围。向全区中小学生发放文明上网宣传手册；开展 “优秀青少年维权岗”“青少年法制学校”创建活动、“五四”普法活动、社区青少年远离毒品行动、“青春红丝带”艾滋病防治知识面对面宣传、失足青少年社区矫正等活动。

（王秀青）

北戴河区妇女联合会

【概况】 2014年，区妇联紧紧围绕区委、区政府的中心工作，结合党的群众路线教育实践活动，认真贯彻中共十八大精神，以联系妇女、服务妇女、维护妇女儿童合法权益为根本任务，谋求工作新思路、新举措，妇联工作取得了一定成效。区妇联被评为河北省维护妇女儿童权益先进集体，秦皇岛市三八红旗集体。谢李庄村、育花路社区、平安路社区被评为第五批省妇联基层组织建设示范村（社区），区实验小学被评为河北省三八红旗集体。

【组织建设】 4月3日，区委组织部、区妇联联合举办全区女干部专题讲座。邀请河北科技师范学院副教授、秦皇岛市心理咨询师协会专家丁书新教授做以“做智慧女人、享幸福人生”为主题的讲座。4月，与区委组织部联合下发《关于进一步做好全区农村发展女党员工作的实施意见》。区妇联还对全区农村中的女致富能手、女协会会员、妇女非党村委会成员、村妇代会主任、计生专干、外出务工优秀女青年、返乡女大中专毕业生及在各类活动中涌现出来的妇女骨干等八类优秀青年妇女情况进行初步摸底，不断创造机会，引导其参加各类以弘扬女性自尊、自信、自立、自强为主题的实践活动，为她们提供发挥作用的空间和舞台。

【维权工作】 3月，区妇联、区司法局在育花路社区妇女之家举办以“平等、平安、和谐、幸福”为主题的法律知识进社区活动；开展关注弱势群体，特困母亲及儿童慰问活动；三八维权周期间，区妇联开展维权周宣传活动，营造学法、守法的良好氛围；春节前夕，区妇联会同区领导，慰问特困母亲及儿童，为她们送去米面油、服装等生活用品和慰问金。12月3日，在党政综合办公楼二楼会议室举办区妇联干部、信访代理员培训。来自全区各镇（村）、街道（社区）及机关企事业单位妇女干部近50人参加培训活动。是年，区妇联共接待妇女群众来信来访16件，均给予协调解决。

【少儿工作】 区妇联与区教育局联合邀请《知心姐姐》杂志全国巡回报告团的姬丙英老师，在蔡各庄小学举办“关注孩子主动生活的能力”家庭教育报告会，200余名家长参加，会后姬丙英老师针对孩子教育、管理和成才方面的具体问题进行现场咨询和解答。开展“六一”庆祝表彰活动，团区委、区妇联、区教育局、区关心下一代工委办公室联合对全区评选出的好少年、好儿童、优秀家教工作者等各类先进进行命名表彰。六一儿童节前夕，到西古城村，为全区首个省级儿童之家挂牌，标志着北戴河区儿童之家建设正式启动，并为儿童之家购置积木、球、儿童音乐琴等玩具。中国好人、全国优秀志愿者未淑云非常关心儿童之家建设，六一儿童节前夕向西古城村儿童之家捐款1000元。

【美丽庭院创建工作】 区妇联立足旅游区农村面貌改造提升的大格局，向农村家庭下发《绿满戴河庭院、巾帼志愿先行倡议书》，调动农村广大妇女的积极性、主动性和创造性，全力打造特色“美丽庭院”。5月23日，北戴河区首家“美丽庭院”妇女讲习所在车站村正式开班。随后几个重点村的妇女讲习所也相继开班。区妇联成立北戴河区妇女讲习所讲师团，深入各村为妇女群众授课。为丁庄村妇女讲习所赠送电脑一台。印发6000份美丽庭院创建标准宣传单，随同各种宣传图册发放至各家庭。

先后有省市妇联领导对全区“美丽庭院”创建工作进行走访调研，全省创建“美丽庭院”第一次（沿海片区）观摩交流会在北戴河区召开。《中国妇女》杂志对此次交流观摩会进行了全程报道。同时以“‘绿’字引领，打造特色美丽庭院”为标题的“美丽庭院”创建做法在《中国妇女报》妇运前沿版刊登，并被“中国妇女网”“中华女性网”转载刊发，秦皇岛电视台在《秦皇岛新闻》专题报道北戴河区创建“美丽庭院”纪实。车站村侯旭家庭被推荐为河北省“美丽庭院”示范户。

【巾帼建功活动】 创建活动主题为“筑中国梦，献巾帼情”，通过授旗、定期检查、表彰等多种形式，促使流动岗真正发挥示范带动作用，成为暑期展示北戴河良好形象的窗口。三八妇女节期间，举办北戴河区庆三八巾帼创业明星表彰暨经验交流会，“十佳”巾帼创业明星受到表彰，会上，区妇联为与会者下发区妇联编辑的《巾帼创业风采录》。书中收录20名巾帼创业明星的精神世界、奋斗历程和累累硕果，激励更多的北戴河女性成就人生梦想，创造美好未来。

【“星级”文明家庭创建活动】 星级文明家庭创建活动是多年来开展的一项群众性精神文明创建活动，活动中涌现出来一批文明家庭户，体现出中华传统美德和良好社会风尚。三八妇女节期间，对全区评选出的10户星级文明家庭进行表彰。

【巾帼志愿服务】 落实《中国妇女发展纲要》，改善和维护妇女健康权益，区妇联、区卫生局、区计生局联合开展“母亲健康快车村村行”巾帼志愿服务活动。5月9日，北戴河区“母亲健康快车村村行”巾帼志愿服务活动启动仪式在妇幼保健站举行。母亲健康快车首站在丁庄村，健康检查内容包括肝胆脾双肾B超、乳腺透照、妇科疾病咨询等，这项活动将定期逐村进行志愿服务。现已完成5外行政村的妇女健康检查和健康宣传，计划到2016年底，实现25个行政村全覆盖。设立筑中国梦、献巾帼情“港城先锋·红色义工”巾帼志愿服务站。暑期，在石塘路市场入口处，设置巾帼志愿服务站，并将服务内容制作成易拉宝宣传公布，为游客提供便利。

【最美家庭评选】 在北戴河电视台和《北戴河时报》公布关于开展“最美家庭”评选活动的通知，将推选出来的“最美家庭”的事迹在电视台制作成专题片播放，在《北戴河时报》刊载，引导妇女和家庭在参与中接受道德教育、提升文明程度。东山街道育花路社区在“争创最美家庭、共享幸福生活”暨社区最美家庭评选活动中，向居民发出寻找最美家庭活动倡议书，来自社区的最美家庭候选人上台为大家讲述自己的家风小故事，社区老年表演队还为现场居民带来丰富的歌舞节目。

【预防出生缺陷工作】 婚检机构为婚检新人准备结婚纪念礼物——结婚证珍藏盒，免费送优生健康服务“礼包”。同时，区妇联和有关部门配合，利用维权周、法律宣传日等活动，将印有预防出生缺陷等宣传资料发放到妇女群众手中。区妇联还将预防出生缺陷的海报、笔记本、杯子等宣传品发放给相关单位和妇女群众。

（曾　媛）

北戴河区科学技术协会

【概况】 2014年，北戴河区科学技术协会（简称科协），有专业学会组织4个，会员4000余人，有专业合作社1个。科协落实《全民科学素质行动计划纲要》实施方案，开展科普宣传，发放科普资料、书刊；在青少年中开展科技教育活动，做好科普益民、惠农工作；区海悦心理学会开展心理健康课堂讲座；开展申报“中国科协社区普民计划”项目申报，并获得奖励。

【科普益民】 区科协根据全国“社区科普行动计划”项目要求，组织北戴河区西山街道平安路社区申报2014年“中国科协社区科普益民计划”项目并申报成功，获得奖励20万元。平安路社区建立了50延长米的科普宣传栏、60平方米的科普活动室、20平方米的科普阅览室，并形成一系列较有特色的社区科普活动。联合社区卫生服务站，开设“健康教育大课堂”，每月定期将心理健康、疾病防控、日常保健、卫生健康习惯、医疗咨询等纳入日常课程。全年以健康教育、计生、环保、消防、禁毒、暑期教育等为内容，组织科普培训、咨询、讲座、文艺演出、宣传等活动20余场次，接受群众咨询500人次。社区利用自身的结构资源，建立了室内科普橱窗，并利用各种主题活动日开展科普宣传活动。在居民中开展以“崇尚科学、关爱家庭、珍惜生命、反对邪教”为主题的科普教育活动。

开展9月18日全国科普日科普宣传活动，悬挂宣传条幅8条、展出科普展板20块，发放宣传资料2000余份，组织科普讲座2次，受益群众近千人。加强科普基础设施建设，市科协拨付“云科普”终端购买资金3万元，于3月底拨付到街道社区，进行购买安装，管理人员参加市科协组织的培训并建立科普网站。

【科普惠农】 *开展科技文化卫生三下乡活动* 5月15日，牵头协调区人社局、农牧局、园林局、计生局、文广新局、人民医院等医务技术人员30余人，到蔡各庄农贸集市组织开展科技文化卫生三下乡宣传活动。科技、农牧等部门提供农业科技及种养殖等方面的技术服务资料；司法部门组织法治宣传，提供法律咨询等服务；卫生、计生部门开展送医、送药、送诊上门等服务，满足不同村民的需求。发放宣传资料3000余份，科普图书1500余本，为群众提供咨询、就诊服务逾100人次。

科普惠农工作 在农业科普示范基地建设上，鼓励和支持两个农业大户分别成立“秦皇岛达亿蓝莓种植有限公司”和“北戴河吉多食用菌种植有限公司”两个创业实体。同时，支持两个公司分别建立了科普示范基地。蓝莓种植科普示范基地投资120万元，占地约0.67公顷，建7个温室大棚，采用微喷滴灌技术进行示范，引进蓝莓新品种苗木近4000棵。食用菌种植示范基地，已投资350万元，建有6个总面积600平方米的温室大棚，2个总面积2500平方米的反季节食用菌栽培厂房，1个面积为200平方米的平菇栽培地下室，1个总面积500平方米的冷库，1个设备齐全的食用菌实验室。

【青少年科技活动】 3月27日，在青少年活动中心举办主题为“拯救雾霾”的中小学生科学幻想画优秀作品征集大赛，有81名选手参赛。28日，在育花路小学举办“智慧城市”中小学生信息技术优秀作品征集大赛，包括电子报刊、电脑绘画、网页制作、幻灯片制作和电脑动画5个项目，有59名选手参加。3月28日和4月2日在实验小学举行北戴河区第十四届青少年科技节模型竞赛。竞赛包括橡筋动力直升机、空气动力船和空气动力圆周车3个项目，全区所有中小学校选出的59名中小学生参加了比赛。4月，与秦皇岛职业技术学院机电工程系合作共同开展“智尼斯”杯大学生科技文化节活动。7月，开展“科学影像节”活动。全区中小学围绕“节约能源资源、保护生态环境、保障安全健康、促进创新创造”工作主题，以“探究科学，放飞梦想”为主题，积极开展科学影像节活动，24名选手的“DV作品”参加评选。7−8月，开展“创新在我身边——2014年青少年科学调查体验”。10−11月，全区中小学、幼儿园81名选手参加2014年秦皇岛市“科普画家大比拼”青少年科幻画网络评选活动。

【协会工作】 开展心理健康课堂　2014年，海悦心理学会陆续开展心理健康课堂等一系列工作，先后为安居社区、东山社区、英才社区及平安路社区的党员干部和居民开展了“社区心理大讲堂”，并开设公益性的心理咨询，防治各种心理问题和心身疾病。全年开展了包括“心理成长与人际关系”“身体健康与情绪”“社会性别观念”“中学生学习动力与家庭关系”等20余种不同方面的科普公益心理健康讲座。

开展反对暴力知识讲座及网络讲座　2014年，海悦心理学会针对家庭暴力现象，以科普知识宣讲、热线咨询、个案辅导相结合的方式，对家庭暴力中的相关人员进行了心理辅导。全年共进行“暴力心理分析网络讲座”宣传21次；实地宣讲“反对暴力知识讲座”5次，参加人员包括区妇联干部、中学生、家长、社区工作人员。

（孙　洁）

北戴河区文学艺术联合会

【文化艺术活动】 春节期间，组织书法家为机关、社区、农村、部队送春联百余幅。两节期间组织音乐舞蹈家和民间艺术家到基层慰问演出30余场。2月，“北戴河民间文学艺术家协会”正式挂牌成立，“北戴河首届民间艺术节”开幕，展出艺术作品含国画、油画、书法、剪纸、雕塑、盆景、奇石、根雕、木雕等工艺美术品。5月初，召开北戴河区第二次文联代表大会，建立健全了一系列规章制度。5月21日，与区文广新局联合举办首届艺术写生与创作邀请展，河北农业大学艺术学院副院长一行170人，在北戴河进行为期2周的色彩写生，创作出一大批展现北戴河城市风光的作品。暑期期间开展了纪念《浪淘沙·北戴河》创作60周年系列活动和各类文化展览几十场。

【编辑出版工作】 暑期前编辑出版《北戴河新文艺作品集》，对1949−2014年65年来北戴河区的300余位艺术家的作品进行搜集整理，编印成册，共计印刷3000册，在全省尚属首例。编辑印刷《北戴河文艺》4期，每季度1期，发放到全区各阶层。

【获省级以上奖项作品】 2014年，全区文学艺术人员创作了大量的文学艺术作品，其中10余篇（幅）在省级以上媒体刊载发表和获奖。

2014年北戴河区各协会获奖作品一览表

表3

作者	作品名称	类别	奖项内容	举办单位
韩洪波	《挽歌》	漆画	入选2014年第十二届全国美展； 入选海峡漆画艺术大展精品展； 创作人物作品入选芭莎艺术	文化部、中国文联联合举办 中国美协、中国美术馆
李兴家	《兰花诗书画》	书画	作品获得2014年全国兰花诗书画专题大赛兰花艺术奖银奖，并被编入《中国兰花诗书画大典》； 荣获“金马踏春·第五届全国诗书画印四绝大赛”金马艺术奖书法一等奖	中国诗词文化研究所、中国生肖文化研究所、河南省古风诗书画院、诗词家编辑部
徐占明	绘画作品	绘画	荣获2014年中国梦·燕赵情——全省热大系统书法绘画摄影大赛绘画类三等奖； 作品入选首届河北美展	河北省人大常委会教科文卫工委； 河北省委宣传部、省文联
黄文耕		绘画	作品入选2014年首届中国画小品展作品集、“公仆杯”名家扇面展作品集、“大美不雕”学术研究展作品集、学术公益大展作品集	中国文联出版社、文化艺术出版社、宋庆龄基金会
朱艳燕	《九寨溪谷》	绘画	入选2014年首届河北美展	河北画院、河北美展
刘志明	《咏兰词》 《金刚经》	书法	荣获庆祝中国共产党成立93周年全省书画作品展优秀奖	河北省委宣传部、省文联
韩英河	《书法》	书法	入展2014年盐城秦皇岛书法作品展	江苏省盐城市文联、河北省秦皇岛市文联
任连义	《秧歌曲·满堂红》	唢呐秧歌	2006年荣获“河北省吹歌大王”称号；2006年在第七届中国民间文艺山花奖·民间艺术表演奖暨全国首届民间吹歌展演中被评为“全国吹歌大王”； 2007年在“中国民间民族歌舞精品展演”参演的《秧歌曲·满堂红》节目荣获金奖第一名； 2007年荣获中国民间文化杰出传承人称号； 2008年被命名为省级非物质文化遗产项目抚宁鼓吹乐代表性传承人； 2009年被评为河北省农村文化之星；2010年命名任连义为省级非物质文化遗产项目任家班唢呐代表性传承人	河北省民间文艺家协会、省音协、省民间文化遗产抢救工程办公室； 中国民间文艺家协会、全国首届民间吹歌展演组委会； 中国民间民族歌舞精品展演组委会； 中国文联、中国民间文艺家协会； 河北省文化厅； 河北省文化厅； 河北省文化厅

续表3

作者	作品名称	类别	奖项内容	举办单位
王俊峰	《我的农民工兄弟》	作曲	获得2014年全省职工文艺汇演征集节目二等奖、第十一届河北省五个一工程歌曲奖	河北省委宣传部
张光明	《烟雨云飞情深深》	作词	荣获2014年建国杯第四届全国大型音乐展演赛作词金奖	中国大众音乐家协会
张慧	《图写江山》	篆刻	入展2014年盐城秦皇岛书法作品展； 入选河北省第二届篆刻展	江苏省盐城市文联、河北省秦皇岛市文联联合举办
孙振彦	《七色海》	散文	获得2014年全国第六届冰心散文奖；入选《中国当代作家书画家代表文库》；发表于《烟台散文》2014年秋季号	中国当代作家书画家代表作文库；《烟台散文》编辑部
孙庆丰	《麻城，那些散落在岁月深处的灯盏》《郑开马拉松一个民族幸福的旅程》		作品《麻城，那些散落在岁月深处的灯盏》在"中国·麻城孝感乡"全国散文大赛荣获二等奖； 作品《郑开马拉松一个民族幸福的旅程》在2014中国郑开国际马拉松征文大赛中荣获二等奖	中国散文学会； 中国郑开国际马拉松赛组委会
戴红梅	《云深不知处》《一个季节的舞蹈》		作品《云深不知处》刊登在《散文百家》2014年第十期； 作品《一个季节的舞蹈》刊登在加拿大《大华商报》2014年11月15日	《散文百家》编辑部； 加拿大《大华商报》编辑部。

（李丹丹）

法治建设

政法及综治工作

【概况】 2014年，政法工作坚持抓班子、带队伍、促工作、上水平，以深入开展平安北戴河建设活动为抓手，强化反恐防暴群防群治工作，推进社会管理创新，有效解决安全稳定重点难点问题，抓点带面，固本强基，确保全区特别是暑期、中共十八届四中全会和北京APEC会议期间的社会稳定。年终全市平安建设综合考评中，被评为优秀县区，北戴河区国家安全领导办公室被国家安全部评为年度部批一级国安办，反恐防暴群防群治工作经验得到国务委员、公安部部长郭声琨，副部长刘延平，省委书记周本顺、省长张庆伟，省委常委、省政法委书记张越，省委常委、市委书记田向利的充分肯定。全市现场会在戴河镇西古城村召开，孟建柱在南京青奥会安保工作会议上推广北戴河区恐、暴分子“进不来、藏不住、干不成、跑不掉”的做法，郭声琨在杭州全国公安厅局长会议上对北戴河的这一做法予以肯定和推广。全年共发生各类刑事案件199起，比上年下降45.18%，八类主要案件发生14起，比上年下降22.22%，多发性侵财类案件发生168起，比上年下降47.99%，发案总数和万人发案率始终保持全市最低，群众安全感和对社会治安的满意度连续三年居于全省前列。

【社会治安综合治理】 区委、区政府把平安建设作为贯穿全年的政治任务。领导多次深入北戴河火车站、部分社区、农村、派出所以及复杂场所调研指导平安建设工作。区委召开专题议警会议，研究政法综治工作，增加平安建设工作经费。5月16日召开常委会议，专题研究反恐防暴群防群治工作，5月29日召开全区反恐防暴群防群治动员部署会议，区反恐领导小组、重点要害部位、基层镇街等94家单位负责人参加会议。成立以区委常委、政法委书记为组长，副区长、公安分局局长为副组长，包括公安分局等33家成员单位的反恐防暴群防群治领导小组，设立领导小组办公室，配备精干工作力量，全面推动反恐防暴群防群治工作深入开展。针对严峻的反恐防暴形势，结合北戴河暑期工作特点，制定出台《关于全面开展反恐防暴群防群治，确保北戴河平安稳定的实施方案》《关于完善内生稳定工作机制，建设平安和谐北戴河的意见》《2014年北戴河区视频资源整合实施方案》。制定夯实基层基础、动员依靠群众、创新工作机制等20项平安建设、反恐防暴工作举措，并明确各项举措的时间节点、完成时限和牵头、责任单位。区政府增加财政投入，全区用于群防群治和信息奖励经费达到570余万元。由各牵头部门分别组织综治维稳干部、宾馆、休疗养院、招待所、民宿业经营者、国家安全联络员、基层网格管理员4000余人参加业务培训。招聘“4050”下岗职工，组建185人的专职治安巡防队，承担夜间巡防、社区矫正、铁路护路、海边治噪和流动人口管理服务、基层网格管控等工作。暑期，老党员、退休老干部、治安积极分子8800余人参与社会治理管理，形成了专群结合、以网格化管控为平台的群防群治格局。全年各媒体刊发稿件474篇，其中，国家级媒体采用286篇，省部级媒体103篇，市级媒体85篇。14名见义勇为人员受到表彰奖励。

【维护社会稳定】 建立社会稳定风险评估工作机制，将群体性事件、安全生产事件、卫生安全事件、环境安全事件、公共安全事件纳入风险评估之列，定期开展矛盾纠纷排查调处，信访问题排查化解，把隐患化解在初始状态。将重点信访案件、重点上访人，特别是有过进京、赴省上访行为的重点上访人员作为稳控重点，采取人防技防相结合的方式，对重点人实行24小时监控和“五包一”责任制，做到情况明、不失控。在全区政法各部门开展“化解信访积案”专项行动。按照区联席办活动实施方案，全区政法各部门以解决问题为核心，以息诉罢访、化解矛盾为目标，使全区涉法涉诉信访案件逐年减少，上访苗头和隐患得到及时化解，重点人员全部落实稳控，真正从源头上预防和减少涉法涉诉信访问题的发生，为维护北戴河社会和谐稳定打下坚实的基础。强化责任，落实领导包案制度，对排查出的10个重点涉法涉诉案件重新进行梳理，逐案建档，逐案分析，逐人落实稳控措施和领导承包责任制。集中攻坚，重点解决信访突出问题。10件涉法涉诉信访案件，办结信访案件2件，导入司法程序中信访案件4件，正在化解过程中的信访案件4件。省群众路线教育实践活动督导组转来涉法涉诉信访案件6件，办结6件，办结率100%。

【队伍建设】 提升对政法干警的人身保障在专题议警会上将大要案准备金提升至50万元；建立政法干警因公负伤、牺牲人身保险制度，保险经费提高到5万元；设立政法干警互助基金，区财政每年拨付5万元作为基本金；建立关爱英烈家属长效机制，对政法英烈的子女实行助学制度，由政府资助完成学业；建立特困干警家庭帮扶机制；将全国人大、政协“两会”期间的铁路护路补助5万元纳入财政预算；设立司法救助基金，每年财政预算20万元，滚动使用并根据实际需要适时追加。

（杨青丽）

公安工作

【概况】 2014年，北戴河区公安分局下设16个科（室）、大队、6个派出所、17个警务室。公安工作以深入开展党的群众路线教育实践活动为统揽，以“三大建设”为推动，明确抓形式改进，防炒作，确保政治安全；抓基础工作，防隐患，确保警卫安全；抓治安管控，防极端，确保公共安全的中心目标。在严峻的反恐防暴形势下，确保了暑期警卫安保工作的绝对安全和社会治安秩序的持续稳定。全年共完成警卫勤务906次，动用警力26476人次，比上年上升2.10%和18.10%，确保109位警卫对象的绝对安全。“8·1”高峰单日完成警卫勤务35次，用警1839人次，用警量比上年上升28.80%。年内，全区刑事发案199起，比上年下降45.18%；暑期期间仅发刑事案件16起，比上年下降51.50%。抓获各类犯罪嫌疑人123人，其中网上在逃嫌疑人员57人；破获各类刑事案件119起，惩治团伙4个；成功破获“8 11”贩毒案，抓获涉毒贩毒的犯罪嫌疑人及上线4人，查获冰毒1620克及少量麻古。

【维护社会安全稳定】 以暴力恐怖分子“进不来、藏不住、干不成、跑不掉”为目标，精心构筑整体防控体系，积极发动群防群治力量，不断提升反恐应急处置能力。构筑“50+2”的武装巡逻防控体系。按照省委领导提出的暑期核心区反恐防暴“一分钟反应”要求，确定60个重点防范部位。在剑秋路沿线、北戴河火车站2个重点防控区和精心选定的区内50个执勤点位部署649名警力。开展“宣传+培训”的群防群治组织发动。暑期前，4000余份“群防群治反恐防范口袋书”和7000余份“警民联系直通卡”下发到全区各级、各类群防群治人员手中，大力营造群防群治、反恐防暴氛围。会同区委政法委、区“两办”、区暑办督导全区41处重点目标场所因地制宜的落实“人防、物防、技防、消防”和封闭管理服务型场所配备安检设备，可能发生驾车冲撞的部位设置阻车桩。确保全区22家反恐防暴重点目标单位和27家反恐防暴成员单位落实安全防范措施，并为其中有应急任务或参与一线处置的16家单位配备18部对讲机，不定时进行点名拉动，进一步细化协调联动机制。市委专门选定在西古城村组织召开全市反恐防暴现场会。采取“核查+跟控”的重点人员管控模式。联合区旅游局组织全区200余家休疗单位和50家旅行社在暑期前召开会议，明确接待单位主动配合公安机关做好重点游客管控的主体责任。实行“销售实名登记+重点商品禁售”的特殊商品管理措施。为防止不法分子就地取材实施违法犯罪活动，在明令全区11家加油站坚决杜绝擅自销售散装汽油、柴油，其他经营易制爆化学品的药店、诊所等场所实行销售实名登记的同时，重点强化刀具销售管理。联合区综治办下发《关于北戴河区暑期期间实行刀具禁售的通知》。

重点做好区内信访秩序的稳控。与各镇街、信访等有关单位沟通信息，确保本区信访秩序平稳。抓好前端信息预警、中端查控过滤、现场快速处置三个关键环节，妥善应对复杂的外来信访问题。暑期中，共处置涉及17个省市和地区外来访民131批328人次。指挥中心情报平台24小时值守，暑期间，接到全国涉暑重点人员到北戴河的信息2205条，经甄别发现以非访为目的的涉暑重点人员56名。在火车站及周边共查获外地访民48批101人次，占分局查控总量的33.20%。重点强化核心区的快速处置能力，及时发现、处置外地访民36批99人次，占分局查控总量的32.60%，行政拘留处罚非正常上访扰乱公共秩序人员4人。

（冯茹潇）

【社会治安管理】 2014年，配合完成市政府“智慧城市”199个高清视频监控点位，使全区视频监控点位达到620个。对居住在清真饭店、拉面馆周边区域的游客强化管控，在全区12家清真餐饮场所的出入口安装高清监控设备，并接入公安监控平台。分局、各派出所两级图控平台，全年利用视频监控发现、提供案件线索80条，直接破获刑事案件15起，查处治安案件55起，为民服务700余次。年内，共审批旅馆2298家，占全市旅馆业的56%，另有“日租房”423家。通过严格准入、规范审批、强化培训，全面提升行业管理水平。治安部门和各派出所重点对旅客信息登记上传工作进行督导，共查处不按规定登记旅客信息的旅馆、日租房393家，其中停业整顿73家。通过入住旅客信息触发情报预警，抓获网上在逃嫌疑人员14名，通过实地核查比对旅客信息抓获网上在逃嫌疑人员1名、其他犯罪嫌疑人3名；通过提供身份信息查询服务直接发现并抓获网上在逃嫌疑人员1名。暑期各宾馆、休疗养院、招待所溜门盗窃案件实现零发案。为严防出现食品安全领域的案件，食品医药安检大队主动约谈大型餐饮场所及团餐接待单位，不断加大食品生产、加工、销售企业、作坊的检查力度。共发现问题6件，全部移交有关职能部门进行及时查处，捣毁非法食品加工、销售窝点5处。通过开展“远离火灾‘消’暑一夏”等一系列主题宣传活动，积极向广大群众、游客讲解防火知识，发放《消防安全常识二十条》《夏季家庭防火常识》等宣传单及《秦皇岛消防温馨提示卡》5万余份。消防大队、各派出所采取联合检查、错时检查等形式，连续不断的组织开展火险隐患集中整治、“暑期夜查”等专项检查行动，发现整改火灾隐患3701处，预防区内发生造成重大人员伤亡、财产损失和有严重影响的火险事故。

【打击刑事犯罪】 全年共抓获各类犯罪嫌疑人123名，其中网上在逃嫌疑人员57人；破获各类刑事案件119起，惩治团伙4个。有力的遏制了各类案件发案势头，全区刑事发案199起，比上年下降45.20%，暑期期间仅发刑事案件16起，比上年下降51.50%。对各类违法犯罪活动始终保持高压态势，坚持“以打促防”

的思路，明确重点案件“露头就打”的态度，在暑期前和年底农村“两委”班子换届选举前，适时组织开展“暑前严打”和“在农村深化打黑除恶灭霸扫痞专项行动”。惩治1个在秦皇岛、唐山两地半年内疯狂作案11起的3人机动车盗窃团伙；暑期中发生的家惠超市门前涉车侵财案和“6·27”“6·28”“7·20”系列涉车侵财案，均在最短的时间内成功破获；分局与市局有关部门密切协作，成功破获“8·11”贩毒案，先后抓获涉嫌贩毒的犯罪嫌疑人及上线4人，查获冰毒近1620克及少量麻古，为分局有史以来破获的最大贩毒案。“11·20”北京军区北戴河疗养院7死1伤重大杀人案顺利侦破。情报部门通过警报预警、临控等手段抓获网上在逃嫌疑人员15人、违法嫌疑人11人。网安部门利用网侦手段自主摸排、提炼出有价值案件线索128条，配合办案单位梳理案件线索341条，共抓获犯罪嫌疑人29人，其中，网上在逃嫌疑人员16人，破获案件56起。暑期中，通过网络巡查发现外地网民贾××在秦皇岛市上网时多次浏览、检索、上传炸弹制作方法等暴恐内容，有极端倾向的重要线索。上报市局后，该人被海港警方以涉嫌传播犯罪方法刑事拘留。预审大队全年共受理案件38起，提请批准逮捕17起、28人，移送审查起诉28起45人。法制大队充分发挥执法监督职能作用，全年审核行政案103起，行政拘留105人；审核刑事拘留案件27起46人；审核取保候审案件26起41人；办理强制隔离戒毒13人；所有案件全部网上办理，所审案件程序合法，法律手续完备。全局全年零败诉、零判决无罪案件、零信访积案。

【交通秩序管理】 深入辖区休疗院所、企事业单位、学校、乡村、街道共计70余次，悬挂交通安全标语40余幅，宣传讲解交通法律法规。春运期间，将7家旅游客运公司、2个出租车协会作为工作重点，先后6次组织所属驾驶人学习、观看春运安全资料片，发放宣传材料。加大对酒后驾车、超员超载、农用车违法载人的治理力度，消除事故隐患，确保春运期间道路安全畅通。圆满完成“两会”、秦皇岛国际马拉松赛及春节文化庙会、“幸福北戴河”元宵节灯会等11项大型活动交通安保任务。

辖区内现有旅游客运车256辆。建立台账，详细掌握驾驶人交通违法记录和近3年交通事故情况，开展面对面、人盯人式的管理。6次召集辖区7家旅游客运企业法人及车辆驾驶人员交通安全教育活动。加强辖区中小学生交通安全管理，召开现有的14辆接送学生车辆、6辆校车驾驶人见面会，列举涉事故案例，提高驾驶员安全意识。落实《秦皇岛市人民政府关于加强农村道路交通安全管理工作的意见》《关于成立北戴河区成立道路交通安全委员会的通知》等文件精神。充分发挥交警部门在加强农村道路交通安全管理工作中的主力军作用，按照“全覆盖、零容忍、严执法、重实效”的原则，将执勤执法逐步向农村地区延伸。

2014年，已办理治理淘汰黄标车1142辆。查处各类交通违法行为10775起，其中包括酒后驾驶88起，涉牌涉证780起，对3643辆违法停放的机动车进行非现场抓拍、扣留机动车702辆次，行政拘留14人。全年交通事故接警2609起，处警2500起，事故4项指标与上年同比，起数上升29.60%、亡人数下降11%、伤人数下降42.50%、经济损失下降30.80%。交警五大队被河北省公安厅交通管理局评为“暑期安保工作先进集体”，13人被河北省公安厅交通管理局评为“暑期安保”先进个人；8人被秦皇岛市公安局记个人三等功，11人被秦皇岛市公安局嘉奖，18人被秦皇岛市公安局评为暑期工作先进个人；1人被北戴河区委、区政府评为“暑期安保”工作模范，6人被评为先进个人；大队被市公安局评为秦皇岛国际马拉松赛安全保卫工作和中共十八届四中全会、APEC会议安保工作先进集体。

（卢　陈）

检察工作

【概况】 2014年，北戴河区人民检察院坚持以“业务工作攻坚年”“纪律作风强化年”两项活动为抓手，紧紧围绕全区工作大局，忠实履行检察职能，各项工作取得新进展。全年受理审查各类案件161件378人。其中，批准逮捕案件45件61人，提起公诉案件63件89人，立案侦查贪污贿赂犯罪案件8件9人，渎职侵权犯罪案件3件5人，受理信访、举报42件214人。所有审查逮捕案件准确率为100%，无错诉、漏诉，无违法、超期和无无罪判决案。

【刑事检察】 全年受理审查批准逮捕案件45件61人，批准、决定逮捕42人；受理审查起诉案件80件107人，提起公诉63件89人。注重加强与公安、法院的密切配合，对重大敏感案件适时提前介入，引导侦查取证，对严重刑事犯罪依法快捕快诉，确保打击力度。

【贪污贿赂检察】 依托侦查一体化的优势,科学整合办案资源，突出办案重点，强化侦查措施，提高侦破能力。全年立案侦查发生在全市范围内的贪污贿赂犯罪案件8件9人，特别是马某某“2·13”专案的查处，为国家挽回经济损失1.2亿元。

【渎职侵权检察】 紧密结合本地实际，围绕民生领域渎职侵权犯罪易发多发部位，着力查办危害民生民利的渎职侵权犯罪案件。全年初查渎职犯罪案件线索3件5人，移送起诉9件12人。

【预防职务犯罪】 结合执法办案，进一步强化犯罪分析、预防咨询、预防建议和深入执法职能部门进行犯罪预防教育等工作，努力从源头遏制和减少职务犯罪，撰写《2013年惩治和预防职务犯罪工作年度报告》。

【诉讼监督】 贯彻落实修改后的《刑事诉讼法》《民事诉讼法》，全面加强对立案、侦查、审判、执行等诉讼活动的监督。加强刑事诉讼监督，全年立案监督4件，撤案监督3件，纠正违法4件，纠正漏捕2人，发出检察建议4份，抗诉2件2人，发回重审1件1人。严格做好监外监管的监督工作，发出纠正意见10件，特别是在刑罚执行监督中，率先研发出“社区矫正信息监督系统”，与区法院、公安分局、司法局及所辖司法所等单位联网，做到信息互通、动态监督和资源共享，提高工作效率和监督实效；在“减刑、假释、暂予监外执行专项检查活动”中，初查一起涉嫌职务犯罪线索。加强民事和行政诉讼监督，全年受理市院交办民事案件6件、转办1件，向法院发出改进工作检察建议3份。

【控告申诉检察】 积极参与“平安北戴河”建设，认真落实检察环节的综合治理措施，并能够结合执法办案及时向党委、政府提出加强社会管理和防范违法犯罪的检察建议。在全院实行大信访工作机制，以化解矛盾维护稳定为出发点，不断加强和改进控告申诉检察工作，畅通信访渠道，为群众解决合理诉求。全年共受理来信来访28件次200余人，受理举报线索14件14人，化解上访积案1起，对受理的信访和举报案件，快速、准确处理，给来访群众满意答复。

【为农村改革发展服务】 3月7日，组成检察官服务队在崔各庄村开展以“法律温暖、家庭幸福”为主题的妇女维权宣传活动。邀请秦皇岛军工医院的医务人员为该村的妇女进行义诊。5月19日，与市检察院20名干警到北戴河区蔡各庄大集开展涉农检察宣传活动，发放宣传手册100余份、法律宣传单200余张，解答群众法律咨询20余人次。6月17日，响应区委“五个一”文化产品进民宿活动，到对口联系点崔各庄村崔丽丽民宿进行帮扶。6月26日，检察长陈国栋到崔各庄村慰问基层老党员和生活困难党员。

【建立“检民联系点”】 6月20日，检察院驻育花路社区“检民联系点”正式启动运行。“检民联系点”是将检察服务融入基层社区网格化管理的首次尝试。检察院依托基层网格化社会服务工作平台，推进检务公开、接待群众来访、受理群众举报、化解涉检矛盾、开展法律宣传咨询。每周二、周四2名干警到岗办公。

（崔丽萍）

审判工作

【概况】 2014年，北戴河区人民法院围绕“让人民群众在每一个司法案件中都感受到公平正义”的目标，坚持司法为民、司法公正这条主线，落实司法改革的各项措施，深化司法公开，扎实推进队伍建设，各项工作取得新进展。全年共受理审判、执行等各类案件1080件，比上年上升21%，审（执）结778件，审限内结案率100%。其中受理刑事案件79件，比上年上升14.49%，审结61件，对86人做出有罪判决；受理商事纠纷228件，涉案标的4000余万元；受理民事案件528件；受理民审结行政诉讼案件10件；受理执结执行案件84件，执行标的881万元，没有超期审理和超期羁押的现象发生。

【刑事审判】 严厉打击“两抢一盗”、故意伤害和诈骗等侵犯人身和财产的犯罪行为，受理该类案件40件，判处罪犯53人，其中3人被判处10年以上有期徒刑。特别对暑期流窜实施盗窃的行为予以严惩，追回赃款近10万元。加大对职务犯罪的打击力度，共审结受贿、巨额财产来源不明、徇私枉法等职务类犯罪6件，对7人作出有罪判决，其中1人被判处10年以上有期徒刑。运用审判职能参加社会治安综合治理和社会管理创新工作，加大司法领域的人权保障力度，坚持惩罚犯罪与尊重、保障人权并重的宪法原则和宽严相济的刑事政策，对于一般性犯罪，尤其是未成年罪犯或具有自首、立功等情节的罪犯依法从轻或减轻处罚。依法对32名罪犯宣告缓刑，对犯罪情节轻微的11名罪犯免予刑事处罚，收到较好的审判效果和社会效果。

【民商事审判】 依法审结买卖、租赁、房地产开发等合同纠纷88件，规范市场交易秩序；审结借款合同纠纷78件，在审理民间借贷纠纷时，严格审查借款的真实性，严防虚假诉讼；审结建设工程合同纠纷21件，对违法分包、转包合同依法认定无效，有效维护建筑市场的正常管理秩序。坚持“调解优先，调判结合”的原则，民事案件调撤率超过60%。高度重视劳动争议及支付农民工劳务报酬案件，力促调解结案，并尽早争取将劳动者的工资、报酬履行到位。共审结劳动争议纠纷58件，标的额140余万元，有效维护弱势群体的合法权益。在审理婚姻家庭、继承案件过程中，既注重保护老人、妇女、儿童的合法权益，又力争将双方矛盾化解，共审结此类案件163件，其中调解结案59件，撤诉57件，最大限度促进家庭和睦、社会和谐。

【行政审判】 在审理行政案件时，认真履行司法审查职能，坚持保护行政相对人合法权益与监督支持行政机关依法行政并重原则，加强对涉及城市建设、社会治安、社会保障等行政案件的审理，提高行政审判效率，积极化解行政争议，有效保护行政相对人的合法权益，促进依法行政。受理非诉执行案件105件（其中95件为土地行政部门申请拆除农村承包地上违章建筑的案件），严格审查证据材料，对其中1件事实不清、证据不足的案件裁定不予执行。在审理行政案件的同时，对行政机关在决策和执法方面存在的问题和薄弱环节，认真分析问题产生的原因，提出具体可行的意见建议。

【执行工作】 以集中清理执行积案为契机，对所有未执结案件进行分类梳理。进一步强化执行联动机制建设，对50余名“老赖”下达拘留决定，已移交公安机关进行网上追查，增强法律的威慑力。注重柔性执法，加大执行和解工作力度，对抚养费、赡养费等案件主要采取执行和解的方式，督促当事人自动履行，全年执行和解和自动履行率达到65%。

【立案、信访工作】 升级打造诉讼服务大厅，将立案程序、诉讼费收费标准以及审判员、执行员的照片和办公电话在立案大厅上墙公示，杜绝“门难进、脸难看、事难办”的现象。建立信访联动机制，实行重要信访案件听证制度，主动与各级信访部门联系，确保信访信息渠道畅通。

【审判监督工作】 完善审判流程管理系统和信息化建设工作，所有案件按照要求从立案阶段起就将审判流程信息进行同步公开，电子卷宗同步生成。每个案件在审判流程公开后，当事人都会接到短信提醒，随时可以通过互联网查询案件进展情况，增加审判工作的透明度。对审判庭进行升级改造，全部安装高清数字法庭设备。至年底，北戴河区法院已在中国裁判文书网上公开生效裁判文书195篇，在河北法院司法公开平台上公开1852件案件的审判流程；在新浪、腾讯等网站开通北戴河法院官方微博；22件民商事案件在互联网上进行庭审直播，人民群众可以通过网络观看庭审直播和点播庭审视频。

【司法为民举措】 为方便群众缴纳诉讼费，对标的额不大、预交诉讼费在2000元以下的案件，当事人可以直接将诉讼费交到立案庭，由法院财务统一代缴，免去立案阶段当事人在法院和指定银行间的奔波。积极推进繁简分流、简案简审工作，简易程序适用率达70%，提高办案效率、减轻群众诉累。为困难当事人开辟诉讼绿色通道，全年共减、缓、免诉讼费近21万元,让经济困难的群众打得起官司。

【法院文化】 坚持司法宣传常态化，在全市两级法院首创的《莲花》月刊，全年发刊8期。加强和新闻媒体的联系，充分利用网站、微博等载体，大力宣传法院在服务大局、审判工作、司法为民、队伍建设等方面取得的新进展。全年编发信息57期、工作研究4期、统计分析1期。其中在国家级媒体刊发1篇、省级媒体刊发1篇、市级媒体刊发33篇、区级媒体刊发1篇。

【接受社会监督】 主动接受人大监督，贯彻执行人大常委会的决议和决定，定期向人大常委会作专项工作报告。认真配合人大开展调研和庭审观摩活动，积极邀请人大代表和政协委员旁听案件庭审、参与案件听证活动。注重发挥人民陪审员作用。全年人民陪审员参加案件审理190件，陪审率达85%。

（吴 静）

司法行政工作

【概况】 2014年，开展普法宣传活动20余场次，组织讲座15场，主题宣传活动6场；举办全区单位、村居普法骨干培训班，120余人参加；编印《星火》普法宣传月刊2.40万册，发放其他宣传材料10余万份，接待法律咨询5000余人次；排查化解各类民间矛盾纠纷730起，调解率100%，化解率95%以上，无民转刑案件发生；接收社区矫正人员20人，解除矫正16人；接收刑释人员4人，并进行妥善安置；办理法律援助案件110件，接听热线电话700余次，接待咨询500余人次；办理各类司法鉴定案件35件，办结率100%；办理各类公证事项605件，解答法律咨询760余人次。

2014年，戴河镇车站村被推荐为全国民主法治示范村，北戴河区法治宣传教育领导小组办公室被全国普法办授予全国先进普法办称号，北戴河区被河北省委宣传部、河北省法制宣传教育领导小组办公室授予“河北省六五普法中期先进县（市、区）”称号，北戴河区司法局被秦皇岛市司法局评为2014

年度全市司法行政工作先进集体。

【法治宣传教育】 制发《2014年北戴河区法治宣传教育工作要点》《全区干部法律知识考试实施方案》等文件，进一步规范普法依法治理工作，加强对普法工作的日常督促和指导。整合“十户法治宣传员”和“法律明白人”“星火普法户”。发展“十户法制宣传员”3000人。完善村（居）法治宣传服务站，利用法治宣传栏、法律图书角、报刊以及广播等形式开展宣传。设立“律师接待室”，由社区的法律顾问负责接待居民的日常咨询。3月13日，区司法局与区食安办、质监局等多家单位，在家惠超市门前举行以“新消法、新权益、新责任”为主题的消费者权益日宣传活动，发放宣传资料3000余份，解答咨询100余人次，受理消费者投诉3起。3月14日，区司法局与区妇联和海滨律师事务所深入育花路社区，开展以“维护妇女权益，创建和谐家庭”为主题的法治讲座，100余名居民参加活动。组织开展“12·4”国家宪法日系列法治宣传活动，组织全区1500余名区直各机关单位、驻区单位、驻区部队官兵和社会各界人士向宪法宣誓仪式，在三角地广场开展大型法治宣传教育活动，摆放展板98块，设置咨询台50个，发放宣传资料5万余份，接待群众咨询200余人。在全区中小学开展“宪法进课堂”活动。全年司法局共开展法治讲座15场，组织主题宣传活动6场，发放各种宣传资料10万余份。编印自办刊物《星火》普法月刊2.40万册。贯彻落实《北戴河区关于在全区公民中开展法治宣传教育的第六个五年规划（2011－2015年）》，编印《北戴河区“六五”普法法治宣传漫画》1万册。74家单位3200余名一般干部参加法律知识考试。

【人民调解】 完善基层调解组织。强化以镇（街道）调委会为骨干、村居调委会为基础、行业性调委会为补充的基层人民调解组织体系。全区有基层人民调解委员会46个，专兼职人民调解员1962名（包括10户调解员）。建立健全行业性调解组织。根据人民调解工作的需要，积极协调旅游局等部门，成立北戴河区旅游纠纷人民调解委员会，成功调解各类纠纷26起。指导环境保护、劳动社保等领域，建立本行业的人民调解委员会。开展“平安港城”矛盾纠纷排查化解专项活动。全年化解各类民间矛盾纠纷730起，调解率达100%，化解成功率95%以上，无民转刑案件发生。

【律师和法律援助工作】 北戴河区司法局成立以法律援助、律师服务、法律宣传、矫正管理以及安置帮教等为一体的北戴河区综合法律服务中心。降低法援门槛，做到应援尽援。全年办理法律援助案件110件，其中诉讼案件9件，接听热线电话700余个，接待咨询500余人次。

3月，联合区信访局成立“信访接待室”，律师每周一轮流值班，接待群众的日常咨询、信访等事宜，共接待群众咨询300人次。建立“一村（社区）一法律顾问”制度，村（居）律师共开展法制宣传活动8场，发放法制宣传资料5000份，接受群众咨询100余人次，参与调解矛盾纠纷8起。开展“村居律师面对面，法律服务在身边”活动。组织海滨律师事务所、秦法律师事务所的律师到苏庄村、北戴河村、陆庄村以及育花路社区、安居社区，为村（居）民讲解《村民委员会组织法》《婚姻法》《继承法》等法律法规。组织律师开展“送法进企业”活动。组织律师深入北戴河集发公司、兰德科技有限公司和聚源铝业有限公司，为企业职工详细讲解《劳动合同法》。发放《职工维权知识读本》等相关学习资料。

【公证工作】 全年办理各类公证事项35件，办结率100%，鉴定结论采信率100%。在质量联查中未出现任何错证、假证和质量问题。4月，为海浴场摊位抓阄活动进行现场监督公证。11月，公证处对赤土山村首批拆迁安置房分配抓阄活动进行现场监督公证。

【社区矫正工作】 2014年，全区接收社区矫正人员20人，解除矫正16人，在矫社区矫正人员70人，社区矫正人员无脱管漏管和重新犯罪。推进社区矫正工作信息化管理。对符合定位条件的65名社区矫正人员全部实行了手机定位管理。6月，建立北戴河区社区矫正监督管理平台，实现了公检法司各单位对社区矫正人员管理信息的共享。在全区统一实行分类管理，并对个别重点矫正人员辅助心理矫正的帮教模式。在“管、帮、带”管教模式中，聘请60名社会志愿者参与到社区矫正工作中，初步形成了司法所、村（居）委会、社区矫正人员亲属及志愿者“四位一体”的新格局。年内，司法局共对21名被告人（罪犯）开展审前社会调查，对违反《社区矫正实施办法》的6名社区矫正人员给予警告处分，对1名严重违反社区矫正管理规定的社区矫正人员向市局提出撤销缓刑建议书，使社区矫正人员树立起接受监管、认真服刑的观念。全年共组织社区矫正人员集中教育400余人次，个别谈话教育80余人次，心理辅导34人次，组织公益劳动360余人次。

【安置帮教工作】 全区有刑满释放人员32人。按照不漏管不失控的要求，认真做好刑满释放人员管理的衔接工作。对全区刑释人员进行调查摸底，详细掌握全区刑释人员的生活状况。利用刑释人员信息管理平台，提高对刑释人员管理工作的信息化水平。协调全区各安置帮教部门，进一步加大安置帮教力度。2014年接收刑释人员4名，指导各镇街帮教组织对他们进行妥善安置。对有重新违法犯罪倾向、未成年及生活特别困难等重点帮教对象，采取跟踪帮教、结对帮教等措施，密切掌握他们的思想动态和行动去向，及时发现并解决出现的问题。

【司法医学鉴定工作】 全年鉴定中心受理各类司法鉴定案件35件，办结率100%，鉴定结论采信率100%，无假鉴、错鉴、人情鉴发生。

（田刘宁）

人民武装

驻区部队

【中国人民武装警察部队河北省总队第三支队】 原为中国人民武装警察部队河北省总队第四支队，2014年1月22日，根据武警总部关于编制调整的文件精神，改编为中国人民武装警察部队河北省总队第三支队（简称第三支队），第三支队担负着北戴河暑期安全保卫任务。2014年，第三支队学习贯彻全军和武警部队政工会议精神，开展“牢记强军目标、献身强军实践”教育，跟踪做好官兵“活”的思想，落实政治考核措施，着力培育有灵魂、有本事、有血性、有品德的新一代革命军人。年内在省以上媒体刊稿65篇，位列总队第一名，被评为新闻工作先进单位；支队“强军路上”文艺汇演在总队直播。第三支队被武警总部评为连续14年“三无”（无行政责任事故、无执勤事故、无刑事案件）先进单位。勤务中队网络管理员陶训国被武警总部评为全军学习成才标兵，荣立一等功并获第十七届“中国武警十大忠诚卫士”提名奖；四中队班长肖笛被武警总部表彰为优秀教练员；第三支队被河北省总队评为基层建设先进支队；第三支队司令部被武警总部评为先进司令部；河北省总队为第三支队队长刘文喜、政委宋胜昔记嘉奖，主任马卫松、副处长王金峰记个人三等功。

安全保卫工作　把战斗力标准贯穿部队建设全程，以实战化标准抓好暑期专项训练，以常态化理念做好反恐处突准备，部队训风、演风、考风不断转变。支队编排的“一招制敌”科目在总队推广，年终考核和新训考核取得全优成绩，连续32年实现暑期警卫万无一失，被省委、省政府评为“暑期工作标杆单位”，完成“卫士-14”演习、秦皇岛国际马拉松赛和武装巡逻等任务。

部队正规化管理　贯彻武警部队依法从严治警集训精神，持续开展安全大检查活动，严格六抓十五项制度、《安全工作运行规范》和《安全规定》等法规，发挥安全组织作用，严格手机、私家车管理，坚持群防群治，抓实新兵相关工作。

基层建设　转变党委机关指导方式，落实月考季评、实施挂钩帮建、组织蹲队住班。狠抓“三个一线”，配强基层主官，积极参加总队四级主官集训，开展支部书记、思想骨干培训，基层自建能力进一步提高。抓好经常性基础性工作落实，部队基础更加牢固。三大队被评为先进大队，八中队被评为标兵中队，六中队、七中队、勤务中队被评为先进中队。

后勤保障　严格集中采购、经费管理、固定资产等制度机制，实现后勤规范化运行。坚持送医送药、送菜送粮、送书送报到基层。大力推进基础设施建设，经济适用房、公寓房交付分配，二、三中队营房已投入使用，五中队营房正在改建，部队基础建设水平得到改善。

班子建设　严格落实中心组学习制度，扎实抓好党的创新理论、习近平系列重要讲话和上级指示精神学习，确保部队建设正确方向。持续抓好民主集中制和“三个规范性文件”落实，党委议政议事能力明显提高。突出抓好党的群众路线教育实践活动，纠治“四风、五超”，作风改进效果明显，班子成员的精神状态、能力素质、工作作风进一步增强。

国家领导人看望慰问部队官兵　7月18日，国务委员、国务院秘书长杨晶亲切看望支队执勤官兵；8月2日，公安部警卫局局长张智文、副局长刘希德、王世安，处长翟运行、主任张春宏看望慰问了担负北戴河暑期警卫任务的第三支队官兵；8月14日，中央警卫局局长曹清、副局长曹雪芳、衣庆然一行3人，看望慰问了担负北戴河暑期警卫任务的第三支队官兵。

武警部队领导视察部队　6月28—30日，武警部队副参谋长杨斌率总部工作组，检查指导北戴河暑期警卫工作；7月30日至8月2日，武警部队副司令员戴肃军率作勤部副部长王光亚、秘书张明、参谋张宁一行4人，检查指导北戴河暑期警卫工作；8月6日，武警部队司令员王建平率工作组一行5人，检查指导北戴河暑期警卫工作；8月19日，武警部队参谋长牛志忠率工作组一行4人，检查指导北戴河暑期警卫工作。

（王一博）

【河北省公安边防总队海警支队特勤队】 2014年，海警支队特勤队以“建设一支敢打硬仗、能打胜仗的海警特勤队”为目标，以提高部队战斗力和凝聚力为重点，强化政治建警，突出忠诚文化，强化主业意识，圆满完成“两会”安保、秦皇岛国际马拉松赛海上安保及以北戴河暑期海上警卫为中心的各项工作任务，连续21年警卫任务万无一失。特勤队一中队被中国海警局评为2014年度基层建设标兵单位；特勤队一中队和二中队被河北省公安厅评为2014年度暑期安保标杆集体；赵庆纯被河北省委省政府评为暑期工作先进个人；任晓进、谷雨、刘鹤被河北省公安厅评为2014年度暑期安保标兵。

强化思想教育　坚持集中学习。各中队指导员、队部干事严格按照年度政治教育计划，每周不少于2课时进行备课讲课，组织官兵深入学习中共十八届三中全会和习近平总书记系列重要讲话精神，关于国防和军队建设等方面的重要论述，深刻领会实现强警目标与履行职责使命的一致关系，进一步准确把握新形势下北戴河暑期海上警卫任务的形势任务，使强警目标成为官兵的坚定信念、价值追求和实际行动。落实谈心制度。全面掌握和了解基层官兵所思、所扰、所需。发挥基层小组作用，运用骨干和组织的力量将政治教育延伸到每个角落。确保官兵在面对立功、入党、考学、复退、重大变故时的正确引导，保证思想稳定。

开展专题教育活动　在全队开展“牢记强警目标、献身警卫任务、打赢暑期硬仗”专题教育、“体制改革关键时期我们应该怎么办”大讨论活动。开展“战暑期·践忠诚·铸警魂”主题系列活动、“筑牢生命线、忠诚保打赢”暑期政治工作大会战活动，增强官兵的政治意识和大局意识，提升部队战斗力；开展“烈士纪念日”活动、“弘扬五四精神，争做忠诚卫士”主题团日活动以及“关注海洋权益，献身使命任务”专题教育活动，教育引导官兵准确把握中国海洋强国战略意图，坚定“捍卫海洋主权和海洋权益”的信心。

开展政工岗位练兵　结合支队政工干部“素质强化月”活动，特勤队掀起政工干部大练兵的热潮，组织政工干部轮流为官兵授课。在大队范围内开展摄影技术、课件制作、文字图像处理等技能竞赛，努力使广大政工干部学到真本领、练就硬功夫。以支队下发的政工干部岗位练兵题库为大纲，采取口头提问、试卷测试、网上答题等方式考察政工干部对业务知识的掌握程度，调动广大政工干部参加活动的积极性和工作热情。

丰富官兵文化生活　运用微课堂、即时演讲、战士讲堂、心得交流等方法，大力提升官兵文化生活的质量和效果。开展书法家进警营活动。组织开展沙滩橄榄球比赛。在八一建军节前，组织官兵到警地共建单位陆庄村开展义务劳动。开展“全新起点，续写忠诚，坚决打赢暑期海上警卫硬仗”主题党日活动。组织开展“重温入党誓词”“国旗前庄严宣誓”“观看忠诚纪录片”、组织官兵到青龙山烈士陵园缅怀英魂等多种形式忠诚教育活动，统一官兵思想认识，坚定忠诚信念，激发战斗热情。开展“找差距、明责任、增动力”主题讨论会以及“反恐防暴维稳形势”大讨论活动，使得官兵认清形势任务，增强使命责任感。

狠抓训练管理，提升官兵军事素质　特勤队大力开展冬训大练兵活动，相继开展单兵徒手、班队列、擒敌技能、警务实用技能、警棍盾牌术、班组战术、体能等科目的训练，官兵的体能素质和执勤能力大幅提升。3月，重点开展特项器材、海上漂泊等抗眩晕训练；游泳训练、海上求生及救生技能训练；海上反恐处突和基础体能训练。在支队组织的军事训练考核中，特勤队在各个考核项目中均取得优异成绩。4月，开展学条令用条令活动，官兵条令意识和遵章守纪意识明显增强。在日常训练中，特勤队注重带兵骨干、训练标兵的典型培树，一大批素质过硬的训练骨干，形成比、练、赶、帮、超的浓厚训练氛围。

积极开展警地共建　参加北戴河区2014年暑期海上救生演练，进一步加强特勤队与各涉海单位的协同配合；到66109部队参观学习，实地参观营区营貌，就部队管理、训练方法、执勤模式等方面问题深入交流座谈；与北戴河篮球协会开展篮球友谊赛、应邀参加陆庄村党的群众路线教育实践活动推进会、走访北戴河区海滨镇镇政府、北戴河区农牧局、秦皇岛市国家级水产资源保护区管理处等，增进警民交流，促进合作共建；特勤队还联合北戴河区多家涉海单位开展治理船舶非法载客入海联合执法检查活动，参加沿海一线群众工作站座谈会及北戴河区区长办公会，建立由区政府牵头，海警支队特勤队、北戴河区边防派出所、北戴河区渔政和国土分局海监大队参加的联勤工作制度。

海上专项整治“春雷”行动　3月，组织召开海上专项整治“春雷”行动部署会，结合特勤队暑期工作特点和海域维稳形势，以北戴河沿岸停泊渔船和旅游快艇为重点，针对船舶停泊集中的洋河口码头、河东寨码头、老虎石停泊点、金山嘴停泊点、省办浴场停泊点等重点深入开展了海域港船清查行动；在支队侦办“3·23”涉枪命案期间，特勤队派出3批24人次执行看押任务。

扎实做好暑期前各项准备工作　扎实做好辖区海域情报信息收集、执勤船艇吊装下水、船艇维修保养、游泳考核、航道清淤、摩托艇驾驶员培训、“忠诚9号”海上综合演练，以及海上噪音治理、海上治安排查、海上清网行动，海上处置突发事件演练等前期工作，为北戴河暑期海上警卫任务的圆满完成创造条件。

连续21年圆满完成北戴河暑期海上警卫任务　针对暑期警卫工作面临的严峻形势，特勤队在总队基指、支队前指的统一指挥下，在市局联指的调度协调下，保证勤务万无一失。主动出击，严格执法，净化执勤环境。在执勤过程中，除固定哨位警戒外，另外增派机动船艇加强巡逻，昼夜执勤，密切监控所有移动目标的动向，对可疑船舶进行仔细盘查，净化执勤环境。提前预警，密切协同，提升应变能力。在执勤过程中，全体官兵表现出高度的责任心和警惕性，通过海上及陆地观察哨预警、执勤船艇配合，有效杜绝各类船只进入警戒区事件。明确责任，细化分工，增强船艇小组战斗力。在勤务实施过程中，结合任务实际，把警戒船艇分为3个战斗小组，做到内线外线相互配合、陆地观察与海上观察相结合，及时发现、驱赶和清除警戒区内的渔船和可疑漂浮物，确保警卫目标的绝对安全。及时分析，认真总结，保证勤务质量。特勤队始终坚持勤前有要求，勤后有讲评，每天召开勤务分析会，不定期召开勤务调度会，及时通报情况总结经验，保证每一次勤务科学合理联动和圆满顺利完成。

执行中共十八届四中全会和APEC安保任务　召开中共十八届四中全会和APEC安保动员部署会，充分发挥好环京“护城河”的屏障作用，深入北戴河沿岸走访涉海单位和渔船民，摸排治安隐患和热点问题，全面掌握北戴河附近的敌社情动态。结合北戴河暑期警卫任务的成功经验，以安保工作为中心，强化部队训练管理和社会面管控。以营门哨兵被袭、油库起火、兵器室被盗、锅炉房着火、群体性械斗等突发事件为假想背景，配备防爆器材，组织开展应急处突拉动，随时保证机动处突力量“拉得出，打得赢”。

（钮迎虎）

【秦皇岛市北戴河区公安消防大队】 北戴河消防大队辖六中队和特勤一中队，负责北戴河区消防监督检查和灭火救援工作，暑期担负着消防保卫任务。全区消防安全重点单位124家，其中休疗单位90家，高层建筑4家，商场市场7家，压缩天然气释放站1家，加油站11家，歌舞娱乐场所2家，民宿1985家，“九小单位”1168家。全年共检查单位2084家，发现和整改火灾隐患3744处。做好大型活动消防安全检查，助推消防安全户籍化管理。对全区消防水源进行全面排查并制作了电子地图，按序号标清消火栓、水鹤所在位置。

做好暑期前消防安保工作 3月12日，组织召开北戴河区消防工作暨第一次消防安全委员会工作会议，区领导带队组织分管行业部门开展安全检查5次，区安委会组织专项检查9次。暑期前，大队检查单位1897家，发现火灾隐患1555处，当场整改火灾隐患1032处，限期整改火灾隐患523处，消除一大批火灾隐患。

防火工作 4月初，大队对2000余名民宿从业人员进行培训。参加民宿审批流程咨询活动和星级评定工作，实行安全一票否决制。多次对民宿进行实地走访，对《北戴河区民宿管理暂行规定》中民宿准入消防必备条件提出意见，引导民宿行业向标准化、规范化发展。下发《关于明确北戴河民宿消防管辖范围的通知》，解决北戴河区民宿监管范围不明确的问题。精简民宿审批项目，手续审查合格立即派监督检查人员进行现场检查、出证，共办理开业259家。

为保障联峰山林区绝对安全，重点时段大队调配两部消防车配合联峰山森林防火大队实施洒水增湿作业，对防火通道及消火栓进行检查，并指导防火大队对车辆、器材进行维护保养。5月29日，特勤一中队、联峰路中队和森林防火大队在联峰山公园开展联合灭火实战演练，切实增强北戴河区防灭火队伍对森林火灾灭火救援的实战能力。

消防网格化管理 充分发挥网格化监管的中枢和统领作用，在全区划分为4个大网格、37个中网格、261个小网格的基础上，进一步细化工作，以乡镇街道为单位实行分片包干制度，重新确定大网格负责人4人，中网格负责人36人。至年末，落实网格长261人，网格指导员25人，楼（户）长981名，门店长109人，信息员383人，负责消防检查、巡查和消防宣传。

消防宣传培训工作 在老虎石海上公园及暑期人员密集场所进行消防安全宣传，发放宣传材料近万余份。先后2次召开社会单位、消防安全重点单位培训班。组织10余场次的学校、社区、农村消防宣传活动。暑期前，在联峰北路高速引线出口、赤土山、刘庄转盘、育花路民宿聚集区附近设置4个消防宣传服务站，发挥北戴河“妈妈防火团”的力量，另外配1名消防干部、1名消防文员于每周六在4个站同时开展宣传，现场设定互动发放奖品。

5月31日起，大队组织中队官兵利用业余时间充分利用废旧消防器材设计制作的高4.50米，重1.5吨的大型消防变形金刚擎天柱于7月5日入驻北戴河鸽子窝公园，以语音灯光的形式吸引游客，使民众了解消防、关注消防。同时结合当晚开展的“远离火灾‘消’暑一夏”暑期主题宣传活动启动仪式，以微博互动、现场答题等方式，吸引居民、游客参与，当晚6支消防志愿者队伍、百余民众参加活动。印制1万份消防宣传资料随报刊一同投递到休疗驻地和居民住家，在4万份《秦皇岛旅游》杂志上增加宾馆酒店消防安全提示专页，向辖区宾馆、疗养院、招待所发放。印制6万份汽车火灾预防卡片在石塘路市场和鸽子窝公园停车场发放；制作2块“夏天车内禁放品黑名单”提示牌悬挂于停车场明显位置，宣传汽车防火常识。同时，在进入北戴河的安检站设置了禁止燃放烟花和孔明灯的安全提示，做到消防宣传无死角。

11月5–11日，集中开展“119”消防日宣传周活动，携手秦皇岛职业技术学院2000余名新生进行一场“千人消防演练活动”。对辖区中小学开展消防安全演练。开展“找火灾隐患，保家庭平安”为主题的消防宣传活动。举办大型“119”消防宣传咨询活动。组织开展“今天我是消防员”活动，带领辖区中小学生参观特勤一中队。

开展易燃易爆场所专项治理 7月1日、2日大队联合治安大队与辖区11家加油站（其中1家处于停业状态）签署零散汽油销售责任状并进行全面检查，发现火灾隐患24处，当场整改6处，限期整改18处。7月11日，大队出动7人分两组采取交叉暗访的方式对零散汽油销售进行专项督查，不存在非法出售零散汽油的现象。

开展消防安全打非治违专项行动 大队对未履行相关消防手续违法生产经营的单位，擅自改变场所使用性质，及持有证照已过期仍在生产经营的场所进行集中排查和专项治理。共发现此类消防违法案件11起，依照相关消防法律法规责令其禁止使用、停止施工、停产停业，限期进行整改。对北戴河两镇两街道的小门市房进行逐一检查，调查摸底，发现疏散通道存放杂物、安全出口堵塞、消防设施缺失或损坏、消防管理制度不健全等火灾隐患73处，整治73处。并通过多种形式通报一些存在火灾隐患整改不力，治理不及时的单位。

（马 琳）

【秦皇岛市公安局北戴河分局北戴河边防派出所】 北戴河边防派出所辖区海岸线西起戴河口，东至狼牙桥，全长23千米。负责北戴河区丁庄村、陆庄村、河东寨村、草厂村、刘庄村、单庄村、赤土山村、崔各庄村8个行政村的渔民管理工作，同时担负几家重点浴场的暑期安全保卫任务。

领导班子建设 全年组织官兵学习40次，撰写心得体会40篇，调研文章10篇，编写创建简报4期。坚持班子自身建设与管理教育工作并重的原则，严格落实各项组织生活制度。加强基层党支部书记准入制度的学习，牢固树立为驻地经济建设服务的思想，把经常性思想工作贯穿于部队工作的各个方面。支部坚持“相互学习、取长补短、共同提高”的原则，以边防业务工作为纽带，积极与联创联建单位东山游船公司沟通协调，共同制定工作规划，签订《警地党组织联创联建协议书》，打造“两个堡垒一起筑，警地联创大延伸”的良好格局。全面加强反腐倡廉教育，采取廉政风险排查、廉政谈话等方式，及时研究整改措施，扎实开展廉政学习月活动，加强预防犯罪形势分析，筑牢拒腐防变的思想防线，确保内部不发生职务犯罪和严重违纪案件。

思想政治工作 开展“牢记强警目标 履行边防使命”主题教育，紧紧扭住理想信念教育不放松，立足政治教育的基础性，施行教育“小讲台”“微信小课堂”，把领导讲课和官兵座谈结合起来。发放调查问卷30份，撰写心得体会20篇。组织开展乒乓球比赛、“斗地主”大赛、电子竞技等文体活动。参加北戴河区“纪念毛泽东《浪淘沙 · 北戴河》六十周年”诗词书画展。通过宣誓、签订责任状、主题征文等活动，进行“暑期忠诚教育”。全年撰写对外宣传稿件27篇，其中，中央电视台播发新闻稿件1篇，省级电视、报纸媒体发表稿件8篇，四大网络稿件18篇。

爱民固边工作 以“三访四见”活动为契机，依托“知民意、解民忧、保民安、惠民生”，扎实开展走访，深入排查各类矛盾纠纷和安全隐患，完善基层调解组织建设、安防巡逻队建设，广泛、定期开展警民联动恳谈会、法制宣传、帮扶慰问，实时掌握边防辖区动态，进一步密切警政警民关系。年初，共走访渔民800余人次，发放宣传小册360余册，张贴宣传条幅标语35条（幅），开展法制教育78次，上门服务102次，联合北戴河区农牧局召开警民恳谈现场会6次，宣传辐射渔民群体近800人次。通过走访共收集渔民意见建议30余条，治安信息102条，排除各类海上隐患12起，获赠锦旗2幅。在渔船民管理工作方面，不断深化“2014蓝盾行动”战果，利用渔民到所办证、外出查船等时机，将数据摸底工作融入清港查船、基础信息采集和节假日期间噪音治理活动中，积极展开涉稳情报搜集和矛盾纠纷排查化解，累计出动警力305人次，收集情报12条，化解涉海涉稳矛盾纠纷隐患6起，督促安置完善景区、游船监控技防设施

5处。以警营开放日、便民服务日为契机，继续深化便民服务措施。特别是对辖区游船、快艇由于距离较远、交通不便等因素而造成的签关难等问题，增设预约服务、上门办证。在码头设立集中办证点，坚持每天至少6小时定点办证。完成年度审验船舶户口簿119本，办理船民证275本。完善执法场所规范化建设，加强民警的社会法制理念教育及《治安管理处罚法》《公安机关办理行政案件程序规定》等法律知识的学习。在接处警过程中，严格规范民警执法用语，做到“有警必出，逢警必录”，规范执法程序。

圆满完成中心任务　结合军事业务岗位大练兵活动，暑期，先后4次与北戴河海事处、浴场管理处等部门在老虎石海上公园海滩举行联合海上救生演练。同时，加强营区处突演练，强化“六案三图”应用性。全年组织营区反冲撞、反翻越应急处突演练20余次。进一步提高官兵认识，明确职责，掌握处突预案的流程和要领，提高营区预防和处置各类突发事件的快反速度和应对能力。暑期，在各执勤点设立“党员流动服务站”。加强执勤管控和巡逻力度，出动警力1260人次，车辆134辆次，实施海上联动救助6起4人次，联合化解矛盾纠纷20多起，收获意见建议40余条。执行一级警卫任务1次，出动警力15人，车辆2辆次。7个勤务点共计服务游客超过30万人次，为游客找回丢失财物20余件，找回走失儿童、老人18人，为群众挽回损失折合人民币5万余元。暑期前，联合北戴河区国土资源局在近海资源保护区内开展海上联合执法巡查60小时，出航400余海里，制止违规出海人员2人，开展噪音治理巡逻98次，检查游船87艘次，联合渔政等部门联合清查活动20次，检查渔船110艘次，劝阻船舶出海12艘次。在各级人大政协“两会”召开、法定假日、中共十八届四中全会、APEC会议期间，制定相关的安保措施和遂行重大任务工作方案。肃清近海环境，与区农牧局共同协作，在海边设立执勤点，每天派驻6名官兵采取严盯死守在非法载客现象突出的省办浴场、黑石窟停泊点、金山嘴等处进行现场监督检查，并对渔船载客较集中的区域进行全天监控，行动中先后出动警力120人次，及时制止6起渔船载客现象，教育群众40余人次，有效控制了渔船载客的不法行为。

部队正规化建设　扎实开展“岗位大练兵”活动和“讲党性、守纪律”条令学习月、“平安和谐暑期”“百日安全竞赛”活动，推进部队正规化管理。根据军事训练工作计划，组织官兵加强军事训练力度，确保“人员、时间、内容、效果”四落实，在支队组织的军事体能考核中，取得总分第二的好成绩。在日常管理过程中，党支部坚持从严治警、以制度管人，认真落实《公安边防部队基层正规化管理规定》，不断强化各项管理制度的监督落实，狠抓官兵的日常作风养成，提高官兵执行力和安全意识。通过抓教育解决认识问题，抓制度解决执行问题，抓奖惩解决效率问题，抓检查解决落实问题，实现了勤务组织与教育整顿“两不误、双促进”，确保全年部队内部安全稳定。

（张　超）

地方武装

【概况】　2014年，北戴河人民武装部深入贯彻落实习近平主席系列讲话精神和上级决策部署，围绕实现在新形势下的强军目标，按照“着眼长远打基础、主动作为促发展，团结聚力带队伍、围绕任务抓落实，重点工作走在前，安全稳定求发展”的工作思路，突出“听党指挥、履行使命、安全稳定”三个重点，以第二批党的群众路线教育实践活动为抓手，加强思想政治建设，突出党委班子和思想作风建设、履行核心使命能力建设，狠抓部队安全管理和正规化建设，确保人武部安全发展、科学发展、全面发展。11月21日，召开2014年度北戴河区委常委专题议军会议。会议通过《关于进一步加强民兵应急力量建设的意见》《关于依法加强兵员征集工作的意见》《关于进一步加强专武干部队伍建设的意见》，同时对民兵应急力量建设经费及大项军事活动给予有力的经费保障。

【思想政治建设】 人武部党委始终把思想政治工作摆在首位，勇于担当管思想、抓教育的第一责任。确定“围绕一条主线、开展一个活动，突出五个重点、建立五项机制”的工作思路，制定《党员干部自我监督评估指标》《人武部党委班子加强自身作风建设的规定》《加强经费管理的暂行规定》《车辆使用管理规定》等规章制度。扎实开展“牢记强军目标,献身强军实践”主题教育，确保时间、人员、内容、效果的有效落实，提升各项工作质量水平。贯彻落实民主集中制，严格按照党委议事规则办事，在处理重大问题上始终坚持集体领导，确保决策的民主性和科学性。以提高干部能力素质为重点，严格落实《军分区干部岗位职责考评细则》，进一步树立“靠素质立身、靠能力竞争、靠实绩进步”的用人导向。

【战备训练】 将军事斗争准备工作摆在中心位置，在抓准备谋打赢上聚焦用力。2月，按照人武部联合战备值班室规范化建设现场会标准，投入10余万元完成联合战备值班室升级改造，并配齐应急指挥装备器材；3月底，对所属民兵应急分队按标准配齐战备物资器材，组织常态化战备值班系统运行检查和带应急分队演练；5月初，迎接军分区民兵整组工作对检和应急连成建制实兵实装拉动演练，较好的完成战备规范化建设。上半年，人武部采取图上作业、实地勘察等方式，准确掌握辖区战场环境要素变化情况，进一步细化完善人武部综合防卫方案和应急预案，更新战场环境数据，完善战场环境资料片，修订重要防卫目标试点整编成果，为指挥决策和遂行各类行动奠定坚实基础。

【民兵整组】 成立民兵整组工作领导小组，多次召开专题会议，按照任务牵引、突出重点、确保质量的原则和“深化改革、优化结构、突出应急、加强海上”的基本要求，全面加强应急、支援和储备3类队伍建设。先后制定下发《整组通知》《整组实施方案》《基层营连建设标准》《宣传教育提纲》和《整组检查验收评比细则》等规范化要求；依托海滨镇武装部、车站村民兵连、集发公司民兵连，抓好规范化试点建设，使基层武装部、民兵营连做到有章可循。综合应急分队总体保持“区建连、乡镇（街道）建排”的规模种类不变、人员素质不变。海防战备执勤分队由海滨镇从现有的海防作战分队中抽组编建30人；铁路护路分队由戴河镇沿铁路线编建30人。结合辖区实际，本着“快编组、早训练、真见效”的原则，2月底编组完毕，3月初，按照训练计划，扎实展开训练。参加军分区组织的民兵整组对检和年终军事训练考核，在年终考核中获得团级单位第三名。

【兵员征集】 结合网上登记实际，专门成立网络兵役登记工作领导小组，利用广播电视台发布兵役登记通告，对政策规定、年龄范围、时间节点等进行深入宣传。组织机关和专武干部开展征兵宣传进社区、进村庄、进学校，举办大学生专场“心向中国梦·强军学子行—大学生士兵携笔从戎先进事迹”报告会，解答各种政策疑问，使征兵宣传工作由被动变主动，营造参军入伍的良好氛围。通过严肃体检纪律，严格掌握体检标准，实行“一站式”政审方式等，圆满完成了上级赋予的新兵征集任务，实现连续4年无责任退兵。

【后勤建设】 2014年，人武部的接待费、会议费、油料费、训练费、征兵费等从40万元压减至26万元，人武部党委贯彻勤俭建军方针，提高经费保障效能，坚持党委集体研究经费开支和贯彻建设事项，严格落实党委理财审批制度，确保财尽其用，用其所值。加大科学管理，对各类物资器材建总账，实施对口负责、定人定位责任管理，做到事事有人抓、物物有人管，防止了营产营具损坏丢失被盗。

【正规化建设】 人武部以防范重大安全问题为核心，切实把安全稳定作为党委工程、主官工程、保底工程来抓。设立人武部安全委员会、保密委员会和政法委员会，抓好工作筹划、活动安排、分工负责、督导落实，提高对各种安全风险预测与评估的能力，严格落实责任制。在人员管控上，建立“每日动态人人报”和周讲评制度，全体干部职工保持24小时通信畅通；在车辆管理上，严格落实车辆动用、审批、派遣、保养等制度，做好每月20日司机警示教育，有效预防车辆事故发生；在营院管理上，每周坚持“三查三清”（即查人员进出情况是否清楚、查水电气和消防设施是否良好、查安全防护措施是否到位；清整室内外卫生，清理涉密载体，清除违规违纪物品）。

【桥梁纽带作用】 深入贯彻党管武装原则制度，积极参加地方两个文明建设。4月26日，组织全区党政副县级以上领导40余人参加“2014年度军事日”活动。8月31日，人武部组织200余名民兵参加秦皇岛国际马拉松赛事安保工作。多次协调驻军和地方有关部门，妥善解决部队战备训练、基础建设和地方重点工程建设中存在的矛盾问题；人武部每季度对陆庄村困难家庭进行帮建慰问以及协调驻区部队，参加暑期噪音治理、暑期包路包街检查巡逻支暑执勤工作、街面美化亮化、海滩清理、清扫积雪等活动。协调驻军单位、地方企事业单位对辖区军事设施、军事禁区、军事管理区、国防工事等进行数据采集，共采集图片资料86幅、视频资料34段310分钟、文字资料2万余字，高标准完成数据采集和普查保护工作。

（王建凯）

人民防空

【工程维护管理】 2014年，共办理“结建”审批项目8项，验收“结建”审查1项，认真落实省人防办“结建”执法检查工作部署，已催缴项目1项。对复工的北戴河区人防疏散基地工程建设项目进行全面细致的施工管理。在建防空地下室建设项目2项，竣工验收防空地下室建设项目1项。彻底解决西大沟排水、照明等永久电源这一遗留问题。7月，完成新电缆安装及挂表工作。对防疫站地下工程水泵及时维修并排水，更换2处排水泵，确保地下工程的正常使用。对已竣工验收合格的3处人防工程（博辉、西山花园、宣和酒店）进行“人防标识”挂牌，共计14块。

【指挥通信】 完成人防专业队伍的整组工作，做到人人建立档案，个个落实到位。着力拓展和深化军事斗争准备，推动信息化建设加速发展，不断增强基于信息系统的体系作战能力。按照市人防办年度计划安排，10月，参加全市人防应急指挥通信系统培训，并在考核中获得1个一等奖、1个二等奖。认真搞好人防指挥网、短波、超短波电台通联，配合市人防指挥信息保障中心在北戴河区安装防空报警器1台，扩大警报器覆盖面，加大通信警报器社会化维管力度，强化警报器日常维护管理。编制《北戴河区人防工程事故灾害应急处置预案》。

【防空知识宣传教育】 结合“5·12”防灾减灾日、“6·5”世界环境日、“7·7”全省防空警报试鸣日，通过制作宣传图片、宣传展板、悬挂宣传横幅，向市民发放《防空防灾应急手册》等形式，普及防灾减灾、公共安全和人防知识。购买2000册省、市《防空防灾应急知识手册》，发放到各机关、社区、企事业单位。为初级中学送教材上门，督促各初级中学按时开展人防知识教育课程，并确保人防授课时间。5月，联合区教育局开展全区初级中学防空防灾知识教育辅导员评比活动。10月，组织人防志愿者参加市人防办举办的首届社区人防志愿者培训会，来自社区的16名志愿者参加培训。

（张春波）

城乡建设

综　述

2014年，北戴河区遵循无处不精细、无处不精美、无处不精彩原则，全面开展城市提升攻坚年活动，高标准加强城市建设与管理。启动城乡一体化发展规划、全区基础设施建设规划和农村面貌改造提升规划编制。深入实施农村面貌改造提升，高质量推进13个省级重点村建设，被河北省委授予“改造提升行动先进县区”称号。启动“绿满戴河庭院”专项行动，全省美丽庭院创建工作现场观摩会在北戴河区召开。完成中国环境干部管理学院新校址生活污水综合利用、新河湿地段环境治理等环保项目。淘汰黄标车257辆，发放补贴248.30万元。公交车全部更新为新能源车，天然气加气母站建成使用。植树造林133.67公顷。完成鸽赤路、海北路北延伸等道路改造，实施东三路街景整治提升、浪淘沙主题游园新建等暑期亮点工程，新增歌华营地“女娲补天”和东三路“假日”城市雕塑。多方投资3.47亿元，升级改造17家旅游接待单位、7个景区景点，鸽子窝公园和碧螺塔酒吧公园通过省AAAA级以上景区质量整改提升验收。智慧旅游360度全景展示系统新增点位220个。完成道路增绿、小区绿化、节点塑景、游园改造等十大绿化工程，火车站广场立体绿化精彩亮相。对平水桥公园、崔各庄环岛等5处节点进行亮化提升。落实区级领导包街制度，对重点区域实施综合整治。以重要街区、浴场沙滩、河道沟口为重点，着力解决“深入100米”环境卫生问题。开展“双违”治理，累计拆除各类违法建筑4550平方米。组建停车场管理办公室，重点加强环境卫生和违规收费治理。广泛开展社会主义核心价值观宣传，组织“六个一百”志愿服务等系列活动，涌现文明创建各级先进典型270人。

城乡规划

【概况】 2014年，北戴河区城乡规划以统筹城乡协调发展为主线，严格执行城乡规划法，加大城乡规划的编制及管理力度，做好建设项目批后跟踪管理和规划公示工作。编制完成16个省定重点村的《北戴河区农村面貌改造提升规划》，完成《北戴河区控制性详细规划》A-06、A-07单元调编工作和《北戴河风景名胜区规划纲要》。设立戴河丽舍酒店、太平庄村村民安置房、北戴河国际公馆项目的批后公示牌。全年批复规划设计条件5项、用地选址意见2项、用地规划意见4项、用地规划许可3项。审批农村院内建房44户、1.20万平方米，农宅竣工验收61户、1.60万平方米。

【规划执法】 2014年，北戴河区严格执行城乡规划法，坚持事前防范及事后教育处理的原则，严厉打击违法建设活动。下达违法建筑停工通知书86份。下达限期拆除通知书81份，区内违法建筑拆除20户，共3280平方米。

【规划编制】 北戴河区规划分局组织编制《北戴河区农村面貌改造提升规划》。配合市规划设计研究院开展《秦皇岛市“十二五” 保障性住房规划》编制工作，按要求做好北戴河区保障性住房建设前期选址工作，新增保障性住房（2014-2015）建设备用地2.67公顷，选址位于金城路以南、戴河四号路以西、戴河支路十以东；棚户区改造用房指标确定在太平庄村改造居民安置区。结合重点项目，完成部分单元控制性详细规划的动态调整。结合北部新城开发进程，对A-07单元控规进行较大的调整，并履行相关法定程序。对歌华青少年营地的二期配套等用地对控规进行局部调整，并履行相关法定程序。

【用地规划管理】 完成北戴河旅游综合体（天房集团）、隆基泰和商贸中心、总部基地VIP、世界电影主题—奥特莱斯、神州数码产业园、国韵艺术品拍卖中心、中植集团金融创投平台、华侨城项目、水上世界及游乐场项目、中俄文化产业园、文化艺术品交易中心等重点项目的前期规划选址工作。批复青少年营地配套设施用地、北戴河区太平庄村整体拆迁改造用地、北戴河戴河片区原拨道洼村用地、老河北广播电视局办公楼用地等项目的用地规划设计条件17项；东经路社区服务中心用地、北戴河保障性安居工程四期用地及北戴河图书馆、文化馆用地、太平庄村村民安置用房用地等项目选址意见书4项；万科戴河丽舍一期用地、北戴河区保障性住房四期用地、东经路社区服务中心（日间老年照料站）用地、河北省国家安全厅用地等项目的建设用地规划许可11项；北戴河火车站片区改造住宅安置项目（富兴小区）用地规划许可证延期1项。

【市政工程规划管理】 是年，批复秦皇岛市公交公司用地、海三路道路用地等市政规划设计条件7项；办理秦皇岛市南戴河应急供水专线工程、北戴河森林湿地水系综合治理一期工程、海港区西部污水处理厂配套管网工程项目的选址意见书3项。批复市政选址5项，办理北戴河区北部污水管网配套泵站用地规划许可3项；办理秦皇岛市燃气总公司北戴河公司加气母站工程方案审查、工程规划许可、验收工作。

【建设项目审查】 是年，北戴河区规划分局办理戴河丽舍二期住宅及商业、同道电影坊、艺术品交易中心、北戴河图书馆、文化馆等11个项目的优秀设计方案，审批并发放工程规划许可证8项，共计建筑83栋，建筑面积23.70万平方米。办理戴河丽舍酒店、国际公馆住宅、赤土山安置用房立面、太平庄安置房方案调整的审查、报批工作。全年审理规划竣工验收项目15项，73栋，建筑面积18万平方米，其中，海天森林假日住宅小区、金玉宾馆改造、黄金宾馆综合楼改造等14个项目67栋建筑通过验收，建筑面积14.80万平方米。

【建设项目跟踪管理】 加强对全区范围内的建设工程跟踪管理力度，减少建设工程规划批后违法建设行为的发生，确保城乡规划的实施。指导北戴河国际公馆、同道电影坊、南京干休所改造、海滨信用社营业用房工程的开工放线、验线工作，共办理4项，48栋，建筑面积6.90万平方米。区规划分局对杨各庄村商业安置房、莲蓬俱乐部社区住宅、太平庄村商业楼、万科酒店、南京干休所、海滨信用社等项目进行严格的跟踪管理，发现与审批不符的建设行为及时告知，并监督改正。

（郭再坤）

城乡建设管理

【概况】 2014年，北戴河区社会固定资产投资完成40.33亿元，比上年增长18.20%；其中千万元以上项目43项，完成投资28.75亿元，比上年增长7.20%。城乡基础设施不断完善，完成鸽赤路、海北路北延伸等道路改造，实施东三路街景整治提升、浪淘沙主题游园新建等暑期亮点工程。北戴河近岸海域整治项目进展顺利，全区12个养殖场实施了清洁养殖工程续建项目，完成新河湿地段环境治理工程和际牧牛业排污治理技术改造项目。北部片区污水管网和北戴河给水管网工程分别争取到中央预算内资金3509万元和

2200万元。坚持暑期和经济工作并重，印发《北戴河区借助暑期促进发展攻坚行动实施方案》，定时间节点、形象进度，扎实推进项目建设，累计争取9742万元。

【景区建设管理】 是年，在北戴河风景区范围内开展城市公园和风景名胜区高档餐馆会所清理整顿工作，对城市公园运营管理中存在的由公园物业承租方建造为少数人服务的餐馆、会所等情况进行全面摸底和整治，并对破损严重的风景名胜资源进行修复。增设5座风景名胜区界碑、15个核心保护区界桩、每个核心景区增加了各种样式的标志标识。

【城市小品】 *雕塑《女娲补天》* 投资100万元在歌华艺术片区安装《女娲补天》铸铜雕塑一座，雕塑内部结构全部采用304不锈钢，主体高为5.10米、基座高为1.4米，侧面镶铺花岗岩板，并雕刻作品名称及作者简介，周边配合亮化设施。

雕塑《假日》 投资30万元在东三路转盘处安装铸铜雕塑 座，取名为《假口》。该雕塑高4.40米、长6米、宽3.50米，以“家庭”为代表，“海洋”文化为主题，表达了人们来到举世闻名的美丽之都北戴河，甩掉沉重的行囊，欢呼着展开双臂迫切地飞奔向梦想中大海的怀抱。周边栽植卫矛、海棠、凤仙、扶芳藤等绿化配景植物1825株，并摆放题字景石。

【海浴场环境治理】 为巩固“七沟”治理成果，年内对车站村实施污水管道入网工程，新建污水管道449米，恢复沥青路面1800平方米。暑期，冲刷二八一桥沟、复兴路桥沟等入海沟渠河床，清洗沟底鹅卵石，疏通河道97延长米，清理杂草、垃圾、淤泥等杂物44立方米。

【北部污水管网建设工程】 在北戴河西片区、太平庄村、车站村、杨各庄村及周边、苏庄村、朱庄村、北戴河村、谢李庄村、蔡各庄村、甘各庄村及暑期供应站片区内新建污水管网50.91千米。在苏庄村、蔡各庄村和北戴河村分别建设污水提升泵站3座。

【道路改造】 *海北路北延伸工程* 8月1日，海北路北延伸工程正式通车。该道路规划为城市主干路，主路设计速度50千米每小时，道路规划红线宽度50米。工程施工长度200米，铺设沥青路面，同步实施雨水、污水、电力、燃气、通信等地下管线，配套建设路灯、交通标示设施等。

鸽赤路改造工程 3月15日，鸽赤路（含海坡路）道路改造工程正式开工。起点滨海大道，终点东坡路，全长2.07千米，全部铺设沥青路面，4月30日完工。

国土资源管理

【土地资源】 北戴河区土地总面积为7289.89公顷，其中耕地737.47公顷、园地586.13公顷（全部为果园）、林地1546.31公顷（有林地1339.17公顷、其他林地207.14公顷）、草地28.05公顷（全部为其他草地）、城镇村及工矿用地3017.59公顷（城市2017.36公顷、建制镇465.54公顷、村庄489.75公顷、风景名胜及特殊用地44.94公顷）、交通运输用地486.04公顷（铁路用地86.15公顷、公路用地323.39公顷、农村道路76.50公顷）、水域及水利设施用地637.57公顷（河流水面132.36公顷、坑塘水面107.62公顷、沿海滩涂361.93公顷、沟渠29.40公顷、水工建筑用地6.26公顷）、其他土地250.73公顷（设施农用地229.94公顷、田坎8.19公顷、裸地12.60公顷）。

【地籍管理】 依法做好土地登记发证工作，全年完成各类土地登记750宗。推进集体土地使用权调查工作，已开展12个村的地籍调查和测量工作，完成了10个村，共调查4361宗，面积约233.29公顷，其中统建楼

127宗，集体建设用地66宗（面积约9.06公顷）。存在争议57个。于12月份分期分批向省厅验收单位提交，对成果进行修改完善。完成2013年土地变更调查工作。完成建设用地项目预审及出具用地审查意见共14个。完成秦皇岛市土地利用总体规划（2006-2020年）中心城区的修改实施评估和调整方案听证及报市工作。

【建设用地管理】 加强和改进征地管理，建立和完善征地区片价动态调整机制。完成北戴河区区片价修订工作。加强用地项目报批工作，2014年完成2个批次建设用地的组卷上报工作，总面积22.39公顷，新增建设用地15.59公顷。加强土地出让管理，规范土地供应行为，全面落实经营性用地和工业用地招拍挂出让制度，办理供地审批7宗，其中出让1宗，面积0.04公顷，出让金额123.23万元；划拨6宗，面积11.01公顷。划定基本农田保护面积153.06公顷，签订村民与村责任书454份，村与镇、镇与区责任书5份，完成了数据库的建设工作。

【土地执法监察】 强化执法动态巡查，打击各类违法违规用地用海行为。全年共出动检查车辆319辆次，发现和制止土地违法案件124起，下达行政处罚决定书7起。开展土地矿产卫片执法检查工作，完成了3宗违法用地组卷上报工作。接待来访群众58起、140人次，受理信访案件22件。

【海洋管理】 完成北戴河区5家岩礁养殖户8宗2013-2014年度海域使用金的收缴工作，总计海域面积46.68公顷，收缴海域使用金7万元。完成2013年度的涉海企业数据填报工作，基本掌握了辖区33家重点监测涉海单位的相关数据，并及时组织填报。11月4日，省海洋局海域处组织专家对北戴河区2013年度海籍变更调查情况进行验收，并予以通过。按照《河北省海籍变更调查实施方案（试行）》要求，全面查清辖区海域使用现状和权属状况，获取真实准确的海洋基础信息，为以后加强海域管理、合理利用海洋资源、优化海域使用空间布局、加强海洋环境保护、促进海洋经济可持续发展提供科学数据。

【海洋巡查监管】 加强海洋巡查力度，重点对非法占海、非法盗采海砂、海洋环境变化情况以及赤潮、溢油等海洋灾害情况进行巡查、监视，并及时报告给相关部门，全年共出动检查车120辆次，检查人员434人次，行程2825千米。出动中国海监2023船出海检查32航次，航行561海里。打击违法养殖行动，清理海域面积333.33公顷。制发《北戴河海域暑期“封海”行动方案》，检查驱赶各类船只50余艘，处罚非法作业船只3艘。

（李霞　姬晶鹏　范君军　冯国明）

城市管理

【概况】 2014年，北戴河区城市管理工作扎实有效地完成市容秩序的规范整治、环卫保洁、沿海线服务管理。办理上级部门交办事项及其他部门、群众反映的问题450余件，受理“12345”市长热线转办单285个。以数字化城管指挥中心为平台，受理上级派遣案件7171件，办结率100%。承办区政协委员提案、人大代表建议23件，承办工作满意率100%。区城市管理局获“暑期工作先进单位”“暑期工作先进集体”称号。

【市容市貌整治】 是年，加强对市容市貌整治和管理，开展各类集中整治行动30次，清理流动商贩1.38万余人次、早点摊1700余次、小广告3500余张；规范商品外溢4500余次、店外出桌1800余次、双人骑摊位450余次；收缴烧烤炉子16个、灯箱18个。开展露天烧烤专项整治行动，制发《北戴河区露天烧烤整治通告》770份。强化道路扬尘综合整治，环卫处道路机扫率达到60%以上，垃圾收集全面规范，运输和处置能力逐年提升。由区直6部门组建的暑期综合执法队每日采用拉街的方式对城区内招手揽客、店外经营、露天烧烤等违规行为进行突击整治。

【海浴场管理】 进一步规范沿海经营秩序，打击尾随兜售等违规行为，向沿海线各浴场发放太阳伞2000把，统一规范管理；提高沿海救生能力，开展海上救生应急演练，加强游船管理；全面开展海蜇蜇伤防治工作，在各浴场出入口明显位置设置海蜇蜇伤防治匾牌，发放海蜇蜇伤防治科普小常识宣传单5000张，并利用广播宣传相关信息。在浴场内配备白矾等专用药品，安装加密防鲨网1.05万延长米，配备打捞船只和工具，并对老虎石海上公园等重点浴场实施常态捕捞。

【环境卫生管理】 道路清扫保洁　做好城区78条110万平方米主次干道清扫保洁工作。每天不间断对联峰路、沿海线等城区道路进行机械化洗扫和洒水降尘作业。接管西部快速路北戴河段5.20千米道路保洁任务，每天2辆扫地车分区域、分时段，不间断进行机械清扫，8名巡视保洁人员全天候做好日常维护保洁工作。争取市财政支持235万元，购置了洗扫车2辆、洒水车1辆、垃圾运输车3辆，三轮保洁车40辆。为30辆垃圾运输车辆安装GPS卫星定位。每天对管辖的剑秋路南口至金屋浴场20.19千米沿海公共浴场沙滩产生的海藻和垃圾进行清理，对11个雨污沟口进行全天候保洁管理，全年清运沙滩垃圾3300余吨、海藻2000余吨。

生活垃圾清运　19辆运输车对城区企事业单位、休疗养院、城区和农村生活垃圾收集站及散点产生的生活垃圾进行及时的收集和运输。每天6辆集装箱车经中转站将垃圾压缩后送至秦皇岛发电厂，1辆医疗垃圾车将中国人民解放军第281医院、北戴河区人民医院和秦皇岛市体检中心产生的医疗垃圾送至秦皇岛市医疗垃圾处理厂，做到日产日清，避免二次污染。全年清运生活垃圾10万余吨、医疗垃圾24吨。新建改建谢李庄村、小薄荷寨村、鸽子窝公园、育花路等12座生活垃圾收集站，设置不锈钢围档、花岗岩台面，增设生活垃圾倾倒提示牌，采用垃圾车自带液压系统提供升降动力和用电双功能。更换沿海线、保二路等城区主要道路两侧果皮箱500个。

公厕管理　新建改建红石路、碣石园及三河3座高标准公厕。全部安装电子显示屏，增设残疾人通道和残疾人座便，厕内张贴文明提示语和公厕保洁服务规范，加装取暖设施，确保公厕冬季正常使用。在沿海线公厕安装感应式涮脚池，在道路明显位置设置15块公厕指示牌，方便居民游客使用。

【停车场管理】 2014年，在区城管局设立停车场管理办公室，负责16个国有资产停车场的直接经营管理及28个非国有资产停车场的监管。区停管办运用科技手段，采用道闸系统、POS机系统实行智能化收费管理模式，使停车收费工作实现公正、高效、安全。在日常管理中，强化动态巡查，加强与工商、税务、物价、公安等部门的协调联动，从审批、监管、处罚各个环节，加强共同协作。环卫处安排保洁人员对停车场全天候卫生保洁。

（张玉普）

【市政维修】 2014年，完成鸽赤路、海坡路路面改造；剑秋路、联峰路等道路人行道维修；海北路北延伸、春花路等道路建设工程和汽车站瀑布大修工程，共铺设沥青路面3.60万平方米，维修人行道面积3197平方米。对草厂村南部片区给水管线进行改造，铺设给水管线300米，改善草厂片区428户村民的用水条件，保障居民正常用水需求。

【排水】 是年，排放污水803万吨，日最大排水量5.60万吨。暑期排放污水380.60万吨，日最大排水量5.70万吨。4月初，对8座固定泵站、5座临时泵站36台机组的机械、电器设备及全区重点路段污水管道全面检修、维护，确保排水设施及管线、井圈、井盖完好无损，设备正常运转率100%。全年疏通管道总长度5.54万延长米，疏通检查井1815座，清运杂物5.80吨，维修检查井152座，更换井盖105个，更换井圈52个。便民义务疏通管线3465延长米，检查井136座，清掏杂物4.50吨，维修检查井29座，更换井圈、井盖48个。

严格“北戴河排水热线”接警制度。“12319”值班室保证24小时接警，在规定的时间内彻底解决问题。2014年接社会联动、群众报警电话183起，有效接警38起，按规定时间办结183起，办结率100%。接区长公开电话、民情办、政府督办室电话16起，处理16起，夜间出警12次。

（曾文利）

住房保障

【房屋产权产籍管理】 2014年，办理房屋登记1034件，总建筑面积102444.58平方米；商品房112件，建筑面积9528.56平方米；买卖339件，建筑面积48953.91平方米；经济适用房4件，建筑面积635.16平方米；赠与8件，建筑面积790.58平方米；初始登记82件，建筑面积10053.42平方米；变更113件，建筑面积17135.53平方米；房改12件，建筑面积983.39平方米；继承26件，建筑面积1998.50平方米；析产8件，建筑面积649.84平方米；补契17件，建筑面积1924.97平方米；抵押313件，建筑面积9790.72平方米。发放“房屋所有权证”977本；收取交易手续费和登记费25.34万元；查找房改档案500卷次，开具查档证明120余次；接受群众咨询业务3100余次，上门服务3次。

【廉租住房保障】 是年，受理申请廉租住房保障家庭56户，保障人数104人，保障面积1680平方米（其中低保家庭6户，保障人数9人，保障面积180平方米；低收入家庭50户，保障人数95人，保障面积1500平方米）。至年末，全区有廉租住房保障家庭461户，其中实物配租364户，保障人数726人，保障面积1.35万平方米；货币配租25户，保障人数43人，保障面积795平方米（低保家庭17户，保障人数29人，保障面积223.68平方米；低收入家庭8户，保障人数14人，保障面积571.02平方米）。年内发放廉租住房补贴资金7.78万元，对符合条件的城市低收入住房困难家庭做到应保尽保。经过年度复核，累计退出保障家庭72户。

【安居住房建设】 是年，北部片区保障性住房三期工程已全部竣工并交付使用。四期工程完成主体封顶，共建住宅楼2栋18层，324套。两栋均为经济适用房，总建筑面积2.2万平方米，预算投资7700万元。

【物业管理】 全区现有住宅小区（含老旧住宅片区、休疗养院宿舍区，不含农村小产权住宅区）52个，建筑面积合计约180余万平方米，其中，办公及商住、公寓别墅小区11个，2000年以前建设的老旧小区22个。24个小区已实施物业管理，8个住宅小区已选举产生业主委员会，尚有28个老旧住宅小区（组团）、拆迁安置用住宅小区，100余万平方米住宅楼还没有实施物业管理（或被物业服务企业弃管）。

是年，对已实施物业管理的小区的物业管理服务活动监督的同时，重点加强新建小区前期物业管理是否到位和物业管理准入审查以及老旧小区探索推行开放式物业管理。年内2个新建小区实施物业管理，1个小区通过业主选举产生业主委员会，1个业主委员会改选。监督和指导维修基金的规范使用，接待群众保修申报23起，完成房屋维修23起，动用维修资金200余万元，维修房屋建筑面积4万余平方米。

【建筑业管理】 全区资质建筑企业完成建筑业总产值2.22亿元，比上年下降24%。建筑业企业房屋建筑施工面积10.73万平方米，竣工面积3.70万平方米。从业人员期末数1792人，比上年增长19.55%；营业利润

696万元，比上年增长24.42%。

【招投标管理】 2014年，直属工程建设管理中心监督检查全区招投标工程建设项目18项,总中标价为2467.10万元。其中公开14项，中标价为2113.16万元；邀请4项，中标价为353.94万元。

【安全生产管理】 2014年，深入施工现场检查安全生产200余次，全区性安全生产大检查4次，专项治理检查2次，下发隐患整改通知书44份，停工指令书12份；发现情况120余次，成功处置农民工上访事件8起，共涉及工程项目5个，施工单位28家，农民工人数800人，工程款和农民工工资1650万元。

【工程质量监督】 2014年，建设工程质量监督站接收市工程质量监督站办理监督注册的建筑工程13个项目84个单体，建筑面积约16.97万平方米，总投资约3亿元。主要项目有：北戴河区北部片区保障性安居工程四期两栋高层住宅，润秦房地产北戴河国际公馆一期、二期项目，中宇房地产浪淘沙1号，万科房地产戴河丽舍二期，北戴河车站村东南片区改造安置房等。

参加竣工验收监督并出具《建设工程质量监督报告》的工程有12个项目20个单体，建筑面积约10.85万平方米，已报市建设局备案。主要项目有：北戴河区北部片区保障性安居工程三期4栋楼，河北外国语职业学院一期扩建教学主楼，河北外国语职业技术学院公共租赁住房5栋楼、北戴河黄金宾馆改造综合楼等。

年内，河北外国语职业学院主教学楼工程获得“省优质结构工程”证书。北戴河区北部片区保障性安居工程四期17#、18#楼，已经申报“市优质结构工程”，通过专家组考评。

（任雅新）

城市绿化

【概况】 2014年，北戴河区在巩固已有绿化成果的基础上，本着人性化、艺术化、精细化的理念，打造了一批绿化精品景观。主要实施了浪淘沙园建设工程、东三路街点整治提升工程、北戴河火车站广场景观及绿化完善提升工程、节点塑景工程、城市区主次干道景观增绿工程、城乡绿化及庭院绿化工程等。栽植乔木、灌木22.90万余株，造型、花卉、野花组合、草坪3.60万平方米，栽植鲜花、垂直绿化植物、草本攀缘植物46万株，其中城市区改造绿地14.57万平方米、新增绿地1.65万平方米，工程总概算2258.63万元；农村造林栽植乔、灌木18.78万株，宿根花卉、造型、野花组合5000平方米、垂直绿化植物1.6万株。全区绿化覆盖率达到57.41%，绿地率达到53.70%，人均公共绿地53.57平方米。

（刘丹丹）

【绿化工程】 改建浪淘沙园　为提升沿海金山嘴片区的环境质量，改善公共浴场周边环境，2014年北戴河区拟在此片区建设休闲游园绿地。恰逢毛泽东主席《浪淘沙·北戴河》诗词创作60周年，故命名为浪淘沙园。该园改造面积2.20万平方米，投资630.10万元。栽植景观乔灌木4326株、地被花卉6081平方米，修建防浪堤280延长米，休闲文化长廊300平方米，修建管理用房、园路1582平方米，铺装广场612平方米，摆放主题雕塑，实施给排水及亮化工程。以石刻、展廊形式，展示毛泽东主席诗词以及在北戴河工作、生活的故事片段。

街巷增绿工程　投资163.70万元，改造东三路、安一路、北六路、单赤路等21条街巷，改造面积1.38万平方米，栽植乔木488株、花灌木437株、球类316株、宿根花卉2209平方米、造型1918平方米，草坪1226平方米。

老旧小区增绿工程　改造面积1.50万平

方米，涉及北岭一区、三区和东山小区3个老旧小区。栽植乔木86株、花灌木1541株、宿根花卉1748平方米，铺设路缘石240延长米。

绿化完善提升工程　投资117万元，改造北戴河火车站广场绿化、站前南大街东段绿化、联峰山增绿工程，改造面积7483平方米。栽植乔木92株、花灌木483株、球类21株、宿根花卉663平方米、造型126平方米、野花组合2000平方米、鲜花1200株、垂直绿化120株。火车站广场安装白色不锈钢立体花架12组。

干道增绿工程　投资655万元，实施北四路、北七路、高速引线、滨海大道两侧绿化等4条道路增绿工程，改造面积2.19万平方米。栽植乔木2209株、花灌木3.32万株、球类317株、宿根花卉2585.2平方米、草坪5160平方米、草花24.10万盆。

（王玮璠）

【公园建设】　公园绿地设施维修　投资13万元对联峰山公园水景观改造及防水处理、小型车场建设、如来寺厕所水箱维修、指路牌、描字、休闲座椅、垃圾桶等基础设施维修及更换，翻建望龟亭。投资160万元对平水桥游园、鲁迅公园等16个街头游园、鸟类博物馆内的基础设施进行维修和改造，主要包括对园内凉亭、栈道、园路、垃圾桶等进行维修、粉刷及更换；区内各汽车站点及绿地内踩踏严重的地方铺设统一的面砖；奥林匹克大道公园塑胶跑道、厕所、凉亭、照明等基础设施的维修。

游园水景观改造　投资79万元对听涛园“北戴河”大字瀑布上层蓄水池进行扩大，重新制作防水层，外围安装塑木护拦，瀑布山体岩石缝进行注胶处理，增加水泵数量，将瀑布口向东西两侧扩充，增加瀑布出水体量，提升整体景观效果；对月季园中心园原有喷泉进行改造，重新铺装防水层、面层，安装花式喷头、水下彩灯等水电设施。

道路栅栏维修工程　投资69万元拆除部分路段栅栏9.67千米，在崔各庄转盘、联峰路新安装钢筋及方钢栅栏488米，并对联峰路中段、西海滩路、联峰北路、滨海大道等2.70万余延长米的栅栏进行更换及维修。

（李海宁）

【城乡绿化】　农村造林工程　北戴河区完成人工造林133.67公顷，栽植各种苗木18.93万株，超额完成市定目标任务。其中，栽植速生杨118.33公顷、17.36万株；栽植板栗、桃、核桃等15公顷、1.04万株；栽植柳树0.33公顷、300株；“四旁”植树5000株。主要栽植地点为拨道洼村、东坨头村、蔡各庄村、崔各庄村、费石庄村、西部快速路两侧等区域。

村庄绿化工程　根据《秦皇岛市农村面貌改造提升行动村庄绿化方案》，结合农村环境整治，投资39万元重点对车站村、拨道洼村、杨各庄村、谢李庄村、大薄荷寨村、小薄荷寨村、蔡各庄村、甘各庄村、东坨头村、太平庄村、乔庄村、丁庄村、草厂村等13个村进行绿化完善提升，栽植乔木3900株，卫矛、水蜡、红王子锦带等绿篱带1263平方米，约3.20万株，提高村庄绿化档次。

绿满戴河庭院工程　对北戴河村、费石庄村等7个村庄的主、次街道进行详细摸底调查，编制《绿满戴河庭院》分村实施方案。从5月10日起，对费石庄村、苏庄村、小朱庄村、乔庄村等村进行绿化施工，共栽植乔木119株，花灌木9128株，攀缘植物1.24万株，花卉1305株，地被植物376平方米，播种野花组合2168平方米。

庭院上档升级　坚持“有院必绿”“见缝插绿”原则，督促142家休疗单位进行绿化提档升级，组织各休疗庭院相互交流和学习，推广新优品种应用，提升庭院绿化水平。

（周红英）

【民间绿化】　通过组织大规模植树活动、部门绿化、城区重点绿化工程、农村四旁植树、工程造林、绿化宣传及养护折合、联查评比、培育花卉苗木、经营管护森林等多种方式，全面推动义务植树进程，全年完成植树47.83万株，超出年初15万株的植树任务，义务植树尽责率达到98.20%。其中，城区完成植树21.38万株，义务植树尽责率为97.80%；农村义务植树完成26.45万株，义务植树尽责率为98.70%。

（党爱丽）

公用事业

【供水】 2014年，北戴河供水总公司内设15个职能部门，有1座水厂和5个加压泵站，供水主管网总长169千米，供水量1567.60万立方米，实现销售收入4060.80万元，主要担负北戴河区、北戴河新区、南戴河旅游度假区的供水工作。

年内，对水厂一泵站、二泵站、沙窝加压泵站的水泵、电机及配套的电气设备进行更新改造，保证供水设备安全运行。完成北戴河新区暑期供水应急管线工程建设，敷设3267米DN800给水管线，为北戴河新区接通自来水。改造、优化南戴河旅游度假区供水管网布局，解决部分老旧小区供水压力不足问题。为北戴河草厂片区敷设DN300的供水管线539米，解决水压水量不足、用户用水困难的问题。更换部分小区老旧磁卡表，为40余个重点用户更换超声波流量计，实现精确计量。公司严格执行班组级、车间级和公司级三级检测制度，对原水、出厂水、管网水进行水质监测，严格执行《水质处置应急预案》，科学指导投加净水药剂，提高应急处置能力，保证供水水质。

在暑期，积极协调水务局、引青局等单位解决原水供应不足问题。7月1日至8月31日，总供水量为434.40万立方米，比上年增加11.10万立方米；同期水厂总供水量388.30万立方米，比上年增加23.30万立方米。8月，公司日供水和水厂日供水最高时分别达到8.46万立方米和7.30万立方米，连创历史新高。

是年，北戴河供水总公司正式启动北戴河西部水厂项目建设，一期工程为设计日供水能力10万立方米的现代化水厂及配套的引配水管网，总投资5.20亿元。预计2016年建成投入使用，供水管网将覆盖北戴河区、北戴河新区、南戴河旅游度假区及周边区域。

（杨海纯）

【供电】 北戴河客户服务分中心为秦皇岛供电公司派驻该地区的供电服务单位。直接担负着240余家休疗单位以及6.90万余常住人口的供电任务。2014年，北戴河地区共有营业户数51508户，年售电量33104万千瓦时，其中城镇居民生活用电24655户，用电量5136万千瓦时；农村居民生活用电21420户，用电量2411万千瓦时，比上年减少122万千瓦时，下降3.56%。全年累计供电量完成35878万千瓦时，比上年减少101.20万千瓦时，比上年下降4.09%。用电量下降主要原因是暑期气温影响和大工业、非普工业、农业生产用电量减少所致，为历年来首次下降。区内有220千伏变电站1座、110千伏变电站3座，总容量64万千伏安，最大负荷11.5万千瓦。2014年全区新增用电负荷42460千伏安/千瓦。

2014年6月，完成投资580万元的北戴河中学配电室改扩建工程中的高、低压设备安装、调试、高压电缆过渡工作提升了城市中心区域家庭旅馆及商业客户的供电可靠性。投资1120万元完成北戴河区污水泵站、西古城站电源电缆改造工程，共敷设高压电缆19千米。解决了西一路至河东寨至污水泵站单一电源问题以及丁庄村、陆庄村、河东寨村、西古城村暑期家庭旅馆大负荷与南戴河、太平庄村拆迁改造新增用电负荷容量不足问题和北戴河城区3个110千伏变电站负荷不平衡问题。投资1255万元完成北戴河家庭旅馆供电设施改造工程，家庭旅馆片区新增供电容量10620千伏安，家庭旅馆用电供需矛盾得到有效缓解，供电故障发生率比上年下降92%。同时，暑期前投资2440.90万元实施电力设施改造建设，为暑期保供电提供可靠支撑。

（王顺兴）

【供气】 2014年，秦皇岛市燃气总公司北戴河公司完成天然气销售530万立方米，实现销售收入1649.70万元。公司有中压管网56.30千米，低压管网110千米，覆盖北戴河城市区及周边地区。建设各种调压站箱205台，中低压阀门井185座，拥有民用户1.80万户，公建用户95户，日最大供气能力6万立方米。1月总投资1539.01万元筹建天然气加气母站，加气母站设计加气能力3万标准立方米/天，总建筑面积5769.86平方米，7月5日顺利完成，8月25日生产试运行，至年末，完成加气63.60万立方米。

加强施工安全和抢修、巡检力度，安全完成6处施工任务和薄荷花苑、宣和酒店等4处中低压接口，点火3211户、改线41户。抢修、维修调压器、电容套等漏气现象13起；维修民用户、公建户燃气设施41次；点交验收民用户5286户，公建户16户，接收小区16处，接收管线20.93千米。处理115起燃气用户报警。安检中心对3454户民用户、92家公福用户约295个表点进行安检，对漏气、私拆私改、胶管老化等安全隐患及时进行处理，与85家公建用户签订完成城市供气合同。

加大管网巡线力度，对中压管线及关键装置（过涵洞、过河、过桥、穿越部分）重点部位巡查30余次，处理违章压线10起，施工监护13起，下达违章通知单39处。日常巡线发现问题82处，均及时处理，避免恶性事故和次生事故发生。

（高静君）

【供热】 2014年，北戴河区对避暑园小区9栋住宅楼和地税局家属院3栋住宅楼进行供暖分户改造，改造342户、面积3.4万平方米。同时完成外网改造3000余延长米。10月15日前全部完成并通过验收，确保改造住户正常供暖。

（任雅新）

环境保护

【概况】 2014年，北戴河区以生态良性循环、资源合理利用、环境质量良好、城市优美洁净为工作目标，以服务发展为要务、污染减排为中心、生态创建为抓手、宣传教育为先导、绿色行动为主线、执法监督为关键、能力建设为支撑、队伍建设为保障，全面推进环保基础设施建设、工业污染治理、城乡环境综合整治、重点生态工程建设和重大项目环评审批等重点工作。全年接办环境信访投诉37件，群众投诉案件结案率100%，群众满意率100%。

【生态建设】 根据国家生态区创建部署，全力推进环保基础设施建设、环境优美镇创建、农村环境综合整治和基层绿色创建等重点工作。推进以生活垃圾集中处置、河道整治、禽养殖场粪便综合利用、秸秆禁烧为重点的农村连片整治，片区共涉及整治村庄11个。推进清洁生产审核工作，鼓励工业企业采取改善管理、综合利用、革新生产工艺等措施，从源头削减污染，提高资源利用效率，减少或者避免生产、服务和产品使用过程中污染物的产生和排放。开展国家级生态区和生态乡镇、生态村创建活动，陆庄村、杨各庄村申报创建国家级生态村。

【污染减排】 2014年，全区污染物排放总量得到有效削减，化学需氧量、氨氮、二氧化硫、氮氧化物四项污染物减排指标在2013年排放量的基础上净削减2.20%、3.10%、2.10%和5%，完成年度总量减排指标。从源头上预防环境污染与生态破坏，制定全区主要污染物总量控制计划，把总量指标作为企业新、改、扩建项目环评审批的前置性条件，对不能通过清洁生产、污染治理削减排污总量，实现“以新带老”的，不予批准新上新增污染项目。全年办理建设项目29个，环境影响评价率达到100%。

初步建立有利于推进全区污染减排的政

策体系，将污染减排作为约束性指标纳入全区国民经济和社会发展“十二五”规划和年度工作计划。实施西坨头村污水入网工程、畜禽清洁养殖工程以及淘汰黄标车工程。城区内各类商业经营性1吨以下小锅炉改用天然气、油、电等清洁燃料，不达标的一律拆除，取缔燃煤锅炉10台。

【环境监测】 密切关注敏感地区和重点污染源周边环境质量状况，全年完成环境空气、降尘、功能区噪声、道路交通噪声、区域环境噪声等6个环境要素的环境质量监测。设置监测点位环境空气1个、降尘3个、入海河口水1个、功能区噪声4个、景点噪声7个、道路交通噪声12个、区域环境噪声62个。对疗养院、开发区企业310家次进行污水监测，出具水监测报告310份。对全区88家企业的锅炉进行监测。

【环境监察】 实施区域性生态环境监察试点工作，明确近海海域生态保护区、生态城镇建设区、生态农业保育区、生态工业发展区、森林生态系统保护区5大重点监察区域，抓实建设项目、水资源开发利用、森林资源开发利用、生物物种资源开发利用、旅游资源开发利用、农业资源开发、城市与生态工业园区建设等7方面的生态监察重点内容，建立部门联席会议制度、联合监督检查制度、生态环境破坏报告制度等8项制度，为生态环境保护工作深入开展奠定坚实基础。开展“整治违法排污企业保障群众健康”环保专项行动和强化企业污染防治设施运行管理年活动，全面清查企业污染防治设施运转情况，督促企业进行排污口规范化。6月，联合中石油秦皇岛输油气分公司进行突发原油泄漏环境污染事件应急演练。

（李明玉）

旅游·度假

综述

2014年，北戴河区紧紧围绕“旅游兴市”战略部署，以旅游综合改革试点为契机，狠抓重点项目建设，加大基础设施投入，加强旅游宣传营销，规范行业市场管理，推进特色民宿提升，旅游产业保持良好发展势头。高标准完成东三路街景改造工程，并在暑期前投入使用；建成北戴河智慧旅游服务中心、智慧旅游三级网络监控服务体系和智慧旅游平台，继续开通智慧旅游入区欢迎短信服务，增加免费WiFi热点，实现免费WiFi实名制，增加智慧旅游360度实景导览点位；深入推广旅游行业精细化服务活动，初步构建三级精细化服务培训体系；依托三个品牌级旅游推介会，大力宣传推介区内旅游资源，开拓客源；开展“八项活动”，促进民宿品牌化建设。

是年，北戴河区接待游客742.49万人次，其中，国内游客739.59万人次、入境游客2.90万人次，分别比上年增长5.49%、5.47%和11.11%。在入境游客中，接待俄罗斯游客2.60万人次，比上年增长11.59%。辖区内旅游景区（点）接待游客607.50万人次，实现门票收入1.20亿元，分别比上年增长13.15%和32.46%。

旅游项目建设

【概况】 坚持以政府主导、项目拉动、促销带动、管理推动为一体的旅游发展战略，以项目为载体、特色为支撑，按照“生态型、园林式、国际性旅游休闲度假区”的城市发展定位谋划包装旅游新项目，加大旅游软硬件建设力度，优化旅游环境，推进旅游业持续健康发展。

【俄罗斯游客接待单位改造】 年内，完成投资7510万元，涉及天津工人北戴河疗养院、河北省总工会北戴河培训中心、北戴河友谊宾馆、河北省北戴河气功疗养院、中国煤矿工人北戴河疗养院、全国总工会北戴河疗养院6家单位，分别对客房、餐厅、沿街外立面等基础设施进行了不同程度的改造建设。

【旅游住宿接待单位改造】 年内，完成投资2.01亿元。涉及中国社科院北戴河培训中心、中国黄金职工北戴河培训中心、冀北电力公司北戴河疗养院、北戴河金海酒店、北戴河阳光培训中心、北戴河京工宾馆、北京铁路局北戴河疗养院、河北省政府北戴河管理处、河北省法院北戴河法官培训中心、北戴河悦华宾馆、河北省广播电视台北戴河培训中心11家单位，分别进行客房、餐厅改造，新建、重建公寓、客房楼，新建文化艺术品交易中心等。

【旅游景区改造项目】 年内，完成投资7141万元。对鸽子窝公园、碧螺塔酒吧公园、秦皇岛野生动物园、集发生态农业观光园、怪楼奇园、联峰山公园、老虎石海上公园7处旅游景区基础设施进行改造提升。主要改造内容包括：绿化提升，亮化工程，路径改造，环境整治，新增景观项目，智慧旅游建设等旅游基础设施建设改造。

【东三路街景整治提升工程】 年内，完成投资679万元。立面整治建筑26栋，改造路面

3070平方米，绿化提升1740平方米，增加弧形座椅2处，新建围墙290米，更换铁艺1200米，提升该路段亮化、绿化和经营业态。

【A级景区整改提升工作】 贯彻落实河北省旅游局全省景区整改提升工作中期调度会和全市景区专项会议精神，制定整改方案，督导景区对照标准，根据景区实际情进行整改，要求限时完成整改。

旅游行业管理

【概况】 2014年，北戴河区共有宾馆、疗养院、招待所等303家，接待床位4.50万张，民宿有1906家，接待床位6.5万张，全区累计接待床位11万张。

【星级饭店管理】 至年末，全区正式挂牌星级酒店23家，其中，四星级酒店8家，三星级酒店14家，二星级酒店1家。年内，市、区星级评定委员会对辖区内四星级饭店幸运国际大酒店、新华假日酒店、冀北电力公司北戴河疗养院、怪楼奇园大酒店饭店进行复核检查，对不达标单位提出整改意见并督导整改单位加快落实整改，进一步提升星级饭店的标准化意识，规范服务行为，树立北戴河良好的星级服务形象。

2014年北戴河区星级酒店基本情况

表4

单位名称	前台电话	星级
海滨花园大酒店	5929000	AAAA
新华假日酒店	4280888	AAAA
幸运国际大酒店	4020555	AAAA
冀北电网公司疗养院	4661188	AAAA
北华园观海酒店	4680666	AAAA
怪楼奇园大酒店	4683999	AAAA
金台度假酒店	4681666	AAAA
天津起士林大饭店	4680000	AAAA
北戴河金山宾馆	4041338	AAA
北戴河友谊宾馆	4041945	AAA
北戴河悦华宾馆	4020999	AAA
鸥鹏酒店	4041228	AAA
国林宾馆	4022128	AAA
广电宾馆	4024799	AAA
中国煤矿工人北戴河疗养院	4041017	AAA
石油宾馆	3857188	AAA

【精细化服务】 2014年，在全区继续开展“精细化服务”活动，制定《北戴河旅游行业精细化服务活动实施方案》。6月5日，区旅游局、区旅游协会在中国石油天然气管道局北戴河培训中心举办“北戴河区旅游行业精细化服务培训大会”，辖区内休疗单位、星级宾馆、旅游景区、旅行社、旅游管理部门近50家单位180余名中层以上管理人员参加培训。下发《秦皇岛市涉旅行业标准》200余册。要求各旅游企业结合自身实际，利用淡季开展多种形式培训，确保每位员工不低于16学时的在岗培训，实现参训率100%，达标率100%。

【旅行社管理】 2014年，全区有49家旅行社（含6家分社），2家门市部。其中秦皇岛出彩国际旅行社有限公司、神州旅行社有限公司北戴河分公司、三亚天马旅行社有限公司北戴河分公司为新设立；秦皇岛北戴河大航海商务旅行社、秦皇岛北戴河天博国际旅行社从北戴河区迁出；秦皇岛德运国际旅行社有限公司、秦皇岛市天佑国际旅行社有限公司由秦皇岛市海港区迁入；秦皇岛市北戴河国林旅行社因多年经营不善，自动注销。完成对旅行社名称、地点、法人、营业范围变更服务事项12个。严格按照《旅行社条例》和《旅行社责任保险管理办法》，做好旅行社责任险的投保和监督管理工作。

2014年北戴河区旅行社基本情况

表5

名　称	地　址	负责人
秦皇岛北戴河金山国际旅行社	金山嘴路4号	王玉珍 李　汕
秦皇岛夏都国际旅行社	联峰北路9号2栋	王　涛
秦皇岛市北戴河金海国际旅行社	保二路中国煤矿工人北戴河疗养院内	张振国 任丽红
秦皇岛海之韵国际旅行社	鸽赤路口污水泵站旁	张海龙 孙兰清
秦皇岛市北戴河区旅行社	草厂西路6-1-5号	王树中
中国青旅集团北戴河基地旅行社	黑石路四号	王亚林 陈海军
秦皇岛市北戴河联峰旅行社	剑秋路26号	李可宏 刘　冰
秦皇岛市北戴河新东方旅行社	北戴河区刘赤路	王　可
秦皇岛森林商务旅行社	鸽赤路1号	刘金霞
秦皇岛海之旅国际旅行社	海宁路10-3	管　茁
秦皇岛方舟国际旅行社	北戴河安一路10号	任福春
秦皇岛市北戴河艾芙旅行社	育花二区51-1-502	丁艾芙
秦皇岛市北戴河海韵旅行社	刘庄村	王　惠 安　博

续表5

名　称	地　址	负责人
秦皇岛市北戴河华夏旅行社	北戴河联峰北路9号32B	缪春生
秦皇岛市北戴河大正旅行社	海宁路薄荷花苑老三号楼中门402室	郑永青 郑淑贤
秦皇岛北戴河卓越国际旅行社	东经路（外交部休养所内）	边　猛
秦皇岛出彩国际旅行社有限公司	北戴河联峰北路155号	莫爱英
秦皇岛渤海旅行社	海宁路80号	刘东风
秦皇岛市北戴河红日旅行社	联峰路同程公寓	郑立波
秦皇岛中通国际旅行社有限公司	薄荷花苑15栋	张　超
秦皇岛风景国际旅行社	东经路（外交部休养所内）	刘莹华
秦皇岛市佳韵国际旅行社	东山小区3－1－201号	秦新武 王　建
秦皇岛北戴河鸿天国际旅行社	滨海大道临海度假村E区5－2号	修志华
秦皇岛天际国际旅行社	安一路9栋101室	刘　伟
秦皇岛市华奥旅行社	红石路11栋12号	张绍华
秦皇岛市北戴河明珠商务旅行社	联峰北路56号	姜乃瑶 付大鹏
秦皇岛北戴河鼎诚国际旅行社	康乐路18－1－201	林　涛 高　丹
秦皇岛北戴河百益旅行社	北戴河海宁路87号	王丽艳 朱　旭
秦皇岛景程国际旅行社	单庄村134号	周瑞申
秦皇岛北戴河云海国际旅行社	北六路21－1号	段长春
秦皇岛市海屿国际旅行社	海宁路78号（华江宾馆内）	许伯薇 刘　强
秦皇岛海源国际旅行社	安一路8号吉程大酒店	姜原盛 杨　超
秦皇岛中澳国际旅行社有限公司	天鹅堡1－201	关晓风
秦皇岛天平国际旅行社	交通疗养院4－7－1	王振华
秦皇岛大金龙国际旅行社	联峰北路刘庄村居委会	刘志远
秦皇岛人合国际旅行社	北戴河区火车站（华盟宾馆内）	李　栋
秦皇岛海洋国际旅行社	联峰北路56号2单元3、4号	崔　浩

续表5

名　称	地　址	负责人
秦皇岛畅游国际旅行社	南岭小区6-2-401	杨琳琳
秦皇岛领航国际旅行社	剑秋路17号铁道部院内	幺冰冰
秦皇岛宣海国际旅行社	联峰北路9号40栋	房必元
秦皇岛天之蓝国际旅行社有限公司	海宁路天鹅堡公寓17号201	常志朋 刘晓光
秦皇岛市德韵国际旅行社有限公司	北戴河区东经路90号	姜原盛
秦皇岛市天佑国际旅行社有限公司	北戴河区北岭一区123-1	王　强
北京易游假期旅行社北戴河分社	刘庄北里11-2号	李　超 常　乐
中国铁道部旅行社北戴河分社	剑秋路15号	刘香满
河北省中国国际旅行社有限公司北戴河分社	刘庄北里11排8号	孙立山
秦皇岛虹桥国际旅行社有限公司北戴河分公司	草厂北路37号	巩广成
三亚天马旅行社有限公司北戴河分公司	联峰路209号	赵春红
秦皇岛神州旅行社有限公司北戴河分公司	北戴河区蓝色港湾-天鹅堡5-3号	张绪城
秦皇岛海燕国际旅行社门市部	蓝色港湾_天鹅堡4-203	车　盈
秦皇岛圆梦国际旅行社门市部	联峰北路012-15号	耿　扬

旅游市场开发

【宣传品制作】 为纪念《浪淘沙·北戴河》创作60周年，将城市形象宣传、旅游营销工作与纪念活动相融合，进行纪念邮册的开发、设计及制作。采购《钮博写生·北戴河》画册，供全区旅游宣传使用，该画册是目前唯一完全展现北戴河旅游、生活文化的国内知名画家的写生集画册，画册内作品集中展现了北戴河的迷人风情，是北戴河对外宣传的重要载体。

【开展业界洽谈】 全年接待海内外旅游客商、新闻媒体达2000余人次，对城市环境、酒店住宿、旅游线路、各景区（点）、服务接待进行综合考察。邀请台湾旅行商同业考察团到北戴河区考察。成功举办“浪漫北戴河·美丽大东极——北戴河第九届中外旅行社经理联谊会”“浪淘沙·北戴河”第三届旅游产品推介会和“智慧旅游”北戴河旅游产品发布会。

【旅游市场拓展】 依托北戴河旅游协会，科学整合景区、旅行社、星级宾馆、疗养院、饭店等旅游资源，采取区域针对性促销、景区打包联线促销、“涉俄”单位整合促销等形式，积极发动旅游协会、区内旅游企业参加各种促销活动。相继组织区内旅游行业单位随省高铁旅游城市联盟团队赴广州、武汉、郑州开展“美丽中国·燕赵行”高铁旅游推广活动，赴北京、天津、广东、厦门参加“2014中国国内旅游交易会”“2014北京国际旅游博览会”“2014北方旅游交易会”“2014中国国际旅游交易会”等专业会展。9月19日，组织区内旅游企业参加第19届北方十省市旅游交易会，并赴天津进行深度促销。

【丰富旅游载体】 2014年，北戴河区将传统文化与旅游创新相结合，利用“春节灯会”打造全区淡季旅游产品，塑造北戴河区国内知名的“灯会之城”的形象。在灯会期间借助国内各级新闻媒体报道，体现北戴河区活力、魅力、实力和竞争力，促进地域经济发展。

依托年内举办的“2014运动之春第9届轮滑节”“2014运动之春第10届轮滑节”、集发民俗庙会等活动，做好信息发布和衔接本、外地旅行社；“中国旅游日”期间，向游客免费发放“中国旅游日”宣传资料，为游客提供旅游咨询等相关服务；4月12日，举办2014北戴河智慧旅游活动启动仪式暨全国知名旅行商旅游研讨会；6月25日，第58届“韩国小姐”人赛选拔出的前50名韩国佳丽走进北戴河拍美景；7月13日，北戴河旅游开启“研学旅行”之路；是日，召开2014年中国北戴河中法气功学术研讨会；7月16日，举办纪念《浪淘沙·北戴河》创作60周年书画摄影展开展活动；是日，以2014年“俄中青年友好交流年”为契机举办中俄北戴河国际青少年艺术交流夏令营活动；7月26日，由北戴河旅游协会主办的钮博“写生北戴河”画展开展仪式在北戴河怪楼艺术片区梅墨生艺术馆内隆重举行；9月16日，应秦皇岛市政府邀请，台湾旅行商同业考察团到北戴河区考察；区旅游系统开展“善行河北和中国梦·赶考行”社会主义核心价值观宣传等活动。

【加强与媒体共振】 联合《河北日报经济生活周刊》专栏制作北戴河区旅游专版，全方位介绍全区旅游的“昨天、今天、明天”；《自由天下》杂志到该区采风；新华网北戴河频道集中展示全区旅游景区采风；百姓关注栏目以“关注我们的‘城市美容师’”为素材，走进鸽子窝景区拍摄专题片；以广播形式为自驾车游客服务，在1小时的直播中，分别从吃、住、行、游、购、娱旅游6要素方面，详细介绍全区旅游资源，同时以微博、微信的形式对外发布。《河北日报》记者就暑期旅游准备工作、老别墅、疗养院、民宿等方面进行专访，充分展示全区旅游资源。

旅游市场秩序与安全

【概况】 2014年，北戴河区加强旅游行业安全生产和诚信质量监察管理，依法行政、科学执法、文明服务，不断健全、完善旅游安全和质量监管网络体系。全年出动检查车辆985辆次，检查景区8家、星级宾馆23家，旅行社用车106辆次、旅行社50家、导游人员2371人次，没收假导游证2个、假实习证1个，现场规范导游员1536人，对23家旅游企业做出限期整改的行政处罚。

【提升旅游品质】 制定《北戴河区旅游服务品质访查制度及评价（试行）》和“旅游行业服务品质访查评分表”《导游员接团服务规范》，依照标准以“随团访查”“游客式暗访”“明查评判”等形式对全区星级酒店、旅游景区、旅行社的服务质量进行“全接触式”访查，从环境、卫生、服务、宣传等方面提供经营管理行为准则，促进旅游服务标准化、细微化、亲情化，夯实旅游管理基础。

【优化旅游市场环境】 采取专项执法检查和联合公安分局、区工商局等部门共同打击治理的方式，严查旅行社超范围经营、转让业务经营权、无证照经营、导游擅改行程及私揽导游业务、冒用星级发布虚假广告等行为。检查相关单位及个人180件次，批评教育导游员320余人次，下达责改通知书34份并跟踪做好复查。严查民宿人员不按指定位置接客、倒卖门票、欺诈游客及固定商贩、流动摊位随意占道经营等行为，清理违规人员1000余人次，规范教育导游员400余人次。

【维护游客权益】 建立高效的投诉处理工作机制，旅游投诉电话“4186110”，24小时畅通，确保有电必接、有诉必理、理后必答。全年接听投诉电话180余件次，及时受理游客投诉及市长热线转办投诉76件次，转接、协调其他投诉问题100余件次，为游客挽回经济损失10万余元，投诉结案率达100%，游客满意率达99%以上。

【旅游安全零事故】 推进旅游企业安全生产承诺制度建设，开展全员安全教育和培训，抓好安全生产“三项制度”和应急预案的建立与完善工作。开展旅游专项执法和旅游安全综合执法检查，深入排查整改各类旅游安全隐患问题。对区内8家旅游景区、23家星级宾馆、50家旅行社及分社进行逐家检查，检查内容涉及安全例会召开、制度和预案落实、安全台账设立、教育培训开展、安全设施建设等软硬件环境安全，突出旅游用车、旅游保险、暑期安保、游乐设施及电瓶车、船艇等水上项目检验检测、文艺演出场馆、浴场防海蜇、特种工作人员持证情况等关键部位和环节，出动执法人员500余人次，执法车辆100余辆次，排查安全隐患162处，下达安全整改通知书15份并跟踪完成整改，实现全年旅游安全“零事故”目标。组织旅游企业开展大型娱乐设施、水上项目、海上救生、反恐防暴、防火施救等应急模拟演练，提高企业应急救援水平。制定《旅游维权安全保障手册》“反恐防暴手册”“海浴提示卡”，下发至行业内81家景区（点）、星级宾馆和旅行社，提高市民和游客安全防范意识。

【提升安全知识素质】 组织开展安全生产双向宣传教育培训活动，4月25日，召开“北戴河区规范旅游市场秩序暨安全生产、精细化服务培训动员大会”，星级宾馆、旅游景区、旅行社等单位负责人300余人参会。6月28日，召开“北戴河区旅游行业反恐防暴群防群治动员会”。

12月1日，开展以“贯彻安全生产法 重视旅游安全”为主题的宣传咨询活动。督导10家星级宾馆和旅游景区强化新《安全生产法》的学习和宣传工作。

乡村旅游工作

【概况】 2014年，北戴河区结合全民创业和城乡一体化建设目标，在行业培训、准入审批、星评指导、品牌塑造、宣传推广等方面深入开展民宿综合整治提升工程，优化旅游产业品质，提高经营户素质，增加村（居）民经济收入，力求使“政府、游客、经营户”三方满意。全年办理民宿登记1875家，主要分布在全区10个行政村，其中，刘庄村404户，草厂村509户，单庄村157户，河东寨村77户，丁庄村168户，陆庄村199户，西古城村100户，崔各庄村133户，大薄荷寨村108户，小薄荷寨村20户。民宿总接待客房约2.8万间、总床位约6.50万张、直接从业人员5000余人，以民宿为主的乡村旅游接待床位约占全区总住宿接待能力的60%。至年末，全区民宿接待游客约247.57万人次，总收入约8927万元。

【民宿业规范化管理】 健全完善《民宿管理暂行规定》等10余项管理制度。推进“区、镇、村、队、组、经营户”6级“塔”形自律管理模式，将全区1875家民宿全部纳入旅游协会乡村旅游分会进行会员制管理。协调公安分局、消防、卫生、工商、地税等职能部门及两镇（街）形成综合监管态势，精简民宿审批项目，由11项压缩为4项，强化监管与服务并重。大力推广智能化管理，建立民宿信息资源库，依托北戴河民宿子网站和旅游订房平台对会员实行网络监管。

【民宿业高端化发展】 举办集中培训大会和综合技能培训活动，3000余名从业人员参加。34位领导干部与星级、特色民宿“一对一”结对，在品牌定位、特色发展、文化挖掘等方面提供智力支援，促进民宿业整体提升。暑期招募210名大学生志愿者，在网络营销、精细化服务、特色化发展、暑期安保等方面免费服务民宿户，累计入户指导3.50万余次，实现全区85%以上的民宿在网上宣传，民宿网络订房覆盖率比上年增长22%。建立民宿旅游网站并与“去哪儿”“艺龙”“南北游”等网站合作，全区大部分民宿均实现网上浏览、网上预订和在线支付，拍摄完成微视频北戴河民宿旅游版《小苹果》，开通“北戴河民宿”官方微博和微信平台，并形成互动促销的营销模式，大力宣传北戴河民宿品牌。联合河北新闻网举办“我在北戴河有个‘家’特色民宿体验”活动，全区特色民宿免费在河北新闻网宣传展示，活动关注人次达300余万人。花神、古枫小院、猫宅等50余家特色民宿在行业中树立起了标杆，发挥了良好的示范带动作用。2014年评选出三星级以上民宿47家。至年末，全区有星级民宿172家，其中，五星级2家，四星级17家，三星级79家，二星级74家。区民宿管理办公室为部分高星级民宿和特色民宿免费配发了带有民宿标识的前台服务牌、名牌盒等品牌产品；制作3000余顶帽子作为接站替代品免费发放给所有民宿会员；为110家有代表性的民宿免费配备了近4000册文化旅游书籍，注重民宿文化和品牌发展。开展舆论宣传报道活动,至年末，发布民宿信息64篇，民宿周报24期，民宿稿件百余篇，北戴河民宿品牌在《中国旅游报》《中国经济时报》《河北日报》、中新网、新华网、新浪网、河北新闻网等媒体平台受到广泛关注和热度宣传，品牌效果显现。

旅游信息化工作

【“智慧旅游”工作】 2014年，北戴河智慧旅游工作主要完成了春节灯会技术制作、智慧旅游入区游客欢迎短信、免费无线WiFi点位扩容及上网认证、360度全景导览系统新增点位、电子书柜增容。制作北戴河灯会专题网站、北戴河网络灯会及北戴河幸福切克闹、北戴河灯会投票系统等网络版块。

【开通智慧旅游入区欢迎短信服务】 自7月1日开始，开通移动、联通两大手机网络的入区欢迎短信发送，至8月1日发送短信近150万条，并通过发送统计，进行客源地统计分析。进入到北戴河的外地游客，就会收到欢迎短信：“百年胜地·美丽之冠，时尚、浪漫、活力、现代的北戴河欢迎您！敬请关注北戴河智慧旅游平台：www.zgbdh.com，咨询电话4016111”。在海蜇伤人高发期为游客提供防海蜇伤人安全小知识。

【免费WiFi上网点位扩容及实名认证】 2014年，北戴河区对现有WiFi点位新增实名认证，完善无线网络安全体系，达到公安部门的要求。全区新增覆盖区域14个（共18个AP点位），在各个游客集中的家庭旅馆片区、浴场、三星级以上宾馆增设免费WiFi点。督导三星级以上宾馆开设无线上网服务，目前全区星级宾馆共开通免费WiFi点位500余个。

【推进智慧旅游电子商务建设】 稳步推进全区智慧旅游景区电子门禁系统及电子商务系统建设，集发生态农业观光园、鸽子窝公园、怪楼奇园、碧螺塔酒吧公园等景区电子门禁系统全部更新完毕，电子门票在线销售系统与市智慧旅游电子商务平台对接试运行，真正实现O2O（Online To Offline）交易模式，实现电子支付、二维码扫描入园等服务功能，为游客节省了买票、换票的时间。

【360度实景导览系统】 以北戴河百年别墅、海岸冬韵、特色旅游节庆活动为主，进行多角度拍摄，新增拍摄290个点位，并支

持智能手机浏览，达到旅游要素的全覆盖，让游客身临其境般的感受北戴河的美景。2014年新增的北戴河百年别墅全景，将北戴河历史悠久的老别墅通过信息化手段最直观的展示到游客面前，配有详细的语音解说，让游客感受北戴河深厚的文化积淀。

【北戴河旅游电子书柜】 在智慧旅游网推出电子杂志：《北戴河印记》《北戴河指南》《北戴河海滨志略》《北戴河海滨导游》《游谱北戴河》《画卷北戴河》《越千年北戴河故事》《纪念浪淘沙北戴河创作60周年邮册》《北戴河2014》等，着重宣传北戴河的发展历史、旅游文化及北戴河的四季风光、精品旅游线路，让游客更直观的了解北戴河，感受与传统杂志完全不同的阅读体验。

景区景点

【概况】 北戴河是四季皆宜的海滨旅游休闲胜地，年平均气温12℃，暑期平均气温24℃。23千米海岸线沙软潮平，是海水浴、沙浴和日光浴理想的天然场所。辖区内有旅游景区（点）11个：鸽子窝公园、集发生态农业观光园、秦皇岛野生动物园为国家AAAA级景区。集发生态农业观光园还是全国农业旅游示范点；怪楼奇园为国家AAA级景区；联峰山公园、老虎石海上公园为国家AA级景区；奥林匹克大道公园为“全国十大优秀体育公园”；碧螺塔酒吧公园为休闲性酒吧主题的海上夜公园；北戴河博物馆和鸟类博物馆为2个博物馆类的景区，长城号游船为海上观光的1个亮点。

【鸽子窝公园】 鸽子窝公园建于1958年，又称鹰角石公园，占地20余公顷。该园是集自然与人文于一体的旅游景观，是“北戴河老二十四景之一”“爱国主义教育基地”“全国旅游四十佳之一”和“国家风景名胜管理园区”，被列为与泰山、黄山、崂山、衡山和西樵山齐名的观日出最佳地，每逢夏暑清晨，纷至沓来的观日出游客数以万计，甚是壮观。

公园内因地层断裂形成的临海悬崖上，有一块巨石，形似雄鹰屹立，故名鹰角石。该石高20余米，过去常有成群鸽子朝暮相聚或窝于石缝之中，故名鸽子窝。民国26年（1937），“公益会”在海边石崖顶端修建了一座凉亭，取名鹰角亭。1954年夏，毛泽东主席到北戴河，并写下《浪淘沙·北戴河》这一不朽诗篇。为深切缅怀毛泽东主席的丰功伟绩，园内敬立高3.20米的毛泽东主席雕像和《浪淘沙·北戴河》诗词碑。1985年，北戴河区借鉴颐和园和避暑山庄长廊的特点，采用透景、借景的方法，在园内东南临海崖顶处，修建一条长50米的望海长廊。长廊建筑面积180平方米，廊内彩绘100余幅传统壁画。长廊南侧建有书阁，专供名人名家及游客题诗作画之用，书阁上悬挂周谷城题写的《书阁》牌匾。书阁的西侧建有碑廊和碑亭，悬挂方毅题写的《碑亭》牌匾。

鸽子窝景区的看点：

虔赏日出　北戴河的鸽子窝公园是华夏九大赏日出胜地之一，在其他地方赏日出一般都在海边平视，只有在鸽子窝公园却是居高临下的观赏，所以是观赏海上日出的最佳之处。此景名鹰亭迎日，已被评为秦皇岛“十佳”美景之一。

静观大海　鸽子窝的第二大胜景就是观大潮，观海潮和看大海的最佳位置就在这鹰角亭上。鹰角厅匾额是1987年全国人大常委会原副委员长胡厥文题写，建于1937年。鸽子窝公园外大潮坪南北长700余米，呈外口大内口小状态，这里海潮的潮差不大，多在1米之内，深度比较稳定，素有“沙软潮平”之称。特别是海潮退后，海滩上可以见到波痕、雨痕、龟裂、生物洞的沉积物等构造，构成了一幅难得的、由大自然鬼斧神工创造的美丽图画。

观鸟佳地　中国鸟类有1329种，北戴河就发现了415种，占全国鸟类的34%，占河北省鸟类的43.9%，在中国和日本两国候鸟保

护协定中的227种鸟类中，这里就有181种，占协定总数的79.7%，世界上很稀有和濒临灭绝的鸟类在北戴河被多次发现，如：白鹳、遗鸥等等，北戴河鸽子窝公园这块潮坪及周边湿地是鸟类迁徙的必经之地，在春秋两季鸟类迁徙的季节，这块海滩曾出现过数万只鸟在海空中翱翔的壮观场面。

“灯光秀”展演　2008年鸽子窝公园启动山体大型探照灯亮化工程，增设32台电脑程控大型探照灯亮化设施，推出大型“灯光秀”夜公园项目。采用新型现代科技，利用声、光、电特效组合，编配以毛泽东《浪淘沙·北戴河》为主题的背景音乐，使探照灯的蓝、白、粉、绿等彩色光柱交相辉映。

【碧螺塔酒吧公园】　位于北戴河海滨最东侧（又名小东山），北临旅游码头和鸽子窝公园，南临金山嘴和老虎石海上公园，东临大海，交通极为便利，园内路域树木丛郁，风光秀丽，是集休闲文化、餐饮文化和演艺文化为一体的休闲性酒吧主题公园。

园内主建筑碧螺塔为海滨东山地区最高点，塔高21米，分7层，是世界上独一无二的海螺型螺旋观光塔，登塔远眺“秦皇岛外打渔船”的海上风光尽收眼底，令人心旷神怡。公园三面环海，形似半岛，陆域面积7.07公顷，海域面积1.50平方千米，适宜浮游生物生长，各种鱼、虾、蟹、海参等海洋生物极其丰富，是天然的垂钓宝地。一代伟人邓小平曾到此垂钓，园内有“邓小平钓鱼处”纪念碑。

2009年7月，推出大型实景演出《海上生明月》，由著名导演边发吉任总导演。整场演出以自然为依托，以大海礁石为元素，运用声、光、电等高科技手段，以浪漫唯美的表现形式，以现代时尚的表现手法，体现人与自然的和谐相处，创造出天人合一的境界，给人留下气势宏大、场面震撼的艺术享受和唯美的视觉冲击。

【怪楼奇园】　位于北戴河联峰路北侧的百花山上，占地7.39公顷，建筑面积999平方米，建于1991年。该园由著名漫画家华君武亲笔题名，属AA级景区，绿化覆盖率90%以上。景区由怪楼和奇园两部分组成，设置奇景、怪景99处，是北戴河老二十四景之一，有“青年文明号”、河北省“全省旅游景区（点）综合治理达标单位”等美誉。1996年夏，张爱萍将军参观怪楼奇园后，即兴写下“题怪楼”：怪楼却也怪，千姿又百态，飞流下龙宫，夜来放光彩。

【奥林匹克大道公园】　2004年4月，经国家体育总局批准，并征得第29届奥运会组委会奥林匹克公园远景委员会同意，秦皇岛市为迎接第29届北京奥运会，建设滨海大道并冠以“奥林匹克大道”名称，奥林匹克大道位于北戴河旅游度假区的中心地带，南起中海滩的月季园，北至滨海大道的鸽子窝海滩，长3千米、宽90米的步行主体大街，是全国唯一以奥林匹克命名的街道。北戴河区委、区政府决定在奥林匹克大道东侧建设奥林匹克大道公园。

奥林匹克大道公园建成于2005年5月，面积17.32万平方米。公园的设计以科技奥运、人文奥运、绿色奥运为理念，以休闲健身、旅游观光为特色，通过浮雕墙、雕像、喷泉、历届中国奥运冠军手足印等多种形式展现奥运发展史。

园内建有集速度轮滑、轮滑球、花样轮滑、平地花式等国际标准化轮滑场地和适合不同年龄人群活动的各种球类、棋类等体育休闲配套服务设施。以高25米的巨型抽象海鸥造型为标志性建筑，体现了奥林匹克不断进取、永不满足的奋斗精神，园内建有5674.50平方米的京东第一音乐喷泉。2005年，公园被国家园林协会评为“园林金奖”，成功举办了“米高杯”第21届全国速度轮滑、“米高杯”首届全国少年速度轮滑锦标赛等多项轮滑赛事，成功举办了2008北京奥运会秦皇岛赛区火炬传递圣火回收仪式。

2009年，北戴河区投资1600万元对奥运浮雕墙进行完善，增加第28届、29届奥运会内容。奥林匹克大道公园向世人充分展现百年奥林匹克精神，为居民及游客提供了以奥运为主题的全民健身及休闲娱乐场所。

【老虎石海上公园】 建于1994年（此前为开放式），程思远题写园名，位于著名的北戴河风景区中心，占地总面积3.30万平方米。老虎石在北戴河海滨的中海滩，原是海中的一个近岸礁石，由于海岸抬升而卧踞岸边。组成老虎石的岩石为古元古界混合花岗岩，其三组节理均衡发育，经长期风化剥蚀，易形成形状特异的象形石。此石即因其形状似虎而得名。老虎石又泛指北戴河中海滩一带的礁石群，高低错落，成群而立，巍然壮观。

老虎石海上公园，海水水质优良，环境清幽，自然资源得天独厚，是难得的天然海水浴场。完全具备当今国际海岸旅游的海洋、沙滩、空气、阳光、绿色五大要素。园内设有旅游快艇、脚踏游船、水上球类项目，还设有沙滩排球、沙滩足球，是集参与性、刺激性、文化性于一体的娱乐中心。老虎石西有一座小巧玲珑、颇具情趣的亭子，名曰“望龟亭”。这里还是朝看日出，晚看夕阳日落的佳处。日升时的辉煌壮丽，日落时的熔金耀眼，与大海、青山、街市相映成画。

【联峰山公园】 联峰山公园是北戴河最大的公园，园内有3座松林覆盖的山峰，最高山峰海拔153米，因山势连缀故有联峰之称，山势远眺又似莲蓬，亦称莲蓬山。

联峰山公园是民国8年（1919），由清光绪举人、民国政府代国务总理朱启钤建立的，是秦皇岛地区历史上第一座公园（时称莲花石公园）。民国27年（1938）的《海滨地方志略》曾集名胜24景，联峰山景区即占14景。自1954年起，这里成为中央领导的暑期办公地。毛泽东、周恩来、刘少奇、朱德、邓小平等老一辈革命家在此留下许多感人故事。

联峰山景区以登山览胜、林中探幽、寻史访踪、氧吧洗肺为特点，是世人瞩目的旅游胜地。公园内有避雨石、瓮石、莲花石、月亮石、狮子石、福地石、试剑石等各有妙趣；古刹“如来寺”“观音寺”“卧佛洞”等古朴壮观；神山景区、百福苑景区、莲花石景区景色迷人。站在主峰望海亭上：早看晨辉染海，晚瞧夕阳西下，南眺沧海，北顾青山，东观市貌，西赏村落，居高鸟瞰，美不胜收。

【北戴河集发生态农业观光园】 集发生态农业观光园隶属于北戴河集发农业综合开发股份有限公司，占地面积100公顷，是一座集观、住、吃、购、玩5大功能为一体的生态农业观光园。该园2002年被评为国家级AAAA农业观光园，2004年被评为“全国农业旅游示范点”，被全国政协等13个部门确定为科技示范、科学引智、科普教育基地。

园内建有世界最长的丝瓜长廊，国内最宽阔的日光温室。植物园可观赏千余种名优花卉，百菜园可感受立体种植、无土栽培等高科技农业的神奇，传统民俗大院再现了20世纪五六十年代民间生产生活的场景，同时还可在环境独特的农家饭庄品尝原汁原味的农家饭菜。

集发观光园民俗大院占地2.67公顷，包括“院中园”和“室内表演展示”两大部分。“院中园”以雕塑和可参与活动的形式，展现中国北方农村传统的马拉犁杖耕地、播种、收割、拉大据、石匠做活、辘轳井打水等手工业生产加工劳动场景；“室内表演展示”以手工业纺线、织布、缝补、织渔网、打铁、做木工活、推碾子拉磨、漏粉条、腌制咸菜和老式桌椅、板凳、餐具、瓷器等家庭装饰及生产、生活用具演示，展现农产品加工及其他传统的手工业生产劳动场景，为游客提供亲身体验参与劳动的乐趣，并展出大量的20世纪50-60年代传统的生产和生活器具实物。民俗大院墙体绘画了24幅中华民族历代尊老、敬老“煎尝药汤、卧冰求鲤”孝子图解，是教育青少年传承文明、树新风，讲科学，促发展的典型事例。

民俗大院汇集中国北方农村传统的主要农业生产劳动和农产品加工生产场景，创造出一种特殊的环境氛围，让人们重返历史的时空，观赏昔日的农家传统生产、生活情景，品味悠久古朴的农村民俗文化。

【秦皇岛野生动物园】 建于1995年5月，位于秦皇岛森林公园内，距秦皇岛市中心10千米，是目前中国城市中占地面积最大、森林覆盖率最高，自然环境最优美的野生动物园。1993年经国家林业局批准立项建设，1995年7月建成开放，被河北省和秦皇岛市命名为“科普教育基地”。

秦皇岛野生动物园占地334公顷，充分利用林海、绿地为各类野生动物提供休养生息的乐园，模仿各种动物的原生环境，在充分保护和利用现有资源的条件下，将动物分区隔离散放，营造返璞归真、回归自然的氛围，形成人与自然相融的旅游特色。园内主要建有笼养动物区、猛兽区、非洲动物区、猴区、草食动物区、鸟类区、步行游览区7大展区。动物展区建有猩猩馆、鳄鱼馆、小动物馆、象苑、东北虎园、狮园、白虎园、孟加拉虎园、熊园、幼狮园、长颈鹿馆、猴山、动物表演场、鹿苑、孔雀园、雉鸡园、百花园、涉禽湖、游禽湖等动物苑舍，有国家级保护动物和世界珍稀、濒危动物100余种4000余只。游人或与动物直接接触，或乘车穿梭于各类动物生活小区，人在游车上，车在兽中行，十分新奇、刺激。

【北戴河湿地】 2011年3月25日，国家林业局在北纬39°47′58.43″～39°53′40.4″，东经119°24′6.17″～119°32′10.5″，建立了河北北戴河国家湿地公园，湿地公园总面积 306.70公顷，湿地面积164.2公顷。北戴河湿地是国内最大的城市湿地，已发现鸟类20个目61个科的415种（中国鸟类共1329种），其中属国家重点保护动物的有68种。2011年，久违的世界珍禽白鹤、丹顶鹤也开始光临北戴河沿海湿地，被誉为“观鸟的麦加”。每到春天，北戴河成为国内外观鸟爱好者的盛会，来自世界各地的观鸟人追随候鸟陆续飞抵秦皇岛。近年来，由于生态环境逐年优化，长期在南方生活的棕背伯劳、中国罕见的欧洲鸟类“剑行鸟”和世界濒危鸟类小杓鹬都可以在北戴河见到。

【北戴河博物馆】 博物馆坐落于联峰路东端滨海大道环岛与刘赤路交接处，占地1.20万平方米，建筑面积3750平方米，是以收藏古代艺术品为主的艺术类博物馆。北戴河博物馆拥有中国、日本、朝鲜、韩国及中亚、南亚等国家的古代和现当代艺术品近万件，包括陶瓷、青铜器、漆木器、玉器、石刻、书画、杂项等类。相关专家认为，这些藏品生动形象地反映了亚洲古代文化艺术的发展轨迹。

北戴河博物馆与北戴河区文化局联合举办4项陈列展出，由北戴河区文化局主办的基本陈列地“北戴河历史文化展”；由博物馆举办的两个专题陈列“古代陶瓷艺术展”和“古代青铜艺术展”；引进的特展“石头的史诗——汉代画像石展”。

【北戴河轮滑博物馆】 北戴河轮滑博物馆是亚洲第一座轮滑专项博物馆。位于北戴河奥林匹克大道公园内，建筑面积约721平方米，2008年8月15日正式对社会免费开放。

北戴河轮滑博物馆展出空间分为中央精美厅、世界近现代轮滑发展史、世界现代轮滑发展简史、中国轮滑发展简史、北戴河轮滑风情、轮滑荣誉堂、轮滑运动分项展厅、多姿多彩的轮滑运动8个陈列厅，以展览鉴赏、体验交流、研究测评、综合服务为宗旨，集权威性、知识性、学术性、互动性于一体，把收藏、展览、研究、测评和宣传教育功能有机结合，形成基本陈列、专题陈列和临时展览互为补充、交相辉映的陈列体系，从多角度、多侧面向公众展示轮滑运动和文化，成为宣传和推广轮滑运动与文化的多功能性综合设施，是全面了解国内外轮滑发展的一个重要窗口。

北戴河轮滑博物馆还负有促进国内轮滑

氛围的引导与文化建设，推进公众对轮滑运动的深入了解、加速与国际轮滑发展接轨的重大使命。用丰富的内容为不同层次、不同需求的参观者提供多元化轮滑信息，在展览中充分利用现代高科技手段，以便捷的文化服务为公众提供轮滑文化享受。

该馆收藏近百份珍贵轮滑资料，轮滑展品实物200余件，各类图片500余张。

【秦皇岛鸟类博物馆】 坐落于北戴河海滨鸽赤路，占地面积3.33万平方米，场馆总面积1947.39平方米，展陈面积1650平方米。该馆以收藏鸟类标本为主，多媒体展示鸟类的起源、进化、发展，是集知识性、趣味性于一体的专题科普博物馆。

鸟类博物馆分为3大展区：鸟的世界展区450平方米，湿地与水鸟展区900平方米，4D动感电影体验区100平方米。馆内收藏鸟类标本88种，恐龙骨架化石1架，恐龙蛋化石3组。参观秦皇岛鸟类博物馆人们可以了解到鸟的起源与分布、鸟的飞翔、鸟的生活、神奇的鸟、鸟与人类、湿地、中国湿地、湿地与水鸟等内容。

（张　栋）

农业和农村经济

综述

【概况】 2014年，北戴河区农村经济稳步向好。扎实抓好重点农业项目建设，全年新增较大规模家庭农场、种植基地7个。实施区领导“一对一”帮扶特色民宿行动，全区二星级以上民宿发展至172家，其中五星级2家、四星级17家，民宿业发展经验在首届海峡两岸民宿高峰论坛上得到广泛认可，河北新闻网对北戴河区民宿特色风采、民俗体验活动等进行宣传展示。优化农村金融环境，首家银行卡助农取款服务点落户西坨头村。足额发放粮食直补和农资综合补贴117.98万元，惠及粮农5608户。全区农业总产值21122万元，比上年增长4.1%；粮食总产量4438吨，比上年下降11.8%。

【土地流转】 是年，北戴河区农村土地承包经营权流转面积333.4公顷，流转率为23.2%。规模经营6.66公顷以内的经营主体有8个，合计面积86.67公顷；规模经营6.67公顷以上的经营主体有7个，合计面积246.67公顷。流转出承包地的农户数2411户，签订流转合同1173份。开展农村土地承包经营权登记确权颁证工作，海滨镇所辖各村及戴河镇费石庄村已开展登记确权颁证工作。

【农业产业化建设】 全区有市级以上重点龙头企业5家（秦皇岛市北戴河集发农业综合开发股份有限公司、秦皇岛龙聚森食品有限公司、秦皇岛市北戴河杨氏肠子肉制品有限公司、秦皇岛铭源农业开发有限公司、秦皇岛市北戴河区奥东农业生态园有限公司），其中省级龙头企业2家（秦皇岛市北戴河集发农业综合开发股份有限公司、秦皇岛龙聚森食品有限公司）。龙聚森食品有限公司为2014年新增省级龙头企业；奥东农业生态园有限公司为2014年新增市级龙头企业。年内，为龙聚森食品有限公司改扩建项目及铭源农业开发有限公司改扩建项目共争取资金17万元。

2014年，实施农业产业化项目6项，完成投资8673.77万元。其中，实施标志性项目4项，完成投资7568万元。具体项目为：北戴河乔庄度假庄园项目、北戴河蔬菜批发市场建设项目、北戴河杨氏肠子肉制品有限公司改扩建项目、北戴河龙聚森食品有限公司改扩建项目。实施其他项目2项，完成投资1105.77万元，包括秦皇岛市北戴河区奥东种植有限公司改扩建项目、秦皇岛市铭源农业开发有限公司改扩建项目。

【农民专业合作社】 是年，全区有农民专业合作社12家，社员总数1104户，辐射带动周边农户6000余户，产业涉及蔬菜、果品、水产、毛皮动物养殖等，达到市级示范社标准的合作社5家，其中省级示范社标准的合作社2家，分别是北戴河集发农业专业合作社、秦皇岛市冬清水产农民专业合作社。苏庄裕旺果品专业合作社、裕发蔬菜专业合作社、农旺毛皮动物养殖专业合作社。全区发展家庭农场4家，分别为源兴家庭农场、北戴河文森家庭农场、北戴河晟发家庭农场、北戴河河乐家庭农场。各农场积极实施“农场+专业合作社+农户”的经营模式，努力打造属于自己的产品品牌。

【发展特色农业】 大力发展生态观光、设施蔬菜、花卉苗木等特色农业，全年退出大田作物33.33公顷；在原有基础上引进旅游蔬菜7大类、19个品种，种植总面积6.57公顷；落实设施农业奖补资金62.84万元，朱庄村14栋温室、1.8公顷，甘各庄村32栋温室、3.33公顷的设施蔬菜日光温室通过验收。成立全市首家家庭农场——北戴河源兴家庭农场。

【农村“三资”管理】 稳步推进农村集体“三资”（资金、资产、资源）管理工作，全区两镇25个行政村已全面实行河北省农村集体“三资”网络监管系统，提高全区农村集体“三资”管理的规范化水平。制发《村财镇代管实施细则》，规范审批程序、强化管理制度、明确责任追究。

种植业

【概况】 2014年，全区农业种植以玉米、蔬菜为主。主要农作物的播种面积为1077公顷，全年农作物总产29881吨，其中，粮油作物总产4438吨，蔬菜总产25044吨。

2014年北戴河区农业主要产品生产情况表

表6

指标			合计			海滨镇			戴河镇		
			2014年	2013年	同比±%	2014年	2013年	同比±%	2014年	2013年	同比±%
农作物总播种面积（公顷）			1077	1112	−3.1	14	15	−6.7	1063	1092	−2.70
农作物总产量（吨）			29914								
粮食作物	稻谷	播种面积（公顷）	47	47	—	—	—	—	47	47	—
		单产（公斤/公顷）	5.30	5.30	—	—	—	—	5.30	5.30	—
		总产（吨）	429	429	—	—	—	—	429.4	429	0.10
	玉米	播种面积（公顷）	483	501	−3.60	13	13	—	470	488	−3.70
		单产（公斤/公顷）	8.35	8.29	0.72	4.88	11.53	−57.68	7.65	8.22	−6.93
		总产（吨）	3659	4154	−11.90	63.4	145	−56.3	3595.1	4009	−10.30
	豆类	播种面积（公顷）	57	61	−6.60	1	1	—	56	60	−6.70
		单产（公斤/公顷）	3.33	4.36	−23.62	0.5	2	−75	3.39	4.4	−22.95
		总产（吨）	190	266	−28.60	0.5	2	−75.0	189.6	264	−28.20
	薯类	播种面积（公顷）	14	16	−12.50	—	1	—	14	15	−6.70
		单产（公斤/公顷）	57.14	56.56	1.03	—	—	—	56.96	55.33	2.95
		总产（吨）	800	905	−11.60	2.5	75	−96.7	797.5	830	−3.90
经济作物	花生	播种面积（公顷）	52	64	−18.80	—	—	—	52	64	−18.80
		单产（公斤/公顷）	3.48	3.47	0.29	—	—	—	3.48	3.47	0.29
		总产（吨）	181	222	−18.50	—	—	—	181	222	−18.50

续表6

指标			合计			海滨镇			戴河镇		
			2014年	2013年	同比±%	2014年	2013年	同比±%	2014年	2013年	同比±%
经济作物	蔬菜	播种面积（公顷）	416	418	−0.50	—	—	—	416	418	−0.50
		单产（公斤/公顷）	60.20	57.97	3.85	—	—	—	60.2	57.97	3.85
		总产（吨）	25044	24232	3.40	—	—	—	25044	24232	3.40
	瓜果	播种面积（公顷）	8	5	60	—	—	—	8	5	60.0
		单产（公斤/公顷）	27.25	23.20	17.46	—	—	—	27.25	23.20	17.46
		总产（吨）	218	116	87.90	—	—	—	218	116	87.90

【春耕备耕】 春耕期间，全区储备玉米种子4200千克、大豆种子750千克、花生种子1550千克、水稻种子570千克，化肥240吨，农药3.50吨，地膜0.50吨。种子、农药、地膜价格与上年相比基本持平，化肥价格略有上涨，平均每袋涨幅约为5～10元。

【农产品安全监管】 加强农资市场监管，组织执法人员对全区范围内所有农资经营门市的春耕备耕物资储备情况进行专项检查，全年执法检查45次，出动执法人员180人次，检查农资门市180个次，未发现经营假冒伪劣种子、农药、化肥等农资产品以及国家明令禁止的高剧毒农药等行为。

【科技兴农】 组织开展农民培训。开展蔬菜标准化生产、蔬菜病虫害防治、韭蛆无公害防治等技术培训10期，500余人次参加培训。在晟发和文森等家庭农场推广使用黄板1000片、防虫网6000平方米等蔬菜病虫害绿色防控技术。在费石庄等村开展扶持设施蔬菜日光温室建设。引导农民发展蔬菜、花卉苗木等特色农业，逐步退出大田作物，至年末，全区退出大田作物28公顷。在集发公司及各蔬菜合作社推广生物有机肥26吨，用于蔬菜生产。引进蔬菜新品种11个，其中，番茄类3个、黄瓜类3个、南瓜类2个、茄子类3个。

【家庭农场】 是年，“家庭农场”概念的提出，为转变农业发展方式、农业生产经营体制机制创新，开辟了新的路径、指出了新的方向。全市首家家庭农场即源兴家庭农场在戴河镇甘各庄村注册成立。北戴河村的文森家庭农场、朱庄村的晟发家庭农场、谢李庄村的河乐家庭农场及崔各庄村的奥东家庭农场先后注册成立。至年末，全区有家庭农场5家，经营总面积9.73公顷，经营范围以种植业为主。

【农机管理】 开展农用拖拉机检审工作，检验拖拉机16台，检查耕地机具60台（套），大棚卷帘机60台（套），复审培训驾驶员、操作员20人。全年完成机播面积133.33公顷，机耕700公顷，机灌266.67公顷，机械植保333.33公顷。保障农机作业安全，检查农业生产机具107台（套）。落实农机具购置补贴政策，申请农机具购置补贴资金10万元，购置大型拖拉机1台、购置旋耕机1台（套）、微耕机13台、鸡笼鸡架6套、饲料混合机1台、卷帘机7套。全年落实农机具购置补贴资金6.47万元。

林果业

【概况】 2014年，北戴河区坚持生态优先，统筹城乡绿化，全面实施以生态建设为主的林业发展战略，强化服务，着力提升商品林、果品、花卉苗木产业增产增收，加速推进传统林业向现代林业转变。完成人工造林绿化任务53.33公顷，栽植各种苗木7.2万株；育苗面积68公顷，苗木69万株；果树面积422公顷，品种有桃、梨、大樱桃、李子、杏、苹果、草莓、枣、板栗、核桃、葡萄等，全年果品产量达2618吨；花卉种植面积86公顷，年产盆花178万盆，观赏苗木产量72万株。全部林业产业总产值达1.27亿元。

2014年北戴河区水果生产情况表

表7　　单位：吨、公顷

	2014年	2013年	比上年±%
一、园林水果	2643	2546	3.80
其中：苹果	340	314	8.30
梨	572	539	6.10
桃	1578	1540	2.50
二、年末果园面积	380	380	—
其中:苹果园	42	42	—
梨园	72	72	—
桃园	170	170	—

【造林绿化】 2014年，北戴河区完成造林绿化任务53.33公顷，栽植各种苗木7.20万株。在北戴河村村北及村东进村路两侧、蔡各庄村新河南侧、东坨头村、甘各庄村、苏庄村村庄四周等栽植速生杨43.20公顷，6.19万株；桃树3.33公顷，0.32万株；柳树0.73公顷，0.10万株；核桃6.07公顷，0.59万株。在苏庄、甘各庄、崔各庄、小薄荷寨等村的道路、河边等四旁零星栽植速生杨0.50万株，成活率在95%以上。

【果品生产】 全区果树种植面积422公顷，品种有桃、梨、大樱桃、李子、杏、苹果、草莓、枣、板栗、核桃、葡萄等，全年果品产量达2618吨。组织果树管理技术培训、交流。7月，邀请专家杨连杰对大樱桃夏季修剪、拉枝、施肥、病虫害防治等技术进行专题讲座。推广使用先进技术防治果树虫害。从中国农科院购买梨小食心虫诱芯6000个，发放给费石庄村、崔各庄村、拨道洼村的果品种植户。同时向果农发放《果树主要栽培树种标准化栽培技术汇编》《果园生产日志》600本。

【优新品种引进】 通过对全区果品生产调研，结合区政府提出“发展特色农业，消除大田作物”的发展思路，经过对桃树、核桃优新品种的考察，从河北省果树研究所和卢龙县北方苗木良种场引进艳保、瑶池蟠桃等早中熟优质桃树新品种，重点扶持费石庄村的6户果农，建成标准化示范园，通过实施以树定产、以产定果，提高果品产量和质量，通过典型科技示范户的辐射带动作用，提高全区果农收入。同时引进早硕和辽系核桃新品种，在拨道洼村栽植8.33公顷。7月16日，组织费石庄村果农代表6人赴北京平谷区开展桃树引种考察。

【果品安全】 采取有力措施做好果品安全工作，先后制定《2014年度果品安全工作计划》《北戴河区林业局加强果品行业自律机制建设的意见》《北戴河区果品安全突发事件应急预案》《北戴河区林业局关于加强果品安全监管长效机制建设的意见》。结合全区果品生产实际情况，对生产果品的果园、农户及基地进行安全隐患排查及整治工作，累计出动8辆次、32人，检查企业、基地、合作社各1个，农户1340户，重点排查果品生产农户春季施用的底肥及树体杀菌、杀虫剂等肥料、农药，未发现使用违禁肥料、农药情况。水果上市以来，分3次从水果直销市场、超市、路边市场、果园采集香蕉、荔枝、桃、杏、苹果、李子等水果样本63个，进行果品农药残留检测，全部符合安全果品的标准要求。

【花卉生产】 全区花卉种植面积86公顷，年产盆花178万盆。品种有矮牵牛、垂钓牵牛、龙翅海棠、繁星花、香彩雀、垂吊美女樱、金叶佛甲草、多倍体大花萱草、红运萱草、翼豹凤仙、黑眼苏珊、万寿菊、紫松果菊、景天、金山绣线菊、金叶薯、三色堇等。主要用于全区绿化。

（周红英）

【美国白蛾防控】 成立美国白蛾防控指挥部，全面部署美国白蛾防治工作。在两镇、两街确定50名虫情查防员，负责本区域虫情调查、信息上报和剪除网幕工作，做到及时发现、及时除治。组建专门督导小组对居民小区和农村、驻区单位和绿化养护队伍的查防工作进行督导检查。公布疫情举报电话，全民参与监督防治工作，下发美国白蛾防治通知400余份。实施地面防治，根据美国白蛾发育进度，对25个行政村的四旁树木普遍进行一次喷药防治，个别地段2遍以上。区林业（园林）局、镇以及部分单位组建防治专业队15支，统一开展防治作业，地面防治作业面积533.33公顷次。开展飞机防治，于6月8–9日对区域内地面防治困难的片林和高大行道树实施飞机防治美国白蛾。飞行20架次，防治面积1066.67公顷。组织人工剪除幼虫网幕140个。

【油松林病虫害防治】 近年来联峰山及周边400公顷油松林普遍出现树势衰退、枝干树梢枯萎甚至整株死亡等现象，驻区休疗单位的油松也不同程度发生，且有逐年加重的趋势。1月5日，国家林业局在中直北戴河服务局召开北戴河油松枯梢病防治研讨会。2月11日，国家林业局召开北戴河地区油松病虫害防治药剂的筛选与使用方案评估会。2月20日，中国农业大学吴学民教授、北京林业大学田呈明教授等一行7人到北戴河，对联峰山林区进行防治前的实地考察，明确防治时间、用药量等防治细节问题。

5月12–23日，对辖区范围内的油松林枯梢病等林业有害生物进行飞机防治和地面辅助防治工作。总防治面积1120公顷次，飞机防治50架次、866.67公顷；地面防治253.33公顷。根据专家建议防治用药为20%氯虫苯甲酰铵悬浮剂0.4吨，25%噻虫嗪微囊悬浮剂0.30吨，25%嘧菌酯悬浮剂1.80吨，10%苯醚甲环唑3吨，渗透剂4吨。

9月5–11日，在96号楼至福饮泉沿线、防火大队两侧、8号试验地至5号防火点道路两侧纵深25米进行了针对松梢螟初孵幼虫和红蜘蛛的防治，防治面积33.33公顷。防治用药为阿维菌素、毒死蜱、脂溶性渗透剂。

6月和9月，国家林业局、省林业厅领导和专家进行2次防治效果验收。从整体防治效果看，害虫危害基数降低，发病率和病情指数与往年相比有所下降。

同时，区林业局委托河北农大进行病虫发生情况及防效调查、药害试验、油松枯梢病病原菌的分离接菌试验等有针对性的研究，并对松梢螟进行药剂防治试验和性诱捕器防治试验。

（刘　琛）

【林政管理】 2014年，北戴河区林业局依法办理“林木采伐许可证”15份，采伐树木19536株，采伐总蓄积2046.35立方米。其中，人工商品林更新采伐14份，采伐树木19236株，采伐蓄积2024.67立方米；人工商品林抚育间伐1份，采伐树木300株，采伐蓄积21.68立方米。开展鸟类及野生动植物保护专项行动，对辖区内所有林区、田间及镇村集贸市场进行不定时巡查，收缴粘网6张、鸟笼9个，当场放飞麻雀、黄鸟等野生鸟类12只。

（张　磊）

畜牧业

【概况】 2014年，全区畜牧业产值5484万元，比上年减少3%。肉、蛋、奶产量分别达到495吨、1235吨和2728吨。生猪存、出栏分别达到1820头和3630头，奶牛存栏979头，肉牛出栏13头，羊存、出栏分别为1527只和2562只，禽存栏10.79万羽，禽出栏176吨。全区12个养殖场实施清洁养殖工程续建项目，养殖污染治理水平进一步提高。禽优良品种覆盖率达到95%。

2014年北戴河区牧业主要产品生产情况表

表8

	单位	合计			海滨镇			戴河镇		
		2014年	2013年	2014年比2013年±%	2014年	2013年	2014年比2013年±%	2014年	2013年	2014年比2013年±%
一、肉类产量	吨	495	573	-13.60	38	48	-20.80	457	525	-13.00
二、当年出售和自宰肉猪	头	3630	4449	-18.40	503	592	-15.00	3127	3857	-18.90
猪肉产量	吨	272	330	-17.60	34	41	-17.10	238	289	-17.60
三、当年出售和自宰羊	只	2562	1162	120.50	75	52	44.20	2487	1110	124.10
羊肉产量	吨	35	15	133.30	1	—	—	34	15	126.70
四、禽肉产量	吨	176	221	-20.40	1	—	—	175	221	-20.80
五、牛奶产量	吨	2728	2572	6.10	40	264	-84.80	2688	2308	16.50
六、绵羊毛产量	吨	—	0.78	—	—	—	—	—	0.78	—
七、禽蛋产量	吨	1235	1085	13.80	1	205	-99.50	1234	880	40.20
一、大牲畜年末存栏	头	1057	1040	1.60	46	51	-9.80	1011	989	2.20
1.牛	头	992	981	1.10	44	49	-10.20	948	932	1.70
其中：乳牛	头	979	971	0.80	42	49	-14.30	937	922	1.60
2.马	匹	—	1	—	—	—	—	—	1	—
3.驴	头	61	54	13.00	—	—	—	61	54	13.00
4.骡	头	4	4	—	2	2	—	2	2	—
二、猪年末存栏	头	1820	2100	-13.30	495	432	14.60	1325	166	-20.60
三、羊年末存栏	只	1527	1227	24.40	105	94	117.00	1422	1133	25.50
四、家禽年末存栏	羽	107882	119430	-9.70	605	7790	-92.2	107277	111640	-3.90

【动物产品检疫】 严格执行出栏动物产地检疫与瘦肉精检测同步制度，要求养殖场填写《动物“瘦肉精”自检合格报告书》或《未添加使用“瘦肉精”保证书》。受理产地检疫申报76批次，检疫合格76批次，其中生猪24批次（353头）、鸡45批次（5.22万羽）、牛3批次（60头）、其他4批次（114只、匹）。加强无害化处理的监管。监督无害化处理病死动物323头（只）。加强动物产品市场的动物卫生监管，出动人员118人次，监督检查经营动物产品的超市、肉类市场68家次，检查动物产品489吨，未发现违法经营行为。

【肉制品专项治理】 对全区肉牛、肉羊、生猪养殖户进行拉网式排查，抽检尿样，用快速检测试剂卡现场检测克仑特罗、莱克多巴胺、沙丁胺醇，共计出动执法人员514人次，排查养殖场（户）143家次、市场57家次，检测尿样1791批次，全部呈阴性。监督检查规模化肉用动物养殖场的投入品使用情况及其档案记录，检查养殖场（户）4家，未发现使用、藏匿"瘦肉精"行为。抽样检测暑期供应站储备猪肉48批次，检测克仑特罗、莱克多巴胺、沙丁胺醇残留，全部合格。检测"瘦肉精"残留尿样1959批次、肉样157批次，全部呈阴性。做到严格按照规定执行休药期制度，肉鸡水槽中饮水样品氯霉素、磺胺残留检测结果，全部合格。未发现非法使用藏匿"瘦肉精"等禁用物质、滥用抗生素、出售病死动物行为。

【病死动物专项整治】 兽医严把检疫关，切实做到按照检疫规程规定实施检疫，检疫不合格的严格按照规定监督货主进行无害化处理。对养殖环节实施日常监管，对存出栏动物数量差异人有说不清原因的养殖场（户）列入黑名单，重点监管。无害化处理病死动物286头（只），查处未按规定处理病死鸡尸体案1起。

【生鲜乳违禁物质专项整治】 按照《秦皇岛市2013年生鲜乳专项整治行动实施方案》和《秦皇岛市农业局生鲜乳质量安全监管实施意见》要求采取量化责任，强化督导检查措施，每月对际牧牛业奶站进行6次现场检查和隐患排查，对在检查中发现的养殖档案记录不及时等隐患提出整改意见。专项整治期间，检测生鲜乳10批次，全部合格。

【畜牧行业执法】 加强投入品监管，深化动物产品质量安全专项整治。通过开展食品安全专项执法检查活动，加大监督抽检频次，针对瘦肉精等违禁物质进行抽样检测，结合"违禁超限、制假售假、私屠滥宰"三大专项整治，深入开展对食用农产品、畜禽屠宰等环节的专项执法检查，依法查处各类违法生产经营行为，切实维护"两节""两会"期间食品市场秩序。加强兽用处方药和非处方药生产、使用环节的专项监督检查。出动执法人员136人次，监督检查兽药厂1家、养殖场22家，未发现违规使用处方药行为。查处违法生产劣质兽药案件1起。检查全区5家超市销售的无公害农产品的标志使用情况，其中3家超市未发现有出售关于"三品一标"系列产品行为。

【重大动物疫病防治】 全区养殖动物口蹄疫、猪瘟、禽流感等重大动物疫病的免疫合格率均在95%以上，应免动物免疫病种免疫密度达100%。规模养殖场产地检疫受检率达100%。全区规模养殖场全部建立健全《畜禽养殖档案》。组织实施春秋两季重点动物集中强制免疫行动。累计注射各类疫苗1.80万头份、46万羽份，免疫率达到100%。猪、牛、羊二维码标识挂标率100%。开展区级重大动物疫病免疫效果监测。采集血清3150份，其中禽类血清1050份，其中禽流感750份，采用血凝抑制试验监测禽流感免疫效果，免疫保护平均率为85%；新城疫300份，监测新城疫免疫效果，免疫保护平均率为84%。采集猪血570份；进行猪瘟、口蹄疫检测，检测合格率平均为75%和82%；采集奶牛血清1180头份，进行布病监测，结果全部呈阴性反应。

【规模养殖场（小区）动物疫病防控】 北戴河区有3家规模养殖场列入全市第一批实施动物疫病科学防控与依法监管养殖场（小区）企业。为秦皇岛际牧牛业研繁基地有限公司、东麟养殖场、立新养殖场，全部实行动物疫病动态监测，其中际牧牛业研繁基地有限公司养牛场的590头奶牛分别进行2次牛结核病和布鲁氏杆菌病的定期检测；每季度进行1次口蹄疫、禽流感、鸡新城疫等重大动物疫病免疫效果监测；全部建立定期消毒制度、疫情报告制度。规范兽药使用，累计出动执法人员60人次，填写兽药专项检查记录24份，监督规模养殖场（小区）做好购药、用药等各项记录，规模养殖场没有使用原料药、假劣兽药现象。

（张福林）

水产业

【概况】 北戴河区海岸线长23千米，现有渔业船舶97艘，其中隶属于公司长期在外地停泊作业的捕捞渔船有17艘。其余80艘均在本地停泊作业，其中，73艘捕捞渔业船舶，7艘岩礁养殖船舶；另有300余艘无证船舶分布在沿海一线。海水养殖面积51公顷，淡水养殖户27家，养殖面积33公顷，2014年海洋捕捞总产量1350吨。海水养殖总产量10吨，淡水养殖总产量40吨。

【渔政管理工作】 2014年，共检验渔业捕捞船舶80艘，检验率达100%。戴河口渔港所停外籍港船舶较多且情况比较复杂，有山东省、辽宁省及河北省乐亭、昌黎等地区的船舶，造成港内秩序比较混乱。区农牧局与边防派出所对戴河口渔港秩序进行联合整治，于4月20日前将26艘不符合要求的船舶清理出港。进行休渔期管理和打击违规网具、"三无船"，共出海32次，登船检查50余艘，查获并销毁违规渔具地笼200余领、小拖网2副，对7艘违规船舶给予行政处罚，罚款4.15万元。

【水产品食品安全】 全年出动90余人次对水产品进行监督检查，抽检淡水鱼样品65份，牙鲆、大菱鲆等养殖海产品样品12份，经检测全部合格。

【渔政互助保险】 是年，北戴河区共有234人加入渔业互保协会，入保率达到100%。全年办理3起渔民伤残理赔事件。

【整治渔船非法载客】 北戴河农牧局制定了《治理船舶非法载客工作方案》，自4月25日起，北戴河区农牧局与区国土分局海监大队、海警支队特勤队、北戴河边防派出所各派出执法人员联合出海执法，开展了13次海上联合执法行动，处理1起非法载客行为。

【渔船渔港噪音治理】 6月29日18时始至9月1日12时止封闭戴河口渔港，渔业行政执法人员与边防干警对戴河口渔港进行24小时不间断监管。筹集资金在戴河口渔港内安装2个高清摄像头，对渔港内及渔港航道进行24小时全程监控，确保掌握渔港内每艘船的实时动态。

（张福林）

水务管理

【概况】 2014年，北戴河区水务局认真开展防汛抗旱、城市节水、农村饮水、农田水利建设、水政执法、移民等各项工作，编发45期《防汛快报》，各项水利工程投资567万元。

【水利工程】 饮水安全工程　投资305万元实施北戴河区2014年农村面貌改造提升行动饮水安全项目。项目分布在丁庄村、草厂村、乔庄村、杨各庄村和蔡各庄村等5个行政村，解决0.61万人饮水安全问题。工程主要打水源井1眼，建井房1座，铺设饮水管路40.6千米，配套水泵1台（套），水处理净化设备4套。

市级农田水利建设资金项目　编制《北戴河区2012年市级农田水利建设资金项目实施方案》，该项目建议书涉及节水灌溉、五小水利及小型农田水利等工程。主要包括铭源农业基地节水灌溉工程、源兴家庭农场节水灌溉工程、甘各庄小塘坝维修工程、奇石园林苗木基地节水灌溉工程、集发农业基地节水灌溉工程、朱庄、苏庄管灌工程、河东寨小水渠工程和打井工程。项目总投资230万元。至年末，完成项目的前期工作。

防汛工程　2014年4—7月，组织实施北戴河区新河湿地段环境治理工程、丁庄北水库、崔各庄水库除险加固工程、费石庄水库溢洪道维修工程。费石庄水库溢洪道维修工程总投资32万元，完成工程量为：土方3754立方米，浆砌石1106立方米，混凝土154立方米，钢筋制安0.90吨。崔各庄水库、丁庄北水库除险加固工程总投资322万元，完成工程量为：土方9162.50立方米，石方2642.73立方米，浆砌石932.50立方米，粗砂1034.50立方米，碎石1336.78立方米，混凝土93.43立方米，钢筋制安2.24吨。新河湿地段环境治理工程总投资816.29万元，清淤河道1996米，清淤湿地湖8700平方米，对新河两岸进行绿化改造。

【河道清淤】　全面修订完善《北戴河区河道保洁实施方案》《雨后保洁应急预案》，启动河道捞漂保洁运行机制，严格落实沿海沿河排水沟（口）管理责任分解要求，清捞队伍、巡查队伍、船只、运载车辆全部上岗到位责任到人，对戴河7个清捞河段、新河6个清捞河段实行无缝式对接，全线捞漂清理外运作业。加大执法力度，对河道内养殖地笼、拦渔网等非法捕鱼设施进行集中清理和收缴。全年清捞外运垃圾3000吨。

【新河湿地环境整治】　2014年降雨偏少，天气炎热，新河湿地段水质发生变化，河面出现蓝藻。为解决问题，区水务局邀请河道、海洋生物方面专家到现场进行研究确诊，决定采取向河道喷洒治理藻类的黏土和投放鱼苗两种方案。自7月26日起，每天动用1艘喷洒船、1辆喷洒车、人员8人，进行不间断喷洒作业，共喷洒黏土12吨；投资2万元向新河投放鱼苗2万尾。经过整治，新河水质得到明显改善。

【城市节水管理】　根据“用水实行总量控制和定额管理相结合的制度”，结合全区用水实际，控制各行业的年度用水指标总量，重点抓好休疗养院、企事业单位、食品、洗车、洗浴等高耗水行业的取水定额指标的审批，并按月进行考核，超定额用水的实行超定额累进加价制度。至年末，对310家单位进行计划用水管理，覆盖率98%。

【防汛抗旱】　严格落实防汛工作“一把手”负责制，及时调整区防汛抗旱指挥部成员，明确区政府领导包重点度汛工程及相关部门、镇街工作职责，形成“五级联动”的防汛责任体系，实现全区防汛工作的网格化管理。重新修订《北戴河防汛抗旱管理工作手册》，完善《北戴河区防汛抗旱应急预案》《北戴河区小水库应急预案》等6种预案。召开全区防汛抗旱工作会议。进行防汛安全隐患专项检查，对区内的2条主要河道、5座中型水闸、6座小水库、8条城市排洪沟、4处居民区进行重点检查，发现问题立即整改。做好防汛物资储备，建立10支、900余人的应急抢险队伍，确保物资随用随取，人员随叫随到。

2014年汛期降水量为144.3毫米，为1987年记录以来最少年份，造成夏伏旱。致使657.33公顷在田作物受旱，其中轻旱391.33公顷，重旱216公顷，干枯50公顷。水田缺墒456公顷。因旱人饮水困难3415人，大牲畜970头。水利工程蓄水比上年减少25%，机电井出水不足12眼。本年度粮食减产1.20万吨，粮食因旱损失0.24亿元。为减缓旱情，全区投入抗旱人数0.25万人，投入抗旱资金45万元。抗旱浇灌面积433.33公顷，866.67公顷次，浇果树133.33公顷，1.78万株；修井15眼、机泵维修15套，新建应急水源4处，可供水量为1.80万立方米；新打井4眼，可供水量为1.28万立方米，临时解决人饮水困难0.20万人。挽回粮食150吨，挽回经济损失30万元。

【移民工作】　贯彻落实大中型水库移民后期扶持政策，实行“一卡（折）通”的方式发放。全区第一、二季度大中型水库移民后期扶持资金14.94万元全部足额发放到位。编制完成申报2013年项目扶持实施方案和清算拨付2013年项目实施方案。

（杨洪亮）

工业

综述

全区共有规模以上工业企业6家，涉及通用设备制造、金属制品、造纸及纸制品业、专业设备制造业等几大类，主要产品有机械设备、阀门法兰、型材铝材、纸箱等。2014年，全区规模以上工业企业累计实现工业增加值2.81亿元，比上年增长3%；累计实现工业总产值2.36亿元，比上年下降29%；累计实现主营业务收入3.35亿元，比上年增长8.80%；利润总额87.40万元，比上年增长306.50%；税金总额613.70万元，比上年增长76.70%；1家企业亏损，亏损额46.90万元，亏损面16.70%。

2014年，民营经济增加值完成28.54亿元，占全区GDP的69.83%，所占比重提高1.34%；民营经济实缴税金完成5.98亿元，占全部财政收入的67.15%，所占比重提高0.1%；民营从业人员3.41万人，占全社会二、三产业从业人员的58.56%，所占比重提高2%。

搭建银企发展平台

专项调研驻区金融机构，全面了解金融机构面向中小微企业的金融产品。组织召开由区内银行、信用社、小额贷款公司、担保公司等11家金融机构和区内骨干企业及草厂村、刘庄村的民宿业代表参加的“银企对接”座谈会，商讨银行和企业之间良性互动、互利双赢的方法渠道。组织龙聚森食品有限公司、兰德科技公司、民生电力设备有限公司、新港冶金阀门有限公司等4家企业参加市级银企保对接会。严格监管、规范发展融资性担保机构，清理规范非融资性担保机构，防范非法吸收存款、非法集资、非法理财、高利放贷等违法违规活动或违规经营融资性担保业务。

基层调研

加强基层企业调查研究。深入龙聚森、丁记藤艺、儒林木业、铸业达等多家小微企业调研，对有关微利企业、高新技术企业等优惠政策及各类专项资金申报进行解读宣传，细致了解企业日常税费负担、企业技改项目、二次创业情况，同时与企业就服务需求、培训需求、信息化需求等进行对接。开展智慧城市摸底调查工作，起草《北戴河智慧城市建设总体方案（征求意见稿）》，印发《关于成立智慧城市建设领导小组的通知》。结合“5月集中调研帮扶月”活动，开展以“加强运行监测协调、积极宣贯惠企政策、着力缓解融资难题、加强减负维权、帮助拓展市场空间、加强重点项目督导”等为内容的帮扶活动。

企业项目申报

为北戴河集发农业综合开发股份有限公司和国务院机关事务管理局北戴河服务局申报省级服务质量奖；为北戴河聚源铝业有限公司申请河北省名牌产品复审；为龙聚森食品有限公司、集发公司申报中小企业名牌产品，组织指导兰德科技公司、大开电子有限公司、石塘路市场建设服务中心等7家企业申报市中小企业发展专项资金，为兰德等企业争取市级扶持资金57万元。

企业减负工作

在全区开展“减轻企业负担专项治理”自查自纠活动，规范涉企收费行为，督促税务、工商等部门将优惠、减免等惠企政策落实到位，努力为企业解决实际问题。至年末，为企业落实优惠政策减免各项税收1603万元，办理出口退税1252万元。

工业运行日常调度分析

做好工业运行日常调度分析监测及民营统计工作。与开发区联合对全区规模以上工业企业进行跟踪调度，及时掌握其运行动态并进行监测分析。加强与市级系统沟通。全面掌握北戴河区在全市占位，做好工业运行月度统计及行业分析，比较不足，查找问题，及时分析解决，促进全区工业经济平稳发展。加强与相关部门协调联动，及时发现全区工业运行工作中苗头性问题，并做到及时汇报及时解决。

首家中小企业在天津股权交易所挂牌

8月29日，秦皇岛天道物产股份有限公司在天津股权交易所成功挂牌。这是北戴河区第一家在全国性场外交易市场挂牌的企业，为区内中小企业对接资本市场、谋求快速发展开辟了新路径。挂牌仪式前，北戴河区与天津股权交易所签订了合作框架协议，共同培育、推进更多的区内企业通过天交所实现股权、债券融资、挂牌交易。

企业荣誉

2014年，新增专利25项，新增河北省质量效益型企业1家，新增河北省名牌产品1个，新增河北省服务名牌1家，新增河北省科技型中小企业13家，获河北省住建厅科技进步一等奖1项，市科技进步一等奖1项，新增知名商标1个，新增企业工程技术研究中心2家，天洋房地产和秦皇岛东奥集团有限公司两家企业入选市民营经济综合实力30强。

兰德科技有限公司两项科技成果获奖。其中，“基于物联网技术的港口输煤设备在线监测系统技术研发”获2014年度秦皇岛市科技进步一等奖，“太阳能供暖及自动控制系统”获2014年度河北省住建厅科技进步一等奖。两项获奖成果均突破国内相关技术领域的部分共性关键技术。尤其是“太阳能供暖及自动控制系统”技术，将在美丽乡村建设和节能减排方面获得较大的经济效益和社会效益。

（徐月兰）

经济技术开发区

综　述

全年引进内资39.53亿元，比上年增长13.90%；实际利用外资2356.77万美元，比上年增长13%；出口总额实现921万美元，比上年增长5.70%，超额完成引进内、外资和出口目标任务。各类企业实现税收4.30亿元。实现工业增加值3.25亿元，比上年增长3.10%（其中规模以上工业增加值完成2.81亿元，比上年增长3.20%）。实现主营业务收入201.12亿元，比上年增长23.10%。

推进重点项目建设

重点面向京津，放大暑期优势，深入开展项目建设攻坚年活动。全面跟踪服务，恒丰易盛文化艺术品交易中心、明伊成品油销售总部完成注册。服务推进了总部（中国）控股集团北戴河总部基地、神州数码信息产业基地、保利集团、情海湾、兴隆摩尔世界等一批高端产业项目。

总部经济

坚持巩固传统优势和培育新的增长点两手抓，强化行业协会招商，积极探索一个总部片区一个增长点发展模式，浙商总部、中国环渤海投融资俱乐部积极推进，异地河北商会、北京无锡企业商会到北戴河考察。着力提升“走出去”质量和水平，借力节会大力开展招商推介，积极参加廊坊、北京、大连等地招商洽谈会和中国环渤海投融资论坛，深入对接中企投资集团等项目，与北大资源集团等企业建立联系。突出山西、内蒙古等重点区域，加强与市煤炭产销协会合作，积极参加环渤海煤炭企业经洽会，开展扎实有效的小团组招商，依托港口优势继续强化煤炭销售、钢材和铁精粉销售等现代物流企业招商，量通能源、福斯戴能源等一批5000万元以上总部企业落户。大力引进新的文化创意产业项目，美岸文化、楷彤影视传媒等千万元以上文化企业完成注册。实施总部企业招商目标责任制，激励全员抓招商。深化与北京CBD、朝阳区和海淀区的合作交流，积极承接产业转移。围绕新型城镇化建设，拓展引进房地产和建筑企业渠道。鼓励外资企业利润再投资，不断探索现代服务业利用外资渠道。加强两库一网建设，推进招商专业化，强化招商基础工作。全年引进总部项目84个，千万元以上项目42个，新落地项目新增税收3432.2万元，成为拉动税收增长的重要支撑力量。

培育壮大龙头企业

实施重点税源企业县级领导和部门包企业制度，建立企业服务台账，实施分类指导，“一对一”量身服务，帮助中油华奥、国华置业、方维贸易、金火电力、宣亚国际等总部企业积极应对经济下行压力，中油华奥、方维贸易等多家企业销售收入、税收实现逆势增长。与省信投开展联合招商，规范信息产业园区管理，北京文豪宏博尔科技等40多家高新企业入驻，整体规模和效益有所提升。扎实做好培育上市企业工作，天道物业在天津股权交易所挂牌。

改造提升传统产业

组织开展全民创业攻坚年活动，完善民营企业发展政策，大力推进兰德科技、大开电子等企业与中科院、北京铁科院合作研发，扶持企业技改创新、上档升级。大开电子引进德国专用设备，研制开发客车安全监测系统。显星机械为神华等央企提供配套产品。金风帆电子研发智能交通、电子警察等高端产品。新港阀门新上抗垢防腐耐磨复合阀门项目。铸业达公司与中国机械科学研究总院中机生产力促进中心签订了技术合作框架协议。兰德科技技改项目突破国内相关技术领域的部分共性关键技术，获省、市科技进步一等奖。全年实施技改项目5项，完成技改投资2.4亿元。大开电子成为新增规模以上企业，11家企业实现扭亏为盈。完善省级服务外包基地平台，推进服务外包企业复检，帮助服务外包企业拓展业务、扩大规模，大开电子、东软利税实现大幅增长。

基础设施建设

立足项目建设和可持续发展，推进扩区恢复4平方千米选址及空间布局，租用二炮疗养院总部用房，完善五凤楼功能，推动总部商务区建设，促进休疗单位与大型企业资源整合，为引进央企总部、高新技术和文化创意产业搭建新平台。开展城市提升攻坚年活动，加强“门前五包”管理，安装交通信号灯，修缮老海宁路，参与全区街景改造。

环境建设

强化政策服务，组织企业参加国家和省、市支持工业发展政策培训班，加强工业企业发展政策、技改项目申报培训，积极落实扶持企业发展政策。强化金融服务，组织“银企对接”座谈会，多家企业签订《银企合作意向书》，达成意向2000多万元；组织铸业达等企业申报科技攻关、科技贷款贴息；帮助兰德科技、大开电子等7家企业争取中小企业发展专项资金380万元。强化平台建设，通过ISO 9000和ISO 14000认证，落实行政审批制度改革要求，践行项目代办制、服务承诺制、首问负责制，帮助羚肯润滑办理建设规划许可手续。强化企业品牌建设，聚源铝业有限公司通过河北省名牌产品复审，帮助龙聚森公司申报市级知名商标、省级著名商标和中小企业名牌产品，天洋地产、中油东奥入选市民营经济综合实力30强。

和谐开发区

落实安全生产“党政同责、一岗双责”，杜绝重特大安全事故发生。推进社会服务和环境保护网格化管理，落实反恐防暴群防群治宣传和应急预案，狠抓节能减排，开展民兵基层组织建设和治安联防。加强精神文明建设，组织开展“我为园区添美丽”环境卫生清理活动、“港城先锋·红色义工”志愿服务和扶贫帮困活动，参加首届秦皇岛·城市乐跑赛和健走、篮球比赛等活动及秦皇岛国际马拉松赛服务保障工作，举办总部企业联谊活动。开发区管委会被评为2012—2013年度省级文明单位。

（王　伟）

商贸流通业

综述

【概况】 市场环境建设不断完善。消费品市场繁荣活跃，全年实现社会消费品零售总额49.46亿元，增长12.30%。随着城乡居民生活水平提高，居民消费升级步伐加快。旅馆、饭店等服务性行业市场尤为活跃。个体工商业发展迅猛，至2014年末，全区有个体工商户10974户，其中新增1585户；有私营企业1451户，其中新增221户。

【对外贸易】 全年引进内资39.53亿元，增长13.9%，完成市定目标任务的101.4%；直接利用外资2357万美元，增长13%，完成市定目标任务的102.5%，进出口总额完成921万美元，增长5.7%。园区建设不断加强，怪楼文化艺术区三期正在加紧建设。引进了国润能源、神锦商贸、明伊成品油等总部及商贸物流企业84家。依托省级服务外包基地平台，大力培育新的服务外包企业，服务外包企业已增至14家。

市场建设

【市场管理】 借助暑期优势，为投资商提供政策、信息。帮助企业办实事、解难事、谋发展。加强育花路市场建设，结合北戴河火车站商业片区初步形成，在车站村建成5000余平方米的超市，完善商业服务水平。与省、市商务系统联系，积极促进中油华通总部企业落地北戴河。引进项目秦皇岛港佳贸易有限公司，注册资金200万元，完成一般纳税人资格认证。对隆基泰和投资50亿元的现代商贸物流中心进行全程跟踪服务，于7月中旬建设完成C4·商业魔方区域沙盘展示中心。

【市场运行监测】 做好生活必需品供应保障工作和社会消费品零售额指标调度预测工作。对全区提前淘汰的黄标车信息进行核查，办理淘汰手续303件。积极向上级商务部门争取市场建设资金，采取以奖代补的形式，向车站市场发放补贴资金10万元。

【安全监管】 强化“红线”意识，普及安全知识，印发宣传资料1000余份。为提高应急处置能力开展应急演练，参与职工260余人。针对重大会议敏感期、重要节假日及季节性安全隐患的防范，指导企业加强“三同时”管控，落实主体责任、岗位责任，配套硬件设施、完善管理制度。深入开展两轮燃气安全自查行动，特别是针对小餐饮单位，采取联合整治、查改结合，规范小餐饮单位安全使用燃气行为。全力做好安全生产大检查活动，与相关企业签订安全生产承诺书13份，出动执法人员100人次、执法车辆43辆次、检查企业120余家次，排除了各类安全事故隐患。

商贸行业管理

【酒类市场管理】 2014年，加强酒类经营许可证的管理，做到单随货走，单货相符。换发“酒类零售许可证”66个。

【成品油管理】 加强加油站、储油库油气回收治理工作。至年末，全区12座加油站进油渠道规范，销售国四标准汽油，全部安装油气回收装置。暑期，购买柴油灶用油，杜绝了汽油散装零卖。同时，确保汛期全区成品油供应。

【商贸执法】 加强宣传工作。结合“3·15”等重要节日活动，举办、参与3次大型宣传活动。印发宣传资料2000余份，接受群众现场咨询200人次。开展打击私屠滥宰的行动，通过多次检查，无私屠滥宰窝点和私屠滥宰行为发生。对市场进行拉网式检查，共出动车辆8辆次，执法人员30人次，立案4起，罚款3044元，有力地打击了非法经营和违规经营行为。

（赵文红）

供销合作

【概况】 2014年，北戴河区供销合作社有基层社、盐业公司、农产品批发市场3个经营单位，下设农合联组织1个，其中农产品批发市场是北戴河及周边地区农产品主要集散地。

【食盐专营】 全年实际购进盐总量491吨，完成计划的109.11%，其中食盐购进435吨，完成计划的108.75%；销售盐总量504吨，完成计划的112%，其中食盐销售433吨，完成计划的108.25%。小包装购进、销售100%。

规范食盐专营市场秩序。健全食盐供应网络，理顺供应渠道，促使全区盐业市场规范运作。积极开展送货上门服务活动。加强与经营户联系，送货上门，全年共出车200余辆次，送货2200余户次。开展食盐专营工作及多品种盐的宣传工作，普及科学食用加碘盐有关知识，提高消费者对碘盐的认识，科学食用碘盐。加大盐政稽查力度，与区公安分局形成联动机制，采取经常性检查与重点检查相结合的方式，加强盐业市场管理，打击私盐贩销活动，维护全区盐业市场的稳定。

【农产市场管理】 为农民提供良好的交易环境。责任落实到人，调动员工管理的积极性，提高服务水平。加强环境卫生整治。加大蔬菜检测力度，把住食品安全关，对抽样检查不合格产品及时进行处理，确保蔬菜供应安全。

【为农服务】 加强对“万村千乡”市场工程加盟店管理。对农家店和农资连锁店进行业务指导，加强店容店貌、防火防盗等管理，为群众营造了放心、安全、便捷的购物环境。抓好已建成的专业合作社的提升改造工作。6月份，组织苏庄村裕发蔬菜、裕旺果品专业合作社社员参观考察乐亭县佳音果蔬专业合作社、万事达生态农业发展有限公司。

【防汛物资储备】 储备草袋、编织袋1万条、锹镐500把、铅丝1700千克；应急灯12盏。严格落实汛期值班制度，值班人员保持24小时通信畅通，确保防汛物资调得出、用得上。

（李艳英）

烟草专卖管理

【市场营销】 2014年，烟草业务经营工作紧紧围绕“卷烟上水平”中心工作，以省产卷烟销售为重点，扎实推进卷烟结构提升、品牌培育、市场化取向改革等各项工作。全年销售卷烟23737.49件，完成全年任务计划的102.01%；单箱销售额26903.25元，年实现利税3231.10万元；一、二类卷烟销售7524.52万支，销售比重为31.70%，三类卷烟销售12002.08件，比重为50.64%，比上年下降0.50%。

【专卖市场管理】 坚持以“打击严厉、管理到位、疏导及时、服务周到”为目标，以“APCD”工作法为抓手，开展专项治理行动3次，联合检查2次。查获涉烟违法案件45起，端掉窝点4个，查获非法卷烟703.40条，案值合计5.72万元。新办理零售许可证115户，变更18户，注销198户，停业157户。

（赵　辉）

交通·通信

交　通

【概况】　2014年,北戴河区公路通车里程为46.09千米，其中国道7.11千米、省道38.98千米；农村公路总里程37.01千米，其中乡道5条，总长8.20千米，村道28.81千米。清扫路面553千米1383千平方米，清运垃圾615.40立方米，清理疏通边沟11千米，维修涵洞1道4.50米。完成公路两侧绿化46.09千米。清理拆除不规范交通标志18块，施划标线2.50万平方米，处理路政案件结案18起。清除违章堆物堆料5处20立方米；坑槽挖补9.75千平方米，绿化管护97.17千米，公路粉刷90.28千米，设施修复177立方米，维修路缘石5米，路面灌缝2.53千米。年内，北戴河区交通运输局被评为“秦皇岛市2012—2013文明单位”“北戴河区2012—2013文明单位”“北戴河区2012—2013年度政府系统承办人大代表建议、政协提案工作优秀单位”“北戴河区暑期反恐防暴群防群治工作先进单位”“北戴河区暑期工作先进单位”；运管站、公路站被北戴河区政府评为“暑期先进集体”。

【交通基础设施建设】　投资80余万元对108公路S267段两侧进行绿化提升，绿化面积7000平方米。为缓解暑期运力紧张，协调公交公司新开辟从海滨汽车站到南戴河娱乐中心的603路公交车，投资38万元在海滨汽车站和河东寨村新建公交车停靠港。

【公路养护保洁】　暑期，进一步健全外包企业目标责任制、巡查制和领导包保责任制，每天出动养护保洁人员200余人次，清扫车、洒水车10辆次，从早5点至晚7点半对所辖公路、绿化带进行无缝隙清扫，保障畅安舒美公路通行环境。加大绿化美化工作力度，投资20余万元对交通林、海宁路、驼峰路进行绿化补植；投资115万元对驼峰路、108公路、海宁路、新河路进行绿化养护，面积7.42万平方米。海北路新增绿化面积6.41万平方米，中间隔离带安装护栏4.80千米，两侧挂花1200盆，营造多层次、立体美化的绿化效果。投资90余万元对辖区内公路标线进行施划，面积2.57万平方米；坑槽挖补9340平方米，路面裂缝进行贴缝处理2.53千米；更换维修人行道、路缘石、人行道板750延长米；粉刷路树、桥墩、护栏等公路基础设施45.14千米；清理道路两侧边沟、排水沟10.60千米。

【路政管理】　处理路政案件16起，处理违章事件25件，清除路阻路障18处，拆除违章标志标牌18块，清理摆摊设点5个，查处遗撒车辆10辆。治理超限超载。会同市治超处、公安派出所开展3次联合行动，在西部快速路、驼峰路等重点路段设卡检查，依法查扣超限货车14辆。

【运输市场管理】　以开展“两打”（即打击非法营运和出租车欺客宰客）专项行动为契机，加大对营运市场整治，严厉打击黑车、异地营运出租车和拒载、不打表的违规营运出租车，全年查扣黑车7辆，异地营运出租车3辆，非法营运三轮车28辆，违规经营出租车96辆。对北戴河火车站出租车停车场进行重点监管。投资30余万元在停车场新建公厕和值班室，对两侧护栏进行加固，增设出租车运营规范和乘车指南；暑期，抽调20余名工作人员进行驻场管理，组织出租车有序经营，为游客提供旅游咨询、遗失物品查找、处理投诉举报等服务。落实行业监管责任和企业主体责任，采取定期安全生产检查和突击抽查等形式，对辖区内7家旅游客运包车企业、2家出租车公司、33家维修厂进行安全生产检查，确保运营安全。

【道路交通安全】 开展安全生产大检查、矛盾纠纷大排查、信访问题大化解等活动，落实出租车、旅游车企业包保人和出租车网格化管理制度，对出租车、旅游客车、残疾人三轮车逐人、逐车落实好解决问题和教育稳控双重措施。做好反恐、防暴工作。结合“安全生产百日会战”“平安交通”等活动，对火车站、汽车站、桥梁、隧道、危险品运输等重要环节和交通枢纽，认真排查并落实安保防范措施；完善各类安全生产制度，制定各类突发事件应急预案，采取以会代训、现场演练、发放宣传资料等多种形式，加强对全体干部职工、养护工人和道路运输从业人员安全生产培训。年内，全区交通运输行业无一起重大不稳定事件发生，无一起重大安全责任事故发生。

（田　堃）

【铁路运输】 2014年，北戴河火车站运发送旅客236.80万人次，超额完成任务指标230.20万人；累计运输收入2.12亿元，完成任务指标2.49亿元的85%。

强化安全关键项点控制　多方向接发列车中，全体作业人员从办理闭塞、信号开放到联控作业，严格落实作业程序和卡控措施，保证多方向接发列车安全；施工限速作业，认真做好列车运行揭示令接收工作，组织作业人员对联控用语学习，确保列车通过施工限速的行车安全；在接发无守列车工作中，确保取消运转车长列车的接发车安全，安排人员24小时不间断在行车室、接发列车站台组织上岗盯控，执行取消运转车长接发列车安全控制措施要求；落实恶劣天气接发列车作业标准，严格程序，在暴风雨、雾、雪天气做好与司机联系工作，执行“扣、拦、停”制度，杜绝臆测行事，盲目放行列车。

年内，经历“春运、暑运、年底”三个大的调图期，每次调图前期，车站及时做好调图文电培训学习考试、本站列车时刻表的摘录揭示、重点列车变化及过渡期列车接发，并加强核对，落实临客开行“四核对”制度。向工作人员发放北戴河火车站“旅客列车时刻表”“编组顺序表”“图定票额分配”“交替期间每日列车运行情况”等资料。制定严格干部值班及分工包保制度、关键事项班前传达制度、调图方案与实际运行情况核对制度，确保每次交替期间列车运行、车站客运组织平稳有序。

做好安检查危和实名制验证验票　对所有进站旅客严格落实旅客携带品件件过机、人人手检的规定。正确使用验证验票设备，加强对热门车次检票口复验，杜绝票、证、人不一致及无票旅客进站乘车情况发生。

以规范客运服务为基础，从基础工作做起，注重细节，打造服务品牌，建立以“左龙爱心服务队”为标杆的优质客运服务体系，提高旅客服务水平。

（刘　蕾）

邮政业

【概况】 2014年，北戴河邮政局下设市场部和综合办公室2个管理部门及金融业务部、函件业务部、分销业务部、发投公司、集邮公司、电子商务班、海宁路支局、石塘路支局和北戴河火车站支局9个经营部门。共有邮政电子化支局所5个，代办所1个，储蓄网点2个；邮政投递道段16个；邮政车辆5辆，城乡邮政信箱筒24个，报刊亭8个；农村投递线路总长约60千米，邮政投递覆盖面积约100平方千米，服务网络遍布全区城乡。2014年，北戴河邮政局共收到表扬信812封、锦旗3面，被秦皇岛市邮政分公司评为“2014年度先进单位”。

【邮政经营】 业务种类主要包括金融类、邮务类、分销类3大类10余项业务。邮政代办业务目前发展迅速，主要代办业务有代办保险，代收移动、电信、联通话费，代售飞机票、火车票，代收水费，代收有线电视费业务和代收营业款等。2014年实现业务收入1465万元，比上年增长12.55%。其中，保费、储额净增、集邮、分销等业务均在第三季度末提前完成全年计划指标，创造建局以来，完成业务收入进度的历史最好水平。年内，全区邮政储蓄余额达到4.66亿元；寄递信件23.59万件；收寄包裹1.52万件；订阅报纸314.14万份；杂志11.96万份；国内汇票0.83万笔；收寄特快邮件1.21万件。在代办和物流等战略业务方面，全年订送机票56张，代理保险1378笔，代理保费金额7219.10万元。物流专业方面，以服务三农为理念，大力发展酒水分销和农资配送业务，业务收入22.38万元。

【服务社会】 2014年是市分公司确定的“星级服务提升年”，北戴河邮政局成立星级服务创建工作领导小组，做好营投人员服务意识、服务礼仪和职业专项素养培训工作，组织业务培训和练功比赛。为海宁路支局配备饮水机、绿植和客户评价器，制作监督台将员工照片上墙，方便用户监督。围绕三星级目标，坚持做到环境卫生常态化，服务水平空乘化，业务流程标准化，基础管理军事化。通过查看现场环境、检查基础管理资料、调取监控录像和邮政生产网中邮件收寄或投递数据等多种方式，正确判断网点真实服务管理水平，制定切实可行解决方案。出台《通信质量服务质量管理考核办法》《实行社会承诺、首问负责制及责任追究制》等制度。针对群众关心的热点和难点问题，推出主要网点全年无休假服务、缺报少刊3日内补投、15日内赔偿等社会承诺，聘请15位社会监督员，建立群众服务监督体系。全年共发出征求意见函近万份，邮政服务社会满意度达到99分。

【邮政安全】 落实三项基本制度，确保通信质量。特别在暑期工作中，成立以局长为组长的安保反恐防暴工作领导小组，建立自上而下的安全责任网络和值班制度。与发投公司、营业公司等7个部门签订《物品寄递安全责任书》，按照“谁主管、谁负责”原则，将责任落实到人。规范押款班管理，落实制度，严格考核，为枪支及资金安全工作打下坚实基础。

【通信能力建设】 年内，对海宁路营业厅、海宁路储蓄所、北戴河火车站支局、发投公司和石塘路支局等网点进行改造和装修，增设营业台席。结合地域特色，在石塘路邮政支局内建成彰显北戴河文化底蕴的主题邮局。加大邮政视检检查力度，对各支局网点进行营业视检和储蓄业务检查170余次。

【流动邮局】 流动邮局是北戴河区局特色业务，年内，针对大中专院校、部队、休疗养院开展流动邮局上门服务45次，收寄包裹3500余件，收入20余万元。

（王海涛）

通信业

【中国移动通信集团河北有限公司北戴河分公司】 2014年，中国移动通信集团河北有限公司北戴河分公司围绕省、市公司“盘活存量、提升价值，做好增量、提升份额”的工作思路，深化“调结构、快转型”理念，以“4G、终端、融合宽带、全业务”为抓手，全面提升面向新形势的企业核心竞争能力，全年业务收入4399万元。分公司被北戴河区委、区政府评为“暑期工作先进单位”；被省公司评为“企业文化示范点”；运维部被授予“全国质量信得过班组”称号。

2014年，主要经营移动电话通信（包括话音、数据、多媒体等）、IP电话及互联网接入服务等业务，拥有“全球通”“神州行”“动感地带”等著名服务品牌，客户号码段包括“139”“138”“137”“136”“135”“134”和“159”“158”“157”“152”“151”“150”“187”“188、182、181、180（3G专属）”，营业网点数90个，城区全部覆盖。乡、镇和城市区网络室外覆盖率为100%。

积极拓展移动信息服务。除为客户提供基本话音业务和来电显示、短信息、彩信、飞信、彩铃、139邮箱、WLAN、手机导航、手机上网、手机阅读、手机游戏、手机报等丰富多彩的新业务外，还通过推广集团行业信息化和办公电话、办公宽带、办公助手、集团彩铃、专线、物联网、移动OA、车务通、校信通、气象通、关爱通等重点行业应用业务，使广大客户通过手机即可获得丰富信息服务。

年内，在网络容量、网络质量、网络功能上大幅度提升，实现全区广度和深度网络覆盖，新建站址28处，满足北戴河区群众、中外游客以及暑期各种通信和业务需求。

（徐　虹）

【中国联合网络通信有限公司北戴河分公司】 2014年，中国联合网络通信有限公司北戴河分公司以创新变革为主线，强化自有渠道、社会渠道、暑期三项营销，狠抓维系效果、产创增值、服务水平、支撑能力等四个提升，做好机制体制创新、基础工作管控、提高员工综合素质和营造企业氛围等重点工作。年内，完成主营收入3709万元，3G客户发展17664户，2G客户发展8246户，2G/3G融合发展5957户，宽带客户发展3229户，沃家庭发展1306户，固定电话发展1312户。2014年，分公司被北戴河区委、区政府评为“暑期工作先进单位”“反恐防暴先进单位”；收到客户表扬信2封，锦旗1面；在市公司组织的炒厅炒店活动中获得“最佳创意奖”。

集团客户重点项目　签约智慧城市二期120个点监控项目，新增光纤114条，年增收60万元。重新签订公安局鹰眼监控项目，保有宽带92户。与秦皇岛市委党校、北戴河人民医院、国林宾馆签订3G集团网项目协议，年增收48万元。

暑期营销工作　分公司对北戴河涉暑重点保障单位及暑期休疗单位进行重点营销，为其提供专线业务60条。集团客户中心在暑期共完成业务发展1475户，其中2G业务净增长80户，3G业务净增长1198户，3G手机业务828户，上网卡业务314户。自有渠道业务发展量完成1849户，其中2G业务226户，2G/3G融合业务114户，3G业务419户，上网卡业务387户，4G业务87户，宽带用户429户，沃融合业务187户。在校园现场促销活动中，发展4G沃派套餐1036户，流量王62户，宽带95户。

宽带团购专项营销　深入北戴河区各村进行“平安户籍旅馆宽带”现场受理工作，2周内完成10个旅馆村1900余户个体旅馆宽带续费手续。

校园专项营销活动　春节校园营销销售沃派套餐1320户，激活率达到95.50%；秋季校园营销销售4G沃派套餐1104户，在网率达到88.80%。

渠道建设工作　新增普通代理4家，3G月销量占分公司70%以上；2G销量占分公司80%以上。年内完成业务发展指标：3G产品（包括上网卡、2G/3G融合）11356户，渠道占比达74.44%（全局15195户）；2G产品5590户，渠道占比82.47%，严格落实渠道管理相关规定，坚持班会、巡店、培训制度。在全市率先应用巡店系统，系统使用渗透率全市最好。在市公司组织的炒厅炒店活动中获得“最佳创意奖”。

服务管理工作　建立并完善“宽带直通车”服务体系，实施3G客户感知提升计划和营业厅服务和线路班服务提升计划。提升暑期服务响应级别，获得“北戴河区2014年度暑期工作先进单位”“北戴河区反恐防暴先进单位”称号。收到客户表扬信2封，锦旗1面。强化服务投诉管理，全年无责任性越级投诉。

重点建设与运维工作　与网优中心配合完成全面网络优化，完成21个超忙基站双载波扩容工作，大大提升WCDMA网络性能，完成刘庄旅馆区、单庄旅馆区移动网络测试，编制旅馆区域3G网络优化方案。加强基站维护工作，杜绝长期、超时断站，实施基站障碍每日零报告制度，全年移动网所有KPI指标达到或超过公司标准。暑期前推进传输节点成环工作，完成固网全部局站传输成环工作，综合成环率为100%。实施移动网成环工作，成环率达到100%，比年初提高10个百分点。新建并开通47个多载波基站，28个4G基站，14个物理站址正在建设和协调中。2014年的室内分布、WLAN建设全部围绕市场需求，正在建设北戴河联通公司、松石高尔夫球场、专家疗养院3个项目。完成刘庄旅馆区FTTH改造项目，实现光改用户380户，全村光纤化率达到95%以上。

（刘仲怡）

【中国电信北戴河分公司】　2014年，中国电信北戴河分公司下设政企客户部、渠道服务部、网维部、客服部4个主要部门。共有3个自有营业厅、25家代理厅，现有CDMA用户3.50万余户。

2014年，增建30个4G基站，北戴河全区域实现3G无缝覆盖。完成FTTH光纤入户小区13个，积极响应工信部要求宽带提速，光纤入户。年内，继续做强做大“天翼4G”“我的e家”“商务领航”三大客户品牌，满足不同层次的不同需求，围绕市委、市政府农村信息化建设目标，结合农村经济发展、文化建设，推广新农村建设内容，提升宽带拥有率，实现政府小康指标要求。

2014年，进一步优化渠道，创新管理模式，为用户提供优质服务，各自有营业网点均取得较好名次。强化硬件建设，改善服务环境，设置人性化营业厅功能区，方便用户查询，在自有营业厅、营业点基础上，增设电子缴费点，稳步推进外包建设，增设代办营业网点25个。推介和使用网上营业厅，让用户享受到足不出户的电信服务。

（朱秀丽）

金融业

银行业

【中国银行股份有限公司秦皇岛市北戴河支行】 2014年，中国银行股份有限公司秦皇岛市北戴河支行实行条线管理，机构设置为对公条线、对私条线，下辖联峰路支行、北岭支行两个机构。年内，支行以“争客户、上存款、增收入”为中心，谋划工作，加快发展，实现各项业务稳健发展。同时，取得绩效考核全辖排名第一，全省排名第九的历史最好成绩。

客户规模不断扩大 2014年，支行新增公司结算帐户84个，完成全年任务的120%，对公网银交易客户187个，完成全年任务的114.72%，新增移动金融客户8400个，完成全年任务的100.60%；新增代发薪客户870个，完成全年任务的189.13%。

存款持续稳定增长 2014年，支行人民币时点存款新增1.40亿元，完成全年任务的112%，日均存款新增1亿元，完成全年任务的128.21%。

计费收入稳定增长 2014年，支行实现计费收入3235万元，完成全年任务的102.54%。

清收工作进展显著 2014年，支行不良资产余额2.33万元，远远低于分行制定的1212.37万元最低目标。成立催收小组，由专人负责，确保完成分行不良贷款压降必保任务，成功催收不良贷款3520.23万元。

（王 林）

【中国工商银行股份有限公司秦皇岛北戴河支行】 2014年，工商银行北戴河支行所辖营业室、海宁支行、西山支行3个营业机构。年内，实现净利润4470万元，比上年减少601万元，比上年下降11.90%。不良贷款余额仅为30万元，公司法人客户贷款不良、新发生不良贷款均为零。

年内，支行坚持以效益为中心，强化精细管理与风险控制，加快业务转型发展，发挥营销考核价值导向作用，信贷资产业务得到长足发展。至年末，各项贷款余额18.10亿元，较年初减少0.27亿元，下降1.45%，其中，公司贷款余额16.54亿元，较年初减少850万元；个人贷款余额1.56亿元，较年初减少1812万元。信贷资产流动性进一步增强。信贷资产质量控制的基础更加牢固，全年全部法人贷款无逾期、欠息现象，个人贷款不良余额控制在年初水平。在负债业务方面支行通过落实包户到人、存量客户深度挖潜、提高奖惩力度等措施，抢抓各项存款资源，稳存、增存成效明显，减缓因秦承高速项目结束给该行存款下滑带来的冲击。至年末，各项存款余额15.20亿元，较年初增加1.60亿元。

（姚俊合）

【中国农业银行股份有限公司秦皇岛北戴河支行】 2014年，支行大力拓展资产业务，挖掘可用金融资源。加大对优质小微企业支持力度，同时加快个贷业发展，不断提高个人贷款市场份额和竞争力。制定存款营销措施，实现全方位营销。调动全员工作积极性，促进支行存款增长。推进网点转型工作，将网点服务作为重要一环，固化服务礼仪、服务流程，全面提升网点核心竞争力。

年内，本外币各项存款存量10.30亿元，其中储蓄存款8.53亿元，较年初增长3272万元，日均增量8450万元。全年投放对公贷款3.20亿元（其中小企业贷款投放5000万元），较上年增长2298万元。个人贷款投放3745.90万元，较年初增长466万元,其中个人住房贷款类投放891万元，特色个贷投放2659万元。

严控信用风险,五级分类不良贷款年底余额55万元，不良占比0.34%，达到上级行核定控制目标。

做细做实贷后管理工作，突出现场检查重点，增强贷后管理针对性。深入现场开展贷后检查，强化例会机制和监督监测力度，强化贷后管理工作过程考核。防范个人贷款风险,加强按揭楼盘准入管理。加快权证办理进度，提高办证效率。加大逾期、不良及诉讼贷款催收力度。严格落实个贷业务管理规定动作，开展定期监测、检查。严控信用卡风险，严格落实“三亲见”防范虚假申请，严控信用卡套现行为，加强法务催收力度，降低不良影响。

（丁大勇）

【中国建设银行股份有限公司秦皇岛北戴河支行】 2014年，北戴河支行设有两部一室和两个网点型支行，即综合业务部、综合保卫部、营业室、四中路支行和北戴河火车站支行。年内，大力发展资产和负债业务，积极拓展客户。存贷款、中收及利润等主要业务指标均保持良好发展态势，风险防控能力进一步增强。

至年末，支行一般性存款时点余额13.80亿元，当年新增8000万元，计划完成率46%，日均新增1.10亿元，计划完成率75%。其中，对公存款时点余额5.20亿元，比年初新增30万元，计划完成率0%；日均新增749万元，计划完成率9%。对私存款时点余额8.66亿元，比年初新增0.82亿元，计划完成率100%；日均新增1.04亿元，计划完成率173%；各项贷款余额15.34亿元，比年初新增7.38亿元。其中，个人贷款余额3.38亿元，2014年累计投放1.43亿元，余额新增0.98亿元，计划完成率115%。实现中间业务收入648万元,计划完成率47%。其中，对公业务中收完成率30%,个人业务中收完成率93%。全年实现净利润约2795万元，创历史新高。

2014年支行客户渠道类指标完成情况：支行人民币结算账户全年新增121户，计划完成率121%；公司机构有效客户新增21户，完成率48%；对公网银活跃客户新增26户，完成率27%；企业短信68户，完成率106%；代发代扣客户新增2个，完成率100%。

个人有效客户新增1667户，完成率71%；信用卡客户新增1526户，完成率93%；借记卡发卡10375张，完成率63%；新增代工人数2071人，完成率70%；个人网银活跃客户新增563户，完成率20%；个人短信客户新增2627户，完成率102%；微信银行客户新增1314户，完成率110%；全年销售寿险1132万元；金管家个人客户新增110户、聚财宝客户新增86户，金额2031万元；约定转存办理752笔、325万元；理财产品余额4742万元。

（柳春欣）

【交通银行股份有限公司秦皇岛北戴河支行】 2014年，交行北戴河支行以支持本地企业为己任，全面开办各项金融业务。其中个人金融业务：个人本外币储蓄、太平洋卡业务、个人信贷业务、个人理财业务。理财产品主要包括：双利理财、得利宝、开放式基金、外汇宝、圆梦宝、黄金投资。公司金融业务：存、贷款；国际结算；信用证、承兑、贴现和保函等中间业务。电子银行业务：网上银行、手机银行、电话银行、POS机等。

是年，实现人民币存款余额5.40亿元；对公贷款1.40亿；私人银行6户；沃德有效客户160户；交银有效户2200户；贷记卡净增卡860张，借记卡有效发卡1.50万张。

（张玉娜）

【秦皇岛银行股份有限公司北戴河支行】 2013年6月28日，经中国银行业监督管理委员会秦皇岛监管分局批准，“秦皇岛市商业银行股份有限公司北戴河支行”更名为“秦皇岛银行股份有限公司北戴河支行”。2014年，各项存款余额11.52亿元。其中，对公4.01亿元，储蓄7.51亿元。贷款余额为4.91亿元，不良贷款率为零。

主要业务 开通短信通，为个人及公司账户（活期）提供存款、取款、转账、消费、代缴、汇款等账户余额变动的短信通知，提供贷款还款短信提醒通知、发布银行最新产品和经营动态的相关资料等，暂时不收取任何费用。个人网上银行业务，提供全天24小时个人资产查询服务，方便随时随地掌握资金状况。提供包括但不限于行内转账、跨行转账及行内批量转账汇款功能，免去客户排队等候烦恼。网银免工本费、年费，办理行内转账、本（异）地跨行转账等暂时不收取任何费用。办理一手房贷款、二手房贷款、个人助业贷款、个人消费贷款、个人商用车贷款、存单质押贷款等。开办儿童理财卡、生肖卡等是由秦皇岛银行发行、带有银联标识、以人民币结算、面向个人的磁条记名式银行卡。

凡在该行办卡均免开卡费、年费、工本费、小额账户管理费、短信通知提醒费、ATM本（异）地跨行取款手续费，柜面通存、取、转账业务免费、免网上银行跨行转账手续费。办卡开立“灵利通”（5万元以上）业务，享受活期便利，定期收益。

一年期储蓄特色存款业务 “先得利”储蓄存款业务属于一年期定期储蓄产品，起存金额为1万元，到期自动转存，存入1万元“先得利”定期存款将先得到利息297.28元。“浮上福”储蓄存款业务属于一年期定期储蓄产品，起存金额为1万元，到期自动转存，客户除获得储蓄存款利息收益外，还可获得利息复利的一种增值产品。

（朱　莉）

保险业

【中国人民财产保险股份有限公司北戴河支公司】 2014年，人保财险北戴河支公司落实“调结构、促发展、创效益”经营理念。将原有营运性大货车以及连续多年亏损、老旧车型等业务逐步替换，大力发展风险系数低、盈利能力强的业务，尤其是商业非车险，北戴河支公司经理室将发展商业非车险定为公司核心任务，积极拓展市场，年内成功新签单执法人员意外、停车场责任、新区教职员工责任、中国外运水陆联运货运险等业务，特别是“二元民生”保险，成为全市首家签单的县支公司。依靠新增保费，公司提前一个季度超额完成责意险产品线全年任务。

坚持抓大不放小，将随车行李险和驾驶人员意外险两个指令性小险种纳入团队考核，加大考核力度，实施重奖重罚的考核办法，两个小险种均超额完成市分公司下达的年度任务目标，特别是随车行李险提前半年多超额完成全年任务，受到省、市两级公司表彰，并代表市分公司到省公司做先进经验介绍。

严把承保质量关。坚持落实车险黑灰名单制度，将业务员业务提奖与赔付率挂钩。开展理赔“双降”工作。2014年，在与理赔中心沟通后，在北戴河辖区内开展“双降”工作，即配件与工时在正常价格基础上分别下降5%与10%。至年末，通过“双降”工作共减赔2万余元。查假打假。坚持每周二理赔会议制度，将一周内出险情况汇总至支公司经理室，做到重点案件及时跟踪，对存有疑义案件及时上报并与公安部门展开合作，始终对辖区内骗保骗赔现象保持高压态势。至年末，通过与公安部门合作，共拒赔大额案件5起，为公司挽回经济损失近20万元。通过在承保与理赔环节上双向管控，公司各产品线均实现盈利，年内实现利润近600万元。超额完成市分公司下达年度利润指标，为利润最多的传统司部。

（陈　晨）

【中国人寿保险股份有限公司北戴河支公司】 2014年，中国人寿北戴河支公司设有经理室、个险销售部、银行保险部、团险销售部、客服中心、综合管理部。实现长险首年保费3645.85万元，完成计划的115.42%，比上年增长3%；长险首年标准保费441.48万元，完成计划的101.67%，比上年增长12%；首年期交保费913.43万元，完成预算目标的104%，比上年增长29.71%；十年期及以上期交保费563.61万元，完成预算目标的129.04%，比上年增长36.57%；短期意外险保费173.17万元，完成预算目标的75%，比上年增长140%。年内，在由河北日报报业集团主办，河北新闻网、河北省保险行业协会承办的“中国梦 赶考行2014年河北省保险业优质服务综合展”活动中，获得“网友最满意保险基层公司”称号；被市公司评为“2014年度先进单位”；被省公司评为“2014年度优秀基层公司”。

按照国家法律法规以及人寿总公司、省、市各级公司规章制度和要求进行经营。认真学习并严格执行《中华人民共和国反洗钱法》的规定和要求，对客户身份进行识别，对大额可疑交易进行认真辨别，对每一笔可疑交易都进行调查及做出书面报告。内控制度建设方面，对现有制度进行梳理和完善，查找风险点，推进内部控制管理体系建立。开展“合规经营、诚信展业”专题培训。配合政府开设“农村小额意外伤害保险”，针对“5580工程”开展“老年人意外伤害保险”及配合国家“三农”政策与中国农业银行、农村信用社开展“小额贷款借款人意外伤害保险”。

2014年，公司紧密联系北戴河区各村委会和学校，为全区人民送去关怀与保障。其中，老年险保险收取保费12.57万元，参保人数3500人，理赔金额9.62万元；计生险保费6.13万元，参保人数1022人，学生险保费15.34万元，参保人数3185人，理赔金额10.44万元，团体旅游意外伤害保险赔款1.05万元。

（杨娜萍）

证券业

【财达证券秦皇岛海宁路证券营业部】 财达证券秦皇岛海宁路证券营业部，经中国证监会批准，于2002年5月正式成立，是秦皇岛市北戴河区唯一合规的证券经营机构。2014年，营业部业务范围为证券经纪，投资品种包括：股票、基金、债券、新股申购等，委托方式包括刷卡、电话、网上、热自助及手机。

年内，营业部共有客户数7859户，其中当年新增客户603户，新增客户资产1291万。实现交易额38.32亿元，其中，现场交易1.78亿元，占总交易量4.65%；非现场交易36.54亿元，占总交易量95.35%。实现营业收入净额646.74万元，其中，手续费收入净额592.48万元、利息净收入54.26万元。本年净利润207.48万元，客户资产总值3.48亿元。

2014年，股票市场处于弱势震荡阶段，全年交易清淡，客户交易量较低。营业部将工作重点放在存量客户维护上，加强对休眠和空账户管理，提升对客户服务档次，采用电话、短信方式指导客户，全年短信费支出3万余元，发送客户服务短信10万条，遏制客户大面积流失。通过银行驻点、招聘经纪人等方法在秦皇岛开发区、南戴河开发客户300余户。

（李　伟）

财税管理

财政管理

【概况】 2014年，深化财政管理改革，加强政府财力统筹，财政收支运行总体较为平稳，各项工作取得新的进展。全部财政收入完成87772万元，完成全年预算的103.40%，比上年下降1.10%。其中中央级收入完成22170万元，完成全年预算的93.20%；省级收入完成7545万元，完成全年预算的85.60%；市级收入完成6991万元，完成全年预算的75.40%；公共财政预算收入完成51066万元，完成全年预算的118.60%，比上年增长2.90%。公共财政预算支出完成78259万元。其中，区本级支出62822万元，完成全年预算的115.40%，比上年增长3.40%。

【财政监管】 夯实现代财政制度基础，率先在全市建立财政业务专网，实施公物仓、公务卡管理制度改革试点，强化对财政财务集中管理平台、城建资金直拨和债务管理系统的管理和运用，实现对财政资金管理使用的事前、事中、事后全程监督。同时，促进预算单位财务管理规范高效，提高财政资金支付透明度。努力打造阳光财政，全面实行预算信息公开，及时将政府预算草案、公共财政预算和“三公”经费预算、政府性基金预算等信息在北戴河区政府门户网站等媒体公开。督促各预算单位在北戴河区政府门户网站公开部门预算。除涉密单位外，全区87个预算单位全部进行信息公开。

完善区直部门“三公”经费管理、防治“吃空饷”、规范行政性收费，加强会议、培训、接待管理等制度建设。下发《关于进一步压缩“三公”经费支出的通知》《关于建立“三公”、会议、培训统计月报制度的通知》，转发《河北省党政机关外宾接待经费管理办法》《河北省因公临时出国经费管理办法》《因公短期出国培训费用管理办法》。

【财源建设】 按照区委、区政府引进总部企业目标任务要求，各部门通过多种渠道积极与相关总部及文化企业沟通、对接。全年引进总部及文化企业51家，实现税收1913万元。财政局全力抓好借暑利暑工作，努力争取省财政暑期专项转移支付资金落实。积极配合相关部门做好向上争取资金工作，申请上报赤土山棚户区改造项目，开发银行贷款4.40亿元和“老年日间照料中心”“三馆一站”“智慧旅游”等项目，上级财政补助资金4953万元。积极争取国家限制发展区域优惠政策，向国家发改委、财政部报送相关资料。与市财政局对接，做好土地出让权下放等相关工作。

【改善社会民生】 2014年安排资金1800万元，落实天然气扩户、民生保险等8件惠民实事资金；拨付资金5022万元，提高城乡低保金标准（城市由每人每月380元提高到450元；农村由每户每年2000元提高到2500元）。保障新城保、新农保等社会保障政策和就业政策落实；统筹整合资金5099万元，积极落实支农惠农政策，支持农村各项事业发展，保障农村面貌改造提升；拨付资金11773万元，支持教育事业发展和教育基础设施建设等重点资金落实；拨付资金5419万元，支持医疗卫生事业发展，保障医药卫生体制改革、村级卫生室建设和新型农村合作医疗、城乡医疗救助等制度落实；合理调度资金，确保公教人员工资、津贴、补贴及时足额发放，工资改革顺利进行和机关正常运转。

【支持经济发展】 安排扶持企业发展资金2000万元，对高端旅游、总部经济、文化创意、高新技术“四大经济增长点”及现代服务业给予政策优惠和资金扶持。安排资金200万元，支持“四大攻坚年”各项工作顺利开展。加强与驻区商业银行沟通联系，为银企之间搭建沟通联系平台，让金融机构更好服务全区经济发展。努力拓宽融资渠道，支持“三农”、中小微企业发展。组织召开银企对接会，3家企业与银行签订《银企合作意向书》，涉及贷款需求2000余万元。抓好小额贷款公司试点工作，加强小额贷款公司监管，全年累计为26户小微企业及个体工商户发放小额贷款2736万元。积极推进小微企业上市融资。8月底，总部企业天道计算机股份有限公司在天交所成功上市。

（周永勃 周慧敏）

国家税务管理

【概况】 2014年，北戴河区国家税务局以组织税收收入为中心，以绩效管理为导向，以党的群众路线教育实践活动为抓手，圆满完成全年各项工作任务。全年完成税收收入22408万元，同比增收1772万元，增长8.59%；完成市、区两级财政预算收入4430万元，同比增收959万元，增长27.63%，完成计划的110.75%。

【税收征管】 进一步加强户籍信息基础管理、普通发票管理、个体税收和专业市场管理，清理漏征漏管，做到抓大不放小。强化重点税源管理，开展企业所得税专项检查、货运企业专项检查、大额普通发票比对疑点信息核查和货物劳务税收入专项督查等工作，堵塞管理漏洞，规范企业纳税行为，实现以评促收、以查促收。全年查补入库税款723.98万元，加收滞纳金80.22万元，罚款0.86万元。顺利完成“营改增”扩围工作，对接地税部门，做好2户邮政服务业纳税人和5户电信业企业调查确认以及交接工作。

【依法治税】 组织开展2014年税收执法督察和税收执法疑点核查工作。采取全面自查、重点督察和总结整改相结合方式进行，重点对贯彻落实组织收入原则情况、税收规范性文件合法性情况、发票管理情况、注销清算税收管理情况和促进小型微利企业发展税收优惠政策落实情况等内容进行督察，实现补缴企业所得税33万元，加收滞纳金1.90万元。

【纳税服务】 开展“便民办税春风行动”，落实《全国县级税务机关纳税服务规范》。构建征纳互动机制，通过召开税企恳谈会、开展“走访纳税人”“换位大体验”等活动，认真查摆纳税服务工作中薄弱环节，对办税业务流程继续整合优化，纳税人满意度和税法遵从度逐步提升。严格执行税收减免原则、申请审批程序、监督管理以及备案制度，落实各项结构性减税政策以及提高增值税起征点等相关政策，及时办理增值税减、免、退税收优惠业务。年内办理减免税1999万元，较上年增加1306万元，同比增长188.46%；办理出口退税1263万元，较上年增加819万元，同比增长184.46%。

（宋　望）

地方税务管理

【概况】 2014年，北戴河区地方税务局下设稽查局、征收分局、税源监控分局以及4个管理分局和6个综合科室，负责全区范围内9363户纳税人的地方税征收工作。年内，该局坚持贯彻“加强征管，堵塞漏洞，惩治腐败，清缴欠税”的指导方针，不断开创地税工作新局面。连续21年超额完成税收任务，为国家累计征收税款43.80亿元，2014

年征收税款5.50亿元。被评为“市级实绩突出单位”；2014年12月，区地税局领导班子被北戴河区委、区政府评为“2013年度优秀科级领导班子”。

【税收征管】 成立10个税收专项治理小组，清理耕地占用税11921万元；对建筑、房地产行业评估检查，入库税款3537万元；清理房地产企业所得税1037万元；对其他行业评估检查房产税、土地使用税，入库税款1880万元。

严格清理漏征漏管，利用暑期旺季，检查个体工商户700余户，征收房产税、土地使用税67万元；加强民宿业税收管理，为2000余户民宿业纳税人办理税务登记，征收税款70余万元。强化单税种管理。完成6个土地增值税清算项目审核，入库土地增值税451.60万元；加强企业所得税汇算管理，汇算清缴664户，税款2018万元；强化个人所得税12万元以上自行纳税申报管理，办理申报176户，税款637万元；开展税收风险管理。对112户建筑、房地产和住宿、餐饮业风险疑点纳税人进行纳税评估，对其中5户问题纳税人进行征缴，入库税款177.20万元。做好以地控税工作。对152宗地进行比对分析，共补缴税款、滞纳金131万元。开展城建税比对及国税代征工作。补缴城建税5.68万元，滞纳金379元，教育费附加2.43万元，地方教育费附加1.64万元；全年国税共代征税款31.72万元。落实小微企业优惠政策。为343户小微企业办理营业税减免税款64.30万元，为111户企业办理企业所得税减免税款65.70万元。大力推广网络发票，年内推广网络发票84户。加大税务稽查力度。全年共立案5件，四环节入库税款、罚款总额91.40万元，发票检查11户，实现大口径查补税款803万元。

【纳税服务】 5月4日，与北戴河区国税局联合办理税务登记系统成功运行，实现了国、地税“一表登记，一套报送资料，一个识别号，一个证件”。6月17日，该局微信服务平台“北戴河税桥”正式开通，实时为广大纳税人提供政策解读、最新法规宣传、纳税提醒、疑难问题解答等全方位服务。

利用导税平台功能，对税前资料审核等业务进行前置办理，缩短办税时间。拓宽服务渠道，开展个性化分类服务。对重点税源企业和小企业，采取“跟进式”“贴近式”服务，开展“双向预约”服务；针对北戴河区旅游特点，开展民宿业个性化服务，开设绿色通道，指定专人负责集中办理民宿业涉税业务。公布对外咨询热线，利用“北戴河税桥”微信公众平台和税企QQ群，开展定点税收政策推送和订制服务，实现全天候税企交流。开展互动式满意服务。以办税服务厅等候区为点，以“12366”热线为主线，以“税法进校园”“送税法下乡”等活动为面，全方位开展税收宣传，加强税企互动，定期召开税企座谈会，开展涉税风险提醒、稽查案例曝光等一系列活动，促进征纳和谐。该创新点在2014年度全市创新项目评审中获二等奖。

（王 敏）

综合管理

发展规划

【国民经济和社会发展计划】 2014年，全区国民经济和社会发展的预期目标是：地区生产总值增长8%；全社会固定资产投资增长20%；公共财政预算收入增长15%（剔除一次性非税收入因素）；城市居民人均可支配收入增长10%以上；农民人均纯收入增长10%以上；社会消费品零售总额增长13%；进出口总额增长6%；实际利用外资完成市定目标值；引进内资增长20%；单位GDP能耗降低率-2.73%；化学需氧量、二氧化硫、氨氮、氮氧化物排放量分别削减1.05%、1.60%、1%和5.50%，细颗粒物（PM2.5）浓度下降5%；城镇登记失业率控制在3%以内；人口自然增长率控制在6.30‰以内。

【国民经济和社会发展计划执行情况】 2014年，北戴河区紧紧把握京津冀协同发展和沿海地区率先发展战略机遇，以科学发展观为统领，以改革创新为动力，突出暑期工作、项目建设、城市提升、全民创业、城乡一体化五项重点工作，全力推进经济社会提质提速发展，加快"两个率先"和美丽实力幸福北戴河建设，全区国民经济和各项社会事业保持平稳、健康发展的良好态势。全年完成地区生产总值41亿元，增长7%左右，其中，第一产业1.19亿元，增长3.60%；第二产业7.47亿元，增长3.50%；第三产业32.35亿元，增长8.90%。

推进农业经济发展，农村建设不断加强 积极引导农民发展蔬菜、花卉苗木等特色农业，全年退出大田作物28公顷。组织开展蔬菜标准化生产、蔬菜病虫害防治、韭蛆无公害防治等技术培训10期，参加培训500余人次。积极发展家庭农场，全年新增较大规模家庭农场、种植基地7个。农民专业合作社达到12家，社员总数1104户，辐射带动农户6000余户。以建设"美丽乡村、幸福家园"为目标，推进13个省级重点村面貌改造提升工作，实施项目80个，完成投资1.33亿元。争取到省、市资金支持1311万元，区财政安排配套资金及整合资金4557万元，北戴河区被省委授予改造提升行动先进县区称号。制定《北戴河区城乡一体化攻坚年活动实施方案》，确定6大任务和30项具体工作，统筹推进城乡规划布局、产业发展、基础设施、公共服务、社会保障、政策机制等6方面一体化建设。启动北戴河区城乡一体化发展规划、区域基础设施建设规划和北戴河农村环境面貌整治提升规划编制工作。草厂、乔庄、丁庄、蔡各庄、杨各庄等5个行政村自来水改造提升工程获得省、市资金支持183万元。启动"绿满戴河庭院"专项行动，新建垃圾收集站5座，重点村庭院绿化工作已完成，全省美丽庭院创建工作现场观摩会在该区召开。

加强旅游环境建设，旅游经济发展壮大 全年接待国内外游客742.50万人次，其中，国内游客739.60万人次，入境游客2.90万人次，分别增长5.50%、5.50%和11.10%，区内景区、景点实现门票收入1.20亿元，增长32.50%。旅游基础设施建设不断加强，旅游基础设施提升改造累计完成投资3.47亿元，增长17.60%，其中，俄罗斯度假区及社科院培训中心、悦华宾馆等17家旅游接待单位完成投资2.76亿元；联峰山公园、野生动物园等7家景点改造完成投资7141万元。鸽子窝公园和碧螺塔酒吧公园通

过省AAAA级以上景区质量整改提升验收。开展旅游行业培训和服务工作，面向休疗单位、星级宾馆、旅游景区、旅行社、民宿举办旅游精细化服务、《中华人民共和国旅游法》、民宿综合技能等各类培训，参训3000余人次。民宿行业整治提升工作不断加强，健全完善《民宿管理暂行规定》等10余项管理制度，建立民宿信息资源库和民宿旅游网站，推广民宿智能化管理，2014年评选出三星级以上民宿47家。不断加强旅游市场宣传促销工作，举办“浪淘沙·北戴河”第三届旅游产品推介会、“智慧旅游”北戴河旅游产品发布会等活动，全年接待海内外旅游客商、新闻媒体2000余人次。加强在俄罗斯远东地区城市投放该区宣传广告，俄罗斯游客比上年增长11.20%。智慧旅游建设进展顺利，实现智慧旅游三级网络监控和免费WiFi上网实名认证，为游客提供咨询、投诉和高速、便捷、免费的互联网服务。做好培训疗养机构改革工作，结合京津冀协同发展战略和非首都核心功能疏解区建设，对驻区休疗养培训机构进行全面摸底调查，完成《北戴河区关于驻区休疗养院、培训中心机构改革的调研报告》。

加强跟踪服务工作，工业经济平稳运行　区内6家规模以上工业企业完成增加值2.81亿元，增长3.10%；综合能源消费量2398吨标准煤，下降19.10%。不断加强工业经济运行指导调度，积极扶持企业技改创新，推进兰德科技、龙聚森、秦开电气技改项目实施，着力解决企业发展中土地、规划问题，协助争取专项资金支持。兰德科技太阳能供暖及自动控制扩建、环保学院生活污水综合利用等4个技改项目完成投资2.21亿元，完成市下达目标任务的631.40%。积极开展帮扶活动，在一个区级领导、一个部门分包一个企业的基础上，对工业企业实行一企一策、分类指导。全面落实《工业企业技术改造升级计划》等“十大提升计划”，推进企业与科研院所开展科技合作与创新，大开电子等5家科技企业与中科院、北京铁科院、机械科学研究院等科研院所合作进一步深化，铸业达设备有限公司与机械科学研究院生产力促进中心签订了技术合作协议。

加大招商引资力度，对内对外开放更加活跃　全年引进内资39.50亿元，增长13.90%，完成市定目标任务的101.40%；直接利用外资2357万美元，增长13%，完成市定目标任务的102.50%。园区建设不断加强，怪楼文化艺术区三期正在加紧建设。引进国润能源、神锦商贸、明伊成品油等总部及商贸物流企业84家。依托省级服务外包基地平台，大力培育新的服务外包企业，目前服务外包企业已增至14家。

固定资产投资持续增长，项目建设进展顺利　全社会固定资产投资完成40.30亿元，增长18.20%。其中，千万元以上项目43项，完成投资28.75亿元，增长7.20%。全力推进项目建设攻坚年活动，谋划实施总投资223.40亿元的重点产业项目13项，已开工4项、签约6项、在谈3项。北京恒丰易盛文化艺术品交易中心、怪楼文化艺术产业园三期同道电影工坊、隆基泰和集团赤土山村改造等4项市重点建设项目完成投资4.14亿元，完成市定目标任务的103.40%；中俄文化艺术合作产业园项目已经正式开工；隆基泰和集团C4·商业魔方、天房集团城市综合体、浙商总部、兴隆摩尔世界（商业综合体）等项目深度推进。北戴河情海湾情侣文化产业园投资1000余万元完成一期工程。城乡基础设施不断完善，完成鸽赤路、海北路北延伸等道路改造，实施东三路街景整治提升、浪淘沙主题游园新建等暑期亮点工程。北戴河近岸海域整治项目进展顺利，全区12个养殖场实施清洁养殖工程续建项目，完成新河湿地段环境治理工程和际牧牛业排污治理技术改造项目。北部片区污水管网和北戴河给水管网工程分别争取到中央预算内资金3509万元和2200万元。坚持暑期和经济工作并重，印发《北戴河区借助暑期促进发展攻坚行动实施方案》，定时间节点、定形象进度，扎实推进项目建设，累计争取9742万元。

全民创业持续深入，民营经济发展迅速　制定《北戴河区全民创业若干扶持办

法（试行）》，从加大财政资金倾斜力度、加强对企业金融服务、改善企业发展外部环境、加快工业企业转型升级、扶持特色产业做大做强等五方面制定有针对性的帮扶政策措施，编印发放《全民创业政策汇编》300余册、创业致富典型宣传材料5000余份。积极开展全民创业攻坚年拉练，组织30余名创业者观摩鹏远光电子科技有限公司、源兴农场和博泓小贷公司，学习创业经验，全年开展创业培训3700人次。召开由区内银行、担保公司等11家金融机构与骨干企业及民宿业代表参加的“银企对接”座谈会，帮助解决创业融资难问题，年内，博泓小贷公司和区人社局为该区创业人员发放小额担保贷款4607万元。天道计算机股份有限公司在天津股权交易所成功上市，成为该区首家上市融资的小微企业。实施区领导“一对一”帮扶特色民宿行动，对34个重点民宿进行分类指导。

全力开展增收节支，促进财政收支平衡 全部财政收入完成8.78亿元，完成全年预算的103.40%；公共财政预算收入完成5.11亿元，增长2.90%，完成全年预算的118.60%。区级公共财政预算支出完成6.28亿元，增长3.40%，完成全年预算的115.40%。总部经济及文化创意产业税收完成3.38亿元，占财政收入38.50%。

居民收入持续提高，消费品市场活跃 城市、农村住户抽样调查结果显示，全年城市居民人均可支配收入29913元，增长9.20%；农村居民人均可支配收入13596元，增长12.20%。全区居民储蓄存款余额69.38亿元，增长11%。社会消费品零售总额完成49.45亿元，增长12.30%。

各项社会事业繁荣发展 推进节能减排和大气污染防治工作，制发《北戴河区2014年节能降碳、削减煤炭目标任务分解》《北戴河区大气污染防治攻坚战行动实施方案》，将节能减排工作任务细化明确，全年全社会售电量3.31亿千瓦时，下降3.60%，单位GDP能耗降低率预计完成－4.96%，超额完成年度计划目标。

科技工作不断加强，列入市级科技计划25项，有8项获得市级资金支持51万元，3项获得市级科技进步奖。

稳步推进教育城乡一体化，促进义务教育均衡发展。谋划中小学布局调整，高标准通过国家义务教育发展基本均衡督导评估验收。投资592万元完成蔡各庄小学操场改造、北二中操场改造和北戴河中学教师餐厅、运动场地及道路硬化工程。高考录取率100%，其中本科上线率75%，创历史最好成绩。

加快创建公共文化服务体系示范区，开展特色文化惠民活动，东山街道举办的文化大讲堂讲座、西山街道开展的书画培训活动、西古城村的文化超市和文化产品“五个一”进民宿示范工程成为文化惠民新渠道。组织开展“幸福北戴河”春节灯会、纪念《浪淘沙·北戴河》创作60周年系列文化活动、“浪漫之夏”文艺演出等各类展演500余场次。

推进医药卫生体制改革，卫生事业不断发展 基本药物制度继续巩固完善，海滨镇卫生院实现药品零差率销售，新农合参合率达到98%。社区卫生服务中心和戴河镇卫生院新建项目前期工作进展顺利，戴河镇卫生院新建项目争取到国家基层卫生院建设资金147万元。

全面做好就业再就业工作 全年城镇新增就业1663人，完成全年目标任务的111%，其中，城镇失业人员实现再就业877人，完成全年目标任务的110%；就业困难人员实现就业337人，完成全年目标任务的112%；农村富余劳动力转移就业1213人。城镇登记失业率2.50%，低于市定4%的控制目标。企业养老保险参保人员16987人，失业保险参保人员8904人，分别完成全年目标任务的101%和100%。

（冯　松）

重点项目建设

【概况】 2014年，北戴河区列入市重点建设项目计划4项，总投资34.05亿元，累计完成投资4.14亿元，完成市定全年目标任务（4亿元）的103.40%。

【中国(北戴河)中俄文化艺术合作产业园项目】 中俄文化艺术合作产业园项目位于北戴河区联峰路，总投资10亿元，总建筑面积近4万平方米，于12月1日正式开工建设。主要建设内容包括中俄宝玉石及文化艺术品展览中心、中俄艺术家创作及演艺中心、中俄文化交流及艺术人才培训中心、俄罗斯高科技成果产业孵化中心、文化及艺术品拍卖中心、旅游及综合服务管理中心、俄罗斯文化艺术风情街区。该项目将集中发展中俄文化艺术合作领域的相关项目，配套发展相关的研发、软件、电子商务及商务旅游等新兴产业，打造集文化艺术交流、旅游、观赏、产业孵化、研发、培训、艺术传媒、文化产品拍卖于一体的中俄文化艺术合作产业园区。该项目的实施，既可带动文化旅游产业提档升级，又可为北戴河区文化产业发展注入新的活力，亦将为引进高端人才、促进国际文化艺术交流搭建新的平台。

2014年北戴河区市重点建设项目投资完成情况表

表9　　单位：亿元

项目名称	总投资	完成投资	项目进展情况	备注
隆基泰和集团赤土山村改造项目	21	3.40	村址拆迁已完成53%；安置房改造提升工程完成	新开工
北京恒丰易盛投资有限公司文化艺术品交易中心项目	1.05	0.30	已完成整体底板工程，计划2015年暑期前主体完工	新开工
怪楼文化艺术产业园三期项目	2	0.44	同道电影工坊工程进展顺利，主体结构已完工，2015年暑期前投入使用	新开工
北戴河神州数码信息服务产业基地项目	10		项目用地指标已基本落实，用地现状调查、测绘工作已完成	新开工

国有资产管理

【概况】 2014年，北戴河区国有资产经营公司充分发挥职能作用，加强贷款管理、成立公物仓、加强国有资产租赁经营，提高国有资产运营效率，促进区内经济更好更快发展。

【贷款管理】 2014年，公司承担全区7家单位42850万元的贷款管理工作。每月初，主动与银行沟通，仔细核算每笔贷款应付利息，及时向区政府请示拨款，按时把所需款项拨放到贷款主体单位，全年财政共拨入贷款利息补贴3586万元。对于即将到期贷款，提前做好还旧贷新准备工作。

【成立公物仓，加强国有资产管理】 3月，为加强全区行政事业单位国有资产管理，该区成立公物仓，办公室设在国资公司，责成国资公司对纳入公物仓的资产进行实物管理。为确保公物仓业务顺利开展，区国资公司特制订公物仓工作流程、房屋租赁权公开拍卖流程，建立健全公物仓工作职责及工作制度，并对全区22家单位申报的111处出租资产进行逐项摸底调查，凡到期资产经区国资办审批后，纳入公开招租平台，使国有资产出租出借行为逐步纳入公开、公平、公正轨道。

【国有资产租赁经营】 在对改制企业剩余资产租赁经营工作中，公司严格规范租赁行为，掌握资产使用现状。并多次走访了解租赁市场行情确定租赁金额，按区国资办要求签订制式合同，对不按时缴纳租金行为进行清缴。2014年出租商业用房资产共计21处，实收租金106.30万元，租金全额上缴区财政。

【接管金鼎保安公司】 3月，按照区政府安排部署，北戴河金鼎保安公司划归国有资产经营公司所属。区国资公司多次召开专题会议，制定切实可行接管方案，由于工作细致，思想统一，接管工作得以平稳进行，保安队员素质迅速提高，业务范围逐步扩大。金鼎保安公司工作范围已拓展到海港区、山海关区、北戴河新区，保安队员由原来290人增加到454人，服务单位由原来29家增加到35家，安保工作得到客户认可，企业效益稳步增长。

（赵鸿雁）

统计管理

【概况】 2014年，北戴河区统计系统工作协调推进。完成全国第三次经济普查工作，区统计局在第三次经济普查工作中被评为“省级先进集体”，李丽新被评为“省级先进个人”。对全区统计人员，坚持持证上岗。组织全区统计（专、兼职）200余名统计人员进行业务培训，参加全国统一组织的统计资格上岗考试和全省统计继续教育考试。开展暑期高速下道车流量监测工作，每周完成1篇关于车流量统计分析。深入景区发放1000余份游客问卷调查，完成《2014年北戴河旅游调查报告》等专题统计（调查）分析报告。

【统计服务】 完成2013年统计资料及2014年统计月报编印。巩固拓展统计“四大工程建设”。继续推进基本单位名录库建设。以第三次全国经济普查为契机，完善部门名录库信息交换制度，全面更新名录库信息。至年末，共有单位1840家，其中，法人单位1482家，产业活动单位358家。年内新增单位124家，变更单位238家，剔除单位12家。“四上”企业及房地产开发经营调查单位102家。严格执行企业一套表制度，恪守联网直报“四条红线”，严把调查单位“入口关”，做好达标企业入库工作，提升行业经济增长能力。结合第三次全国经济普查，经核查36家服务业法人单位已达到新增标准，待年报纳入一套表制度。强化联网直报系统建设，加强联网直报源头数据核查，着力提高数据质量。4家（街道、乡镇）纳入联网直报实施范围。

【统计方法改革】 学习上级统计部门关于加强GDP核算体系改革及重新修定内容的研究及地区年季度核算修订方法。做好服务业季报改月报统计前期准备工作。做好投资和房地产项目入库管理。加强部门沟通合作，及时取得项目入库所需材料，确保项目及时入库，做到真实反映地区投资总量及运行趋势。推进城乡住户一体化改革工作。执行国家一体化住户调查制度，规范住户调查工作。加强对记账户的业务指导、检查和监督，做到每月抽查账页，保障地区80户调查户记账质量，确保调查居民收入数据真实可靠。发布四季度地区城乡居民收入数据。小康监测工作有新进展。参照《河北省全面建成小康社会统计监测指标体系》要求，完成对2013—2014年北戴河地区全面建成小康社会进程进行的统计监测，并形成初步监测报告。

【统计信息咨询服务】 围绕区委、区政府中心工作，提升统计服务水平，发挥统计职能，为领导决策当好参谋。进一步加强经济预警动态监测。准确反映固定资产投资、规模以上工业企业整体运行情况及城乡居民收入等情况。年内为区委、区政府撰写会议汇报材料提供主要经济发展情况简析百余次。发布年度统计信息资料。先后编发《2013年北戴河区经济及社会发展情况统计快报》和编辑印刷2013年度《统计年鉴》，全面公布2013年北戴河区经济、社会发展主要数据。编发月度统计资料。编写10期《北戴河区统计月报》，分送区级领导和相关部门。在2014年全市各县区统计分析评比中，其中一篇分析获得二等奖。

【统计执法】 配合省市开展统计执法检查。对一家单位进行执法，实现统计执法空白县区零的突破。加强统计基层基础建设。加大统计法宣传力度。参加全区执法宣传活动，制作宣传展牌4块，发放宣传资料1000份。

【统计信息自动化建设与管理】 不断完善信息共享平台，加强局内统计专业之间交流沟通；完善乡镇街道联网工作；推进统计视频会议系统建设工作。

【完成第三次全国经济普查】 对各普查区开展“地毯式”单位清查和个体经营户调查，圆满完成第三次全国经济普查各阶段工作任务。北戴河区上报全部法人单位1470个，比第二次全国经济普查增长52.01%；个体户5602户，比第二次经济普查增长7.75%，产业活动单位1738个，比第二次经济普查增长497.25%。

【全区人口概况】 年末全区户籍人口69043人，比年初增长0.20%。全年出生人口706人，出生率为9.26‰，自然增长率为4.50‰，符合政策生育率为96.32%。

（常　乐）

物价管理

【概况】 2014年，北戴河区物价局积极组织开展价格监督检查、物价管理和价格认证工作。全年开展大量价格专项检查，及时有效完成调定价工作，涉案物品价格认证报告保障公安机关打击犯罪。区物价局被评为“暑期工作先进单位”、物价检查所被评为“暑期工作先进集体”、3名工作人员被评为“暑期工作先进个人”。

【价格监督检查】 年内，完成大量专项价格和收费检查任务，开展暑期旅游市场专项整治。全年出动执法人员230人次，执法车辆56辆次，查处价格违法案件11件，罚款6000元；受理价格投诉举报案件120件，退还违法所得1000元。

价格专项检查 开展药品价格和医疗收费检查。对区内医疗单位与药品经营企业进行监督检查，规范医疗收费行为和药品经营企业药品价格和明码标价。开展教育收费检查。对中小学、幼儿园等收费和公示情况进行规范，未发现价格违规行为。元旦、春节、五一劳动节期间，组织执法人员对家惠超市、艾欣超市消费品价格、明码标价情况进行检查整顿，保障节假日市场价格秩序稳定。

旅游市场价格环境整治 将停车场收费监督检查列为暑期工作重点。采取不间断巡查方式，不留检查死角，及时打击处理乱收费行为。开展公厕收费专项检查，组织执法人员对浅水湾浴场、东山浴场、金屋浴场自建公厕收费进行检查，对不办理“收费许可证”违规收费行为进行查处，下达《限期改正通知书》要求其按标准收取费用。

价格投诉举报案件查处 加大“12358”举报电话工作力度，24小时专人值守，解答消费者咨询，对消费者投诉举报问题一经查实，严肃处理。实行工作承诺制，对受理的案件、咨询必须进行调查、解答、反馈结果；消费者价格投诉举报，由专门接待人员负责，从受理到查处反馈，确保案件办理质量效率；实行限时办结制，事实清楚、依据充分当日查处，当日答复，投诉人不在本地的，3个工作日内反馈结果、征求处理意见。年内，受理价格投诉咨询120

起，退还消费者价款1000元，罚款6000元，案件查处回复率和消费者满意率达100%。

【物价管理与价格认证】 开展“收费许可证”年度审验工作 年内审验“收费许可证”110个，其中行政事业性收费许可证72个，经营性收费许可证38个。

停车场收费审批工作 出台北戴河区机动车停放服务收费标准，对39家停车收费经营单位收费标准进行批复，录入“收费许可证”系统，协调完成停车收费公示工作，安装收费公示牌41块。

涉案物品价格认证 年内，公安机关侦破案件涉及盗窃、抢夺、抢劫、故意损毁公私等非法侵占公私财产等刑事案件，案件受理数量较上年有所增加，品种繁杂，时间跨度大。区物价局集中人员加班加点工作，对价格标的实地勘验，进行市场调查，高效出具价格鉴证报告，配合公安机关办案，暑期期间共出具价格鉴证报告42份。

（李　达）

工商行政管理

【概况】 2014年，北戴河区工商局以党的群众路线教育实践活动为指导，勇于创新，扎实做好企业登记管理、暑期市场监管、食品安全、保护消费者权益等工作。检查饭店1054户次，各类摊点535个，立案查处17起欺诈消费者案件，罚没13.40万元；1起商业贿赂案，罚款1万元。立无照经营案件22起，向相关前置审批部门抄报13次，罚款13万元。查处违反《公司法》等法律法规各类案件11起，罚款16.20万元。多项工作得到市级以上媒体报道7次、区内媒体报道25次；收到西古城村委会赠送锦旗一面、感谢信3封。

【企业登记管理】 3月1日起，该局按注册登记制度改革要求，停止对企业、个体工商户年检验照，并于10月1日起实行企业、个体户年报信息公示制度，先后以开办培训班、印发政策指南等形式，向广大企业、个体户进行宣传；按照“宽进严管”原则，在进一步放宽注册资本、经营范围、注册地址、名称使用等条件基础上，对重点项目开通绿色通道，领导帮办，超前服务；针对北戴河民宿业经营实际，主动上门服务，为各村民宿经营者集中办理营业执照，西古城村村委会为此赠送一面锦旗。至年末，全区共有登记在册各类企业实体1933户，注册资本998647万元。个体工商户10923户，1-11月，共新设立企业经营实体222户，新增注册资本135074万元，个体工商户1506户。

【暑期市场监管】 对各类欺客宰客行为“零容忍” 将餐饮、海产品销售、水果零售3个行业，饭店聚集区域、刘庄红石路市场、单庄市场等7个重点部位，作为欺客宰客监管重点部位，由专门队伍进行监管；每天到饭店督导“餐前确认制度”落实，在刘庄、单庄等市场，设立公平秤；抽调工作人员进驻石塘路市场，延长监管时间，增加复称验质频次，加大巡查密度和力度；在监管过程中，多次召开诚信经营现场培训会。年内，检查饭店1054户次，各类摊点535个，立案查处17起欺诈消费者案件，罚没13.40万元，1起商业贿赂案，罚款1万元。

打击假冒伪劣和商标侵权违法行为 通过群众举报和日常巡查，对群众反映强烈的“傍名牌”等严重损害市场秩序问题产品进行专项整治，查办假冒伪劣和商标侵权案件18件，涉及食品、服装、箱包、建材、日化、手表六大类，罚款5.90万元。

清理取缔无照经营 依托市场巡查制度，共检查各类经营主体997户，对行政指导和下达责令改正通知书后，未改正违法行为的，依法立案查处。共立无照经营案件22起，向相关前置审批部门抄报13次，罚款13万元。

年内查处违反《公司法》等法律法规各类案件11起，罚款16.20万元。做好执法监督和行政指导工作，2014年所有案件全部以区局名义办理且经过法制科核审，发现并纠正问题76处，开展行政指导工作712次，免予处罚的轻微违法行为187个。

开展对联峰路（刘庄转盘至联峰山公园）两侧招手揽客、乱摆乱放等违规行为治理工作。没收牌子472块，条幅19个，规劝揽客人员1024人次，取缔流动商贩123人次，纠正物品外溢37户，为游客提供咨询服务上万次。

【保护消费者权益】 12315申诉举报指挥中心，实行24小时值班制度，启动“即诉即办”工作机制，做到全天候诉有人接，事有人办。对在消费纠纷调解中发现经营者确实存在违法行为的，及时转立案，依法进行处罚，对情节轻微的，积极开展行政指导工作。区工商局成立了12315应急处诉小组和应急处诉方案，确保暑期高峰期间工作人员5分钟到场解决消费纠纷。全年受理各类消费者投诉582件，消费者满意率100%，收到感谢信3封，为消费者挽回经济损失49982元，查处违法行为29起，罚没款9.32万元。

【食品市场安全】 认真履行职责，抽调骨干力量负责食品监管工作，不断加强对暑期供应食品、农村食品市场、节前食品市场和干（鲜）海产品食品市场监管力度；定期组织食品经营户培训，提高经营户诚信守法经营意识；协调市场主办单位加大硬件投入，改进监测手段，实施快速监测和抽检送检相结合机制。全年共查处违法行为27起，没收不合格食品1650余袋/盒（瓶），销毁过期变质食品80千克，罚款8.89万元。

（王海秦）

质量技术监督

【概况】 2014年，北戴河区质量技术监督局开拓创新，迎难而上，全面履行各项职能，质监工作取得明显成效。圆满完成暑期安全保障工作任务，获得北戴河区委、区政府授予“暑期先进单位”，质监窗口多次被评为“红旗窗口”。编发工作信息30篇，被北戴河区委、区政府采编15篇，省以上媒体采用3篇，区级媒体采编7篇。

【特种设备安全监察】 2014年，该局共监督监察特种设备使用单位172家次，检查特种设备1190台次。其中，锅炉270台次、压力容器137台次、起重机械118台次、电梯447部次、厂内机动车辆27台次、游乐设施79台次、气瓶112个。重点单位、重点设备检查率100%，气瓶充装单位现场检查率100%。实现北戴河暑期特种设备安全无事故工作目标。

会同市质量技术监督局在北戴河区召开气瓶充装单位专项整治工作会议，北戴河区周边县区6家液化石油气充装单位参会。与6家企业签订《气瓶充装单位安全充装承诺书》，并对北戴河区送气人员、车辆和用气单位等基本信息予以备案。

开展燃气联合大检查，检查使用液化气钢瓶的餐饮场所1038家，检查液化气钢瓶1650余个，有效排查安全隐患。开展有气输送管线等违章占压清理，燃气锅炉和电站锅炉专项检查，建筑施工起重机械预防坍塌事故专项整治，车站、商城电梯专项检查，冬季取暖锅炉专项检查整治工作。与辖区内危险性较高、社会影响较大、群众关注度高的企业、医院、火车站、游乐场、超市等20余家单位签订《特种设备安全使用承诺书》，并推广此做法。

召开“特种设备专项整治调度暨特种设备基础知识培训会”，印制3000本《特种设备协管员知识手册》发放给各镇街特种设备协管员，召开由20余家重点特种设备生产使用单位参会的特种设备专项整治会。对各单位自查情况进行检查验收，开展重大危险源和重点监控设备建档工作。

【食品生产安全监管】 年内，出动执法人员350人次，车辆100辆次，检查食品企业69家次，小作坊100家次。驻点监管暑供企业1

家，备案暑供产品8个批次，货值24万元。签订暑期食品安全承诺书28份。抽检7家企业的7种产品，督促9家食品企业开展比对检验。对1家小作坊（暑供）备案并发放备案登记证。联系市计量所上门检定食品生产企业在用计量器具35台。妥善处理食品举报投诉12起。实现北戴河暑期食品生产安全无事故的工作目标。

对食品安全危险系数较高的产品和生产环节进行专项整治。先后开展肉制品添加非食用物质和滥用食品添加剂的专项整治行动。配合省食品院，抽检5家肉制品企业5个产品，合格率100%。配合市食品监督检验中心抽检8家企业16种产品，产品质量合格率94%。督促食品企业在产品自检基础上将检验结果和样品送至权威质检机构进行结果比对检验，查找企业检验中存在差距和不足，提升企业自身检验水平。借助短信平台，强化企业主体责任。建立139移动短信平台、腾讯食品企业QQ群，累计向企业通报食品安全工作动态35条，肉制品、干制水产品风险隐患预警信息20条，解答企业咨询15人次。

为3家食品准入申证企业提供咨询帮助，多次深入企业帮助建立健全有关制度，完善生产条件，使其顺利通过验收组审核验收。协调联系市计量所专业技术人员对企业在用计量器具进行上门检定，共检定企业计量器具35台，及时解决区内部分食品企业在用器具即将超出检定周期、自行送检检定周期较长、延误自身正常生产的问题。积极与镇政府、街道办事处密切配合，对辖区食品小作坊生产状况进行再梳理再统计，确保小作坊数量准确、情况清晰。多次与工商、卫生等职能部门进行联合执法，做到全面执法、不留死角。

【计量工作】 出动执法人员200余人次，车辆60余辆次，检查加油站12家次，超市、商场、集贸市场、餐饮单位36家次，计量器具300余台件，解答各类咨询100余人次，免费检定计量器具70余台件。与市计量所、北戴河医院、老金源眼镜店等单位联合开展“5·20”世界计量日大型宣传活动。现场发放宣传资料1000余份，免费检测计量器具70余台件，免费测量血压60余人次，免费验光、修理眼镜20余人次。现场讲解计量小知识，接受和解答群众咨询100余人次。与辖区内11家加油站、2家医院、4家眼镜店签订计量诚信承诺书，并向社会、消费者公开，充分发挥社会监督作用。开展计量专项检查。暑期开始，就邀请秦皇岛市计量所对该区石塘路干海鲜货市场在用计量器具进行现场计量检定，并为合格交易计量器具加贴检定合格标签。共检定计量器具200余台（件），合格率98%。

【标准化工作】 推荐河北省名牌产品企业1家，河北省服务名牌企业2家，第三批推广卓越绩效管理模式企业1家，征集河北省地方标准修订项目1个，完成采标企业1家。

质量兴市和名牌战略绩效考核 按照《秦皇岛市质量兴市和名牌战略工作绩效考核评价办法》要求，组织区相关部门共同完成2013年北戴河区质量兴区与名牌战略工作绩效考核工作，并将北戴河区质量目标完成情况和质量措施落实情况自评报告报送秦皇岛市质量与名牌战略领导小组。

组织信息采集，严格名优企业管理 组织辖区内2011－2013年度河北名牌产品、河北优质产品生产企业和河北省服务名牌单位，应用“河北省名优产品信息采集系统”在线填报企业2012、2013年度质量管理和创新发展有关数据信息，强化辖区名优产品及服务名牌管理。

拓宽标准化工作领域 积极开展河北省地方标准制修订项目工作，组织企业对没有国家标准、行业标准而又需要在河北省范围统一的技术要求和管理要求，提出标准制定项目申请。康泰疗养院已完成多元化养老服务规范标准草案。组织区内1家采标企业备案采标标志。

【稽查工作】 *建立分类管理制度* 将CCC

企业按照生产条件分为A、B、C三类，实施动态监管，采取多种措施帮扶、指导、督促企业按照要求组织生产。针对配电箱、汽车安全玻璃等涉及人身安全产品，抽查3家企业3个批次产品，产品合格率100%。对新迁入区域内CCC企业进行跟踪检查。对撤销强制性产品认证证书企业进行再次检查。

加强工业产品生产许可证获证企业监督管理　暑期前对辖区工业产品生产企业获证企业3个批次产品进行监督抽样，产品合格率100%。组织企业人员参加《许可证管理条例实施办法》宣贯会。完成工业企业产品质量分类监管和省级生产许可工作信息报送工作，为建立分类监管信息化平台提供基础数据支撑。

（陈　尧）

审计工作

【概况】　2014年，北戴河区审计局坚持“依法审计、服务大局、突出重点、求真务实”工作方针，注重提高审计能力和审计质量，以服务地方经济发展为重点，提升审计工作水平，履行审计监督职能，在深化改革、保持区域经济运行安全方面发挥应有作用。年初计划安排审计任务12项，年内实际完成19项，正在进行中的审计项目9项，共计28项。其中，预算执行审计7项，经济责任审计15项，乡级财政决算审计1项，配合市审计局进行稳增长促改革调结构惠民生政策措施落实情况跟踪审计1项，配合国家审计署进行土地出让金审计1项，北戴河区投资基建项目审计3项（此3项正在进行中）。提交审计报告及工作报告19篇。

【财政审计】　审计财税部门2个，延伸审计10个单位部门预算执行情况及纳税情况。重点审计北戴河区财政局2013年度区本级财政预算执行情况，对预算执行结果与区人大批准预算数进行认真核实，对预算外资金、重点工程资金、惠民资金和社会保障资金进行重点检查，并延伸审计区科技局、计生局、环保局、机关事务管理局等单位预算执行情况。对区地税局税收征管情况、代征代缴、征收退库、减免税审批、经费使用情况及基建资金账户、食堂资金账户进行审计，并对北戴河天津老干部休养所、北戴河莲蓬房地产开发有限公司、秦皇岛天洋祥筑房地产开发有限公司、北戴河友谊宾馆、河北省司法厅北戴河培训中心等5个纳税单位缴纳情况进行延伸审计。

【经济责任审计】　根据区委组织部安排，对区信访局、老干部局、农牧局、卫生局、园林局、交通局、团区委、戴河镇、海滨镇、区人民医院、热力公司、妇幼保健站、安居社区、西山社区、车站社区等15家单位17名党政领导干部开展离任审计工作。重点审计领导干部任期内主要经济指标完成情况、财政财务收支、预算内外资金使用等方面，特别对领导干部廉洁自律等方面进行审计。针对审计中发现问题，对被审计对象应承担责任作出实事求是界定和客观公正评价，并向被审计单位提出整改意见，为区委、区政府正确选拔任用干部提供可靠依据。

【乡级财政决算审计】　开展戴河镇2014年度财政决算及财务收支审计，共审计戴河镇收入资金1349.56万元、支出资金1327.82万元、资产1586.18万元。审计结果表明，戴河镇政府坚持财务制度较好，各项内控制度较为完善，财政决算和预算外资金管理使用基本真实、合法、有效。

【土地出让金审计】　按照审计署下发的《关于做好土地出让收支和耕地保护情况审计》通知精神，配合审计署土地出让金审计工作小组，推举业务精、工作能力强人员参加土地出让金审计工作。于8月14日至10月30日对廊坊市霸州市土地出让金进行审计，做到审计报表填报全面、完整，土地出让金数据准确、有依据，揭示问题深透、审计建议深刻，并始终坚持廉洁审计、文明审计，受到审计署工作组及上级业务部门好评。

【稳增长惠民生跟踪审计】 按照《国务院办公厅印发稳增长促改革调结构惠民生政策措施落实情况跟踪审计实施方案的通知》要求，对北戴河区19个方面、63项政策措施落实情况逐条进行审计，对稳增长促改革调结构惠民生政策措施落实总体情况、存在主要问题、问题产生原因和各部门下一步将采取措施进行具体审计并进行归纳总结，出具准确恰当审计报告，按时完成审计任务。

【内部审计协会】 2014年，北戴河区审计局高度重视和强化对内审工作指导，各内部审计机构发挥内审监督服务作用，创新工作内容，拓宽审计领域，内审工作取得成效。

（孙　慧）

安全生产监督与管理

【概况】 2014年，北戴河区安全生产监督管理局强化“红线”意识，以科学发展安全发展为统领，在全区范围内深入开展“用气用电专项整治”“全面除隐患、安全迎暑期”安全生产大检查和“六打六治”打非治违等一系列活动，推进隐患排查治理，堵塞安全监管漏洞，夯实基层基础工作，安全生产形势保持持续平稳发展态势。年内，全区工矿企业无死亡事故；全区未发生较大以上安全生产事故。

【落实“党政同责、一岗双责”】 在北戴河区委十一届第四十七次常委会上研究通过《北戴河区安全生产“党政同责、一岗双责”实施办法》，要求各单位认真贯彻党中央、国务院、省、市关于安全生产决策部署和习近平总书记重要讲话精神，树立安全发展理念，守住安全生产红线，建立健全“党政同责、一岗双责、齐抓共管”责任体系，构建“党委统一领导、政府依法监管、企业全面负责、职工积极参与、社会支持监督”工作格局。该区下辖两镇两街也结合本部门实际分别制定“党政同责、一岗双责”实施办法，形成横向到边、纵向到底、无缝隙、全覆盖的安全生产责任体系。

【开展“六打六治”打非治违专项行动】 “六打六治”打非治违专项行动期间，出动执法人员1346人次，执法检查用车610辆次，检查各类企业1556家次，查出并整改各类安全隐患852处。危险化学品方面：下发危险化学品行业安全生产“六打六治”打非治违专项行动告知书，企业主要负责人签署安全生产“六打六治”打非治违专项行动承诺书，每天对该区危险化学品从业单位进行专项执法检查行动。人员密集场所安全方面：公安消防、教育、文化、旅游、商务等执法组重点对休疗养院、星级宾馆、超市、学校、医院、网吧、歌舞厅等“三合一”“多合一”人员密集场所进行检查。各街道联合公安派出所对本辖区小门脸、小商店、小洗浴等“八小”单位消防安全进行全面排查。建设施工方面：建设、安监部门组成联合督查组，坚持日常监督与定期检查相结合，对全区建筑施工现场进行全面检查。暑期该区所有施工工地全部停止建设。在重点时期集中开展旅游景区安全大检查活动，暑期前检查规章制度落实执行及设施检验检测、制定应急预案等方面。特种设备方面：质监部门结合该区现有特种设备使用情况，针对重点部位、重点设备，分行业、分类别进行拉网式逐一检查，制定一户一档，认真做好检查记录，动态监控排查隐患，确保特种设备绝对安全。森林防火方面：加大经费投入，提高科技防范水平，做到技防、物防、人防有效结合。加强巡逻检查和防火宣传教育力度，强化警卫检查工作，严禁携带火种上山。城市燃气方面：该区使用燃气餐饮场所共604家，区安委办专门印发《餐饮场所燃气安全使用及责任告知书》“燃气安全专项治理行动检查表”，对全区星级饭店、休疗养院和餐饮场所购气渠道、储存设备、人员培训和应急管理等方面进行全面排查，暂扣液化气钢瓶15个。

【宣传《安全生产法》】 北戴河区委、区政府召开会议，专题集中学习2014年8月31日全国人大常委会第十次会议修订的《安全生产法》，在全国“安全生产月”活动期间，围绕“关爱生命 安全发展”主题，在全区范围内广泛开展《安全生产法》宣传普及活动；在“安全生产月”咨询日活动中，30余家单位参加安全生产法律法规咨询活动，制作宣传展牌32块，发放各类宣传资料1800余份，解答群众咨询100余次。

【开展应急演练】 6月，区安委会办公室和区应急救援办公室联合下发《关于认真组织开展“应急演练周”活动的通知》，在应急演练周期间，区消防、质监、教育、旅游和商务等部门分别针对液化气泄漏、加油站站内起火、大型游乐设施故障和人员聚集场所火灾事故等情况组织开展安全应急演练，锻炼救援队伍应急救援能力，针对演练过程中发现问题，对事故应急预案进行修改和完善。

【开展科技兴安工程试点工作】 组织新一轮企业法人安全生产承诺书签订工作和企业“三项制度”建设，指导帮助企事业单位根据国务院《关于进一步加强企业安全生产工作的意见》具体要求，进一步修改完善安全生产责任制、管理制度和操作规程。强化安全生产教育培训工作，依托具有培训资质安全教育培训机构，对全区各行业领域内企业负责人、安全管理人员和特种作业人员进行安全培训教育，年内举办5批各类安全生产培训班，培训人员600余人次。督促指导各企业搞好从业人员教育培训工作，使全区重点行业领域内各单位从业人员安全教育培训达到100%。搞好科技兴安工程试点工作，该区机械、轻工、商贸等行业有6家规模以上企业完成安全生产标准化达标创建工作。

（王子寅）

社会事业

教育事业

【概况】 全区有国办中小学、幼儿园12所，其中，高中1所、初中3所、小学6所、幼儿园2所，全区幼儿入园率达99.40%；在校生7319人，其中，高中生956人，初中生1533人，小学生4830人，（含小学附属幼儿园809人）；初中入学率100%，毕业生人数505人，巩固率100%；小学入学率、巩固率均为100%；幼儿入园率99.40%。在职教职工977人，其中年龄在40岁以下的有406人，占总人数的41.56%；具有专科学历的168人，本科学历的752人，研究生学历的26人，专任教师学历达标率100%；具有高级职称的106人，中级职称的497人，占专任教师的63%。另有秦皇岛广播电视大学北戴河分校1所；教师发展中心1所，青少年校外教育中心1所，民办学校7所，其中民办幼儿园5所，在校学生1625人，教职工167人。

2014年，北戴河区统筹发展城乡教育，着力提高教师队伍素质，提高教育教学质量，有效推进全区教育事业的健康、协调、快速发展。年内，顺利通过国家义务教育发展基本均衡督导评估，成功承办河北省学校管理暨文化建设现场会和秦皇岛市教学工作暨课堂教学改革现场会。获得“第二十九届河北省青少年科技创新大赛优秀组织奖”“河北省机关档案工作目标管理AA等级”“秦皇岛市推进义务教育均衡发展工作先进县（区）”“2012年-2013年度市级文明单位”“北戴河区平安建设先进单位”“秦皇岛市县区篆刻艺术联展优胜组织单位”等称号。

【教师队伍建设】 *广泛开展师德专项主题教育活动* 坚持开展新学期“师德第一课”，邀请名师做师德报告，开展师德征文评比，并在系统内推选出10名师德榜样，开展对标行动。研究制定《北戴河区中小学教师师德考核评价方案》，健全对教师职业道德的考核评价、奖惩、督导和责任追究等机制。

加强校长队伍建设 安排校（园）长11人赴北京、石家庄等地参加骨干校长培训班、进行挂职学习。制定《北戴河区中小学（幼儿园）中层及以上管理人员选拔聘任管理办法》，并将领导班子考核结果作为校级领导奖励性绩效工资发放依据。对优秀校级领导班子和优秀校级领导班子正职分别给予2000元和500元奖励；对考核为优秀的校级领导干部发放奖励性绩效工资每人每月1000元。

完善“名师”培养、评价、奖励机制 出台《北戴河区教育局中小学骨干教师评选管理方案》《北戴河区教育局中小学、幼儿园“名师”考核及奖励办法》等相关文件，成立“名师工作室”开展教研活动，安排骨干教师及教研员赴重庆、西安、上海、山东、唐山等地考察学习。教师节表彰全区243名教师，受表彰教师比例达到十分之一；对优秀班主任、师德标兵、学科带头人三个序列中最优秀的代表分别给予2万元奖励，

加强教师培训工作 推进教师全员培训及骨干教师、青年教师、新教师的分层培训，采用内培外引策略，邀请全国知名教育专家、特级教师为全区教师做专题讲座3次，全区教师参训2700余人次。举办教师素能大赛、综合素质考试、优质课评比等活

动，为教师专业成长搭建交流平台。以科研为引领，广泛开展课题研究，上报市级课题11项、区级课题24项。年内，该区教师获得各级各类业务奖励373人次。

择优招聘教师　按照“出一补一”政策，面向全国择优招聘中小学教师，共招聘教师47人，其中22人被派到农村及偏远学校任教。

加强教师交流工作　严格落实《北戴河区关于做好交流教师年度考核的意见》，对“优秀支教教师”分别按交流时间给予500元、1000元、3000元奖励。2014年，有5名校级干部、40名学科教师，在全区中小学、幼儿园进行挂职、异校任职、交流和支教，3名优秀教师到青龙支教。

【基础建设】　2014年，投资496万元，对蔡各庄小学、北二中操场进行改造，铺设塑胶跑道和人造草坪，总改造面积1.72万平方米。投资96万元，改建北戴河中学餐厅和运动场地，总面积4053.40平方米。投资554.50万元，对各校进行粉刷维修、更换暖气管道、增容变压器，采购升降式课桌椅1325套。

投入210万元用于改造蔡各庄小学、海北路小学、海宁路小学、西山小学、实验小学、北二中等学校的计算机教室和实验室，新增多媒体班班通设备31套，添置办公计算机100台，为各校购置教学仪器、图书等，加速提升教育信息化基础设施建设水平。

【成人教育与民办教育】　依托秦皇岛电大北戴河分校、海滨镇、戴河镇以及农民网校，举办旅游服务人员和农民劳动力就业培训，发放科普宣传读本2000余册，开展科普知识宣传活动10余次，受训1100余人次。大力扶持并依法保障和规范社会力量办学，开展民办学校校长法律、法规学习培训5次，受训83人次。秦皇岛奇石艺术学校搭建起国内艺术考生直通意大利顶级高等艺术院校上学的桥梁。2014年，秦皇岛电大北戴河分校招收农业大学网络教育考生96人，毕业76人。成人高考报名205人，623科次。其中高中起点升本科8人，高中起点升专科66人，专科起点升本科131人。另办理自考毕业16人次，办理免考、合档6科次。

【素质教育】　全面实现国家课程校本化、地方课程本土化、校本课程特色化的课程建设思路，全区共开发各具特色的校本课程87门。将社会主义核心价值观教育融入学校教育全过程，推进经典诵读与学校文化、德育教育、学科教育融合，开展“篆刻艺术进校园”工作，育花路小学被评为“河北省素质教育示范校”，北戴河中学成功承办第五届全国励志教育论坛并在会上作为优秀单位进行经验介绍，海北路小学获得全市校园足球赛冠军，西山小学体育大课间活动在全市现场会上做典型推广，在各级各类比赛中该区获奖学生达800余人次。推进家长学校工作创新开展，全面搭建家、校共育平台，第一幼儿园被评为“河北省示范家长学校”。

【招生与考试】　中考全区报名468人，有各类升学志愿考生417人。普通高中录取328人。高中上半年学业水平考试报考1195科次，其中文化1161科次，实践34科次；下半年学业水平考试报考5106科次，其中文化2631科次，实践2475科次。

普通高校招生考试报名352人，文史类考生151人（纯文史109人，艺术文35人，体育文7人）；理工类考生167人（纯理工151人，艺术理7人，体育理9人）。其他单招34人。其中北戴河中学报名308人，实际参加考试304人，录取287人，总录取率为94.41%，本科提前批28人，本科二批20人，本科三批92人，专科117人，单招30人。本二以上、本三和总上线率分别达到18.80%、47.40%和100%，比上年均有大幅提升。

【教学改革】　实施“名师引领、骨干带动、典型示范、全面铺开”战略，探索促进区域均衡发展的“四级备课”“三级教研”制度，出台《关于整体推进课堂教学改革指导意见》《关于有效落实四级备课指导意见》《关于加强教研组建设的指导意见》等相关文件，开展区域的三级教研和四级备课、四部联合下校视导、骨干教师名师送课、师徒捆绑大赛等各种岗位练兵比武及区域“晒课堂”活动，总结出五环跟进辩课教研模式及不同学段、不同课型的教学模式，探索“培训、联动、探究、评价”螺旋上升的课改模式，形成“科研拉动课改、师训服务课改、教研落实课改”的工作格局。2014年，北戴河区作为秦皇岛市教学工作会现场，展示课堂教学改革成果。

【督导评估】 严格督学选派工作，加强督学岗前培训、业务培训，严肃督学工作纪律，切实发挥督学职能，带动督学责任区各项工作得到提升。在认真总结省检情况基础上，结合区情实际，制订《迎接国家义务教育均衡发展督导评估整改方案》《北戴河区教育局迎接义务教育发展基本均衡国家评估认定工作实施方案》，采取定期检查、重点排查、迎检演练等方式全面督导学校迎检情况。2014年9月26日，该区顺利通过国家义务教育发展基本均衡县评估认定，被评为“秦皇岛市推进义务教育均衡发展工作先进县（区）”。

【平安校园建设】 成立教育系统学校及周边综合治理领导小组，制发《学校及周边环境治理实施方案》《集中开展社会矛盾纠纷排查调处和社会治安重点地区突出治安问题排查整治活动实施方案》《北戴河区教育系统深化学校安全生产承诺制工作方案》，签订综合治理责任书，强化落实各项责任。

完成所有公办学校、幼儿园校园警务室建设，聘请专职保安31名，在学校重点部位安装视频监控设备和报警装置，实现人防、物防、技防三到位。采取学校日巡查、月排查和成员单位联查相结合形式，常态化开展以学校周边秩序、重大隐患、校内管理为重点的摸底排查整治工作。投资60余万元安排接送学生车辆，并实行动态监管、常态管理，打击非法接送学生“黑车”，及时更新、维护警示标志牌、斑马线等安全设施，协调交警和教师在上下学时段维持秩序。加强学校饮食卫生管理，联合卫生防疫部门对学校食堂进行多次食品卫生检查。定期开展自救自护安全知识讲座和培训，组织火灾逃生、地震自救、反恐防暴等安全演练20余次，师生受训率100%。

（吴　晓）

科学技术

【概况】 2014年，北戴河区以促进科技创新，发展高新技术产业以及贯彻落实“全民科学素质行动计划纲要”为重点，推进创新型城区建设活动，加强科技服务、技术创新和科普工作，促进该区经济社会建设和发展。

【科技立项】 帮助基层企事业单位申报上级科技计划立项，争取上级科技资金支持。年内列入市计划25项（其中，指导计划17项，指令计划8项），争取项目资金51万元。

【专利补助】 年内继续开展专利申请资金补助工作。对全区获2013年度授权的12项专利，进行专利申请补助发放工作，发放专利补助资金1.20万元。此外，有针对性地加大保护知识产权政策宣传力度，鼓励指导专利发明人积极申报国家专利，全年有35项技术成果申请专利(其中，发明6项，实用新型16项，外观设计13项)，25项专利申请获得专利权(其中，发明1项，实用新型13项，外观设计11项)。

【科技兴农】 联合区委组织部和区人社局共同选派21名科技特派员，通过深入田间地头进行技术指导、举办农业技术培训班等形式开展农业技术服务，加强农业技术引进示范推广工作。年内实施科技示范项目5项，推广新品种6项，新技术10项，举办各类农业技术培训30余次，培训农民300余人次，农民增加收入50余万元。

【科技进步奖申报工作】 组织8个科技成果申报市科技进步奖评审。经专家评审，该区有3个成果获市科技进步奖。其中，兰德科技公司的“基于物联网技术的港口输煤设备在线监测系统技术研发”技术成果获2014年度秦皇岛市科技进步一等奖，281医院的“红细胞脆性检测在肾性疾病诊治中的应用研究”和北戴河区医院的“隐性骨折的磁共振诊断价值”技术成果获市科技进步三等奖。

（田一婧）

文化事业

【概况】 2014年，北戴河区文广新局紧紧围绕“建设美丽实力幸福北戴河”这个核心，以发展和繁荣先进文化为主线，以服从大局、服务经济建设为出发点，进一步创新思路，整合资源，加强公共文化基础设施建设，推进文化事业、文化产业发展步伐。北戴河区文广新局获得“2014年度河北省文化系统先进集体”“秦皇岛市创建‘国家公共文化服务体系示范区’工作先进集体”“北戴河区安全生产先进单位”“北戴河区暑期工作先进单位”等称号。文化市场行政执法队获得“暑期工作先进集体”称号。赵洪辉获得“2014年秦皇岛市市管优秀专家”称号。

【文化活动】 *举办“幸福北戴河”春节灯会* 1月23日至2月15日在怪楼公园广场、文化艺术片区举办秧歌锣鼓闹新春、歌舞综艺演出、音乐文化人活动及电影放映共计23场次，参与观众20余万人次。其中，东山街道、西山街道表演的秧歌《万马奔腾》《花开四季》，北戴河集发农业综合开发股份有限公司表演的百人威风锣鼓，音乐文化人演唱的原创歌曲《我的农民工兄弟》受到热烈欢迎。

举办文化庙会 正月初四到初六在集发生态农业观光园举办第四届庙会游园，庙会集歌舞、小品、二人转、地秧歌、威风锣鼓等众多元素为一体，吸引5万余市民及游客踊跃参与，全面塑造“文化庙会”的文化旅游新品牌。

举办摄影展 在北戴河劳动人民文化宫举办“风光无限”摄影展，共展出全区离退休干部、职工摄影爱好者创作作品58幅，作品展示北戴河美好风光，表达老年朋友对摄影事业、对生活无限热爱之情。

开展文化下基层活动 组织开展“音乐文化乐万家”进部队、社区、学校下乡活动3场次，观看人数达4000人次。

举办音乐会 在秦皇岛职业技术学院举办澳大利亚雅顿圣公音乐学校管乐团北戴河音乐会，演出《阿兰胡埃斯协奏曲》《绿色之门》《灵歌》等曲目，丰富高校师生业余文化生活，促进中澳文化交流。

举办音乐美术文化人活动 暑期，将音乐文化人由往年50人增加到80人，美术文化人由20人增加到40人，活动地点由20个增加到30个，时间由每晚90分钟增加到120分钟。基层文艺骨干在海宁路南口、石塘路步行街、奥林匹克大道公园、鸽子窝公园等地进行声乐、器乐、舞蹈等表演活动300场次。

开展“浪漫之夏”广场文艺演出 在怪楼公园、北戴河区政府广场、三角地广场举办“浪漫之夏”中俄文化交流汇演、俄罗斯专场演出、海娃艺校专场、艾滋病防治宣传等十余场次文艺演出活动。

举办专场文艺晚会 在北戴河海上音乐厅组织“浪漫之夜”2014秦皇岛市文艺调演北戴河专场演出，全区基层文艺骨干70余人参演。

大型实景演出 《海上生明月》作为全省重点文化产业项目，2014年，该演出在演员阵容调换、节目内容调整、演出设备设施加强、整体环境提升及灯光、舞美、音效方

面全方面升级，改版后的《海上生明月》在碧螺塔酒吧公园演出30场次，观众达15万余人次。

【文化产品】 徐占明国画《秋林》入选首届河北美术作品展、国画《月是故乡明》获得《中国梦·燕赵情全省书画大赛》三等奖；李春光《墨之魂》、徐占明《攀缘》作品入选全国十二届美展河北分展；李海垠设计的作品《笔》入围河北设计大赛；黄文耕国画作品《山之魂》由中国文联出版社、人民美术出版社出版发行；韩洪波漆画作品《挽·歌》入选全国十二届美展。

王俊峰作词作曲《每当旭日东升起》在国家一级刊物《歌曲》第九期上刊登；作曲并演唱《啊，老龙头》获全国“群文杯”原创歌曲大赛优秀奖、“我的中国梦——河北省首届民族声乐大赛”创作二等奖；作曲并演唱的《我的农民工兄弟》获省“五个一工程”歌曲奖、河北省职工文艺汇演征集节目二等奖、善行河北征歌三等奖；作曲《盼你来》获“我的中国梦——河北省首届民族声乐大赛”演唱银奖及创作三等奖；作曲《一夜春风来》获得演唱铜奖、创作优秀奖；词曲《北戴河风采》，作曲《潮歌》《浪淘沙北戴河》在中国文联出版社出版的《北戴河新文艺作品集》中刊登。张光明作品《烟雨云飞情深深》获得2014“建国杯”第四届全国大型音乐展演活动总评选作词金奖。6月，王俊峰、白银拍摄的《北戴河秧歌会》获河北省文化厅举办的非物质文化遗产评选优秀奖。

【文物管理】 开展第一次全国可移动文物普查，对全区国有行政事业单位、企业单位可移动文物存在情况进行摸底调查，并按照瓷器、古籍、书画、碑刻、家具等多个类别进行登记，完成部分文物资料登记、信息登录及数据上传工作，基本完成馆藏文物拍照工作，发现部分较有价值藏品。

做好“文化遗产日”宣传，制作主题为《北戴河近代建筑群》宣传展牌，现场发放宣传册、《文物宣传法规》4000份，解答群众咨询500余人次。

【第三次文物普查】 通过定期检查、加大维修监管力度对别墅进行检查、走访；对别墅现在用途进行登记，发现问题及时解决；通过第三次文物普查，对发现的文物遗迹和重要文物点（牛敦别墅、梁连奎别墅等20栋近代建筑）进行登记，完善档案；7月秦皇岛市人民政府批准顾维钧别墅、铁路官房等20处近代建筑为秦皇岛市文物保护单位；12月20日区政府办公会通过北戴河区第二批文物保护单位。

【场馆建设与改造】 做好秦行宫遗址启动及博物馆检修。北戴河秦行宫遗址博物馆项目开始启动，《北戴河秦行宫遗址保护与展示设施方案》已经通过专家论证和国家文物局审批，建设内容分遗址保护区、博物馆及配套服务区两部分，预计2016年对外开放。博物馆4–5月完成展厅设备检修、卫生保洁等工作。

【文化市场管理】 *加强文化市场管理* 深入开展“扫黄打非”治理行动，集中整治噪音，打击违法经营行为；开展“零点行动”“凌晨行动”“周末行动”，与安监局、工商局、公安分局等职能部门共同开展4次大规模联合执法行动；加大检查力度，全天稽查，采取日报告和零报告制度。召开“北戴河区文化市场安全生产工作会议”，签订2014年度《安全生产责任状》；完善各经营单位安全生产“三项制度”，制定“安全生产救援预案”，严格按照新出台的《场所安全检查标准》进行检查；开展安全生产知识宣传；开展迎暑期文化市场专项保障行动、安全隐患排查行动，采取集中与分片检查等多种方式，对所有经营场所进行全面检查。

开展文化市场法律法规培训 组织全区文化经营单位法人代表及从业者100余人参加“北戴河区文化市场从业人员法律法规

培训会”，与文化经营单位签订《2014年度创建平安文化市场守法经营责任状》。召开“北戴河区迎暑期文化市场安全生产暨法律法规培训会”，对执法人员和经营者进行再培训，向文化经营单位下发《北戴河区文广新局关于规范暑期期间文化市场经营秩序的通知》。

【文化创意产业】 项目引进 成功引进中俄文化艺术合作产业园项目，项目占地2.80公顷，总投资3亿元人民币。主要建设内容包括：中俄宝玉石及文化艺术品展览中心、中俄艺术家创作及演艺中心、中俄文化交流及艺术人才培训中心、俄罗斯高科技成果产业孵化中心、文化及艺术品拍卖中心、旅游及综合服务管理中心、俄罗斯文化艺术风情街区。该项目于12月1日进场施工。

跟进项目进程 7月，壮阁美术馆正式投入运营，并在暑期开展书画作品展览，主要有李壮阁人物作品精品展、“夏日清凉”——武春河书法艺术展、“水韵青花”——许振中国画山水作品展等展览；9月，同道电影工坊项目完成主体建设。

举办高端展览 暑期，举办《浪淘沙·北戴河》创作60周年系列展览活动，共举办“名人毛诗书法展”“东临碣石有新篇”毛泽东《浪淘沙·北戴河》创作60周年纪念会、《浪淘沙·北戴河》书画摄影作品展、纪念《浪淘沙·北戴河》创作60周年将军书法展等各类高端展览60场次。新华社、《河北日报》《秦皇岛日报》等20余家媒体进行集中报道。梅墨生、王铁艺术馆、蒋世国美术馆等20家艺术馆、博物馆，先后推出名人书画、绘画、雕塑展览60期次。怪楼文化艺术产业园2014年共举办书画展览、演出、青少年培训活动100余期次，接待中外游客近万人。

【公共文化服务体系】 完善综合文化站建设 采取资源整合方式，海滨镇综合文化站与刘庄村共建，完善多功能厅、培训室、电子阅览室等功能室建设，新建1家“文化超市”，设置特色活动展板，宣传乡镇地域特色文化。西山街道综合文化站通过内部改造，新增文化活动室，原政务服务大厅改建成“文化超市”，各功能室结构合理、功能完善，各项规章制度齐全，达到建设标准。11月5日，市局对海滨镇刘庄村、西山街道“文化超市”进行验收并均达到创建标准。

壮大民间文艺队伍 区文化馆成立文化志愿活动服务站，统筹协调，分类管理，招募文化志愿者近300人；在北戴河区东经路社区、北戴河劳动人民文化宫、天津工人北戴河疗养院、北戴河中学、北戴河第二中学等单位组织开展以音响调音、灯光操作等为主要内容的文化志愿活动。在每个行政村培育1支以上文艺团队，组织各类免费辅导培训120次，该区民间文艺团体已达42支。

开展文艺辅导 充分整合全区音乐艺术人才资源，深入基层开展声乐辅导，为英才党员合唱队辅导《北戴河真爽》；为残疾儿童辅导的《快乐的小船》参加全市百姓春晚演出并获三等奖；为东山街道辅导并创作歌伴舞《人民就是江山》；为戴河镇车站村创作并辅导歌曲《走到百姓间》，为区旅游局辅导《阳光路上》；为西山街道舞蹈队辅导舞蹈《秀色》。4月，在戴河镇西古城村进行全区广场舞培训，聘请秦皇岛群艺馆舞蹈教师吴盈、杨冬辅导民族广场舞《最爱民族风》；9月，对各乡镇、街道文艺骨干进行广场舞蹈培训，辅导《唱响核心价值观》《核心价值观之歌》《美丽中国我的家》《践行核心价值观》等广场舞蹈。

开展居民文化大讲堂 安排文化志愿者深入育花路、东山社区开展书法、摄影、舞蹈、史学、收藏、民间工艺等方面专题讲座，成为社区特色文化品牌；区文广新局与西山街道联合举办书画培训活动，邀请该区知名书画家面向基层群众免费授课，现场示范、讲解。文化进社区活动共授课48次，参与居民1000余人次。

开展“五个一”文化产品进民宿示范工程 在海滨镇四星级、五星级50个民宿户中开展文化产品“五个一”（即一幅与北戴河相关的诗词书法作品，一幅与北戴河相关的美术作品，一幅与北戴河相关的摄影作品，一套宣传推介北戴河的书籍、画册，一张北戴河文化旅游地图）进民宿示范工程，增加民宿文化品位，提升民宿档次，用文化增强民宿软实力。

（于明慧）

卫生事业

【概况】 2014年是“十二五”期间深化医药卫生体制改革的关键年。北戴河区紧紧围绕新医改的五项重点工作，以人民群众的健康为中心，不断深化卫生体制改革，积极开展新型农村合作医疗、社区卫生服务、疾病预防控制、计划免疫、公共卫生监管等工作，推动全区卫生事业科学发展。区妇幼保健站被评为“市级先进职工之家”“区级文明单位”。

【机构队伍】 2014年，全区有个体诊所40家，国有医疗机构7所（其中乡镇卫生院2所，卫生执法监督所1所，疾控中心1所，妇幼保健站1所，区人民医院1所，社区卫生服务中心1所）。有在岗人员347人（不包括民营医疗机构），其中卫生专业技术人员315人，具有副高以上职称66人，中级职称132人，初级职称114人。主要承担全区医疗卫生服务、健康教育、预防保健、妇幼保健、疾病预防控制、卫生监督执法等工作。

【新型农村合作医疗】 全区参合率98%，筹资总额1365万元，资金使用总额1430万元，资金使用率达到104%，住院受益3004人次。1月开始实施新农合大病保险制度，对大病患者由商业保险机构进行二次补偿，补偿总金额114万元。完成9个标准化集体产权村卫生室建设任务（丁庄村、费石庄村、东坨头村、西坨头村、大薄荷寨村、小薄荷寨村、甘各庄村、车站村、杨各庄村），下拨补助资金54万元。

【公共卫生服务】 人均基本公共卫生服务经费由上年的30元提高到35元。2014年建档45565人，管理高血压患者1711人，糖尿病患者731人，重性精神病患者62人，老年人健康管理1646人。

重大公共卫生服务　全年免费发放叶酸322人，共计1824瓶；农村孕产妇住院分娩补助发放213人，总金额8.19万元；预防艾滋病、乙肝、梅毒母婴传播项目实现产前筛查1573人。住院分娩产妇艾滋病、乙肝检测率均达100%；开展农村和城市低收入患者白内障复明工程，为低收入患者实施手术2例，发放补助金2600元。

献血及用血　年内组织献血380人次，献血量999200毫升。全年医疗救治临床用血量28000毫升，保证患者得到及时救治。

【环境卫生整治】 在全区范围内开展“创优美环境、建幸福家园”环境卫生集中整治活动，全年参加环境卫生整治人员8000人次，出动各种车辆350辆次，清运垃圾180余立方米。做好除“四害”工作，秋冬共投放鼠药5吨，发放粘鼠板1万张。

【暑期保障】 高干门诊累计接待226人次，承担23次会议保健。暑期共计监测就诊腹泻病人1013例，便检609例，有效应对食源性疾病和突发性群体腹泻事件。暑期中诊治海蜇蜇伤患者1682人，做到救治及时有效。

【红十字会工作】 开展“红十字博爱送万家扶贫济困”活动，向困难群众发放博爱慰问物品67份。开展“博爱一日捐”活动，社会各界爱心人士募捐善款15.74万元。该区3名符合救助条件的特困群众获得1.50万元救助金。组织2场无偿献血。

【妇幼卫生保健】 孕产妇现状及管理　2014年孕产妇系统管理人数619人，管理率90.50%；住院分娩人数684人，分娩率100%；活产数为684人，其中，顺产346人，剖宫产338人，剖宫产率为49.42%；产妇建卡621人，建卡率91.40%。产后访视619人，访视率88.90%。为区教育局60名女职工免费体检与区妇联、计生局开展健康快车进社区活动5次；为丁庄村、单庄村、北戴河村、崔各庄村、费石庄村等村育龄妇女200余人免费健康体检。

儿童现状及管理　3岁以下儿童总数2051人，系统管理人数1798人，管理率87.68%；集体儿童管理率100%；母乳喂养人数639人，喂养率93.42%；7岁以下儿童管理人数3877人，覆盖率91.40%。对辖区9所托幼机构进行8次检查督导，为托幼机构园长、保健医进行卫生保健工作规范培训2次；到小学为儿童进行讲座、听力视力筛查、口腔检查2次；儿童入托、再托体检1165人，保育员体检135人；421体检（指出生后第一年每3个月体检1次共4次，1～3岁每半年体检1次共2次，3岁以后每年1次）936名儿童；儿童门诊590人，儿童微量元素检测711人，听力筛查1455人，视力筛查1488人，骨密度检测429人，婴幼儿游泳225人次；计划免疫1648人次，4846针次，糖丸909粒。

全区婚检现状及管理　赠送婚检新人婚检礼包：结婚证珍藏盒、免费婚检宣教单、新婚避孕用具、免费孕前叶酸、孕早期妈妈骨密度检查一次；产后宝宝免费听力筛查一次、游泳一次、生长发育检查；产后妈妈盆底康复一次、腹部及乳房按摩一次、产后恢复B超检查一次，总价值约350元。2014年婚检215人。

（张　超、耿瑞杰）

体育事业

【概况】　2014年，北戴河区体育工作始终坚持为经济建设和社会发展服务的方针，坚持普及与提高相结合，抓基层、打基础，在品牌营造上有新提升，在全民健身活动开展上有新局面，在业余训练发展上有新突破，在基础体育设施建设上有新拓展，实现群众体育与竞技体育协调发展和互相促进，保持持续、稳定、健康发展良好态势。年内，北戴河体育局获得“全国轮滑项目推广贡献奖”，海北路小学获得“中国轮滑运动示范学校”，为2014年秦皇岛市唯一获得此称号的学校。

【社会体育】　8月8日，第六个“全民健身日”在北戴河奥林匹克大道公园举行“全民健身促健康　共圆体育强国梦”大型活动。来自体育协会、全区各类指导站和健身点的健身队伍向大家展示手绢舞、扇花秧歌、广场舞、健身操、跆拳道及千人健身操大展演等健身活动。暑期，北戴河区体育局精心组织的“体育文化人”景观体育特色活动，融城市景观与休闲体育于一体，使游客在体验休闲运动项目激情同时领略浪漫旖旎海滨风光。

【学校体育】　北戴河区有市级体育传统项目学校4个（海宁路小学、实验小学、育花路小学、海北路小学），业训网点1个（北二中）。其中，育花路小学、海北路小学、海宁路小学3所学校成为省级传统项目学校。针对田径、足球、篮球、乒乓球等项目训练工作，区体育局深入学校指导检查体育训练工作，了解学校训练情况，与体育教师一起制定训练计划，加强运动员管理；配合青少年活动中心做好乒乓球训练工作，使该区青少年乒乓球运动保持较高水平。开展校园足球活动，为学校提供足够足球训练器材；组织各校参加秦皇岛市组织的校长、教练员、裁判员的培训。年内，北戴河区海北路小学参加在长春举办的全国青少年校园足球冠军杯赛，获得团体第三名的好成绩，并获得小学组唯一的“道德风尚奖”。4月10–11日，北戴河区中小学生田径运动会暨教职工趣味运动会在北戴河中学举行。来自全区中小学校200余名运动员参加本次运动会39个项目比赛。

【赛事】　承办城市“乐跑”活动，赛事旨在用体育精神诠释发展正能量，让体育品牌成为拉动旅游经济增长，促进区域交流合作，推进全区跨越发展、绿色崛起的重要载体。活动吸引来自全市31家企事业单位2000名选手参加。9月7日，继续承办第八届中国体育彩票北戴河铁人三项大赛，本届大赛共有来自美国、英国、法国等国家以及国内各省市运动员和爱好者近300人参赛。组织区直机关、学校等单位500人参加“2014秦皇岛国际马拉松赛”，并组织近千人全民健身展演团队参与赛事展示环节。举办区职工篮球比赛、职工健走活动及区乒乓球比赛和区内中小学生轮滑比赛、中小学生男女足球比赛、中小学生游泳比赛、中小学生跆拳道比赛。10月24日，区体育局组织开展2014年体彩大乐透杯北戴河区健走活动，来自全区机关单位700余人参加。10月25–31日，区体育局在北戴河中学体育馆举行“2014年北戴河区职工篮球赛”，来自全区企事业单位8支代表队参赛。12月9–13日，在该区体育中心举办“2014年北戴河区乒乓球赛”，比赛分职工组、初中组、小学组三个组别，共有30支代表队200余名运动员参加比赛。

【体育健身业管理】 加快场地建设、完善基层体育设施。争取上级资金、设施支持，为谢李庄、拨道洼、蔡各庄等村提供健身路径、篮球等健身设施80余套（件）。加强科学健身指导。组织各类体育下乡活动，全面促进农民健身活动开展。发挥体育指导站及体育指导员作用，组织100余名体育指导员进行学习、培训，提高指导员素质及指导水平。

【第十届轮滑节】 第十届轮滑节于5月1–3日在北戴河奥林匹克大道公园启幕，此次活动由国家体育总局社会体育指导中心、河北省体育局、中国轮滑协会联合主办，北戴河区人民政府、秦皇岛市体育局承办。

在启动仪式上，中共北戴河区委副书记王志新从国家体育总局社会体育指导中心副主任、中国轮滑协会副主席张怡手中，接过“全国少年速度轮滑赛永久赛址”牌匾。这标志着每年五一劳动节期间，北戴河将成为全国轮滑少年追逐梦想的圣地。同时，“北戴河轮滑节官方微信”正式揭幕。万人大刷街活动吸引来自全国各地4000余名爱好者汇聚北戴河，参加以轮滑为主题的各项活动。

中国轮滑协会秘书长黄强、秦皇岛市体育局局长吕国新、西安轮滑协会秘书长魏雪琴、北戴河区常务副区长于凤喜共同在写有“2014年阳光体育‘轮滑神州’校园行启动”的卷轴上签名，象征启动2014年阳光体育“轮滑神州”校园行活动。签名卷轴在北戴河轮滑博物馆永久珍藏。

作为国内唯一全国性少年速度轮滑比赛，“宝狮莱杯”2014年第八届全国速度轮滑锦标赛于轮滑节激情开赛。赛程为期3天，吸引80支代表队近500名运动员参赛，比赛执行2013年版《速度轮滑竞赛规则和裁判通则》，按年龄段设甲乙丙丁四个组别，活动已经成为中国最具代表性少年速度轮滑赛事。

【北戴河籍运动员获奖情况】 在河北省全运会上，北戴河籍运动员突破性获得2枚金牌，完成赛前确定目标。轮滑项目在各项国家级比赛中获得4金5银4铜、省级比赛中获得6金5银3铜、在全国邀请赛中获得3金3银、市级比赛获得22金18银17铜好成绩。在秦皇岛市中小学生足球比赛中，海北路小学及育花路小学分获小学男女组第一名。该区输送到国家队的轮滑运动员张弛，在2014年第十六届亚洲轮滑锦标赛上，获得1万米、2万米冠军，在阿根廷世界轮滑锦标赛上，获得1000米第六名，为国内男运动员在世界级及亚洲轮滑比赛中首次名次上的突破。

（杨　丽）

广播电视

【概况】 2014年，北戴河区广播电视工作以“党的群众路线教育实践活动”、暑期服务、纪念《浪淘沙·北戴河》诗词创作60周年等系列活动为载体，推进广播电视宣传工作再上新台阶。

年内，播发新闻2200条、专题节目108期。播出电视剧2100余集次，电影1400余部次，综艺娱乐节目300余期。在市以上媒体发稿452条，其中，中央台22条、省电视台80条，市电台、电视台350条，上稿数量位居全市各县区领先水平；制作政府形象公益短片28条次；播打通知、通告、标语100条次。获得“2012—2013年度秦皇岛市文明单位标兵”、秦皇岛广播电台“2013年度新闻协作先进单位”；获得北戴河区“2014年度行风评议优秀单位”“2014年度暑期工作先进单位”“2014年度社会治安综合治理工作先进单位”；新闻部被评为“暑期工作先进集体”；专题《品味北戴河》获得“第十九届河北省影视艺术奔马奖文艺专题类一等奖”；广告《北戴河欢迎您》获得“第十九届河北省影视艺术奔马奖广告类地方组二等奖”和“秦皇岛市影视艺术作品评选电视广告类二等奖”；《中国梦·赶考行》在首届秦皇岛市影视艺术作品评选中获得电视广告类一等奖。采写的《名人眼中的北戴河》《群鸟翔集迎客来》获秦皇岛市新闻奖一等奖；《小厂有大爱　温暖人间情》《在为民服务中心定位党支部工作》《温暖清洁过冬》获秦皇岛市新闻奖二等奖。

【新闻宣传】 全年《北戴河新闻》播发稿件2200条，固定时长10分钟，分时政消息、重点报道、民生新闻、社会消息等板块，采写了《北戴河夜晚亮化景观吸引游客》《北戴河用文化浸润城市》等165篇事关全局、展示成就的深度报道；先后推出《教师风采系列报道》《央视镜头下的北戴河》《弘扬善行善举　凝聚向善力量》等10余个不同主题的深度系列报道，全面反映该区各级各部门精神面貌和工作成果。

【对上发稿】 2014年，在市以上媒体发稿542条。其中，中央台20条、省电视台80条，市电台、电视台播发新闻350条，为建设“美丽实力幸福北戴河”营造良好外部舆论环境。

【俄语节目】 暑期，全新改版《俄语新闻》《俄罗斯人在北戴河》《俄文旅游公共服务信息》栏目，除播发俄罗斯游客关注资讯外，还以全新视角展示俄罗斯游客在北戴河多彩度假生活，传递北戴河区发展变化。

【专题节目】 全年播出108期专题节目，节目形式更加新颖、内容更加丰富。周播专题《北戴河视角》深度报道北戴河区委、区政府当前中心工作、本周发生重大事件，解读新政策，关注法治民生和社会热点话题。其中《打造教育名区》《难以承受的热情》《公交司机倒下之后》等一批解读新政、针砭时弊、讴歌凡人善举的节目向社会传递正能量。《回眸》《魅力集锦》展示暑期以外全区干部群众艰苦卓绝工作和市容市貌发生的巨大变化。

【公益节目】 始终把服务全区中心工作、服务暑期、服务百姓和中外游客作为工作核心，坚决杜绝医药类等虚假违规广告，外来节目坚决把好来源关、质量关。自主创新、精心策划，以《迅速掀起四大攻坚年活动高潮》《温暖外乡人》《中国梦·赶考行》等内容为主题制作20余个具有北戴河典型符号或名片性的政府形象公益广告和形象短片，用百姓喜闻乐见的形式解读区委、区政府中心工作，净化荧屏、传递正能量。

【开办“党的群众路线教育实践活动频道”】 按照北戴河区委、区政府和区委宣传部部署要求，将6:30—16:30白天10个小时的原有播出节目改版为“党的群众路线教育实践活动频道”。于2014年2月27日早晨6:30开始播出。共设置10档主题栏目，主要包括：党的群众路线教育实践活动大讲堂、活动快报、直击四大攻坚年专题、活动集萃、各阶段会议实况、主题影院、主题电视剧展播等栏目。同时，播出《周恩来的四个昼夜》《杨善洲》《郭明义》等主旋律电影810部次；电视剧《焦裕禄》《牛玉儒》等共9部、1000余集次。

（蔺　丽　姜昶鑫）

【河北广电网络集团秦皇岛有限公司北戴河分公司】 河北广电网络集团秦皇岛有限公司北戴河分公司隶属河北省委宣传部，负责北戴河区范围内广播电视网络的规划、设计、施工、维护等工作，开展广播电视网络传输基本业务和付费电视、高清电视、数据专线、广电宽带等增值业务。分公司下设办公室、工程部、客服部、市场部、技术部五个部门。2014年，分公司被北戴河区委、区政府评为“暑期工作先进单位”；市公司副总经理兼北戴河分公司经理顾东被河北省暑期工作领导小组授予“2014年度河北省暑期工作先进个人”，并经河北省暑期工作领导小组办公室、中共河北省委组织部、河北省人力资源和社会保障厅同意给予记个人三等功奖励。

北戴河区有线电视城乡居民入网率为93.70%，其中数字电视用户27071户，模拟电视用户670户。年内，分公司共新建管道6.70千米，铺设干线光缆16.70千米，接入光缆24千米，新建光节点27个，铺设电缆干线35千米；清理、维护环城主干光缆管道10千米，更换各类器件箱110个；新安装用户4586个，其中回迁户1600个，新建户2986个；新开通拨道洼村安置房双向小区。

分公司机房完成扩容设备、数字信号机柜和数据回传机柜的安装、调试、割接工作，制定全区光缆干线规划方案，完成部分交接箱割接工作。6月底，北戴河区农村数字电视整转工作全部完成（赤土山村因拆迁改造除外），在全市率先实现有线电视城乡全部数字化，为有线电视网络安全传输工作奠定基础。

全面实行ISO 9000国际质量管理体系，共接到“96888”维修派工单和用户通过其它方式报修7630余起，安装、开锁379户，服务用户满意率、安装维护满意率和服务及时率均为99%以上，突发事故处理及时率达到100%，用户来电话和电话回访时提出表扬34次，未发生有效投诉事件。

（吕冬梅　刘　玮）

社会生活

人口和计划生育

【概况】 2014年，坚持计划生育基本国策不动摇，围绕稳定低生育水平、简化办证程序、改善计生家庭民生、统筹解决人口问题的核心任务，加大人口计生综合改革力度。考核年度（2013年10月1日至2014年9月30日）出生706人，政策内出生680人，出生政策符合率96.32%，人口出生率9.26‰，出生统计求实率99%，群众对计生工作满意率达到98%，综合避孕率92.27%，近5年出生人口性别比114.8。

是年，北戴河区被秦皇岛市人民政府授予“2013年度完成人口和计划生育责任目标先进奖”。该区在怪楼景区修建的计生主题雕塑，获《中国人口报》宣传推广。8月29日，由该区协办的全省“国策宣讲下基层”优秀节目展演活动获优秀调演组织奖。戴河镇西古城村被中国计生协授予“全国基层群众自治示范点”称号。

【计生措施】 落实人口计生工作党政一把手“亲自抓、负总责”制度和“一票否决”制度，把人口计生目标管理责任制完成情况作为衡量党政领导干部政绩和选拔任用的重要依据；投入人口计生事业经费357.30万元，对基层计生服务设施建设、各项奖励奖扶和优惠政策落实、农村妇女生殖健康检查免费服务项目予以保障；将缩短“流动人口婚育证明”等7个事项的审批办理时限作为第一批便民服务措施。简化办证计生管理服务，实行代办制、首接责任制、承诺制，一次性告知，严格办理时限。

【惠民计生】 2014年，全面落实计划生育各项奖励、奖扶、优先优惠政策。全年兑现独生子女父母每人每月10元奖励9445人，落实独生子女父母退休3000元一次性奖励211人，为48名符合条件照顾二胎自愿不再生育夫妇提供每人一次性奖励1000元。为农村实行计划生育的独生子女或双女户家庭1850人兑现奖扶资金177.60万元，独生子女伤残、死亡家庭119人兑现特扶资金43.90万元。在新型农村居民养老保险和城镇居民社会保险中，争取财政资金16.20万元，对符合条件的计划生育家庭1492人落实增加基础养老金政策。

【优质服务】 按季度开展生殖健康免费检查服务4次，累计服务对象为6648人，服务率86.40%。全年投入资金5.73万元为238对农村计划怀孕夫妇进行免费孕前优生健康检查服务。5月30日，河北省启动“单独两孩”政策，该区通过电视台专题采访、《北戴河时报》开设专栏、举办专题培训讲座以及集中宣传等方式，科学解读“单独两孩”政策，考核年度以来，办理“单独两孩”再生育审批52个。

【计划生育法制化】 2014年，组织计生工作人员开展各类学法用法活动，依法履职，依法办事。严把生育审批关。对162对符合条件夫妻的二胎生育申请进行集体审批，没有发生违规事件。政策外生育全部立案，案件兑现率100%，金额兑现率85.35%。

【计划生育协会工作】 至年末，该区创建高标准的人口计生基层群众自治示范村居33个，其中4个达到省级示范点标准，1个达到国家级示范点标准。在“亲情关爱”行动中，为38户独生子女死亡家庭建立帮扶救助档案和“一对一”帮扶志愿者。为符合条件的59名失独老人办理计划生育意外伤害保险。

【流动人口计划生育管理】 做好流动人口重点对象协查信息反馈和网络化协作信息通报工作，提高及时率和反馈率。加强流动人口计生服务，免费提供避孕药具和妇女健康检查、婚前检查等服务，确保流动人口免费技术服务全覆盖。考核年度，该区流入已婚育龄妇女的录入率达到91.51%，为流入已婚育龄妇女提供查环查孕1110人次，生殖健康检查520人次。

（杨会杰）

人力资源和社会保障

【概况】 2014年，北戴河区人力资源和社会保障工作以“民生为本、人才优先”为工作主线，突出抓好就业促进、社会保障、人事人才、劳动关系调整等重点工作，多项业务跻身省、市领先行列。年内，北戴河区人力资源和社会保障局被评为“北戴河区平安建设先进单位”“北戴河区三八红旗集体”；就业服务局被评为“河北省人社系统先进集体”；局综合服务大厅被授予“河北省人社系统优质服务窗口”称号；局工会被评为“秦皇岛市先进职工之家”；劳动保障监察大队被评为“北戴河区暑期工作先进集体”。

【就业】 2014年，全区新增就业1663人，完成全年目标任务1500人的110%，其中，城镇失业人员实现再就业877人，完成全年目标任务800人的110%；就业困难人员实现就业337人，完成全年目标任务300人的112%，农村富余劳动力转移就业1213人，完成全年目标任务100人的1213%，全区城镇登记失业率控制在2.53%以内。

就业服务专项活动 开展全区性的“春风行动”“就业援助月”“民营企业招聘周”“就业服务宣传月”等多项公共就业服务专项活动。印发各类政策宣传材料2000余份，发布岗位信息427条，提供免费职业指导、职业介绍530余人次，为115人进行求职登记，举办专场招聘会3场，共有70余名求职者与区内29家用人单位达成就业意向。

打造基层平台 在全区4个镇街劳动就业社会保障服务所，5个行政村（社区）服务站扎实开展示范级达标建设。河北省人社厅厅长张义珍、副厅长景庆雨先后对北戴河区基层平台建设进行实地考察并给予高度评价，同时将东经路社区服务站确定为全省人社系统窗口示范单位重点打造。

完善市场服务功能 充分利用镇街社区基层劳动保障服务平台，进行求职和用工信息发布，全年发布用工信息527条。通过就业推荐、专场招聘等形式及时满足部分单位用人需求。

设立高校毕业生就业见习岗位 征集就业见习岗位118个。通过双向选择，帮助46名高校毕业生与28家见习单位实现成功对接。

加大创业扶持工作力度 组织开展以应届领取失业金高校毕业生为主的创业培训，引导有能力、有意愿的高校毕业生自主创业，52名参加培训人员全部取得培训合格证。积极推进小额担保贷款审批发放工作，为205名创业人员发放小额担保贷款1871万元。

开展就业困难人员帮扶工作 发放社会保险补贴和岗位补贴486.15万元。面向全区机关、企事业单位、人民团体开发公益性岗位，安置就业困难人员23人，其中高校毕业生19人。

创建创业孵化基地 多渠道开展创业园区政策宣传，组织专人深入区内各类园区进行调查摸底，积极推进创业园区孵化基地建设。对园区面积100公顷、吸纳就业4000余人的集发园区进行政策引导和重点打造。经

市财政局和市人社局联合审核、评估，2014年底，集发就业创业孵化基地被认定为秦皇岛市首批创业园区，园区软硬件设施齐备，设有专门管理服务机构，制订健全的管理制度，能够为创业者提供政策咨询、手续代办等多项服务。

【社会保障】 养老保险工作　至年末，全区企业养老保险覆盖总人数16987人，其中，在职12968人，离退休4019人，年基金收入6497.70万元，完成年度目标任务的108%，基金支出8366.20万元，新增参保职工862人，完成全年目标任务700人的123%；机关事业养老保险覆盖总人数为6623人，其中，在职4745人，离退休1878人；年基金收入7437.70万元，基金支出8421.80万元。城乡居民养老保险参保20318人，其中，缴费13406人，参保率和缴费率分别达到98.80%和95.70%，超过省级预定目标8.80%和5.70%；60周岁以上领取养老金的人数6306人。各项养老金及时足额发放率达100%。

医疗保险工作　至年末，全区城镇职工参保11090人，其中新增114人，完成年度目标任务100人的114%；城镇职工基本医疗保险费完成收入3577.56万元，完成年度目标任务3225万元的110.90%。其中，统筹基金收入1957.10万元，个人账户收入1620.46万元。医疗保险基金支出2684.10万元。城镇居民基本医疗保险认可度不断提升，年内新增参保1608人。生育保险方面，全区生育保险参保8267人，其中，新增参保338人，完成目标任务300人的112.67%；实现收入128.98万元，完成目标任务85万元的151.70%；支出生育保险费110.20万元，参保职工权益得到有效保障。

失业保险工作　至年末，全区失业保险参保单位323家，参保人员8904人，完成年度目标任务8900人的100%。其中，扩面新增参保单位26家，新增参保人员746人，完成年度目标任务500人的149%。失业保险基金收入815万元，完成年度目标任务500万元的163%。领取失业保险待遇人员187人次，失业保险支出81.98万元。

【劳动关系调整】 通过开展专项监察、日常巡察和举报专查，发放劳动法律法规宣传单5000余份，指导用人单位健全劳动规章制度191次；检查用人单位329家次，涉及劳动者2.24万人，责令补签劳动合同1500余份。不断完善劳动保障监察预警制度，全面排查辖区范围内因劳资纠纷(欠薪、逃匿)已经或可能引发的群体性事件，全年共检查重点单位78家、174家次，对其中4家企业实施重点监控。依照有关法律法规，受理劳动保障监察举报投诉案件131件，立案131件，涉及劳动者1551人，涉及金额2298余万元，已结案131件，结案率达100%。“两网化”管理模式逐步发挥作用，有效维护用人单位和劳动者合法权益，切实保障全区社会安全稳定。

【人才交流服务】 2014年，新增人事代理档案148卷。其中，单位集体户4家，代理人事档案16卷；个人人事代理档案132卷。

开展人才交流服务活动，年内征集教师、工程师、人力资源师等硕士、本科、专科学历用工岗位25个，协助引进人才16人。

首次开展三支一扶志愿者招募工作，2014年申请招募志愿者12人，经全省统一考试实际招募志愿者8人，其中支医2人、支教4人、扶贫2人。9月，开始到岗服务。协调各服务单位为志愿者解决食宿等相关困难，为志愿者办理医疗保险异地就业等相关手续。

（王　林）

民政管理

【概况】 2014年，区民政部门以“为民解困”为工作目标，较好完成城乡社会低保、救灾救济、双拥优抚、社区建设、老龄工作、福利事业等重要工作。安置2013年冬季退役兵30人，在保障人民群众的基本生活权益和推动社会进步中发挥了重要作用。东山街道育花路社区被河北民政厅评为全省和谐社区建设示范社区，东山社区被市委、市政府评为“十佳社区”，西山社区赵爽被评为“十佳社区工作者”。

【低保工作】 新城乡居民最低生活保障标准从2014年1月1日起执行。城市居民最低生活保障金由每人每月380元提高到450元；农村居民最低生活保障金由每人每年2000元提高到2500元。2014年，全区享受城市低保对象279户484人，累计发放低保金191.25万元；享受农村低保对象78户157人，全年累计发放低保金19.70万元。10月，为282户城市低保户发放18.33万元取暖补贴。对城乡低保户家庭每户每月给予15度免费电量。11月，为城乡低保户发放免费电费电量补助2.5万元。对低保对象中特殊困难家庭给予政策倾斜，视具体情况分别提高补助水平，提高比例20%至30%标准不等，年内为92户低保对象办理了分类施保，发放分类施保金11.54万元。共对全区两街两镇共69户廉租房申请人家庭的收入情况进行认定，其中66户符合低收入家庭收入标准，进入申请保障性住房的下一环节。

【五保工作】 全区有五保人数115人，集中供养18人，分散供养97人。供养标准：分散供养为每人每年5100元，集中供养为每人每年6600元。城市“三无”人员3人。五保供养经费全部通过一折制及时发放到位，全年发放五保资金累计87万元。

【救灾工作】 加强灾害信息员队伍建设，成立北戴河区防灾减灾志愿者服务队，招募176名志愿服务者。参加灾害信息员培训，提高救灾管理工作水平，提高灾害信息报送速度。配合区应急办完成“5·12”防灾减灾宣传，全方位、多角度地开展防灾减灾宣传活动。加强救灾物资的储备及管理。新增救灾帐篷8顶，定期对救灾库的救灾物资进行查看整理，不定期的对救灾库进行通风除湿。整理历年洪灾存档材料，将各镇街上报的灾民花名册、救灾台账、灾民救助卡、发放返单等救灾材料统一归档整理保存。推荐西山街道平安路社区申报省级减灾示范社区。西山街道安居社区、英才社区被命名为全国减灾示范社区。

【救助工作】 进一步规范城乡医疗救助及临时救助工作，实施医疗救助公示制度，将城乡低保户、五保户作为救助的重点。2014年，发放医疗救助金9.48万元，其中城市3.71万元，农村5.77万元；城乡临时救助金17.03万元，其中城市6.31万元，农村10.72万元。与此同时，实现与新农合、城镇居民医疗保险等社会保障制度的有效对接。10月，为区内9名大病救助对象向市慈善协会争取救助资金9000元。春节期间，市慈善协会对区内大病和困难户10人进行慰问，每人300元，共计3000元。不定期对区内主要街道、火车站、汽车站、各大市场以及其他人员密集地进行流浪乞讨救助巡查。全年救助各类需要救助人员28人，发放救助金1775元。

【双拥优抚】 全区有优抚对象400人，其中，残疾军人72人，在乡老复员军人39人，参战涉核退役人员66人，三属5人，带病回乡退伍军人2人，60周岁以上农村籍退役士兵213人，60周岁以上烈士子女3人。按照抚恤补助标准自然增长机制的要求，不断提高重点优抚对象的各类补助标准。发放伤残军人抚恤金74.20万元，“两参”及老复员军人抚恤金69.10万元，死亡抚恤金47.70万元，在乡复员军人定补标准平均高于省定标准；其他重点优抚对象抚恤定补标准均达到省定标准；解决优抚对象医疗救助资金7.50万元。

年内，接收2013年冬季退役士兵30人，其中城镇兵27人，农村兵3人。选择自谋职业6人，共发放资金63万元；自主就业24人，共发放资金57万元。在春节、八一建军节期间分别由区领导带队组成4个慰问组，慰问优抚对象，为其送去慰问金、米、面、油等慰问物品。农村义务兵家庭优待标准不低于当地上年度农民人均纯收入60%发放；所辖旅游景点免收现役军人和残疾军人门票费；现役军人和烈士子女入学入托按政策享受优待。

“两参”人员中，原8023和其他涉核人员享受优抚待遇的共16人，保证其优抚金及时发放到位，定期与其联系，掌握其现状。对未能达到评定条件的涉核人员，极积宣讲政策，发现问题及时处理，没有发生上访事件。落实拥军优属保障资金，为患大病的优抚对象办理医疗救助，还为生活困难的优抚对象办理低保，确保他们的生活得到双重保障。

【军休工作】 落实“两个待遇”。年内，共发放军休干部工资及福利937万元，军休遗属生活费6.6万余元，报销医疗费总计54.17万元，军队离退休干部的其他各项生活待遇按照相关政策全部落实到位。春节、八一建军节前后，对9名离休干部、2名伤残荣誉军人、6名住院的军休干部、5户军休干部及遗属困难家庭进行慰问。做好主动服务工作。为军休干部定制生日蛋糕，为探亲家人按照政策报销路费；做好军休干部、家属、遗属的医疗保健及军休干部护理费的申请工作。

【地名工作】 10月底，完成15条道路路牌安装工作，标志牌数量74块，总投资金额35万元；对全区双语道路标志进行调查，完成调查设置双语标志的道路62条，道路标志牌140块；为地名用户办理地名命名、变更手续635人次；需要继续完善编纂地名政区大典，提供地名调查项目数据20个大项，122个小项。

【婚姻登记】 全年办理结婚登记642对，离婚登记199对，补办婚姻登记证82对，出具婚姻登记记录证明900份，登记合格率达到100%。规范婚姻登记档案，实现电子档案和纸质档案“双套制”保管，归档率达100%。

【殡葬管理】 做好防火防盗工作，未发生封建迷信、丧事大操大办现象。完成2000余份骨灰存放电子档案。全年接待祭祀群众2万余人次，收费5万余元。

【福利事业】 全区有社会福利机构6家，床位1000余张，其中，新审批2家休疗单位转型为养老机构。为君颐安老院和集发老年生态供养中心向省、市争取建设奖补资金42万元；为局属福利企业印刷厂职工发放全年生活补助金39.96万元，8名印刷厂退休职工发放独生子女费2.4万元。为纸箱厂在职职工上缴养老保险和医疗保险共计27.3万元，为11名纸箱厂退职职工发放生活补助金1.62万元。强化全区孤儿生活保障制度。调整孤儿基本生活费，由每人每月600元上调为700元，自2014年1月开始补发。为区内2名孤儿发放生活补助费1.68万元。开展养老服务体系建设工作，完成农村幸福院建设的村庄有戴河镇车站村、小薄荷寨村、东坨头村，覆盖周边杨各庄村、拨道洼村、大薄荷寨村和乔庄村等10个村。车站村互助幸福院建设面积400余平方米，村里自筹资金投入150余万元，服务项目齐全，产生很好的社会效应。年内，争取省市级建设奖补资金15万元，拟对已建成村进行奖补。

【社会组织管理】 抓好社会组织的登记、年检工作。全区共有社会团体26个，民办非企业单位30个，2014年新登记社会团体1个、新登记民办非企业单位3个、变更登记社会团体2个，变更登记民办非企业单位3个。对全区46个民间组织进行年检，对连续两年以上未按时参加年检和年检不合格的1个民办非企业单位决定撤销登记。同时，对年检不合格的4个社会团体和3个民办非企业单位予以通报批评。通过年检，进一步规范社团和民办非企业单位的行为。

【基层政权建设】 强化村务公开民主管理

工作。全区农村大力推行“五议一审两公开”，及时组织“村民民主议政日”活动，促进农村基层政权建设规范化。开展第十届村民委员会换届选举前的调研，局领导带队深入各镇逐一了解各村选前现状，建立选举台账，对可能出现的各类问题，制定预案。

【社区建设】 做好社区居民委员会的换届选举工作的前期调研工作，修改《第三届社区居民居委会换届选举工作的意见》《北戴河区关于公开招聘社区居委会工作人员的实施方案》，起草《加强和改进我区城市社区居民委员会建设工作的建议》。做好招聘、直选人数的统计，聘用的21名社区工作者，合格人员将与聘用单位签订聘用合同。

按照《北戴河区城市社区基础设施达标建设实施计划（2012-2014年）》加大督导东经路社区服务中心项目，投资265万元在北戴河文化产业园区附近新建东经路社区服务中心，另外在社区建设3年达标计划中年内实施的还有车站社区和英才社区，也分别在办理各项土地规划手续。完成填报2011-2012年社会发展中央预算内投资计划统计表，东山街道老年人日间照料中心项目总资金170万元，中央资金40万元，市级25万元，区级105万元。合理调整社区区域管辖范围，成立“宁馨苑”社区，逐步完善社区服务设施。落实社区居委会办公经费和社区工作人员的待遇。为创新社区干部工作思路，提高社区干部的业务素质和履职能力，10名社区工作人员于11月13-16日期间赴北京中国青年政治学院进行学习。做好调整东山街道、戴河镇等部分社区区域管辖范围的调查工作。

【老龄工作】 全年办理老人优待证1059个。元旦、春节期间，对全区老年人进行走访慰问。重阳节，区民政局、区老龄办为全区200余名90周岁以上老人和80周岁以上五保老人统一订制节日蛋糕。对13位生活特困老人进行重点慰问，每人发放慰问金500元。8月，组织参加“中央财政资金支持社会组织示范项目‘孝行秦皇岛——关爱困难高龄慈爱母亲’公益活动”，有6位70周岁以上的贫困母亲得到每人价值2000元款物的救助。全区共有1907位80周岁以上老人享受高龄补贴，其中，80～89周岁老人1683人，90～99周岁老人218人，100周岁以上老人6人。全年共发放高龄补贴129.78余万元。做好敬老爱老助老先进单位、孝亲敬老先进个人和十大寿星的评选推荐工作。李集周被评为全国孝亲敬老之星；王秀娥一家被省老龄委评为孝亲敬老之家；东经路社区等5个单位被市老龄委评为敬老爱老助老先进单位；郭文香等7人被评为孝亲敬老先进个人。马素芬等3位百岁老人被评选为十大寿星。做好助老健康御险工作。全区55～80周岁老年人建立意外伤害保险风险保障制度。全区有1397人参加，已有多人受益。

（杨　宇）

残疾人管理

【概况】 全区贯彻落实《中华人民共和国残疾人保障法》，做好残疾人基本生活保障、残疾人医疗康复和残疾预防、农村贫困残疾人扶贫、残疾人扶贫基地建设、残疾人就业培训、残疾人及其残疾人子女教育资助、残疾人托养、残疾人无障碍和服务、残疾人文化体育、助残环境工作。维护残疾人的合法权益，发展残疾人事业。至年末，全区有残疾人1402人，其中，视力残疾147人，听力残疾98人，言语残疾10人，肢体残疾858人，智力残疾133人，精神残疾70人，多重残疾86人。

【第24次助残日活动】 开展“助残心 教育行” 暨庆祝第24次助残日活动，将党的群众路线教育活动拓展到残疾人党员中。5月15日，在区残疾人综合服务中心组织活动启动仪式，区领导、各级残疾人工作者、残疾人党员和专职委员代表近60人参加。区领导向残疾人党员代表赠送活动学习书籍和鼓励残疾人顽强进取、自强不息方面的励志书籍，启动“教育行”实践活动，组织参观李大钊纪念馆和区内教育活动示范点的学习活动，多家省、市级媒体进行报道。

【残疾人免费体检】 开展“关爱残疾人健康相伴”免费健康体检活动，将医疗便利服务送到残疾人身边。联系协调区社区卫生服务中心，利用春季和秋季便于残疾人出行时机，对全区近百名0～16岁的残疾儿童及青少年和行动不便的残疾人进行免费体检，建立健康档案。

【残疾人基本服务状况和需求专项调查】 在2014年开展的全国残疾人基本服务状况和需求专项调查工作中，提出“时间服从质量，数据要实、准、真”的整体要求。调查前期，派专人到省里参加学习培训，于核查阶段和调查数据处理阶段前分别召开全区专项调查培训暨动员会。在全市率先完成残疾人基础信息核查工作；在调查数据处理阶段，通过认真观看视频教程、重点问题集中答疑、调查填表模拟入户等多种形式，为参加培训的工作人员进行深入浅出的讲解，在入户调查和录入阶段，区残联工作人员每两人一组分包一个镇或街道，即组成4个督导组，明确工作任务和完成时限，不定期深入到各镇、街道残联及相关村、社区进行实地督导检查，实行调查、督导、审核、录入等各阶段工作，严把专项调查工作质量关。此次专项调查工作全区入户调查率达到97.86%，高于普查规定入户率95%的要求，数据录入提前18天完成，数据复录操作完成率100%，保质保量完成工作任务。

【“善立方”志愿助残】 志愿助残“善立方”捐赠活动取得零的突破，将救助钱物送到贫困残疾人手中。在志愿助残工作方面，与“善立方”志愿助残捐赠活动和“六个一百”结对帮扶志愿行动及“港城先锋·红色义工”等活动相结合，全方位开展志愿助残各项活动。6月13日，秦皇岛市华奥国际旅行社等10家旅行社代表为“善立方”活动捐款1万元，山东聊城口岸旅行社为贫困肢体二级残疾人李向东家捐赠观赏、营利的矮马1匹，价值1.5万元。同时，协调集发公司在生态农业观光园内为李向东提供免费经营场地，助其借助捐赠的矮马开展旅游经营活动。举办“善立方”捐赠仪式，为捐赠者发放证书。6月25日，为太平庄村残疾人肖井田发放救助金2000元，缓解其因残致贫的家庭生活困难。7月9日，赴青龙县凉水河乡庄户村，开展“六个一百”结对帮扶志愿行动，为帮扶对象刘思彤送去2000元救助金。11月，为生活困难的育花路社区残疾人田淑玲发放1000元救助金。

【惠农为农服务】 采取与太平庄村两委班子座谈、入户调查等形式开展走访工作，广泛收集村民的意见建议。围绕太平庄村村情，结合部门工作特点，制定了帮助有困难的残疾村民解决生活问题为主要内容的工作计划，通过开展为重度残疾人送帮扶金、送辅助器具、送上门办证服务为主题的“三送”服务，扎实推进扶残助残工作在联系点的开展。争取市残联专项拨款10万元，拨付区农工委，用于全区农村面貌改造提升工作，两年共计争取此项工作事项资金30万元，为全市获帮扶份量最重、数额最大。

【残疾人家庭无障碍改造】 年内，对全区32户残疾人家庭实施无障碍改造，其中，为22户肢体残疾人家庭安装扶手、浴凳等无障碍设施；为10名视力残疾人精心选购盲用无障碍生活用品，每人发放智能语音电磁炉、语音盲文电饭煲、盲人专用手机、语音手提秤、音乐闪光报警水壶等家用产品10件，共计100件，产品种类多、档次高、功能全，价值金额超市定标准50%，为全市最高，覆盖面最广。改造工作按需进行、应改尽改、无一遗漏，极大地便利了残疾人的家庭生活。

【残疾人教育就业】 对10名考入中高等院

校的贫困残疾学生和残疾人子女给予一次性资助，共计金额3.8万元；对5名考入本区高中的贫困残疾人子女免收学费、住宿费、教材费、防疫费和宿舍被品费；对10名处于义务教育阶段的在校贫困残疾人子女减免教辅费。借助残保金年审期的有利契机，加大残保法的社会宣传力度，依法做好按比例安排残疾人就业工作。区残联积极与区地税局密切合作，切实做好残保金年审与征收工作，严格履行残疾人按比例就业年审职责。年内，区残联对全区24家已安排残疾人就业的企业进行年审，共收缴入库残保金近200万元，再创历史新高。

【残疾人信访】 残疾人代步车营运维稳工作是维护稳定的重要因素。通过关心生活、拉近感情等方式，切实做好残疾人三轮车维稳工作。配合交通局、交警等部门加强残疾人车主的思想教育工作，减少群体信访隐患。日常通过逢访必接、必答，无访关注苗头、隐患等方式方法，拉近与群体中困难户、难缠户、权益受侵犯户的距离，既关心又暖心，全年无非法越级上访。积极化解暑期群体访隐患，协调相关部门，开展对健全人营运、异地残疾人跨区经营的治理工作。加大对贫困残疾人扶持力度。按照政策要求，对符合条件的残疾人，开展残疾人机动轮椅车燃油补贴工作，共为53名残疾人发放机动车燃油补助13780元。

【残疾人帮扶】 落实贫困重度残疾人生活补贴发放工作，为379名贫困残疾人每人每月发放100元的重残生活补贴43.84万元；对21名已参加基本养老保险且符合条件的贫困残疾人，发放个人缴纳养老保险金部分50%的基本养老保险补贴7.08万元；对33名城镇三、四级持证残疾人基本医疗保险个人应缴参合费用报销7440元。同时采取两节慰问、对农村创业残疾人发放项目扶持金、对生活困难精神病人发放住院补贴（每住院1个月补500元）、对贫困重度残疾人发放居家托养补贴、对贫困残疾学生和残疾人子女就学发放教育资助金等形式开展综合扶贫工作。全年总计发放扶贫金71.42万元，受助残疾人800人次，惠及残疾人比例、帮扶力度居全省之首。依托区残疾人生态托养中心，积极推进残疾人机构托养工作，已入住残疾人14名。

【残疾人康复】 北戴河区是全市唯一实现基本康复需求全部满足，普及型康复用品用具全部免费发放的县区。6月6日，在区残疾人综合服务中心举办了爱眼日及康复器具发放活动。邀请区人民医院眼科专业医生，为45名残疾人开展白内障筛查，为61名一、二级视力残疾人发放盲杖、盲表等康复辅助用具，并为近百名群众开展义诊活动，现场解答参会残疾人及残疾人亲属提出的眼疾方面相关问题。为1名肢体残疾人安装普及型假肢；为35名贫困精神病患者免费提供每人每年500元的药物补贴；为2名贫困精神病患者提供每人每年4000元的住院补贴；为100名残疾人免费发放轮椅、拐杖、手杖、助行器等各式辅助器具；对4例脑瘫和孤独症儿童进行康复训练；对0～6岁残疾儿童进行筛查摸底工作；对11名贫困股骨头坏死患者进行手术筛查工作；实施贫困残疾儿童康复救助1例，救助金额3000元。

【残疾人事业宣传】 在各级残联网站和区电视台等媒体上刊登和播放全区残疾人工作动态，其中，中残联网站刊发13篇，省残联网站刊发24篇，上报残联信息34期。开展残疾人运动员选拔推荐工作，组织残疾人健身指导员参加省、市培训。

（葛　宇）

镇·街道

北戴河区海滨镇

【概况】 海滨镇位于北戴河区南部，东、南两面环海，地处北戴河区中心繁华地带。北海山线公路横过其境，北宁公路纵贯其间，驼峰路、剑秋路、滨海大道等近20条硬化公路纵横交错境内，交通线路四通八达。辖区总面积9.17平方千米，海岸线15千米，辖单庄、赤土山、刘庄、草厂、河东寨、陆庄和丁庄等7个行政村。至年末，全镇总户数5759户，总人口13590人。乡村劳动力9378人，农用地面积128.60公顷，其中耕地面积31公顷。

2014年，海滨镇党委、政府紧紧围绕北戴河区实现“两个率先”的奋斗目标，团结带领全镇人民，以党的群众路线教育实践活动为契机，以服务暑期为工作主线，力促各项工作全面提升。实现全镇农村集体经济收入427.66万元，上缴税金1270.40万元。年内，刘庄村被评为市级“敬老、爱老、助老”先进单位；草厂村村民郭文香被评为市级“敬老、爱老、助老”先进个人。

【农业】 海滨镇农用地以畜牧养殖、果树种植为主。主要农作物有玉米、豆类等。至年末，农用地128.60公顷，其中，园地34公顷，林地31.80公顷，粮食作物用地14.33公顷，粮食总产量66.43吨。畜牧业养殖业主要是牛羊禽类以及特种养殖，2014年各种存栏数为猪474只、能繁母猪115只、牛46头、羊115头、禽类1.74万羽；特种养殖存栏数为貉子2398只、貂2600只、狐狸600只、兔65只。

年内，积极引导农民进行土地流转，做好土地流转合同提供、签订、调解等服务，促进农村集约性经营。同时，发布各种农技信息，开展多种形式农技培训，落实粮食直补等各项惠农政策，使农业增产、农民增收。

【社会事业】 民政、残联工作 认真做好城乡低保动态管理工作。2014年，该镇有城镇低保对象45户95人，月发放低保金2.50万元。全面落实农村五保供养政策，不断改善和提高五保户供养水平和生活质量。有五保户25户29人，其中，集中供养6人、分散供养23人，月发放五保金1.30万元。

根据上级有关大病医疗救助政策，落实城乡医疗救助制度，及时发放救助款。有效缓解城乡贫困人口因患重病、大病带来的经济压力。年内共救助8人次，发放医疗救助款2.70万元。完善城乡居民临时救助制度，为10人申请临时救助，发放临时救助金1.50万元。8月11日为全国肢残人活动日，该镇开展以“扶残助残”为主题的系列活动。两节期间为43名贫困残疾人发放双节慰问金9800元，为23名特困残疾人发放慰问金1.15万元，为3名残疾人发放项目扶持资金4500元，为7人申请居家托养金4200元，共计3万元。

老龄工作 为80～89周岁的246名老人按每人每月60元标准发放老龄补贴，年补贴金额16.15万元；为90周岁以上老人按每人每月100元标准发放老龄补贴，年补贴金额4.11万元。重阳节为全镇37位90周岁以上老人发放蛋糕，为2位特困老人每人发放500元慰问金。

双拥优抚工作 为24名义务兵发放家属优待金43.94万元。其中，农村7人，标准为每人每年1.28万元；城市17人，标准为每人每年1.90万元。做好60周岁以上农村籍退役士兵动态管理工作。按照上级要求，对农村籍退役士兵按每服一年义务兵役，每人每月发给10元老年生活补助。做好登记与审核工作，该镇有64名退伍士兵享受生活补助。

医疗卫生工作 2014年全镇7个行政村共有12716人参合，参合率为95%。8月，市慈善医院眼科为该镇白内障患者进行术前筛查。11月，北戴河区人民医院部分专家到该镇开展义诊活动，医务人员带来心电图、B超等相关仪器设备为村民进行免费体检及健康咨询。完善基层医疗服务。7月，协助区卫生局为各村选聘乡村医生承担基本公共卫生服务，推进乡村卫生服务一体化管理。丁庄村投资6万元新建面积50平方米的卫生所，设有观察室、诊疗室、药房及卫生间，有床位5张，为村民提供医疗服务。

计划生育工作 2014年度，全镇有已婚育龄妇女2732人，当年出生人口142人，出生政策符合率99.30%。出生人口性别比103，办理第一个子女生育登卡136人，二胎生育证32人，独生子女父母光荣证95人，发放计划生育奖励扶助金742人、71.23万元，特别扶助金24人、4.68万元，独生子女父母奖2027人、23.92万元，独生子女死亡伤残家庭救助金2户、4500元，符合照顾条件自愿不再生育夫妻奖励金13人、1.30万元，为84名学生办理中高考加分手续（其中中考加分41人，高考加分43人），兑现落实长效节育措施奖励金1500元，45名计生小组长补贴4.32万元，为28对育龄夫妇免费做孕前优生检查，为2000余名育龄妇女免费做生殖健康检查。

【基层党组织建设】 *开展党的群众路线教育实践活动* 活动开展期间，下发《党的群众路线教育实践活动明白纸》1000份，统一制作学习笔记本700余本，相关学习材料1100余份。镇机关和各村共制作展板26块，标语、横幅9条，同时设有8个学习园地、8个征求意见箱、1个QQ交流群和1个手机短信平台，走访党员群众5000余户，收集干部作风、社会民生等9个方面30余条意见、建议，解决一批多年积累下来的党风、政风问题，兴办一批群众欢迎的好事实事，完善一批行之有效的规章制度。

开展新型基层组织创建活动 全年收集意见、建议150余条，解决矛盾纠纷26起；启动“港城先锋·红色义工”志愿服务活动，设立党员志愿服务台7个，组建党员志愿服务队伍15支381人，为游客提供咨询、疏导、道路指引、纠纷调解等志愿服务200余次。成立红石路商贸街临时党支部，开展党员经营户亮明身份等活动，发挥党员示范引领作用。严格党员发展程序，全年发展党员13名。

强化党风廉政建设 全镇共压缩会议20%、精简文件21%，压缩“三公”经费13.60%；在镇、村办公场所开展廉政文化主题展示，将村级事务流程、廉政风险防控流程、村务监督委员会工作流程上墙公示，营造镇村廉政文化氛围；重新制定《农村财务委托代理服务工作制度》《村财镇代管制度》，进一步完善村级领导干部经济责任审计制度，扩大审计范围，规范权力运行监督体系。

发挥人大代表作用 组织部分区、镇人大代表30人次视察全镇村容村貌、卫生保洁、安全生产及防汛工作，监督各项工作任务和措施落实，增强监督实效；依法召开海滨镇第九届人民代表大会第四次会议，成功选举海滨镇人民政府镇长。

【社会治安综合治理】 *司法综治管理工作* 做好社区矫正对象、刑释解教人员排查工作。该镇有矫正人员17人，并对所有社区矫正对象刑释解教人员情况进行全面核对排查，通过建立花名册、核查安置帮教情况、脱管漏管情况，建立完善社区矫正对象、刑释解教人员档案。

矛盾排查工作 各村严格执行“一周一排查，一月一上报”工作制度，及时了解各类纠纷及不稳定因素，做好稳控工作。年内

调解矛盾纠纷135件，成功调解125件。开展法律宣传2次，发放宣传材料800余份。

安全生产工作　开展安全生产专项治理工作。3–7月，该镇对特种设备及特种人员进行集中走访检查，6月5日，对馒头、豆腐食品小手工作坊进行走访时，发现一处高压锅炉安装压力表、压力阀，及时向区安监局、质监局反应情况，并会同质监局提出拆除压力阀或换承压锅炉的整改意见。

防汛工作　调整镇防汛工作领导小组成员。下发《海滨镇防汛工作实施方案》，对防汛预案、防汛演练方案进行全面修订和完善。召开暑期防汛工作会议，对汛期工作提出具体要求，对水库、坑塘、水泵及溢洪道等水利设施进行加固维修。镇政府发放宣传单，提示村民及时对房屋、线路检查维修，宣传防雷知识，提高村民避防意识。镇政府组建由30名队员组成的机动抢险队。在全镇开展拉网式汛前大检查。做好汛期应急处置安排。

防火工作　多次召开防火工作会议，传达上级森林防火会议精神，及时调整森林防火领导小组成员。完善《海滨镇森林防火应急处置预案》，落实领导干部包村责任制，部署冬春季防火工作，镇政府与各村委会签订《森林防火目标责任状》。召开森林防火护林员会议，制定《海滨镇森林防火护林员上岗制度》，手把手培训对讲机使用程序和方法，实行护林员“零”报告制度。

【村镇基础设施建设】　完善饮水设施　镇、村协调区住建部门和自来水公司共同研究方案。6月，对草厂村六段自来水主管道进行更换，共计300米，涉及240户村民。在原敬老院院内的自来水主管道重新开口，解决南街9户村民用水问题。丁庄村新增深水井一眼，新增管道增压设备一套。陆庄村实施应急水井与蓄水池连接工程，铺设管网700余延长米。

改善居民生活环境　草厂村对北六路南口杂草和灌木林进行清理，铺设路面300平方米。同时，修补村内四、五、六段和草厂中路路面800延长米。对京朝疗养院后院、便民市场东门更换污水管道100延长米，新建污水井4口，更换雨水沟盖板9个、污水井盖6个；陆庄村对村委会门前200延长米破损路面进行重新翻修；丁庄村配合排水管理处完成1000延长米污水管线铺设，实现新建住宅楼383户居民生活污水并入城市管网。年内，对赤土山、丁庄、草厂等村3处违章建筑进行制止和拆除。

【辖村简介】　刘庄村　位于北戴河旅游区中心位置，靠山近海，与各休疗养院毗邻，地理条件优越，村内基础设施完善。全村有1135户2570人，农业用地面积24公顷，其中耕地面积4公顷。2014年刘庄村总收入1.56亿元。村民主要靠旅游为生，从事餐饮、旅馆服务业。村集体收入主要来源于渤海安全玻璃有限公司、六建、传感器厂等集体企业。

草厂村　位于北戴河旅游区核心，靠山近海，交通消费便利，地理条件优越，村内基础设施完善。全村有1483户3186人，农业用地面积30.67公顷，无耕地。2014年草厂村总收入1.48亿元。旅游业为主要经济产业，村民大部分从事餐饮、旅馆服务、经商等。

陆庄村　位于北戴河旅游区西侧，靠山近海，地理条件优越，新驼峰路贯穿村庄。全村有360户1007人。农业用地面积24公顷，其中耕地面积6.33公顷。2014年陆庄村总收入2400万元。村民主要从事种植、养殖、渔业捕捞等。家庭旅馆业持续开展并小有收入，进一步激发村民投身乡村游积极性，继续扩大家庭旅馆区域。

丁庄村　位于北戴河旅游区西侧，靠山近海，新驼峰路贯穿村庄。全村有601户1536人，农业用地面积36.60公顷，其中耕地面积5.33公顷。2014年丁庄村总收入1890万元。村民收入来源于农业，从事种植、养殖、渔业捕捞等。

河东寨村　位于北戴河旅游区西侧，靠山近海，新驼峰路贯穿村庄。全村有510户1130人。2014年河东寨村总收入2500万元。

村民收入来源于农业，从事种植、养殖、渔业捕捞等。

单庄村　位于北戴河旅游区东侧，与各休疗养院毗邻，村内基础设施完善。全村有780户1635人。村民主要从事餐饮、旅馆服务业、渔业捕捞等。村集体收入主要来源于集体企业五建、东山房地产。

赤土山村　位于北戴河旅游区东侧，滨海大道从村东经过，地理条件优越，村内基础设施完善。全村有890户2526人。农业用地面积23公顷，其中耕地15.33公顷。2014年赤土山村总收入6000万元。村民主要从事旅馆服务业、种植、养殖、渔业捕捞等。

（杨　宁）

北戴河区戴河镇

【概况】　戴河镇位于北戴河区西北城乡接合部，北临北戴河火车站，东、西分别与海港区、抚宁县相接；京秦、京哈铁路，205国道、108公路和京沈高速公路从境内通过，交通发达，客运、货运便利。常年气候温和，冬暖夏凉，被誉为北戴河区的“北部门户”。辖18个行政村（大薄荷寨村、小薄荷寨村、崔各庄村、乔庄村、西古城村、太平庄村、东坨头村、西坨头村、杨各庄村、车站村、北戴河村、苏庄村、朱庄村、拨道洼村、费石庄村、谢李庄村、蔡各庄村、甘各庄村），1个社区居委会（车站社区居委会），1个家委会（五七一一家属委员会）。行政区域面积3430.33公顷，农用地总面积1555.40公顷，其中，耕地928.27公顷，园地310.60公顷，林地284.73公顷，水面18.93公顷，其他面积12.87公顷。镇域内有3座水库2条河流。全镇共有人口32796人，其中，农业人口22901人，非农业人口9895人。

2014年，该镇综合文化站被评为“国家一级文化站”；车站村、谢李庄村被评为“河北省美丽乡村”，镇乡村旅游协会获得“北戴河区先进单位”称号。

【村镇规划】　2014年，戴河镇加强乡镇统筹一体化规划，扎实推进城乡一体化进程。全年审批新建、翻建、加建房屋申请104份，验收73份，核查违法建筑10余起，发现违法占地案件48起，联合土地部门对违法行为下达停工单。建立城镇建设管理平台系统，对全镇辖区人居环境、危房做系统调查统计工作，共录入系统危房共210户。

【产业发展】　加大农业科技信息化推进力度，充分利用“农业科技多媒体信息阅览系统”，及时发布政策法规、适宜公开的文件、统计数据、“三农”宣传信息，向农民提供科技知识、气象信息、农产品和农资市场信息、灾害防治等方面服务。发布信息288条，其中文字信息256条，图片信息24条，视频信息8条。推进土地流转进程，完成费石庄村214户66.67公顷土地确权登记。对全年12宗259.33公顷土地流转情况实行档案造册、合同监管。补贴各类机具29台，完成农机补贴6.50万元，良种补贴493.33公顷8.50万元。

【农业】　种植业　引导培植以集发农业产业园区、盛鑫农场、中原园林为重点的农业龙头企业做大做强，不断拉动农业产业化发展。依靠科技优化品种结构继续扩大高附加值种植项目。通过推进“公司+基地+农户”经营模式，扩大花卉、苗木种植，带动种植结构调整。继续扩大高附加值种植项目发展，全年新建温室大棚22个共3.33公顷，榛子、核桃种植基地20公顷，新增种植雪桃、榛子、板栗13.33公顷，发展家庭农场2个，农村经济合作社2个，促进土地转型、结构调整和土地集约化管理。推进植树造林工程。年内植树造林19.07公顷，发放造林补贴366万元。

畜牧业　2014年猪存栏1256头、猪肉产量81吨，牛存栏278头、牛肉产量7吨，羊存栏1302头、羊肉产量4吨，奶类产量156吨，家禽出栏7234羽、禽蛋产量495吨。

农技培训推广　加大农业技术培训和农

技推广普及力度，通过外聘专家和发挥科技示范户、农业示范园辐射带动作用等方式，不断提升农业技术水平。开展培训28场次，培训1000人次。主要培训内容包括玉米高产栽培技术、水稻育秧技术、核桃种植技术、草果种植管理技术、春秋“两防”技术、蔬菜生产技术、牲猪养殖技术、农作物病虫害防治技术等12项技术。

【社会治安综合治理】 推进基层治安网格化建设和“六六工程”，全镇划分为126个服务网格，设置网格长126名，楼（户）长434名，信息员126名。通过全镇网格服务管理系统，年内排查化解各类矛盾纠纷203起，及时劝返群众集体访4起，清理收缴违禁宣传品36份，协助有关部门完成敏感时期关键节点的重点人稳控、邪教防范、重点部位值守、铁路护路等中心工作。

建立明确的信访代理代办制度，各村、居设专职信访代办员20名。2014年是“六五”普法第4年，利用民贸集市开展普法宣传，发放《普法星火月刊》及宣传单、宣传册、“六五普法宣传材料”等5800余份；接待群众法律咨询100余人次；书写宣传标语30余幅；受理各类矛盾纠纷60起；认真耐心劝导、化解群众上访25起。

从车站派出所、海宁路派出所、区社区矫正办公室接收矫正对象120名，占全区矫正人员总数50%。已有79名矫正人员顺利解矫，现有在矫对象41名。所有矫正对象全部纳入有效管控。

【双拥优抚工作】 为全镇70名在乡老复员军人、参战涉核人员、残疾军人、因公牺牲军人家属发放优抚金40.79万元。对该镇农村籍退役士兵进行重新核定，2014年新增7人。至年末，该镇有60周岁以上农村籍退役士兵153人。退役老兵享受每服役一年每月10元的老年生活补贴。八一建军节期间，为该镇在乡老复员军人送去米、面、油、凉席等慰问品。

【社会事业】 文化事业　完善镇、村两级公共文化服务网络。利用农村“两室”、公共文化站，积极开展群众文化活动，定期组织文艺骨干参加技能培训，提高文娱骨干专业水平；举办戴河镇正月十五灯展、秧歌锣鼓闹元宵、专场文艺演出等丰富多彩的文娱活动，举办车站村、西坨头村、西古城村、北戴河村春节晚会。2014年，该镇综合文化站被评为国家一级文化站，廊坊香河等地文娱骨干先后到该镇参观学习。

新型农村合作医疗工作　2014年参合人数为8794户22732人，参合标准每人每年缴费70元。报销补偿1224人，补偿金额597.43万元。

计划生育工作　2014年，全镇有已婚育龄妇女5357人（其中一孩妇女3784人、二孩妇女936人、多孩妇女29人、无孩妇女608人），综合避孕率为89.68%（指标89%达标）。政策外生育15例，统计求实率98%；群众对计划生育工作满意率96%，对计划生育政策、法规知识知晓率达到97%。年内，该镇结婚男性144人，晚婚57人，晚婚率39.58%；结婚女性149人，晚婚88人，晚婚率59.06%。

养老保险　加快全镇社保建设步伐，大力推进城乡居民养老保险制度全覆盖，提高养老保险统筹水平。2014年，该镇参加农村养老保险240人，补缴211人，变更19人，为符合领取养老保险待遇4115人发放领取证和存折。至年末，参加城乡居民养老保险13510人，参保率73%。

就业与再就业　建立人力资源社会保障业务专网进行求职登记、就业援助、用工信息、劳动力状况等数据信息库，实行网络化动态管理。发布就业信息60余条，提供就业岗位160余个。通过各村走访、电话调查等方式对168户低保、困难家庭进行城乡技能就业扶助计划宣传。年内，镇域内农村劳动力实名制登记共1.25万人，农村劳动力转移就业9719人，安置公益性岗位19人。失业人员失业保险申领签到158人，办理就业失业登记证193人。开展企业退休人员认证工作。全镇涉及认证人数3969人，开展工作人员集中认证、上门认证、异地认证等多种便民方式为民服务。

民政工作　2014年，有城市低保家庭75户123人，农村低保家庭79户158人。为13人申报大病救助，享受救助金4.28万元。为35人办理临时救助，救助金额5.25万元。86名五保户生活得到妥善管理，其中12人入住集发颐养中心。为503名80周岁以上老人发放高龄补贴36.22万元（每人每月60元）；为79名90周岁以上老人发放高龄补助金9.48万元（每人每月100元）；为5名困难高龄慈爱母亲送上1000元现金、米面油各1袋、棉被1床、人身意外险3份；重阳节为75名90周岁以上老人、3名百岁老人送去慰问蛋糕；为7位贫困老人送去慰问金每人500元。

残联工作　全镇有残疾人698人，动态管理残疾人信息数据，做好残疾人基本信息录入工作，更新残疾人信息管理系统，录入残疾人基本信息698条，为24户残疾人家庭实施无障碍改造，包括肢体残疾、视力残疾家庭；为16名疑似白内障患者进行免费筛查，为37名重度视力残疾人发放盲杖和盲表；审核贫困重度残疾人，每人每月发放100元生活补贴，年内申报201名重度残疾人，经审核4人不符合条件。发放重残补贴23.64万元。居家托养22人1.32万元，燃油补贴35人9100元。

【乡村旅游】　乡村旅游已形成较为完善的食、住、行、游、购、娱体系，有省四星级农家乡村酒店1户，区五星级民宿2户、四星级12户、三星级30户、区特色民宿15户，形成“一村一品、一村一景”品牌特色。

在区旅游局和乡村旅游协会帮助支持下，乡村旅游已发展成为该镇第三产业主导力量。审批办理民宿365家，比上年增长27%，接待游客29.80万人，比上年增长46%，实现收入约2520万元，比上年增长93%。暑期，区旅游局派74名大学生志愿者对民宿进行入户帮助，将民宿官方微博、微信和二维码植入民宿服务台等相关配套产品上，镇域内民宿全部实现网上预定和支付功能，实现民宿电子商务业务往来，提高民宿知名度和宣传效果。

【辖村简介】　北戴河村　位于205国道、京山铁路北侧，美丽的戴河穿村而过。2014年，北戴河村有1047户2330人，土地面积3600余公顷，村民人均纯收入1万元，是从事农业种植的特色村，村庄占地40公顷，全村56条街道，一街一品，一街一景。在全国妇联、文化部开展的“美德在农家”活动中，北戴河村荣列全国示范点，成为秦皇岛市唯一获此殊荣的村庄，同时获得省级“绿化先进单位”“文明村”、全市乡村旅游“十村示范、百村创建”先进村、秦皇岛市最美丽的村庄、先进基层党组织等称号。

西古城村　位于北戴河区西侧，东临联峰山，西沿戴河，北靠观光旅游景点——集发生态农业观光园，区内交通要道海北路穿村而过。村庄占地面积23公顷，农用耕地50.67公顷，2014年，全村有447户1012人。以集发公司为助力依托，西古城村经不断的探索实践，民宿产业逐渐成为该村的支柱产业，集群式、规范化、自主风格的民宿经营模式已悄然形成。由2006年的7家散户经营个体，逐年递增到2014年100余户集约经营片区，占全村户数的四分之一，2014年人均纯收入达3万元。获“河北省文明村”“河北省新民居建设示范村”“秦皇岛市乡村旅游示范点”等称号。

车站村　建于1895年，是国内为数不多的因车站而生、以车站命名的自然村。它北靠北戴河火车站，南与联峰山遥遥相望，东临戴河，地理位置优越。村庄现属于城乡混居，2014年，全村有居民1200余户3000余人（其中村民486户1076人），耕地面积18.67公顷，村集体经济以小城镇建设和房屋租赁为主，村集体资产8600万元，产业结构主要以种植业、养殖业、农村商业、交通运输业、服务业为主。2014年人均纯收入2万元。新建成的村民活动中心占地约3700平方米，主体办公楼占地1300平方米，建有办公楼、礼堂、排练室及党务村务公开阵地——议政园，为村民提供了良好的服务设施和宣传阵地。

西坨头村　西临集发生态农业观光园，北沿戴河，东靠海北路，紧邻京秦高速引线与海北路的交叉口，交通便利。2014年，全村有254户620人。村址占地面积约20公顷，村集体土地面积41.53公顷。村民以运输、种养殖、经商、外出务工为主要经济来源。

拔道洼村　位于205国道南侧，东接北戴河经济技术开发区，西临北戴河火车站。2014年，全村有1110户2582人，村两委班子成员5人，党员92名，耕地面积177公顷。

杨各庄村　南至拔道洼村，北至京山铁路，位于戴河东岸、北戴河火车站东800米。海宁路北段从村中穿过。村域面积8公顷，2014年，全村有347户885人。村民主要收入来源是第三产业务工及经商。2014年人均年收入6000元。2010年5月开始新民居建设规划，于2012年10月完成新民居建设一期工程，二期工程正在建设中，预计2015年完工。

太平庄村　位于海北路东侧，村北紧邻京沈高速公路引线出口，交通便利。2014年，全村有440户1070人。村庄占地约28公顷，农用地面积100公顷，村内农业以果树种植为主，桃树种植面积约53.33公顷，同时从事养殖、建筑等副业。结合北部片区整体规划，实施太平庄村整体改造项目，该项目于2010年10月29日正式启动，剩余18户未拆迁，安置房规划42栋（39栋住宅，1栋村委会办公楼,2栋商业），已启动34栋，主体已建设完成，进入装饰装修阶段。

蔡各庄村　位于北戴河区东北部，毗邻海港区。村庄占地面积约250公顷，紧邻205国道线，交通发达。2014年，有村民1370户3960人。全村经济收入以劳动经济集中置业为主，2014年人均年收入7500元。

乔庄村　位于京沈高速公路引线北侧，四面桃园环绕，背靠青龙山。2014年，全村有88户197人，农用地面积25.87公顷。主导产业为种植业和外出打工。该村坚持发展旅游业与打造地域特色文化品牌相结合，引入乔庄葡萄酒堡项目，成为北戴河区一个特色景观。

朱庄村　位于戴河西岸，205国道北侧。2014年，全村有72户166人，土地12.8公顷，均为农用地。该村是蔬菜种植特色村，全村有80%的村民从事蔬菜种植，20%的村民做生意和务工。

苏庄村　北临戴河，南距北戴河火车站2千米，东临北戴河村，西与秦皇岛开发区交界。2014年，全村有158户375人，土地约78.87公顷，其中，耕地49.2公顷，村域6.87公顷，其余22.8公顷为林地。以农业种植为主导产业，村民主要种植蔬菜、大棚油桃。村内共有大棚约150个。农作物播种面积17.07公顷，以茄子、西红柿、豆角、黄瓜、花生等作物为主，粮食作物面积24.67公顷，主要以玉米为主。

东坨头村　位于北戴河区的中西部地区，西侧紧邻海北路，南侧1千米是京沈高速北戴河引线入口，距离北戴河火车站1.20千米，交通便利。2014年，全村有260户560人。村域面积82.60公顷，村庄面积10.70公顷，耕地面积21.33公顷。该村实行土地承包政策，人均土地0.55亩。村集体收入项目为承包地租，每年五万余元。村民经济来源为粮食种植大棚蔬菜以及个体运输、经商、打工等。2014年全村人均纯收入6000元。

大薄荷寨村　东临赤土山村，北临小薄荷寨村，西临崔各庄村，南面是联峰北路。村域面积90.50公顷，农业用地28.80公顷。2014年，全村有865户1925人。村民收入来源主要以经营民宿、贝壳手工艺品加工、个体经商和务工为主。于2008年开始，全力发展家庭旅馆业。从最初的三四家旅馆，发展到集群式的“家庭旅馆区”，共有民宿108家。2014年暑期累计接待游客3.60万人，实现收入284.35万元。

小薄荷寨村　位于北戴河区中部，地处海宁路与108公路交界，与大薄荷寨村、崔各庄村接壤。2014年，全村有816户1988人。村庄总面积292.67公顷，农业用地

144.67公顷。村民以经营蔬菜大棚为主要经济来源，经商、务工、养殖等各种行业均衡发展，2014年人均纯收入5500元。

甘各庄村　位于戴河镇北部，地处205国道北侧，村域面积26.67公顷，耕地面积80公顷。2014年，全村有300户892人，村民主要经济来源为种植和外出打工。

谢李庄村　位于北戴河区北部，东与蔡各庄村接壤，北与中国环境管理干部学院新校址隔道相望，村庄南邻205国道，西距北戴河火车站3千米，距海滨旅游区6千米，东距秦皇岛市区8千米，有京山铁路、京秦铁路分别从村南和村北通过，地理位置优越，交通便利。2014年，全村有235户580人。有土地44.67公顷，其中，农村建筑用地9.33公顷，耕地面积35.33公顷，2014年人均纯收入达到9000元。

费石庄村　位于北戴河区中部，东邻崔各庄村，西与乔庄村相接，南邻联峰山，北邻北戴河火车站。村庄桃林环绕四周，地下水达到国家三级标准，大气达到国家二级标准，噪音达到国家一级标准。2014年，全村有285户685人，其中，党员49人，村民代表18人。村庄总土地面积116.67公顷，其中，耕地面积73.33公顷，村民以种植果树为主要经济来源，重点以桃树为主，还有经商、务工、养殖等行业。全村66.67公顷桃园种植有京红、庆丰、早凤王、白凤、久保、绿化九、京艳等20余个品种，年产桃果2000余吨。2014年人均纯收入1万元。

崔各庄村　位于戴河镇政府东南3.50千米处。2014年，全村有847户2498人，耕地面积146.67公顷。该村村民以民宿经营、运输、种养殖、经商、外出务工为主要经济来源。2014年人均纯收入5000元。该村被列为农村面貌改造提升省、市重点村庄，获优秀基层党组织等称号。

5711家委会　秦皇岛中航航空零部件有限责任公司（又称5711工厂）5711家委会，位于北戴河海北路152号，距北戴河火车站1千米。东临拨道洼村，北邻三中队，南邻东坨头村。5711家委会占地面积9.47公顷，常住人口804户1800余人，其中，在职职工310人，退休职工650人，职工家属、子女及外购房户等840余人。

车站社区　坐落于北戴河火车站东，辖区面积19平方千米。2014年有居民1700余户2700余人。辖区范围东起拨道洼村，南至西古城村，西临车站村，北到朱庄村，由道南居委会和道北居委会整合而成。社区党支部设有书记1人兼任社区居委会主任，委员3人，有党员60人。2014年，在北戴河区政府和区民政局大力支持下，实施社区办公场所改造提升工程，戴河镇启动了新建1000平方米的车站社区服务中心（老年日间照料站）项目。

（李晓卓）

北戴河区东山街道办事处

【概况】　东山街道办事处地处北戴河区东半部，所辖范围海宁路、保二路以东至海宁路与剑南路交点沿剑南路向北以东，辖区面积7.95平方千米。所辖3个社区居委会：育花路社区、东山社区、东经路社区。根据第六次全国人口普查结果，街道总户数5821户，人口14095人。

2014年，东山街道深入开展党的群众路线教育实践活动，继续坚持“114”工作思路（一个中心，围绕区委、区政府中心工作；一条主线，以街道社区党建工作为主线；四项重点工作即综治维稳、环境整治、为民服务、队伍建设），高标准完成各项工作任务。年内，东山街道办事处被评为“全国和谐社区建设示范街道”“河北省经济普查先进单位”“北戴河区暑期工作先进单位”；街道办事处和育花路社区被评为“北戴河区防恐防暴工作先进集体”；所辖3个社区均被评为“北戴河区暑期工作先进集体”；育花路社区被评为“全国和谐社区建设示范社区”；育花路社区、东经路社区获得“秦皇岛市‘十佳社区’”称号；东经路社区被评为“国家级充分就业社区”“省级充分就业社区”，是北戴河区唯一获得该称号社区。

【社区建设】 社区工作者构成 社区工作人员9人，其中社区党支部书记、主任共3人，社区居委会委员4人，社区直选2人。年龄构成情况：35岁以上7人，占78%；35岁以下2人，占22%。身份构成情况：公务员1人，事业编制5人，社区居民3人。

社区基础设施建设 2014年，北戴河区委、区政府无偿划拨0.133公顷，建设总面积1000平方米的东经路社区服务中心（老年日间照料站），内设便民服务大厅、休养室、棋牌室、茶室、聊天室、健身室、舞蹈大厅、图书室、书画创作室及医务室、餐厅、厨房、居民手工艺品、收藏品展示厅等20多个功能各异的活动场所。3个社区均实现集一站式办公服务、老年日间照料、居民文化休闲于一体，达到民政部精品社区和标准化社区标准。

服务居民工作 建立健全社区居委会各项规章制度，坚持公平、公正、公开办事程序。以基层和群众满意不满意为标准，创新探索志愿帮扶工作，通过街道、社区、志愿者三方帮扶，对重度残疾、一户双残和孤残户以及空巢老人进行特别关爱，传播志愿服务理念。

社区文化活动 东山社区“金色夕阳”合唱队、育花路社区腰鼓队暑期每晚在奥林匹克大道公园演出；社区舞蹈队参加浪漫之夏、彩色周末、廉政主题、拥军晚会、秧歌拉街宣传等各类文体活动；坚持每周一次召开“社区文化大讲堂”，培训课程包括摄影知识技巧讲座、北戴河历史知识讲座、舞蹈辅导、书画讲座、民间工艺、老别墅讲座等六大类。每个社区都设有图书室，藏书达2000册以上。

【社会事业】 民政工作 完善“双关爱”活动，对重残户、空巢老人实施关爱帮扶。全年共发放低保金37.03万元，发放低保户用电补助4896元，取暖补助3.38万元。发放分类施保金2.03万元，为9人发放临时救助金1.35万元，发放60周岁以上烈士子女生活补助4620元，烈属抚恤金1.38万元，两参人员生活补助金1.06万元，在乡老复员军人定补1.33万元。为优抚对象发放慰问金共4.73万元。发放现役军人优待金15.84万元；发放残疾人居家托养补助7800元；重度残疾补贴家庭30户，发放补贴3.52万元。发放助学金1.50万元。发放高龄老人补贴17万元，为27名90周岁以上老人发放重阳节蛋糕。

劳动保障工作 9月，街道办事处通过省级基层人力资源社会保障服务平台达标考核验收，成为北戴河区唯一省级基层人力资源社会保障服务平台达标单位。全面落实就业再就业各项政策，累计登记失业人员394人次，实现再就业389人次。“4050”人员179人，“就业失业登记证”发放362人，失业人员中实现稳定就业92人，就业率达到97%。通过网络平台、《东山家园报》、板报、宣传栏、入户走访等形式，发放宣传单900份、宣传手册500册，受益居民达到1000人，接受群众咨询120人次，收集各种招聘信息200余条，提供就业岗位300个，有258人走上就业岗位。为231名就业困难人员发放2013年灵活就业补贴107.09万元。城乡居民社会养老保险参保率94.60%。为1144位企退人员进行生存认证。

计划生育工作 落实党政一把手亲自抓，负总责制度，坚持每月例会制度，开展单独、双独家庭摸底调查活动。组织育龄夫妇参加孕前优生监测，严格执行“两非”管理办法，对17名持“第二个子女生育证”妇女实施全程孕情跟踪管理。对符合特别扶助条件的16名居民全部列入特扶范围，开展“亲情关爱”帮扶。年度内出生65人，出生政策符合率96.92%，出生统计求实率100%。综合避孕率为91.33%。发放救助公益金6000元，特别扶助金1.46万元，独生子女父母奖金3.46万元，计生小组长补贴3.17万元。

提升民生环境 街道和社区分别开通“民生直通车”，通过信息系统及时收集整理民情，对居民反映垃圾乱放、井盖缺失、私搭乱建等问题，及时到现场调查并协调相关部门进行解决，协调解决居民反映热点事件117件；完成育花路一区9-12号楼8000平方米外墙体粉刷；东经路社区原无线电厂家属楼供水管网改造；加强对居民区绿地养护，组织清理杂草、剪枝、上肥、浇水、补栽补种等。清理各小区居民在公共绿地上乱栽乱种5处、乱搭乱建2处；完成百花小区亮化设施更新改造，新安装庭院灯12个，墙壁灯4个。结合暑期，引导失业人员就业和自主创业，创业个体新增14个，个体经营户达到501家，暑期旅游旺季就业率达到99.60%。

文体工作 街道以创建国家公共文化服务体系示范区为契机，组建秧歌队、演唱队、舞蹈队等，开展社区特色文化活动，举办舞蹈、合唱、书画、摄影、科普讲座等培训。聘请专家、教师对辖区居民进行专业培训，直接受众达2000余人次，组织文艺骨干慰问驻区武警和消防官兵。

【精神文明建设】 *发挥先进典型作用，提升居民素质* 做好2014年度“五好”评选和暑期“为北戴河添光彩”活动。其中，王作林、朱庆杰等5人获得“为北戴河添光彩先进个人”称号，吴慧芬、王海泉等13人获得“五好”称号。制作街道和社区善行功德榜，宣传辖区好人好事，弘扬社会正能量。

丰富街居活动，充实居民精神文化生活 发挥辖区文艺队伍优势，举办2013年度“社区之星”表彰、正月十五秧歌拉街、“浪漫之夏”大型文艺汇演等活动，丰富居民业余生活。

加强外宣攻势，展现街居新风貌 收集民生、文化等方面活动信息，关注各项为民服务活动和传统节日精神文明宣传新闻信息，及时向省、市级新闻媒体报送。编辑街道自办报《东山家园》。

做好全国文明城创建工作 收集汇总各项资料信息和图片，完善街道2012-2014年基层民主政治、党组织学习情况、未成年人思想道德建设、志愿服务进社区、市民学校活动、体育活动等各项活动资料及其他各项软硬件设施，做到档案资料齐全、设施完备，为迎接全国文明城创建考核验收工作做好充分准备。

学雷锋志愿服务站建设 配合区文明办搞好街居学雷锋志愿服务站建设，协助东山社区全力开展学雷锋志愿服务站建设活动，完善档案资料，图片信息及站室建设，迎接市文明办检查。

【社会治安综合治理】 *社区网格化特色凸显* 继续打造育花路社区“一网五服务，平安惠民生”网格化管理模式典型，对东山社区、东经路社区进行网格化管理。针对育花路社区开放式老旧小区，将辖区划分为16个社会服务管理网格，成立社区社会服务管理中心，建立公共服务管理平台、综治服务管理平台和社区社会治安防控网格化管理数字平台。7个居民区网格监控区域内主要路口和重要路段安装12台视频监控设备。在社区社会服务管理中心设立主控室，由专职人员24小时管理。将社区党员服务、民生需求服务、生态环境服务、特需人群服务、精神文化服务等五项服务延伸到社区网格，实现社区服务和管理全覆盖，社会治安环境实现“五无”，即无“两劳”回归人员重新犯罪，无重大民事纠纷，无重大治安灾害事故，无民转刑事案件，无一起因居民上访投诉问题未解决而赴省、市上访案件。9月16日，省平安建设工作督导组组长、省司法厅社区矫正处处长强华等人到育花路社区督导检查基层平安建设工作。

做好稳定工作 在重要节日和重点时段，通过板报、文艺演出、志愿者服务等形式，广泛开展法律知识宣传，开展法治讲座、法律咨询、法律服务等活动。规范基层人民调解工作台账、报表、制度、印章、档案文书等建设，加大调解工作统计力度，确立各调解委员会每月25日上报调委会工作情况，为上级司法行政系统及时掌握基层工作动态提供科学依据。年内调解矛盾纠纷61

起，调解成功59起。

暑期防控工作到位　网格长和信息员、治安协管员全天在网格内进行巡查，遇有涉及影响社区稳定情况或发现非法宣传品等及时汇报。动员广大居民积极参与反恐防暴群防群治工作，组织街居干部和平安志愿者参加反恐防暴培训，设立公交站点执勤点57个，布置120名安全员、巡查员全天执勤。针对暑期外来游客在居民区买、租房情况，网格长与网格指导员（社区民警）及时联系，摸清辖区外来游客情况，统一上报街道备案。涉及安全隐患问题，坚持面执行日排查、日报告、周调度制度，对排查出问题逐项建立台账，明确责任领导、责任人和解决期限，实现小事不出居，大事不出街，确保暑期辖区安全稳定大局。

做好社区矫正、安置帮教和防范工作　加强社区矫正人员日常管理工作，定期进行走访、实行手机定位监管、制定合理公益劳动计划、严格请销假规定。年内，未发现矫正对象有违法违纪现象。对于刑释解教人员管帮教工作，街道和社区成立刑释解教人员帮教领导小组，社区干部分工负责，每人帮教一名刑释解教人员。加大反邪教宣传力度，对非法宣传品进行收缴。10月17日，省委防范办检查组对育花路社区反邪教工作给予充分肯定。

做好重要节点安保工作　做好2014秦皇岛国际马拉松赛安保工作。赛事赛道90%在街道辖区，组织百名志愿者对重点部位进行安保，确保赛事圆满成功。在“两会”、暑期、APEC会议等重大节点上，对辖区13起信访案件38名重点人进行稳控，实现无一人越级访、进京访、到重点部位访事件发生。

【社区居委会简介】　东经路社区　东经路社区辖区总面积3.5平方千米，有人口2000余户4000余人，辖区内有全国总工会疗养院、中国作家协会北戴河疗养院等休疗单位，还有北戴河食品厂、无线电厂等大量改制单位及下岗职工。2014年社区60周岁以上老龄人口共415人，空巢独居老人18人。

东山社区　东山社区位于北戴河区最东端，面积4.5平方千米，著名的鸽子窝公园、奥林匹克大道公园等旅游景点均位于该社区内，总人口有1300余户3300余人。辖区内有全国人大北戴河培训中心、国务院机关事务管理局北戴河服务局、全国政协北戴河培训中心、中央纪委监察部北戴河培训中心、河北省北戴河管理局等休疗单位70余家，成片区家属院17家，80%的社区居民为休疗单位的职工和家属。

育花路社区　育花路社区辖区总面积4平方千米，有人口3670户9332人，有党员170人。辖区与海滨镇刘庄村、赤土山村交叉，有驻区休疗养院20家，驻区单位32家，各类经营门店213家。

（王　帅）

北戴河区西山街道办事处

【概况】　西山街道办事处位于北戴河区西部，所辖范围海宁路以西，联峰北路以南，西海滩路以北，辖区面积14.51平方千米，常住人口1.10万户2.40万人，辖英才、安居、剑秋路、西山、平安路5个社区居委会及河北外国语职业学院社区家属委员会。2014年，西山街道办事处坚持“夯基础、重民生、优环境、保稳定、强素质、促发展”方针，以加强基层党组织建设为核心，增强科学发展能力；以加大民情工作力度为突破，提升综合管理水平；以促进街居和谐发展为主线，丰富为民服务内涵；以维护社会安全稳定为目标，抓好治安防控工作；以增强国防后备力量为基础，发挥人民武装部工作作用，为部队输送优质兵源；以加强精神文明建设为重点，提升街居文明形象。2014年，西山街道办事处被河北省第三次全国经济普查领导小组评为“河北省第三次全国经济普查先进集体”；被秦皇岛市总工会评为“先进职工之家”；被中共秦皇岛市委、秦皇岛市人民政府评为“计生工作先进街道”；被共青团秦皇岛市委评为“五四红旗团委”；被中共北戴河区委、北戴河区人民政府评为“2012－2013年度北戴河区文明单位”“2014年暑期工作先进单位”“平安建设先进单位”；被北戴河区纪委评为“2013年度全区纪检监察工作先进单位”；被北戴河区人民政府、区人民武装部评为“征兵工作先进单位”；被北戴河区人民政府评为“2012－2013年度政府系统承办人大代表建议和政协提案工作优秀单位”；被北戴河区委组织部评为“优秀科级领导班子”。

【社区建设】 社区办公用房及服务用房 安居社区、英才社区办公用房和服务用房均达到300平方米，平安路社区、剑秋路社区办公和服务用房均为240平方米，西山社区租用200平方米办公用房。

社区干部队伍建设 街道辖5个社区和1个家属委员会，其中，英才、剑秋路社区为直选社区，工作人员10人（党员7人），全部具有高中以上学历。安居、西山、平安路社区工作人员10人（党员8人）是从教师队伍中充实过来的，90%具有大专以上学历。家委会成员3人（党员3人）均为大学以上学历。

社区建设服务 建立和完善服务功能，向社区居民提供政务服务之窗、市民救助、法律咨询、婚育培训、养老托幼、康复娱乐等较全面社区服务系统。包括面向社区残疾人、老年人、优抚对象和社会困难群众的福利服务，面向全体社区成员的便民利民服务、法律服务和面向属地单位的社会化服务。抓好社区志愿者队伍和专业服务队伍建设。建立社区互助良好机制，动员有特长人员加入志愿者和专业者队伍，吸纳下岗职工和专业人员参与社区服务，社区志愿者人数达300余人。抓好社区文化建设。以社区中文体活动爱好者和积极分子为骨干，组织秧歌队、合唱队、舞蹈队、书画组、晨练队等各种队伍，抓好以节庆文化、广场文化和家庭文化为重点的文艺汇演、书画展和经常性地群众体育活动。以文化书廊、楼院小报、墙报、板报、图书室、图书角为载体，办好各种群众性文化、教育、科普等活动。

【社会事业】 计划生育工作 全年办理第一个子女生育登记卡146个，再生育审批19个，其中单独5个，合格率达到100%。政策外出生3人，立案3例。落实各项奖励政策，审核区属改制企业职工独生子女父母退休一次性奖励核实90人，审核城镇职工独生子女父母退休3000元一次性奖励69人。发放无业居民独生子女父母奖金486人、金额2.95万元。开展以单独两孩生育政策、生殖保健和优生优育优教知识为主要内容的宣传活动，人口学校配备教学设施及计生图书阅览角，在主要街道设置计生公益广告牌和标语。春节、三八妇女节、母亲节、“5·29”协会纪念日、“7·11”世界人口日开展上街宣传、文艺演出等主题活动。亲情关爱行动中，为10户独生子女死亡、伤残家庭建立档案，为6户失独家庭办理计划生育意外伤害险。关爱困难女孩活动中，慰问贫困女孩家庭5户、金额1000元。年内组织18对夫妇参加待孕夫妇免费参加孕前优生健康检查。做好人口计生信息化工作，利用信息系统进一步规范全员人口、流动人口、避孕药具管理。开展孕前优生健康检查、优生优育和出生缺陷干预知识普及教育。

提升民生环境 年内处理民情事件190件。完成北岭二区5栋楼自来水管网改造、辰光小区和惠园小区铁艺围墙更换、北岭三区16栋楼32盏路灯安装、对北岭二区70延长米土路进行混凝土路面硬化、南岭小区美化等工程。对北岭一区老旧小区1107户居民进行天然气入户管网改造。办理区长公开电话转办事项47件，办结率100%。落实市容环境综合整治要求，定期在联峰路西山花园至北五路段进行义务劳动，清理白色垃圾、小广告，对社区及脏乱死角等进行拉网式清整。加强清扫员队伍管理，加大辖区卫生清扫力度，分片区进行责任划分，加大巡查频次，增加生活垃圾清掏清运次数，加大雨后垃圾清理力度。对居民区垃圾筒、站、点、楼道口等蚊蝇孳生地进行全方位消杀。及时维护小区内庭院灯，提高小区亮化质量。

文化体育工作　街道利用现有资源与场地，成立6个文化活动室和街道文化超市，室内有电视机、电脑、音响、投影、图书柜等，配套设施较完善。居民可以在文化超市创作、交流、展示个人作品。活动室制度上墙，管理规范，组织开展各类文艺演出和文体活动。依托海岳艺术团、西山街道合唱团、社区腰鼓队、社区秧歌队等13支文体组织，在春节、元宵节、七一、母亲节等节日组织开展文艺活动400余次；开展“我的中国梦”群众路线专题书画摄影展；以“全民健身”活动为契机，开展健走、爬山、趣味运动会等群众广泛参与的社区体育活动。

民政工作　落实低保政策，做到应保尽保。2014年西山街道有城市低保对象104户171人，月保障金额5.67万元。实行动态管理，年内新增低保3户，待审核3户，注销7户。延伸社会救助体系。年内救助大病医疗困难群众2人次，金额5065元。临时救助4人，金额6000元。做好保障房申请报批工作，为43位居民办理保障性住房初审受理工作。做好双拥工作，走访慰问烈军属5人，送去慰问金2000元和米面油。关爱老人方面。重阳节期间为90周岁以上老年人发放蛋糕，慰问贫困老人2人，发放补助金共1000元。做好经济普查工作。

劳动保障工作　通过开展入户调查登记、创业培训、发布招聘信息、政策救助等方面工作，拓宽就业创业渠道。全年发布用工信息90条，提供岗位230个，开展就业困难人员身份认定10人，办理求职登记12人次，为20名未就业高校毕业生进行实名信息登记，为他们提供就业政策和就业信息宣传服务；为7名未就业高校毕业生进行职业指导和职业介绍；为3名困难家庭高校毕业生申领每人每月657元失业补助金。开发社区治安员、清扫员岗位68个，安置劳动保障协理员13人，大学生见习岗位6人。帮助9名自主创业人员解决融资难题。做好养老金领取认证工作。建立健全企业退休人员和城镇居民养老保险各项制度及档案，退休人员纳入“自管组织”和社区管理率达到98%。年内为本市企退人员提供认证服务1895人次，为异地退休人员提供认证服务146人次，关注辖区企退人员和城镇居民生存状况，年内上报非预警人员死亡信息5人次，杜绝冒领养老金现象。落实政策援助。为397名就业困难人员发放2013年社会保险补贴130.60万元；为40名领取失业金人员提供签到服务400余次。

其他社会事业工作　做好残联工作，全年报销残疾人医疗保险24人，保险金额5100元；补贴2013年残疾人养老保险7人，保险金额2.21万元；对街道24人进行贫困重度残疾人补贴，每人每月100元；办理燃油补和通行证4人，每人补贴260元、办理1张通行证。2014年“爱心传递正能量，助残点燃新希望”关爱贫困母亲救助申报1名。完成辖区内天然气扩户工程缴费审核任务，审核收费935户。对辖区100余家各类门店和12家民宿用气用电安全大检查。开展“打非治违”专项活动。发放“安全用电用气”宣传单1万余份；对辖区内所有烟花爆竹定点商户及仓库进行严格检查，并签订安全责任书，要求存在安全隐患商户马上整改。全年实现安全生产、食品安全零事故。

以民调受理、民情走访、基层调研为切入点，及时发现矛盾隐患，以群众利益为出发点妥善调处矛盾纠纷。全年处理反馈信访案件8起、排查矛盾36起、化解35起，未发生上访事件。

【精神文明建设】　*加强思想道德建设*　街道把学习贯彻中共十八大以来中央会议精神和习近平总书记系列讲话作为一项重要工作，开展“工委书记讲党课”活动，面向辖区党员群众宣讲中共十八大相关内容，通过上网答题、开展知识竞赛、举办书画作品创作会等形式，深化党员群众对中共十八大以来会议精神体会理解。举行“善行河北”歌曲传唱活动，建设核心价值观文化墙、制作善行功德榜展牌、建立好人档案、认真践行友善扶贫济困等活动，积极培育和践行社会主义核心价值观。开展干部教育培训活动，组织党员干部学习社会管理创新、社会治安综合治理及政策法规、技能训练等方面课程。抓好党员远程电教活动，组织机关党员干部观看党组织党员先进典型事迹、社区建设经验等电教片。

精神文明创建 开展清理海滩、治安巡逻等志愿服务活动；打造多条“廉政文化楼道”“党建文化楼道”；举办优秀党员表彰大会暨“七一”文艺汇演，对文明和谐社区创建过程中涌现出的“优秀党组织”“优秀共产党员”等先进典型进行表彰；积极参与2014年度“为北戴河添光彩”先进个人评选活动、2014年度秦皇岛市“平民偶像”评选、第五届“五好”评选、命名学雷锋活动示范点和岗位学雷锋标兵评选、第四届志愿服务优秀个人推荐工作。

【党性教育活动】 *加强党风廉政建设* 重点学习并落实中共中央“八项规定”“约法八章”“四条纪律”等精神，以“明白纸”形式将学习要点印发给街、居干部，进行签名承诺。组织街、居全体工作人员进行廉政测试答题，观看警示教育片，开展自我剖析，改良工作作风；参观青龙山教育基地、甲申史鉴纪念馆等，学习廉政人物事迹、品读廉政诗词。落实“一岗双责”。紧紧围绕责任考核、责任追究两个关键环节，抓好党风廉政建设责任制落实，逐项逐条将各项任务分解到人。按照中共中央“八项规定”和正风肃纪活动相关要求，开展办公用房、公车使用自查。严格落实街道党工委抓党风廉政建设和反腐败工作的主体责任，全面推进惩治和预防腐败体系建设，与社区党支部签订《党风廉政建设责任书》，分解落实责任目标，加大监督检查力度，3次以暗访录像方式对街道、社区工作人员进行工作纪律检查，对迟到、早退、擅离职守、上网聊天、购物、玩游戏等情况进行督察，对违反规定工作人员进行实名通报。认真贯彻落实党内监督条例，年内，新立案1起，给予党内警告处分1人。弘扬廉政文化。依托市民学校建立廉政文化教育基地，开展廉政理论学习。依托街道文化超市建立廉政文化艺术中心，开展廉政文化作品创作活动；依托街道社区阅览室，设立廉政文化图书角，普及廉政文化知识。通过开展廉政警示格言征集、廉政文化作品创作大赛、举办廉政文艺演出、开展廉政签名、在居民区里设立廉政景石等活动，形成深厚的讲廉、倡廉、说廉、书廉、画廉氛围。

党的群众路线教育实践活动 街道工委深入开展以“为民务实清廉”为主题的党的群众路线教育实践活动，全方位开展学习教育。提出“八法促学”新攻略，开展“书记讲党课”、收看专题电教片《周恩来的四个昼夜》《焦裕禄》等系列活动，举办“草根报告团”“我身边的优秀共产党员”先进事迹报告会。广泛征求意见建议。重点走访辖区内153户享受低保家庭、234户残疾人家庭以及454户80周岁以上老人家庭，共入户走访3714户，梳理汇总意见建议39件，对群众最不满意40项问题逐一梳理、立行立改，对99件群众关心事明确整改措施、责任人、完成时限。全方位推进建章立制。街道结合“四强四有”基层服务型党组织创建活动，完善日常管理、工作作风，加强服务、工作督查等方面机制体制。制定出台《党员干部联系走访群众制度》《领导干部生活作风监督制度》《“三公”经费公开公示制度》等17项制度。在优化服务环境上下功夫，推进服务“一站式”，进行政务服务中心改造，设立群众接待、劳动保障、计划生育、党员服务、民政残联、综治维稳、司法服务等7个窗口，实现“一站化”优质服务。在每个社区便民服务室明确2名专职代办员，遵循“特事特办”原则，对于特殊人群特殊需要，开启“绿色通道”实行集中代办、延时服务、预约服务、错时办公，实现“走路少、流程短、办事快、服务优、效率高、质量好”，确保让群众好办事，为群众办好事。

【社会治安综合治理】 *推进社会管理创新，实施网格化监控管理* 辖区内已经形成以街道综治维稳中心为核心、社区综治工作室为骨干、专职治安巡防员与社区治安志愿者相结合、覆盖全辖区的治安稳控网络。举行治安员各类培训8次、400人次。

加强信访案件稳控工作　抓好信访案件排查调处、信息反馈，做好与有关部门协调联动，遏制非法信访案件发生。健全完善街居信访工作机制，落实领导干部包居、包案和下访、约访制度，合力推进信访矛盾化解，年内处理反馈信访案件8起，排查矛盾36起，化解35起。

提高居民法律素质　落实“六五”普法规划，开展法律宣传系列活动。年内发放各种宣传单2万份、普法星火月刊1000册，组织法律、安全防范培训4次，举办知识竞赛2次。开展“六五”普法进机关、进社区、进家庭活动；组织街道机关干部参加2014年普法教育考试；在辖区内5个社区设立法制宣传栏、推行“一社区一法律顾问”制度；开展老人养老维权、青少年法制教育、社区矫正等特色法律关爱活动。全年解答法律咨询150人次，办理法律援助非诉讼代理案件5件。

做好社区矫正工作　启用北戴河区社区矫正监督管理平台，实现社区矫正人员在本区内网络化管理，完善社区矫正回访记录台账、手机定位台账、学习劳动台账及矫正人员请销假台账，做到事事有登记、件件有记录，实现社区矫正制度化管理。全年接收社区服刑人员38名，累计解除25名，无一人脱管、漏管，无一人重新犯罪。

【社区居委会简介】　剑秋路社区居委会有2240户5300人，面积0.90平方千米。2014年，剑秋路社区居委会以服务居民为重点，围绕创建和谐平安社区目标，加强社区服务，繁荣社区文化，美化社区环境，打造社区平安，关心居民生活，不断提高社区科学管理水平。

英才社区居委会　有4036户7090人，面积2.20平方千米。2014年，英才社区以社区党建为龙头，以社区建设为基础，以社区服务为核心，不断加强和改进社区工作，全面带动社区综合治理、计划生育、民生保障和其他社会事业发展。

安居社区居委会　有3636户6447人，面积0.51平方千米。2014年，安居社区居委会以构建和谐新安居为主线，为辖区居民营造“居住安心、娱乐开心、安全放心、管理顺心、服务暖心、生活舒心”的和谐环境。

平安路社区居委会　有884户3679人，面积0.23平方千米。2014年，平安路社区居委会以全面提高辖区居民自治意识和能力为工作目标，努力建立自我管理、自我教育、自我服务、自我监督的社区体系和工作机制。

西山社区居委会　有612户1578人，面积3.70平方千米。2014年，西山社区居委会结合社区实际，深入开展社区服务，以创建“五个好”党组织及和谐社区为重点，克服人员少，场地小、任务重等困难，扎实开展各项工作。

河北外国语职业学院社区家属委员会　有742户3077人，面积0.35平方千米。

(李　敏)

人 物

模范人物

刘志明 北戴河区园林局绿化一队队长，被人们誉为“金牌工人”。

1979年，怀揣着建设美好城市梦想的刘志明，当上了一名普通的园林绿化工人。工作虽然艰苦，但能够用自己的青春和汗水去浇灌美丽城市，他认为这是一件幸福的事。

在绿化一队工作和担任队长期间，刘志明及他的同事既承担每年的绿化育苗任务，又负责城区主干道的绿化设计、栽培、养护及施肥工作。当时条件落后，除了剪子、铁锹、锄头和水桶外，没有任何机械工具，全靠手工操作，工作量之大，事情之繁琐，超出想象。

北戴河是以旅游著称的海滨小城。每年暑期前，他要忙工地跑苗圃，经常等到下午1、2点才吃上中午饭，晚上也要干到8、9点才拖着疲惫的身子回家。饿了，就用方便面充饥；渴了，就是一瓶矿泉水或者一捧自来水；累了，就在路旁的树阴下歇息一下。

从事绿化养护育苗工作的35年里，他与同事一道，战严寒、斗酷暑，晴天一身灰、雨天一身泥，成了一个地地道道的“花匠”。作为一名城市美容师，他奉献出的不仅是青春和汗水，还有真情和智慧。

1985年，区园林局第一次引进菊花。为了使品种菊在国庆节期间绽放，刘志明对其作出了相应的技术调控，让品种菊比正常九月菊提前一个月开花，适应了市场商机。经刘志明培育出的品种菊花还在全国菊花展、市菊花展的评比中多次获奖。

根据北戴河区气候特点，刘志明因地制宜，选择适合栽植、观赏效果好且花色丰富的草花品种，延长花期减少花卉更换次数。秋播植株，进入冬季后，保持白天温度不超过12℃，晚上温度不低于7℃，在晴天中午通风换气，保持土壤微湿，开花前追施2～3次稀薄的复合液肥，孕蕾期加施2次0.2%的磷酸二氢钾溶液。这样处理后的三色堇和角堇花期能延长近一个月。“不用更换草花，就是在给百姓节约成本。”刘志明说。

大到滨海大道“奥运”大字母绿化造型，保二路欧式风情一条街上的楼体、灯杆、围栏挂花垂直绿化工程；小到居民区垃圾箱顶摆花，大街小巷路边的五色草……刘志明将花草复合式种植，品种多样，色彩丰富，让一花、一叶、一草都发挥出了自然的魔力，让每一位游客在花海绿荫中感受北戴河的温馨浪漫。

“北戴河真是处处花香，连灯杆上、垃圾箱顶都布满了花球，让我们游玩的心情非常愉悦。”来自北京的游客看到奥林匹克大道公园的绿地花海，不由地发出赞叹声。

为了提高绿化成效，他开动脑筋提出节约型绿化模式：用17个苗圃大棚，优选30余种适宜北戴河区栽植的园林植物、重复使用营养钵、塑料布、储水箱，光是这几项，每年就为政府节约资金百万以上。

面对市场经济的诱惑，也有朋友对刘志明说：你那个摊儿有啥守头，凭你的技术，包一个苗圃外带承接绿化工程，一年少说也能挣几十万。可他却舍不得亲手栽下的花卉草木，一次次婉拒了朋友的好意，无怨无悔地坚守在园林绿化第一线。“刘队长特别敬业，一年365天，天天来苗圃，每天提前半小时来、最晚一个走，大事小情特别操心。”在苗圃工作了10年的同事说起刘志明，赞不绝口。

他在用知识武装自己的同时，也不忘记带动身边人。他经常组织队里的技术人员讨论工作中出现的问题，多数时间都是把大家带到现场结合实际边说边练，把各种经验都毫无保留地一一传授给技术人员。他带出的6名徒弟已成为秦皇岛市园林绿化的中坚力量。

他连续4次获得市劳动模范，多次获得省职工劳动模范、省青年绿化红旗手，市城市建设形象工程先进工作者，市首届和第二届“金牌工人”荣誉称号。

李春海 北戴河区森林防火大队大队长。

2003年担任队长，在各种灾害事故和暑期应急抢险任务中屡建战功。对于取得的成绩，他总是轻轻一笑说：“功劳不是我个人的，是大家的。”

作为防火大队的负责人，承担着联峰山景区和周边林区666.67公顷林地的森林防火任务，李春海深知肩上担子的份量。每遇到险情，他总是第一个赶到现场，冲在火场一线。他经常带领队员几个小时不停地攀爬山头，有时甚至直接从五六米高的地方往下跳。“森林防火工作是关系百姓切身利益的大事，一刻也不能放松。”这是李春海常挂在嘴边的一句话。

遇有险情不是这里被划破，就是那里碰出伤，几年下来李春海全身上下到处是伤痕。“作为一名消防队员，受伤是在所难免的，救火的时候来不及顾得那么多，这些小伤不算什么。”他如是说。在扑火或是抢险的过程中，李春海总是冲在最前面。身边的队员有危险，他就会毫不犹豫地将他拉到自己的身后。李春海说，每个队员的安全是最重要的，在危急的时候挡在他们前面已经成为他的一种本能反应。

森林扑火是件很累的事情，一只灭火器就重达9公斤，每个队员还要背上橡胶扫把、柴刀等工具。山区不同于平地，队员们的体能消耗也特别大。许多时候队员们一完成任务倒头就睡了，可李春海却总是带着一身的疲惫，一一检查队员们有无严重烫伤，防火服、防火鞋有无刮痕，灭火器等工具是否处于安全状态后，才会放心地入睡。暑期的时候，由于天气的炎热，有的队员会出现中暑现象，李春海知道后总会将队员迅速从岗位上接过来，并安排食堂做病号饭及各种解暑食品。

在担任大队长的11年，李春海放弃了所有的节假日和与家人团聚的时间，全身心地扑在了森林防火工作上无怨言。一场山火扑完，李春海有时也会感到心力交瘁，身心疲惫。“曾经我也有过消极的一瞬，但是想到正是由于我和队员们的努力而成功保护住的那一片片森林，想到北戴河区百姓因此而安居乐业，所有的气馁顿时一扫而光。”李春海说。

除了森林防火，李春海所带领的森林防火大队还承担着暑期的应急抢险工作。每逢暑期，李春海和防火大队的队员们24小时备勤，吃住在防火大队，每当接到各部门打来的电话，李春海总是能第一时间带领防火大队应急抢险小组迅速赶赴现场。从制定方案，到人员调配，到实施，他总是能把工作安排得井井有条。“干森林消防这行，说不苦不累，那是骗人。最忙的时候常常是一瓶水一包面就是一顿午饭，忍饥挨饿，连续战斗十几个小时是常事。”李春海说。

2012年暑期的时候，北戴河区接连下了两天的暴雨，主干道路两旁许多大树被大风吹倒，拦截在道路中央，造成了交通阻塞。接到抢险命令后，李春海二话不说立即组织队伍开赴现场。抢险的时候大雨还在下，雨水打在手上，又疼又冷，再加上油锯的震动摩擦，许多队员的手被震肿了，却从不叫苦喊累。经过几个小时的努力，倒下的树被截断了，障碍被运走了，路面打通了。

对于森林防火大队的队员们来说，李春海是他们的学习榜样，也是他们的家人。在各项工作中，李春海要求队员做到的，自己会首先做到。

技术能手创业先锋

蒋玉斌 秦皇岛北戴河冰都工贸有限公司总经理。

1999年5月，由于工作单位变动等原因，蒋玉斌下岗了。同年6月，蒋玉斌组织3名下岗职工开始了自主创业之路。他们跑遍了好几个大城市，经过仔细的市场调研并结合北戴河区休疗单位数量多的特点，蒋玉斌将自主创业的目标选在了空调行业。

是年暑期，北戴河出现了历史上罕见的酷热天气，老百姓难耐酷暑。一时间，电扇、冰棍、冰帽等能给人们带来凉爽的东西大受欢迎。休疗单位、居民们抢购空调的场面异常火爆，购买空调的订单纷至沓来，往往空调刚一到货，就被人们抢购一空。

初次下海经商就取得了巨大的成功，使蒋玉斌看到了成功的希望，更加坚定了自主创业的信心。2000年2月，蒋玉斌加大了空调销售的资金投入。他筹集资金50万元，将公司的名称“冰都制冷服务部”改为“秦皇岛北戴河冰都工贸有限公司”，把业务由单一销售制冷设备，拓宽到了安装、维修及物业托管服务，形成了一站式的服务模式。

在蒋玉斌和员工们的努力下，公司的年产值从1999年初12万元增加到如今500万元，员工由最初的3人发展到22人，其中有10人是北戴河区下岗、失业职工，这也使他成了区劳动就业部门树立的先进典型。

蒋玉斌说：“我自己本身也是下岗工人，能尽自己的力量为其他下岗、失业的人员提供一个寻找自信、实现社会价值的平台，我感到由衷的高兴。”

蒋玉斌的空调公司火爆之后，一些空调销售店随风而起。一时间，北戴河区涌现出多家空调销售店。可没过几年这些店便纷纷“落马”了，而蒋玉斌的生意却越做越火。

谈及事业成功的原因，蒋玉斌说，除了他们销售的空调质量好、售后有保障以外，还有一个重要的原因，就是他非常善于创新营销。在销售思路上创新。秦皇岛北戴河冰都工贸有限公司是全区第一家品牌空调厂家授权直营的空调销售店。2004年，为争取更多的用户，蒋玉斌还多次前往珠海格力电器河北分公司与厂家“谈判”，并在北戴河成立了格力空调“特价专供区”，使得北戴河区用户能够享有低于工程价的特价专供空调；在销售质量上精益求精。秦皇岛北戴河冰都工贸有限公司始终将“卖一个空调就要确保一个空调的质量”作为自己在空调销售质量上的追求。蒋玉斌说，他的公司如果出现残次品，他一定毫不犹豫地将它们全部返厂，绝不会睁一只眼闭一只眼，将残次品销售出去，糊弄消费者；迅速做大和占领市场。自1999年开业至今，秦皇岛北戴河冰都工贸有限公司已承担了海尔、格力、美的等多家大品牌空调的经销代理权，并面向全市进行品牌运营，成为北戴河区知名的空调销售品牌，并获得了厂家、用户的一致信任和认可。

他的空调销售公司还先后获得了河北省格力公司“优秀经销商”“南、北戴河地区重点客户洽谈单位”“珠海格力电器一级售后网点”“河北省质量诚信AAA品牌企业”、省级行业“优秀经销企业”“省A级售后服务企业”，市工商联“优秀会员”、市 “消费者信得过单位”等多项荣誉。

张运江 北戴河聚源铝业有限公司工人技师。

他朴实无华，爱厂胜于爱家。他先后被评为河北省铝材行业技术革新能手、秦皇岛市劳动模范、秦皇岛市金牌工人、区级安全生产先进个人，多次被评为公司先进个人，享受公司技术津贴。

聚源铝业有限公司是1999年投资建厂的民营企业，受当时条件限制，一无资金、二缺技术，全厂没有懂铝材行业的。在创业阶段，张运江来到机修车间工作，实际上是负责全厂的设备和工艺的技术工作。

十几年里，公司经历了初期建厂和扩能改造两个大的阶段。张运江作为机修车间技术负责人，他十几年如一日，从不休节假日；就连每年的春节，别人休一个月的长假，他也只休四五天，挤出时间安排春节后开工生产的准备工作。

在两次大规模建厂基建中，他每天都工作在12小时以上。有时为了抢装设备，他更是通宵达旦，废寝忘食，什么时候完成任务什么时候下班。

在启东分厂建设的紧张阶段，他3个多月吃住在厂不回家。每天奋战在工地，人晒黑了累病了，血压持续偏高，仍坚持工作。在大家眼里，张运江既是指挥员，又是战斗员。

他以企业发展为己任，刻苦钻研技术，成了全公司公认的技术行家里手。过去他是学电工的，来到聚源铝业后，多次去广东、辽宁等地学习考察，并自学了本行业的专业技术知识，很快掌握了铝材加工行业的生产设备和生产工艺的知识。

他与车间的技术骨干一起，大搞技术创新和革新改造，引进消化先进的技术，不断对设备进行革新改造，自制了大量辅助设备设施，满足了生产需要。先后完成了熔铝炉脱硫除尘器、废水处理站、烟道余热利用系统、氧化电泳车间的工艺流程和表面处理设施以及控制电器的安装调试、铝棒时效炉等30多项技术革新项目，为公司节约资金535万元。自制工艺炉窑12座，设计制作氧化电泳处理槽池30个，节约资金315万元。参与制定了无低费方案18项，中高费方案5项，均通过了省市专家组的审核验收。

朱晓东　北戴河集发建筑工程有限公司工长。

1995年进入集发建筑工程有限公司。他参加了北戴河粮食储备库扩建工程、联峰山北门和客服中心建设工程、北戴河火车站片区景观喷泉等工程的施工建设。他以“良心”建筑大厦，所分管的楼房在施工管理过程中无事故发生，质量全部优良。众多工程被评为“秦皇岛市文明标准化工地”，并使他由一个普通工人成长为优秀工长。

建筑工作是艰苦的，“晴天一身土，雨天一身泥”，没有节假日，没有准确的上下班时间，寒来暑往，日复一日。但朱晓东明白，选择了建筑行业，就选择了风雨兼程。在主体施工时，每到关键时刻，朱晓东几乎整天都盯在施工现场，凡是不符合规范的都及时加以整改。

混凝土是房屋的骨架，支撑着房屋的结构安全，在混凝土施工中如果操作不当、或因气候不佳等原因都会影响房屋的结构安全。所以，在朱晓东分管的栋号，每当混凝土浇注时，无论是寒冷的冬天还是炎热的夏天，无论是白天还是深夜，朱晓东都必定到现场指导和监督，保证工程质量和结构安全。

他说：“我只是一名普通的建筑一线领队工长，没有什么与众不同之处，只是踏实用心做好手中的每一件事。”

在实践中他总结出一套行之有效的经验，那就是“一慎、二看、三检查”。一慎：凡是施工组织设计方案，重点施工工艺，应用新技术的施工方案，都要慎之又慎详细了解反复揣摩；对一些保险系数小，把握性不大的方案，往往是查阅资料会同研究，直到胸有成竹才开始施工。二看：一是看技术交底工作，交待得清楚不清楚；二是看操作人员对施工方案、施工流程理解不理解，对规范要求明白不明白。三检查：一是查岗位质量责任落实没落实；二是查施工前准备充分不充分；三是查施工操作规范不规范。

在安全生产管理观念上，朱晓东将“居安思危”换成“居危思危”。

他认真对待每一次安全技术交底、每一次施工现场安全巡视，及时制止不安全行为。他知道，安全就是生命，安全就是效益，安全是一切工作的重中之重。唯有安全生产这个环节不出差错，社会才能稳定，企业才能取得更好更快的发展。

俗话说，“打铁先得本身硬”。作为一名施工工长，首先专业技能要过硬，不管什么时候，业务必须上得去。

在工作中遇到没接触的新材料、新工

艺时，朱晓东都及时查阅相关资料，用心钻研，找到有效的施工方法。为了把工作干好，他一直坚持业务学习，虚心向经验丰富的老一辈请教，使他的业务知识和操作技术日趋成熟，逐渐做到了得心应手。

他是一名普通的中共党员，作为一名基层建设工作者，朱晓东认为，人生的创造和进取是没有止境的，在平凡岗位上的奋斗也没有止境。

他说，他愿意用自己的青春谱写建设者之歌，用平凡的人生继续构筑宏伟大厦。

杨秋萍　女，玉山肉制品有限公司经理。

杨秋萍原是北戴河旅游商场的一名售货员，1998年她和丈夫先后下岗。突然失去工作，让这个家庭蒙上了一层阴影。没有了稳定收入，吃饭都成了问题。在老父亲的劝导下，她开始思考自谋职业。开米粉店、办面馆，但都没有成功。

经历了两次失败，夫妻俩决定从头做起。他们把目标瞄准了肉制品加工行业，开始学习制作火腿肠。

“这次，我们总结了前两次失败的经验教训，首先要提升自己的经营水平。”为此，杨秋萍积极参加政府举办的创业就业培训班。通过学习培训，增长了知识，开阔了眼界。

根据下岗职工再就业优惠政策，杨秋萍办理了贴息小额贷款。在原单位领导帮助下，租下了单位的房屋。“玉山肉制品有限公司”就这样办起来了。

“最初的时候，我们只置办了灌肠器等简单的设备，从切肉、配料，到灌肠，全是我们两个人手工干。每天切肉、配料到后半夜，有时候，切着蒜末都能睡着了。第二天一大早，我们就挨家挨户的去推销，连市区的早市都去过，有一次一天只卖出去3斤火腿肠。”说起当年的辛酸，性格开朗的杨秋萍哽咽了。

她说，最心酸的还是孩子从小没时间管，婆婆身体也不好，直到上高中，女儿都不理解他们。“最近几年好多了。现在，都是机械化作业，也有了固定工人，品牌也已经打出去了。旺季的时候，一天能卖四五百斤，春节旺季更是供不应求。”杨秋萍对现在的日子很知足，“女儿已经大三，放假回家也知道父母辛苦，会过来帮忙，这一步步走来，算是苦尽甘来了。”

从当年下岗失意，到今天自谋职业成功，杨秋萍感慨良多，但她始终保留着一颗感恩之心。“非常感谢亲人在物质和精神上对我的支持和鼓励，更感谢政府多年来对我这个小厂的支持，最感谢的，还是那些信任我的顾客。所以我一定要严把质量关，用最好的原料，做最放心的火腿肠，这才是真正对顾客负责。”

“这家厂待遇特别好，给我们都上了养老保险，无论淡、旺季，工资都是一样的，忙的时候还有加班费，中午的午餐也非常丰富，有肉有菜。昨天我们刚从云南玩儿回来，这样的旅游，每两年一次，在这里工作，我们特知足。”一位工人高兴地说。

“我也曾经是一名下岗工人，现在我发展的稍微好一点了，所以我得对我的员工更好，厂子才会有大发展。”

如今，她的“单玉山牌熏煮香肠”已经在北戴河区家喻户晓，并被评为河北省第八届消费者信得过产品、市“菜篮子”工程放心产品、第二届秦皇岛地方特色旅游名吃、区首届北戴河风味名吃、北戴河特色商品；她的“玉山肉制品有限公司”先后被评为河北省妇女创业明星企业、市“放心食品加工企业”、秦皇岛市消费者信得过单位、区实施食品安全行动计划先进企业。

辛勤园丁

魏凤琴　女，北戴河中学省级优秀教师。

她执教25个年头。9000多个早7晚10的超负荷工作，让她看起来略显疲态。可是一站上三尺讲台就仿佛充满了能量，一个个化学符号仿佛一道道美妙的音符，组合、排列、分解、融合，深入浅出而又妙趣横生的讲解往往让学生痴迷不已。

班里有个女生是个化学迷，由于过度痴迷化学，她偏科严重，总成绩经常在全年级倒数。魏老师发现她这种情况，及时找她谈心，她还是沉浸在自己的化学世界里拔不出来。魏老师就想了个办法，每隔一段时间就设立一个简单的目标，从化学相关学科物理、数学学起，一次多考5分、10分就算进步。记得第一次她就超额完成了任务，上升了20分，物理老师在全班同学面前大大表扬了她，让她一下对化学以外的其他学科充满了信心。从此，她的成绩就走上了良性循环，到高考前她已经能达到班级前五名，最终考上本科。

获得省化学竞赛三等奖的曹永丰、赴美留学的白杨、获加拿大数学竞赛一等奖的徐天驹、在澳门科技大学就读的丁若愚……经魏凤琴“雕琢”的一块块璞玉如今都绽放着耀眼的光芒。而她，依旧默默地工作在自己的岗位上，日复一日传道授业解惑，25年从未改变。

班主任们都很羡慕魏凤琴，因为她所带的历任班级都会有得力的班干部帮助她做好班级管理工作。“不要戴有色眼镜看学生，孩子们都是单纯善良的，做班主任，就得善于发现他们的闪光点，慢慢培养使其放大、发光。”这就是魏老师管理班级的“秘密”。

魏老师的班里曾有个学生沉默寡言，对学习根本不感兴趣。全年级倒数的学习成绩、不善言辞的性格，让他在班级投票选举纪律委员时竟然一张选票也没有获得。为了鼓励他，魏凤琴给了他一次试行的机会。在这个过程中，魏老师发现了他正义、执着的好品格，还了解到他一直跟随外公外婆生活，父母离异并各自成立家庭，无暇顾及他的生活和学习。“作为老师，对这种情况我感到很痛心；作为一个母亲，我更心疼他，想让他快点从阴影中走出来。所以我大胆启用了他，他也没有辜负我的信任，给了我很多惊喜。”魏老师说。

在魏老师的肯定和指导下，这位同学变得越来越开朗、越来越有责任心，成绩也逐步提高，升入高二，更以全票当选班长。他经常为班级的发展出谋划策，主动和其他班委根据班级情况制定相关措施；他带领全班同学导演设计的2013、2014连续两年的新年大合唱被全校师生公认可以和央视节目“媲美”……在被评为秦皇岛市优秀学生干部时，他落下了眼泪：“没有魏老师，我什么都不是，每次开家长会、亲子活动，魏老师就代表我的家长出席，她就是我的妈妈。”

“想到自己可能改变了他们一生的命运，我心里就特别自豪、特别有干劲儿。”魏凤琴自豪地说。

作为一名优秀学科教师、班主任，魏凤琴多次做优质课、示范课、观摩课；多次获得优秀教师、师德标兵、学科带头人、优秀班主任称号，并获省、市级嘉奖；多篇论文在《中学化学教学参考》《高中数理化解题研究》等国家核心期刊上发表；主持并参与了多项省、市级课题研究。

守护生态环境的有心人

王惠远　王惠远和高宁生，是一对看似平凡却用不平凡的人生经历诠释了事业、生活和家庭真谛的夫妇。

王惠远是名声远播海外的画家，他师从国画大师徐悲鸿的弟子韦江凡，更创立了风格独特的“绵纸国画”，深受日、韩国画爱好者青睐。

此外，王惠远还是2006年“绿色中国年度人物”候选人，2007年河北年度十大新闻人物，同年提名“河北省首届环保十大杰出人物”，首届感动港城十大人物。

高宁生更是以60岁高龄开始学习工笔画。

“恶浪翻腾风萧萧，精卫填海人投礁。冷水灌透渔人体，征衣步履结成壳。吾为大海还生态，链条连起时不遥。了此一生雄心志，甘愿身做海中礁。”这是王惠远作的《投礁人之歌》，也是夫妇二人做的公益事业真实写照。

人们给王惠远取了许多别名：“爱海老人”“北戴河怪老头”。爱海，因为他历时十余年建成北戴河浅海人工礁场；说他怪，因为他投入毕生积蓄却不求丝毫回报。从1997年退休以来，他致力于北戴河海洋环境的改善，自己出资往近海投放人工礁石，以吸引鱼类洄游繁殖，先后花去积攒了几十年的200多万元人民币。正是因为有了王惠远的努力，使得在北戴河消失了多年的梭子蟹重新回到了这片海域，曾在北戴河绝迹的26种洄游鱼已有11种开始洄游。王惠远说，“我曾经拥有的头衔很多，有政协委员、有人大代表，在我心中，人大代表的称号永记我心。我愿做精卫鸟，为保护家乡生态、人民利益、社会发展奉献所有。”

人工投礁虽然说起来简单，但在实际操作中，却远非想像的那么容易。“气候恶劣、缺乏经验、渔民误解，这些我都不怕，因为有家人的支持，宁生从来没说过半个‘不’字。”

“他做什么事，我们基本上都是共同研究的。因为我信任他，只要他做的事是对人民、对社会有利的，我就支持他！”高宁生不仅在精神上鼓励他，而且在经济上也尽最大力量支持他。高宁生也是一位小有名气的画家，为了筹集资金，经常戴着老花镜夜以继日地画画。“我总给他打气，我说失败没关系，失败了再投，我使劲画画，然后卖钱，卖钱还投，一直投到他认为合适为止。”

到2012年，面积近300亩的5个礁区已经形成，散落在整个北戴河海域。在这里，鱼儿重新回来了，海水变清变蓝了，当地的一些渔民也因此得到了实惠，纷纷效仿他们投礁。两位老人用自己“誓为大海献余生”的精神感动了家乡人，也感动了无数关注海洋事业的环保人。

“我俩百年后要用水泥裹体，沉入大海化作海礁，为鱼儿提供一个安全的庇护所，让更多的海洋生物在我俩身旁繁衍后代。”两位老人相视一笑，一切艰辛仿佛只是旁人的故事，个中滋味，却只有他们能懂。

群众致富带头人

单建军 男，北戴河区海滨镇刘庄村党总支书记。

作为全区民宿业“大哥”的刘庄村，处于近海黄金地段，全村80%以上近千户村民经营旅馆。

针对家庭旅馆业存在的经营分散、同质竞争等突出问题，他先后组织优秀商户代表、党员及村民代表到京津唐等城郊旅游业发达地区学习发展经验，确立了以改革经营模式为核心的旅游产业发展方向；指导成立刘庄家庭旅馆管理委员会，将所有个体旅馆纳入统一管理序列，严格准入制度、统一服务标准、规范经营秩序、提升整体水平；鼓励同等级家庭旅馆组成松散型经营联合体，实现客源互换、资源互通、设施互补，旅游产业集群效应明显增强。

每年暑期来村住宿的游客几十万人，刘庄村经常面临着停水、断电、垃圾遍地等压力。破解这些问题，唯有夯实硬件设施，提升产业综合承载力。

单建军带领村班子全体人员，对旅馆区水、电设施进行了全面升级改造，更新水管、安装路灯、铺设电缆、电量增容……配套水平跃上档次，高峰接待能力提升至2万人，人口承载力明显提升。

推行垃圾集中清运制，暑期日清运垃圾30余吨，村容村貌整洁优美；加强生态文明建设，实施村庄绿化、美化工程，旅游旺季村居绿意盎然，游客流连忘返。推进旅游产业信息化，抢先推进“宽带入户”工程，全村客房宽带入户率接近100%，无线网络覆盖点增长迅速，便捷的网络服务成为吸引游客入住的一大亮点；结合北戴河数字旅游工程，实施网络营销策略，80%家庭旅馆完成网上挂牌工作，网络预定占年接待总量的

70%。

伴随全区民宿业的繁荣、周边村落旅馆业的兴起，刘庄村倍感压力。村班子形成共识："老环境、老模式、老方法已经不合时宜，必须扩容产业内涵，以片区规划为统揽，以旧城改造为契机，刘庄村稳步推进家庭旅馆产业升级换代，实现新旧城区的和谐互补和旅游资源的多层次开发，锻造旅游行业竞争力。"

结合北戴河区街景改造工程，刘庄村大刀阔斧对沿街核心区商户进行升级改造，打造欧式风情经典旅馆，高、中、低档相结合的家庭旅馆产业结构初见雏形，有效满足各层次游客需求。

刘庄村还开发自助体验、休闲度假、海滨娱乐等特色旅游项目，形成吃、住、行、游、乐皆有所依的立体化产业结构；以挖掘本地历史渊源为突破口，开发设计具有地方民俗气息的旅游副产品50余种；推进养生休疗、文化创意等朝阳产业落地，缩短"冬闲"周期，破解"淡季"难题，村域经济活力不断增强。

与此同时，依托商贸物流富民增收，单建军在刘庄村还积极推进商贸、餐饮、物流等支撑行业发展，塑造村民就地转移就业、提效增收新渠道。

在单建军带领下，刘庄村经济发展水平和可持续发展能力得到全面提升。至2014年，全村有各型出租车辆50余辆，运营收入300多万元；发展特色餐饮门店60余户；村集体投资百万元改造的红石路旅游商品市场，摊位扩容至80余间，每年可为集体创收90余万元，创税300万元。年均接待游客近60万人次，年实现旅游总收入5000万元，人均收入突破1.5万元，群众富裕增收，村集体实力显著增强。

荣　誉

2014年北戴河区获省部级以上集体荣誉一览表

表10

单位名称	荣誉称号	授予单位	授予时间
育花路小学	河北省素质教育示范学校	河北省教育厅	2014年1月
第一幼儿园	河北省示范家长学校	河北省教育厅 河北省关工委	2014年1月
北戴河区戴河镇 谢李庄村妇联	河北省妇联基层组织 建设示范村	河北省妇女联合会	2014年1月
北戴河区东山街道 育花路社区妇联	河北省妇联基层组织 建设示范村	河北省妇女联合会	2014年1月
北戴河区西山街道 平安路社区妇联	河北省妇联基层组织 建设示范村	河北省妇女联合会	2014年1月
北戴河区妇女联合会	河北省维护妇女儿童权益先进集体	河北省妇女联合会	2014年2月
北戴河区法制宣传教育办公室	全国“六五”普法中期 先进普法办	全国普及法律常识办公室	2014年3月
北戴河区法制宣传教育办公室	河北省“六五”普法中期先进县（市、区）	中共河北省委宣传部、河北省法制宣传教育领导小组办公室	2014年4月
北戴河区旅游局	河北省旅游系统先进集体	河北省旅游局、河北省人力资源和社会保障厅	2014年4月
北戴河区教育局	第二十九届河北省青少年科技创新大赛优秀组织	河北省青少年科技活动领导小组	2014年4月
北戴河区旅游局 鸽子窝公园	2014年青年文明号	共青团河北省委 河北省旅游局	2014年5月
北戴河区实验小学	河北省“三八”红旗集体	河北省妇女联合会	2014年5月
北戴河区暑期供应站	暑期食品安全保障 先进单位	河北省食品药品监督管理局	2014年8月
戴河镇西古城村	全国基层群众自治示范点	中国计划生育协会	2014年8月
火车站警务工作站	2014年度暑期 安保标杆集体	河北省公安厅	2014年9月
北戴河暑期警卫安保联 峰山公园警卫组	2014年度暑期 安保标杆集体	河北省公安厅	2014年9月
武警河北总队第三支队	“安全文明驾驶行动计划” 先进单位	中共河北省委 河北省人民政府	2014年9月

续表10

单位名称	荣誉称号	授予单位	授予时间
河北省公安消防总队秦皇岛市支队北戴河特勤一中队	全国公安机关爱民模范集体	公安部	2014年10月
北戴河区体育局	全国轮滑项目推广贡献奖	国家体育总局社会体育指导中心	2014年10月
北戴河区海北路小学	中国轮滑运动示范学校	中国轮滑协会	2014年11月
北戴河区委宣传部	2012—2013年度河北省文明单位	中共河北省委 河北省人民政府	2014年11月
北戴河区统计局	河北省第三次全国经济普查先进集体	河北省统计局、河北省第三次全国经济普查领导小组办公室	2014年12月
北戴河区西山街道办事处	河北省第三次全国经济普查先进集体	河北省统计局、河北省第三次全国经济普查领导小组办公室	2014年12月
北戴河区东山街道办事处	河北省第三次全国经济普查先进集体	河北省统计局、河北省第三次全国经济普查领导小组办公室	2014年12月
北戴河区教育局	河北省中小学生校园安全知识竞赛荣获优秀组织奖	河北省教育厅 中国人保河北省分公司	2014年12月
北戴河区东山街道育花路社区	“法治八建”民主法治示范社区	河北省法制宣传领导小组办公室	2014年12月
北戴河区石塘路市场	“法治八建”民主法治示范社区	河北省法制宣传领导小组办公室	2014年12月
北戴河区石塘路市场	省级公平守信示范市场	河北省法制宣传教育领导小级办公室	2014年12月
北戴河区东山街道育花路社区	省级民主法治示范社区	河北省法制宣传教育领导小级办公室	2014年12月
北戴河区海滨镇陆庄村	河北省第五批民主法治示范村	河北省司法厅 河北省民政厅	2014年12月
北戴河经济技术开发区	2012–2013年度河北省文明单位	中共河北省委 河北省人民政府	2014年12月
北戴河区总工会	河北省志愿服务工作先进单位	河北省精神文明建设委员会办公室、河北省志愿服务指导委员会办公室、河北省志愿服务联合会	2014年12月
北戴河区总工会（幸福帮帮团）	河北省优秀志愿服务品牌	河北省精神文明建设委员会办公室、河北省志愿服务指导委员会办公室、河北省志愿服务联合会	2014年12月

续表10

单位名称	荣誉称号	授予单位	授予时间
武警河北总队第三支队	连续14年"三无"先进单位	中国人民武装警察部队	2014年12月
武警河北总队第三支队	暑期工作标杆集体	中共河北省委 河北省人民政府	2014年12月
武警河北总队第三支队	基层建设先进支队	武警河北省总队	2014年12月
武警河北总队第三支队	军事训练先进单位	中国人民武装警察部队	2014年12月
武警河北总队第三支队	新闻工作先进单位	武警河北省总队	2014年12月
武警河北总队第三支队司令部	先进司令部	中国人民武装警察部队	2014年12月
武警河北总队第三支队三大队	基层建设先进大队	武警河北省总队	2014年12月
武警河北总队第三支队八中队	基层建设标兵中队	武警河北省总队	2014年12月
武警河北总队第三支队八中队	集体三等功	武警河北省总队	2014年12月
武警河北总队第三支队六中队、七中队、勤务中队	基层建设先进中队	武警河北省总队	2014年12月
兰德公司太阳能供暖及自动控制系统	科技进步一等奖	河北省住房和建乡建设厅	2014年
北戴河区东山街道育花路社区	全省和谐社区建设示范社区称号	河北省民政厅	2014年
河北省公安边防总队海警支队特勤队一中队	基层建设标兵单位	中国海警局	2014年
河北省公安边防总队海警支队特勤队一中队、二中队	暑期安保标杆集体	河北省公安厅	2014年
北戴河区政法委国安办	2014年度部批一级国安办	国家安全部	2014年
北戴河区人民法院	2013-2015年优秀青少年维权岗	共青团河北省委、河北省创建优秀青少年维权岗活动组委会	2014年
秦皇岛龙聚森食品有限公司团支部	2013年度"河北省五四红旗团支部"	共青团河北省委	2014年
中建五局秦皇岛片区团支部	2014年度省级青年文明号单位	河北省青年文明号活动组委会	2014年
北戴河区人防办	2014年度全省县级人防工作先进单位	河北省人民防空办公室	2014年

续表10

单位名称	荣誉称号	授予单位	授予时间
秦皇岛市北戴河区公安消防大队	基层建设先进单位	河北省公安消防总队	2015年1月
秦皇岛市公安局北戴河分局北戴河边防派出所	岗位技能练兵活动先进基层单位	公安部边防管理局	2015年1月
北戴河区供销社	食盐专营工作模范单位	河北省供销合作总社	2015年1月
北戴河区文化广电新闻出版（版权）局	河北省文化系统先进集体	河北省文化厅、河北省人力资源和社会保障厅	2015年1月
北戴河区教育局	全省农村面貌改造提升行动（基层建设年活动）优秀驻村工作组	河北省农村面貌改造提升行动（基层建设年活动）领导小组	2015年2月
北戴河区人民防空办公室	河北省2014年度县级人防工作先进单位	河北省人民防空办公室	2015年3月
北戴河区教育局	第三十届河北省青少年科技创新大赛优秀组织	河北省青少年科技活动领导小组	2015年3月
北戴河区就业服务局	全省人力资源社会保障系统先进集体	河北省人力资源和社会保障厅	2015年4月
北戴河区	全省2014年度依法行政工作优秀单位	河北省政府办公厅	2015年5月

2014年北戴河区获省部级以上个人荣誉一览表

表11

姓　名	单　位	荣誉称号	授予单位	授予时间
徐　蕾	海宁路小学	河北省小学英语青年教师课堂教学大赛一等奖	河北省教育协会 河北省教育科学研究所	2014年5月
郭　彦	实验小学	河北省小学英语青年教师课堂教学大赛一等奖	河北省教育协会 河北省教育科学研究所	2014年5月
孙振彦	北戴河区作家协会	冰心散文奖	全国第六届冰心散文奖	2014年6月
陶训国	武警河北总队第三支队	第十七届“中国武警十大忠诚卫士”提名奖	中国人民武装警察部队	2014年7月
刘建全	秦皇岛供电公司北戴河客户服务分中心	河北省暑期工作先进个人	河北省暑期工作领导小组	2014年8月
顾　东	河北广电集团网络集团秦皇岛市北戴河区分公司	河北省暑期工作先进个人	河北省暑期工作领导小组	2014年8月
陶训国	武警河北总队第三支队	全军学习成才标兵	中国人民武装警察部队	2014年8月
陶训国	武警河北总队第三支队	一等功	中国人民武装警察部队	2014年9月
李智勇	北戴河区暑期供应站	河北省暑期工作先进个人	河北省暑期工作领导小组办公室、中共河北省委组织部、河北省人力资源和社会保障厅	2014年9月
李云龙	秦皇岛市公安局北戴河分局	一等功	河北省公安厅	2014年9月
李宪友 刘海峰 焦　丰 王保禄	秦皇岛市公安局北戴河分局	二等功	河北省公安厅	2014年9月
肖　政 董海涛 张立攀 原克威 雷　岐 王宝禄	秦皇岛市公安局北戴河分局	2014年暑期安保标兵	河北省公安厅	2014年9月
王秋明	武警河北总队第三支队	暑期工作标兵	中共河北省委 河北省人民政府	2014年9月

续表11

姓　名	单　位	荣誉称号	授予单位	授予时间
董树茂 王金祥 董　建 程四平 李志军 陈宏伟 何佳晋 彭　凯 冉凡亮 陈　昆	武警河北总队第三支队	暑期工作先进个人	中共河北省委 河北省人民政府	2014年9月
肖　笛	武警河北总队第三支队	优秀教练员	中国人民武装警察部队	2014年9月
马效国	武警河北总队第三支队	优秀参谋长	中国人民武装警察部队	2014年9月
荣芷蘅	武警河北总队第三支队	个人三等功	中国人民武装警察部队	2014年9月
苏　魁	秦皇岛北戴河供水总公司	2014年暑期工作先进个人	河北省暑期工作领导小组办公室、中共河北省委组织部、河北省人力资源和社会保障厅	2014年9月
潘　实 侯献斌 刘坤林 张　凌 张海峰 赵剑锋	秦皇岛市公安局 北戴河分局	2014年河北省暑期工作先进个人	河北省暑期工作领导小组	2014年10月
王　健	武警河北总队第三支队	个人三等功	中国人民武装警察部队	2014年11月
肖　笛	武警河北总队第三支队	第七届燕赵武警十佳卫士，荣立个人三等功	武警河北总队	2014年12月
李集周	北戴河集发农业综合开发股份有限公司	全国孝亲敬老之星	全国老龄委办公室、民政部、教育部、广电总局、团中央和全国妇女联合会	2014年12月
张凤琴	北戴河区安居社区居民	河北省学法守法示范家庭	河北省法制宣传教育领导小组办公室	2014年12月
郭爱英	北戴河区园林局森防股	全国“最美森林医生”	国家林业局森防总站	2014年
赵庆纯	河北省公安边防总队海警支队特勤队	暑期工作先进个人	中共河北省委 河北省人民政府	2014年
任晓进 谷　雨 刘　鹤	河北海警支队特勤队	暑期安保标兵	河北省公安厅	2014年
李丽新	北戴河区统计局	2014年全国第三次经济普查省级先进个人	河北省统计局、河北省第三次全国经济普查领导小组办公室	2014年

续表11

姓　名	单　位	荣誉称号	授予单位	授予时间
岳　亮	北戴河区戴河镇	第八届“河北省农村青年致富带头人”	共青团河北省委 中共河北省委农工部 河北省科技厅 河北省农业厅	2014年
姬晶鹏	秦皇岛市国土资源局北戴河区分局	农村土地所有权确权登记发证工作先进个人	河北省国土资源厅	2014年

2014年北戴河区获市委、市政府集体荣誉一览表

表12

单位名称	荣誉称号	授予单位	授予时间
北戴河区旅游局	2012—2013年度文明单位标兵	中共秦皇岛市委 秦皇岛市人民政府	2014年4月
北戴河区教育局	2012—2013年度文明单位	中共秦皇岛市委 秦皇岛市人民政府	2014年4月
北戴河区交通运输局	2012—2013年度文明单位	中共秦皇岛市委 秦皇岛市人民政府	2014年4月
北戴河区人民检察院	2012—2013年度文明单位	中共秦皇岛市委 秦皇岛市人民政府	2014年4月
秦皇岛市国土资源局 北戴河区分局	2012—2013年度文明单位	中共秦皇岛市委 秦皇岛市人民政府	2014年4月
北戴河区东山街道育花路社区	全市模范人民调解委员会	中共秦皇岛市委 秦皇岛市人民政府	2014年12月
北戴河区人民政府	2014年度安全生产目标管理优秀单位	秦皇岛市人民政府	2014年
北戴河区西山街道办事处	计生工作先进街道	中共秦皇岛市委 秦皇岛市人民政府	2014年
北戴河区	2014年度完成人口和计划生育责任目标优秀奖	中共秦皇岛市委 秦皇岛市人民政府	2015年5月
戴河镇	秦皇岛市农田水利基本建设先进乡镇	秦皇岛市人民政府	2014年

2014年北戴河区获市委、市政府个人荣誉一览表

表13

姓名	单　位	荣誉称号	授予单位	授予时间
赵洪辉	北戴河区文化广电新闻出版（版权）局	首批“秦皇岛市市管优秀专家”	中共秦皇岛市委 秦皇岛市人民政府	2014年12月

附 录

2014年北戴河区环境质量公报

2014年，北戴河区认真贯彻落实国家环保方针政策和法律法规，以生态文明建设为统领，求真务实，攻坚破难，整体推进，全力开展大气污染防治、水环境治理、近岸海域环境综合治理、污染减排、生态环境建设等重点工作，全面完成了年度各项工作目标任务，使全区整体生态环境建设水平，生态环境质量得到进一步增强和改善，为全区经济、社会又好又快的发展提供了强有力的保障。

空气环境

【状况】 全年环境空气质量达到国家环境空气质量一级（空气质量优）的天数50天，二级良的天数为192天，三级轻度污染的天数为71天，四级中度污染的天数为19天，五级重度污染的天数为17天，六级严重污染的天数为1天，另有15天因仪器故障无数据。优良天数占监测总天数的69.14%，同比去年优良天数增加了27天，空气中PM2.5下降率为7.8%。

空气中二氧化硫年平均浓度为65微克/立方米，比上年降低3微克/立方米，超过《环境空气质量标准》（GB 3095-2012）中一级标准2.25倍；日均值超标率7.08%。

二氧化氮年平均浓度为40微克/立方米，比去年升高8微克/立方米，符合《环境空气质量标准》（GB 3095-2012）中一级标准；日均值超标率为5.38%。

颗粒物PM10年平均浓度为103微克/立方米 ，比去年降低16微克/立方米，超过《环境空气质量标准》（GB 3095-2012）中一级标准1.58倍；日均值超标率为17.56%。

一氧化碳年平均浓度为4.5毫克/立方米，比上年降低0.3毫克/立方米，超过《环境空气质量标准》（GB 3095-2012）中一级标准0.13倍；日均值超标率为7.69%。

颗粒物PM2.5年平均浓度为59微克/立方米，比上年降低6微克/立方米，超过《环境空气质量标准》（GB 3095-2012）中一级标准2.93倍；日均值超标率为22.92%。

臭氧年平均浓度为92微克/立方米，比上年降低33微克/立方米，符合《环境空气质量标准》（GB 3095-2012）中一级标准；日最大8小时平均值未见超标。

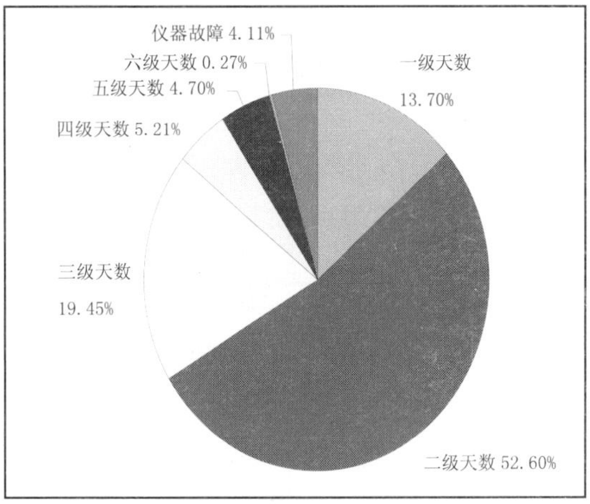

环境空气质量各级天数百分比

【废气主要污染物排放量】 纳入环境统计的工业企业二氧化硫排放量584.98吨（包括

热力公司），氮氧化物排放量155.97吨，烟尘排放量107.117吨。

【行动与措施】 一、继续实施推进北戴河区热电联产集中供热工程。

二、推进天然气进城工程。2014年新增城市居民天然气用户5286户，点火使用3211户，新增民用小区16个；截止到2014年已接通民用用户近18878户，已点火使用13228户，民用小区46个，公福用户95户。

三、落实《北戴河区新能源规划》工作，积极引导、推广天然气、电能源、太阳能、生物质能等清洁能源应用。

四、切实加强大气污染防治工作。一是开展燃煤锅炉综合整治。针对全区2014年取缔燃煤锅炉目标任务，制定了周密细致的整治方案。召开新能源替代推介会，努力争取使用燃煤锅炉单位的理解和支持。完成燃煤锅炉取缔任务34台。二是工业大气污染综合治理。2014年北戴河区加油站油气治理的任务为9座。已完成油气治理加油站改造7座，其他2座分别停业、注销。三是开展餐饮油烟治理。对建成区内的疗养院、餐饮业的油烟净化安装情况进行调查并建立台账。完成休疗单位、机关企事业单位食堂和6个灶头以上餐饮经营单位的油烟治理工作。

水环境

【状况】 一、海水浴场。2014年监测数据显示，海水浴场水质符合《海水水质标准》（GB 3097–1997）中二类标准，达标率100%。

二、戴河。2014年戴河主要水质类别以《地表水环境质量标准》（GB 3838–2002）中Ⅲ类水质为主，水质状况良好，总体满足Ⅲ类(指定水体功能)水体功能要求．与上年相比较，戴河流经河段整体水质无明显变化。

戴河主要污染因子五日生化需氧量浓度平均值3.7mg/L,符合国家地面水Ⅲ类标准，比去年升高1.09mg/L；化学需氧量浓度平均值19.9mg/L,符合国家地面水Ⅲ类标准，比去年升高0.8mg/L；高锰酸盐指数浓度平均值5.9mg/L，符合国家地面水Ⅲ类标准，比去年升高0.76mg/L；氨氮浓度平均值0.301mg/L，符合国家地面水Ⅲ类标准，比上年降低0.229mg/L；总磷浓度平均值0.108 mg/L，符合国家地面水Ⅲ类标准,比上年降低0.016mg/L。

【废水主要污染物排放量】 纳入环境统计的工业企业废水COD排放量1.92吨，氨氮排放量0.34吨。

【行动与措施】 一、北戴河区新河湿地段环境治理工程

为提高北戴河区境内主要排洪沟的行洪能力、水体质量，保证海水水质，对新河部分河段、南大寺部分河段及湿地湖进行清淤，同时对新河部分段河道进行景观绿化。工程于3月开工，5月底完工。

二、认真开展水环境治理工作

全面修订完善《北戴河区河道保洁实施方案》、《雨后保洁应急预案》，启动河道

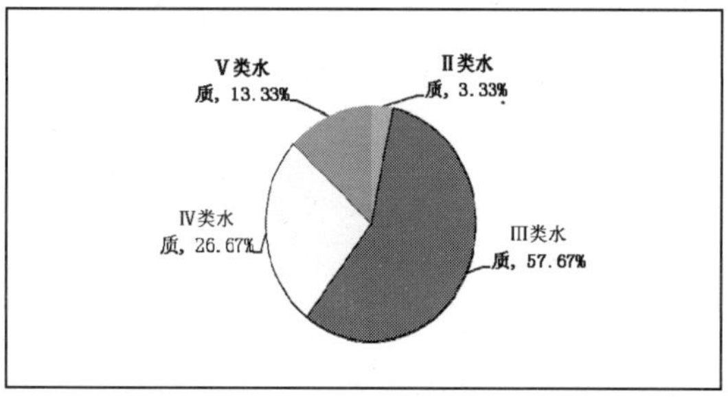

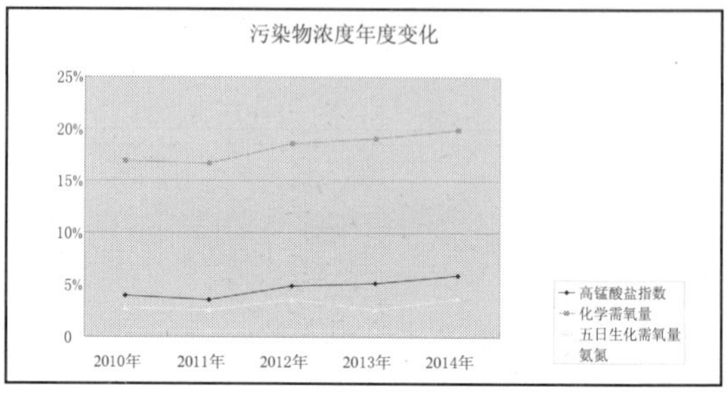

戴河三个监测段面，三个水期水体类别百分比

捞漂保洁运行机制，严格落实沿海沿河排水沟（口）管理责任分解要求，清捞队伍、巡查队伍、船只、运载车辆全部上岗到位，并责任到人，对戴河7个清捞河段、新河6个清捞河段实施无缝式对接，全线捞漂清理外运作业，同时，加大执法力度，对河道内养殖地笼、拦鱼网等非法捕鱼设施进行了集中清理和收缴。

三、突出重点，深度治理，提升海域环境质量

一是强化重点企业监管。按照北戴河及相邻地区近岸海域环境综合整治工作要求，以环评文件为依据，对聚源铝业、鑫纶化纤、渤海安全玻璃、吉马包装彩印4家重点监管企业，加强污染防治设施运行的监管，规范工业固体废物的处置。全年共检查120次。二是切实加强近岸海域排水沟（口）排查及整治。建立近岸海域排水沟定期巡查机制，发现问题及时报告协调处理。加强五桥沟的环境管护，先后沟内清除垃圾、淤泥、砖头瓦块、漂浮水藻等80立方米。三是加大近海海域监察力度，应对上岸油污事件。对近岸海域实行每天1次的实地巡查，严格监控近岸海域水质、岸滩保洁情况，查处近海岸污染源非法排放行为，实行海域巡查日报告和零报告制度。

声环境

【状况】 2014年全区声环境质量与上年相比继续保持优级水平。

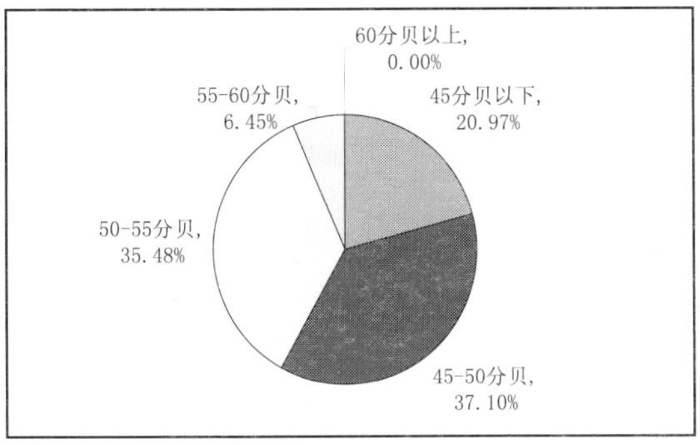

暴露在不同声级下的面积分布（百分比）

一、城市区域环境噪声。城市区域环境噪声等效声级平均值48.9分贝，比去年降低1.4分贝，城市区域环境噪声环境质量评价等级为好。

二、道路交通噪声。城市主要交通干线交通噪声等效声级平均值54.1分贝（国家标准70分贝），比去年降低8.2分贝，城市道路交通噪声路段达标率100%，道路交通噪声质量评价等级为好。

【行动与措施】 一、噪声监测。对功能区噪声每季度监测一次。监测点设在中直，每次24小时连续监测，共测4次。对城市区域噪声每年秋季监测一次，全区共设62个点位。

二、减轻交通噪声。采取禁止机动车鸣笛，严禁农用车进城，设置特殊敏感区禁行限行路段，柏油路面逐步取代水泥路面，绿化带立体种植等方式减轻交通噪声污染。

三、强化施工噪声监管。采取规定作业时间，向施工工地附近居民公告，增加检查频次等，与相关部门联查建筑工地，严禁晚间10：00后施工，暑期期间建筑工地暂停施工等措施强化施工噪声监管。

四、加强社会噪声管理。加大餐饮业及娱乐业噪声扰民的整治力度，采取“12369”电话投诉的方式及时对居民区的噪声投诉予以查处，降低社会噪声扰民。

以排污申报为依据，对企业产生噪声的设备设施进行排查摸底，督促企业采取降噪措施。强化部门联动，在五一、十一、暑期、高考、中考期间，联合公安、工商、文化等部门，采取24小时轮班执勤方式开展噪声控制工作，严查文娱、建筑施工等噪声扰民行为。共检查1768次，出动884人次，查处违法违规行为6次。

固体废弃物

【状况】 全区工业企业固体废物产生量为4279吨（2014年环统 其中热力公司2912吨），全部综合处置利用；医疗废物产生量

18吨(区人民医院3吨、281医院15吨），按国家规定焚烧处理；全区垃圾产生总量10万吨，送秦皇岛市柳村发电厂无害化处理，无害化处理率达到100%。

【行动与措施】 城市区实行分离储采取对危险废弃物建档、重点监管，集中统一处理等措施，保证环境安全。

存、密闭化管理，农村生活垃圾实行定点堆放，统一清运，建筑施工垃圾实行定点准运。

生态环境

【状况】 北戴河是驰名中外的海滨休闲旅游度假区及国家级风景旅游区，2007年北戴河区被命名为国家级生态示范区。

监测数据显示，浴场空气中负离子浓度平均2000～6000个/立方米，西山最高多达14000个/立方米。

区内具有森林、湿地、水生等多种类型的生态系统，各类生态系统结构和功能完善，生物多样性高。

辖区内海岸线23千米，其中沙滩海水浴场7.7千米，相关评价表明、北戴河浴场沙滩为中国北方最优质沙滩。

区内包括著名的“北戴河湿地”赤土山中心湿地，两个森林公园，森林覆盖率41.66%。

北戴河鸟类资源丰富，被中外的观鸟爱好者美誉为“观鸟的麦家”。共有鸟类种类20个目61个科的415种，约占全国鸟类资源的34%。其中候鸟列入《世界濒危野生动植物物种国际贸易公约》的14种，国家一级保护鸟类12种，二级保护鸟类49种。

近海域水质良好，生物多样性高。

【措施与行动】 一、继续实施防护林建设和绿满北戴河建设工程。2014年栽植乔灌木22.9万株，绿化覆盖率57.41%，人均公共绿地53.57平方米。

二、统筹城乡，积极开展农村生态保护工作。一是开展农村面貌改造提升工作。积极与两镇协调，申请上级农村面貌改造提升资金68万元。2014年，全区13个行政村被列为面貌改造提升重点村，开展了“三清 、净化”工作。

二是开展农村连片整治工作。制定《北戴河区农村环境连片综合整治示范区项目实施方案》、项目整治内容及实施计划。片区示范项目总投资400万元，申请国家农村环保专项资金200万元，地方配套200万元（其中省农村环保专项资金25万元，市级农村环保专项资金120万元）。项目已全部完工，等待验收。

三是加强畜禽养殖场日常监管。认真落实养殖场清污分流和粪尿的干湿分流、畜禽废弃物的储存设施的设置和场所的建立等防护措施，减少对环境的污染破坏。目前全区无集约化养殖基地，现有规模化养殖场8家，已全部建立了污染源档案。

四是落实秸秆禁烧。重点加强田间地头、公路两侧的检查，加大空气质量监测频次，掌握空气环境变化情况。全年未发现秸秆焚烧现象。

环境管理

【污染减排】 继续贯彻落实《国务院关于印发节能减排综合性工作方案的通知》和《秦皇岛市节能减排工作实施意见》的精神，2014年市政府下达该区主要污染物排放总量减排目标是：化学需氧量、氨氮、二氧化硫、氮氧化物四项污染物减排指标在2013年排放量的基础上净削减1.5%、1.0%、1.6%和5.5%。结合该区实际，制定2014年具体减排计划，通过采取管理减排、工程减排、结构减排等措施，深入开展减排宣传，圆满完成了年度减排目标任务。

【控制新增污染，严格审批项目】 为了控制新污染的产生，严把审批关，2014年共办理建设项目27个，按照《建设项目环境管理名录》的要求，填报报表项目17个、编制登记表9个，淘汰黄标车353辆，发放机动车环保标633辆。

【放射、辐射环境管理】 继续加大对放射源和危险固废的管理的管理力度，与全区4家涉源单位签订安全承诺书，定期对各单位进行现场检查，要求各相关单位切实加强放射源管理，完善规章制度，加强安全防范，排除事故隐患，确保万无一失。

节假日及暑期坚持每天对涉源单位进行检查，严格执行日报告制度。

【循环经济与清洁生产】 继续推进循环经济发展，开展清洁生产审核工作。

环境监察

加强工业企业污染源监管、监督重点企业环境应急管理、信访事件“三清”集中攻坚以及噪声监管为环境风险隐患排查整治工作主要内容，全力化解环境纠纷，实现维稳防控。排污费征收单位57户，解缴入库40.7万元。

按照北戴河及相邻地区近岸海域环境综合整治工作要求，结合整治违法排污“三查”行动，成立两个“三查”行动工作小组，分别负责工业企业检查和休疗宾馆招待所污染源检查，要求各单位完善环保手续，做到污水废气达标排放，生活垃圾妥善处置，排除污染隐患。污染源现场检查过程中，严格按照环评要求审查企业生产行为，执行现场监察规范，查清污染物产生与削减情况，核对污染物处置设施运行情况，完善环境监管记录，组织污染源监督性监测，做到检查一家排除一家。全年检查工业企业287余次，其中重点企业99余次，对休疗单位也开展了检查，共形成现场检查记录745份。

加大近海海域监察力度，应对上岸油污事件。一是从6月10日起正式启动暑期海域巡查机制，抽调业务骨干成立海域环境应急小组，对近岸海域实行每天2次的实地巡查，严格监控近岸海域水质、岸滩保洁情况，查处近海岸污染源非法排放行为，二是实行日报告和零报告制度，每天向市环保局和区政府报告巡查结果，检查人员共巡查390余人次，巡查190余次。三是做好资料收集和油污的保管工作，建立巡查档案，认真做好油污染物的贮存和防护，将油污染物封袋装桶封存，保证污染物无泄漏，杜绝海域油污衍生事件。

加强噪声管理工作，全方位整治噪声污染。暑期来临前，对所有产生噪声的设备设施进行排查摸底。对噪声超标的锅炉房鼓、引风机和其他工业设备限期治理，对治理不达标的采取限产直至停产措施。严格限定建筑施工单位的作业时间，每日22：00至次日6：00时段内严禁施工作业，因特殊需要确需在夜间进行连续施工作业的，提前报政府或环保部门审批，经批准并向周围居民公告后，方可施工。暑期期间，强化部门信息联络和执勤联动，环保部门牵头联合公安、工商、文化等部门采取24小时轮班执勤方式开展噪声控制工作，整体取得较好效果。共检查1088次，查处违法违规行为37次。

环境监测

开展大气、城市噪声、污染源例行常规监测工作。

大气常规监测。测二项，降尘、硫酸盐化速率。硫酸盐化速率测西山、水电部两个点位，降尘测西山、水电部、环保局三个点位，每月一次。共取得监测数据60个。

中国环科院项目大气监测。测点在我局二楼楼顶，监测项目为PM2.5，从4月1日开始每天采样，同时采有机膜和无机膜，解析大气中PM2.5污染物成分及其来源，共测30天。

戴河、新河地表水监测。从7月中旬，

每两周对戴河水系的入海口、集发尼龙坝、戴河村3个点位，新河水系的108公路桥、新河口两个点位进行采样，并对水样的pH、氨氮、化学需氧量等指标进行分析化验，发现超标现象及时上报相关部门，为戴河新河水的治理决策提供了有力的数据支撑。

对功能区噪声进行监测，每季度监测一次，监测点设在中直，每次24小时连续监测，全年共测4次。对区域噪声进行监测，每年秋季监测一次，全区共设62个点位，每个点位测经纬度，网格覆盖人口总数、噪声等数据。交通噪声另加道路长度、宽度与车流量等数据。

对聚源铝业、吉马包装有限公司等5家市重点企业每月进行采样监测，对其他非重点企业28家每季监测一次。监测项目包括pH值、氨氮、化学需氧量、噪声、锅炉烟尘等。

全年编发各类环境质量报告100期。

环境宣传与教育

2014年，以“向污染宣战，共建生态文明，实现美丽中国”为主题，围绕服务暑期、污染减排、生态文明建设等重点工作，在老虎石海上公园、汽车站等地开展环保集中宣传，共悬挂条幅28条，设置展牌13块，发放宣传资料2000份，发放宣传购物袋1000个，接受群众咨询13件。

全年上报信息50篇。

公众参与

【信访投诉】 全年共接办环境信访投诉106件，结案率100%。通过电话反馈回访，群众满意率为100%。

稿件来源：北戴河区环境保护局

北戴河区2014年 国民经济和社会发展统计公报

2014年，面对经济下行的巨大压力和繁重的发展任务，北戴河区委区政府以科学发展为指导，深入开展第二批党的群众路线教育实践活动，紧紧围绕“1+4”工作格局，注重生态环保，致力文化繁荣，全区国民经济和各项社会事业保持了平稳、健康发展的良好态势。

一、综合

初步核算，2014年实现地区生产总值40.87亿元，按可比价格计算比上年增长6.9%。其中，第一产业实现增加值1.12亿元，增长4.2%；第二产业实现增加值7.05亿元，增长4.8%；第三产业实现增加值32.70亿元，增长7.4%。三次产业之比为2.8∶17.2∶80.0。

全年完成财政总收入87772万元，比上年下降1.1%，其中区级公共财政预算收入51066万元，比上年增长2.9%。全部公共财政支出完成78259万元，同比增长6.4%，其中，本区公共财政预算支出完成62822万元，同比增长3.4%。

二、农林牧渔业

2014年，全年粮食播种面积601公顷，比上年减少24公顷；油料播种面积52公顷，比上年减少12公顷。全年完成粮食总产量4438吨、油料类总产量181吨、肉类产量495吨，分别比上年下降11.8%、18.5%和13.6%；禽蛋类总产量1235吨、蔬菜产量25044吨、奶类总产量2728吨、水产类产量1400吨，分别比上年增长13.8%、3.4%、6.1%和11.1%。

继续加大对农业农村的投入，落实各项惠农政策。全年农村用电量8197万千瓦时，比上年增加200万千瓦时；年末农业机械总动力达到18881千瓦，比上年减少656千瓦；农业化肥施用折纯量491吨，比上年增加8吨；农田有效灌溉面积980公顷。

三、工业和建筑业

全年实现全部工业增加值3.35亿元，比上年增长3.5%。其中规模以上工业企业实现增加值2.81亿元，增长3.2%；实现总产值11.75亿元，比上年下降29%；累计实现利润1.03亿元，比上年增长306.51%。

全区资质建筑企业完成建筑业总产值23215万元，比上年下降25.92%。从业人员期末数1792人，比上年增长19.55%，本年营业利润696万元，比上年增长24.42%。

四、交通运输、邮电和旅游

全年公路客运量完成229.8万人次，比上年增长0.04%；客运周转量完成4136.4万人公里，比上年增长0.04%；全年公路货运量完成153.1万吨，比上年下降0.1%；公路运输周转量完成3827.5万吨公里，比上年下降0.1%。

电信邮政行业稳步发展。全年完成邮电通讯业务收入9242万元，比上年下降22.3%。接入互连网的计算机年末达到21647台，比上年下降0.3%；移动电话年末达到103125部，比上年下降9.4%。

旅游业呈现健康稳步发展势头。不断加强旅游市场宣传促销工作，鸽子窝公园和碧螺塔酒吧公园通过省AAAA级以上景区质量整改提升验收。智慧旅游360度全景展示系统新增点位220个。举办“浪淘沙·北戴河”第三届旅游产品推介会、“智慧旅游”北戴河旅游产品发布会等活动，集中向各地旅行商宣传展示该区旅游风情，全年共接待中外游客742.49万人次，比上年增长5.5%，其中入境游客2.9万人次，增长11.1%；辖区景点门票收入12043万元，比上年增长32.5%，其中区属景点门票收入6519万元，增长34.9%。

五、固定资产投资

全力推进项目建设攻坚年活动，谋划实施重点产业项目13项，已开工4项、签约6项、在谈3项。同道电影工坊完成主体工程，恒丰易盛文化艺术品交易中心开工建设，隆基泰和集团赤土山村征收工作任务过半，安置房一期724套完成分配。全年全社会固定资产投资完成40.33亿元，比上年增长18.2%，其中固定资产投资完成39.53亿元，增长17.6%。

六、国内贸易

随着城乡居民生活水平不断提高，居民消费升级步伐加快及旅游业日渐成熟，旅馆饭店等服务性行业市场稳步增长，全年实现社会消费品零售总额49.46亿元，增长12.3%。

七、内引外联

不断加大招商引资力度，对内对外开放更加活跃。全年批准内资项目84个，累计引进内资395310万元，增长13.9%；实际利用外资2357万美元，增长13.0%；进出口总额完成921万美元，增长5.7%。

八、金融

金融市场运行平稳。至年末，全区金融机构各项存款余额91.27亿元，其中城乡居民储蓄存款余额69.38亿元，分别比上年增长7.1%和11.0%。各项贷款余额41.11亿元，比上年增长0.1%。

九、科技和教育

科技工作不断创新。全年共有3项科技成果获市科技进步奖。其中，1项一等奖，2项三等奖。组织申报25个项目列入2014年度市级科技计划，获市科技资金支持51万元。2014年专利申请量35项，授权量25项。组织推荐认定河北省科技型中小企业13家。

努力推进教育城乡一体化高质量均衡发展进程。以均衡·特色·精品”发展为奋斗目标，不断加大城乡学校的标准化、信息化建设步伐，完善基础设施建设。2014年，对蔡各庄小学、北二中操场进行改造；改建北戴河中学教师餐厅，新建排球场、羽毛球场；采购升降式课桌椅，大力发展学前教育，全区幼儿入园率99.4%。承办第五届全国励志教育论坛、全省学校管理和校园文化建设现场会，高标准通过国家义务教育发展基本均衡督导评估验收。初步开展双向游学活动，与韩国九里市建立友好联系，并有22名师生赴韩国进行了为期5天的交流访问。

十、文化体育和卫生

以公共文化服务体系示范区创建为依托，深入开展特色文化惠民活动，建立西古城村、刘庄村、西山街道等“文化超市”，举办新春摄影展、音乐会，壮大文化志愿者、民间文艺团体队伍，精心组织“幸福北戴河”春节灯会和纪念《浪淘沙·北戴河》创作60周年系列文化活动，推出各类展演500余场次。截止到2014年底，全区有线电视模拟用户670户，有线电视数字用户27071户，入网率93.7%。

成功举办第十届轮滑节，荣获“全国轮滑项目推广贡献奖”。承办及协办城市“乐跑”赛、铁人三项赛、“2014秦皇岛国际马拉松赛”等大型赛事。

深化医药卫生体制改革，启动公立医院改革，建成集体产权村卫生室9个，基层卫生院全部实现药品零差价。新农合参合率达到98%。

十一、人口、人民生活和社会保障

全区人口规模得到控制。年末全区户籍人口69043人，比上年增长0.2%。全年出生人口706人，出生率为9.26‰，自然增长率为4.5‰，符合政策生育率为96.32%。迁入人口588人，迁出人口636人，人口机械减少48人。

城乡人民生活水平进一步提高。由省市调查队抽样调查审核评估（新口径），城市居民年人均可支配收入30145元，比上年增长8.5%；农村居民年人均可支配收入14146元，比上年增长13.2%。

就业服务工作成效显著。全年新增就业岗位1663个，其中，下岗失业人员再就业877人，就业困难对象实现再就业337人；农村富余劳动力转移就业1213人。城乡登记失业率控制在2.53%以内。

社会保障体系不断完善。截止2014年底，全区企业养老保险参保覆盖人数16987人，机关事业养老保险参保覆盖人数6623人，城乡居民社会养老保险参保人数20318人。城镇职工基本医疗保险参保11090人，生育保险参保8372人。失业保险参保人员8904人。全区企业职工养老保险、机关事业养老保险、城乡居民养老保险基金征缴分别达到6497.7万元、7437.7万元和665.96万元；城镇职工基本医疗保险、生育保险基金征缴分别为2684.1万元和179.35万元；失业保险基金征缴达到815.08万元。

十二、城市建设、环境保护和安全生产

城市环境面貌持续改善，基础设施建设不断加强。完成鸽赤路、海北路北延伸等道路改造，实施东三路街景整治提升、浪淘沙主题游园新建等暑期亮点工程，新增歌华营地“女娲补天”和东三路“假日”城市雕塑。新建的174套保障性住房，其中，廉租房72套、公共租赁住房102套，现已全部交付使用。完成3.4万平方米、342户供暖分户改造和2062户天然气扩户；实施公共绿地基础设施维修，改造绿地1.38万平方米；完成5个老旧小区公共设施和绿化提升；为北岭等6个老旧小区安装治安技防高清终端30个；新建、改造城乡3座公厕和9座生活垃圾收集站；开工建设9个村污水管网。

环境质量进一步提高，环境面貌持续改善。2014年，全区PM2.5浓度为0.059毫克/立方米，2013年PM2.5的平均浓度为0.065毫克/立方米，2014年，全区PM2.5浓度下降率9.23%，满足秦皇岛市2014年统一的考核目标值浓度下降率5%。戴河水质满足Ⅲ类功能水体要求。海水浴场水质达到环境功能区划要求。圆满完成污染减排任务目标，全年共办理建设项目25个，完成排污申报登记单位111家，新发排污许可证11家，征收排污费40.8万元，取缔燃煤锅炉34台。

坚持“安全第一、预防为主、综合治理”的方针，认真贯彻落实国家、省、市安全生产工作会议精神和各项部署要求，以深入开展安全生产“六打六治”打非治违专项行动为载体，强化依法监管，全面落实安全生产责任，全力排查并消除安全生产事故隐患，全区安全生产形势总体稳定，未发生较大以上安全生产事故。

注：1. 本公报中部分数据为年度初步统计结果，待统计局正式统计年报公布后，即以正式年报数据为准。

2. 公报中生产总值、各行业增加值、总产值指标绝对数按当年价格计算，增长速度按可比价格计算。

稿件来源：北戴河区统计局

2014年北戴河区规范性文件一览表

表14

发文机关	文号	文件名称
区委	北发〔2014〕1号	关于学习贯彻党的十八届三中全会和省委八届六次全会市、市委十一届六次全会精神的决议
区委	北发〔2014〕2号	关于印发《北戴河区开展党的群众路线教育实践活动的实施方案》的通知
区委	北发〔2014〕3号	中共北戴河区委2013年工作总结
区委	北发〔2014〕4号	中共北戴河区委2014年工作要点
区委	北发〔2014〕5号	关于印发《北戴河区正风肃纪专项行动实施方案》的通知
区委	北发〔2014〕6号	关于完善内生稳定工作机制建设平安和谐北戴河的意见
区委、区政府	北字〔2014〕1号	关于表彰2012～2013年度文明单位、文明村镇的决定
区委	北字〔2014〕2号	关于印发《科级领导班子和科级干部综合考核评价办法（试行）》的通知
区委、区政府	北字〔2014〕3号	关于表彰2013年度平安建设先进单位、先进个人的决定
区委	北字〔2014〕4号	关于共青团北戴河区第七届委员会换届候选人、预备人选的批复
区委、区政府	北字〔2014〕6号	关于印发《北戴河区全面开展反恐防暴群防群治实施方案》的通知
区委、区政府	北字〔2014〕7号	关于部分借助暑期促进经济发展工作的实施方案
区委	北字〔2014〕8号	建立"港城先锋红色义工"共产党员志愿服务　　长效机制的工作方案
区委	北字〔2014〕9号	关于转发秦署〔2014〕1号文件的通知
区委	北字〔2014〕10号	关于区委常委班子专题民主生活会情况的通报
区委办、区政府办	北字〔2014〕11号	关于表彰2014年度暑期工作先进单位、先进集体和工作模范、先进个人的决定
区委	北字〔2014〕12号	关于表彰暑期一线"党员先锋岗"先进个人的决定
区委、区政府	北字〔2014〕13号	关于表彰2014年北戴河区暑期优秀大学生志愿者的决定
区委、区政府	北字〔2014〕14号	关于表彰2013～2014年度北戴河区教育系统先进个人和优秀支教单位的决定
区委办	北办发〔2014〕1号	关于做好县级以上党员领导干部党的群众路线教育实践活动联系点工作的通知
区委办	北办发〔2014〕2号	印发《关于试行镇党代会年会制的实施方案》的通知
区委办、区政府办	北办发〔2014〕3号	关于印发《2014年北戴河区农村面貌改造提升行动（基层建设年活动）实施方案》的通知
区委办、区政府办	北办发〔2014〕4号	关于印发《北戴河区深化提素提质提效行动实施方案》的通知
区委办、区政府办	北办发〔2014〕5号	关于印发《北戴河区基层基础提升年行动实施方案》的通知

续表14

发文机关	文号	文件名称
区委办	北办发〔2014〕6号	印发《2014年全区党风廉政建设和反腐败工作任务分工》的通知
区委办、区政府办	北办字〔2014〕2号	关于印发《北戴河区2014年引进总部企业目标任务分解表》和《北戴河区2014年全社会固定资产投资任务分解表》的通知
区委办	北办字〔2014〕4号	关于进一步加强“一村一居一组”长效帮扶机制的通知
区委办、区政府办	北办字〔2014〕5号	关于《2014年北戴河视频资源整合实施方案》的通知
区委办、区政府办	北办字〔2014〕6号	印发《绿满戴河庭院专项行动方案》的通知
区委办、区政府办	北办字〔2014〕8号	关于加强暑期重点目标安全防范工作的意见
区委办、区政府办	北办字〔2014〕9号	转发《区纪委监察局关于清理代事协调机构的意见》
区委办、区政府办	北办字〔2014〕11号	关于组织参观“2014年全国科技创新成果北戴河专题展”活动的通知
区委办、区政府办	北办字〔2014〕12号	关于做好暑期评先工作的通知
区委办、区政府办	北办字〔2014〕14号	关于切实做好2014年国庆节期间有关工作的通知
区政府	北政〔2014〕5号	关于印发《北戴河区治理淘汰“黄标车”工作实施方案》的通知
区政府	北政〔2014〕8号	关于印发《北戴河区2014年新型农村合作医疗实施方案》的通知
区政府	北政〔2014〕9号	关于印发《北戴河区全民创业若干扶持办法（试行）》的通知
区政府	北政〔2014〕12号	关于印发《北戴河区2012年冬季退役士兵安置方案》的通知
区政府	北政〔2014〕13号	关于启行营地教育发展中心举办“2014年国际营地教育研讨会”的报告
区政府	北政〔2014〕15号	关于表彰2013年度征兵工作先进单位、民兵工作先进单位、规范化建设先进单位和民兵工作先进个人的通报
区政府	北政〔2014〕16号	关于印发《北戴河区2014年民兵整组工作实施方案》的通知
区政府	北政〔2014〕17号	关于印发《北戴河区重污染天气应急预案》的通知
区政府	北政〔2014〕23号	关于印发《北戴河区违法占地违法建筑处置工作方案》的通知
区政府	北政〔2014〕24号	关于印发《北戴河区赤土山村房屋征收补偿安置方案》的通知
区政府	北政〔2014〕25号	关于北京理工大学秦皇岛分校拟占用北戴河体育局院用地进行扩建相关情况的报告
区政府	北政〔2014〕28号	关于暑期期间在北戴河海域开展“封海”行动的通知
区政府	北政〔2014〕30号	关于批转《北戴河区审计局2013年度区本级预算执行及其他财政收支情况审计工作方案》的通知
区政府	北政〔2014〕31号	关于清理高速公路沿线非法广告的情况报告

续表14

发文机关	文号	文件名称
区政府	北政〔2014〕32号	关于印发《北戴河区2014年城市环境容貌综合整治“百日攻坚”行动方案》的通知
区政府	北政〔2014〕34号	关于辖区内村民委员会设置的通知
区政府	北政〔2014〕35号	关于印发《北戴河区加强停车场管理工作实施方案》的通知
区政府	北政〔2014〕37号	关于印发《北戴河区迎接住建部国家级风景名胜区执法检查工作方案》的通知
区政府	北政〔2014〕38号	关于印发《北戴河区2014年暑期噪声污染综合治理实施方案》的通知
区政府	北政〔2014〕39号	关于进一步加强特殊商品、特殊部位管控工作的通知
区政府	北政〔2014〕43号	关于公布第三批区级非物质文化遗产名录的通知
区政府	北政〔2014〕44号	关于印发《北戴河区妇女发展规划（2011—2020年）》和《北戴河区儿童发展规划（2011—2020年）》的通知
区政府	北政〔2014〕45号	关于印发《经营性用地使用权招标拍卖挂牌工作方案》的通知
区政府	北政〔2014〕50号	中共北戴河区人民政府党组关于召开民主生活会有关情况的报告
区政府	北政〔2014〕52号	关于印发《北戴河区2013年冬季退役士兵安置方案》的通知
区政府	北政〔2014〕54号	关于表彰2013年度安全生产工作先进单位和先进个人的决定
区政府	北政〔2014〕59号	关于协调解决恒丰易盛文化艺术品交易中心、中俄文化艺术合作产业园项目用地性质问题的报告
区政府	北政〔2014〕65号	关于对“秦皇岛市项目建设考核评价办法”有关情况的报告
区政府	北政〔2014〕71号	关于印发《北戴河区重污染天气应急响应实施方案》的通知
区政府	北政〔2014〕74号	关于完善城乡居民基本养老保险制度的实施意见
区政府	北政〔2014〕75号	关于印发《“休闲之冬·北戴河旅游嘉年华”活动实施方案》的通知
区政府	北政〔2014〕77号	关于印发《关于强化政府主体责任建立网格化环境监管体系的实施方案（试行）》的通知
区政府	北政〔2014〕79号	关于印发《北戴河区拨道洼村房屋征收补偿安置方案》的通知
区政府	北政〔2014〕81号	关于印发《北戴河区杨各庄村房屋征收补偿安置方案》的通知
区政府	北政字〔2014〕1号	关于开展建制镇土地使用权调查工作的通告
区政府	北政字〔2014〕2号	关于开展农村集体建设用地和农村宅基地调查工作的通告
区政府	北政字〔2014〕4号	关于免缴2013年保障性安居工程四期经济适用住房项目新型墙体材料专项基金的函

续表14

发文机关	文号	文件名称
区政府	北政字〔2014〕5号	关于农产品质量安全检验检测体系建设项目相关事宜的批复
区政府	北政字〔2014〕9号	关于对区保安服务公司资产、负债、损益情况进行审计的通知
区政府	北政字〔2014〕13号	关于解决恒丰易盛公司文化艺术品交易中心项目用水问题的通知
区政府	北政字〔2014〕15号	关于成立北戴河区城乡建设规划管理委员会的通知
区政府	北政字〔2014〕17号	关于成立京哈高速公路北戴河东连接线（兴凯湖路南延）工程北戴河段征拆工作指挥部的通知
区政府	北政字〔2014〕19号	关于《北戴河区控制性详细规划》A-03、A-05单元用地规划调整的函
区政府	北政字〔2014〕20号	关于2013年城镇保障性安居工程审计有关问题整改情况的函
区政府	北政字〔2014〕21号	关于拨道洼村拆迁改造项目征地相关事宜的通知
区政府	北政字〔2014〕25号	区政府关于车站村农村面貌改造提升工程提前开工的函
区政府	北政字〔2014〕26号	关于暂停办理赤土山村房屋征收范围内相关手续的通知
区政府	北政字〔2014〕28号	关于在全区范围内进行飞机喷药防治林木病虫害的通告
区政府	北政字〔2014〕29号	关于成立东三路街景整治提升工程指挥部的通知
区政府	北政字〔2014〕30号	关于建设浪淘沙园有关情况说明的函
区政府	北政字〔2014〕31号	关于2014北戴河“运动之春”第十届轮滑节暨第八届全国少年速度轮滑锦标赛开幕式期间需临时调整部分公交线路的函
区政府	北政字〔2014〕34号	关于东三路街景整治弧形休闲座椅建设情况的函
区政府	北政字〔2014〕36号	关于调整区打击侵犯知识产权和制售假冒伪劣商品工作领导小组、区打击传销工作领导小组的通知
区政府	北政字〔2014〕37号	关于在全区范围内进行飞机喷药防治林木病虫害的通告
区政府	北政字〔2014〕38号	关于戴河镇车站村文化休闲广场、老年幸福院及东南片区安置房建设情况的函
区政府	北政字〔2014〕41号	关于成立北戴河区风景名胜区管理委员会的通知
区政府	北政字〔2014〕43号	关于浪淘沙园建设免予相关处罚的函
区政府	北政字〔2014〕44号	关于秦皇岛港方大房地产开发有限责任公司违规出售赤土山村安置房问题的函
区政府	北政字〔2014〕48号	关于调整火车站片区综合秩序管理委员会成员的通知
区政府	北政字〔2014〕49号	关于批转《北戴河区审计局关于2014年政府投资建设项目审计计划》的通知
区政府	北政字〔2014〕52号	关于调整怪楼文化艺术产业园管理委员会的通知

续表14

发文机关	文号	文件名称
区政府	北政字〔2014〕53号	关于成立北戴河区经营性用地使用权招标拍卖挂牌工作委员会的通知
区政府	北政字〔2014〕55号	关于调整区征兵工作领导小组成员的通知
区政府	北政字〔2014〕56号	关于召开民主生活会有关情况的通报
区政府	北政字〔2014〕57号	关于《北戴河国家级海洋公园选划论证报告》的反馈意见
区政府	北政字〔2014〕58号	关于市委督查室对近岸海域治理工作暗访发现问题整改情况的函
区政府	北政字〔2014〕63号	关于补办戴河镇车站村文化休闲广场、老年幸福院及东南片区安置房项目相关手续的函
区政府	北政字〔2014〕64号	关于成立北戴河区中小学布局重点调整建设指挥部的通知
区政府	北政字〔2014〕65号	关于《北戴河区控制性详细规划》A−02单元3−53地块调整用地性质和规划指标的函
区政府	北政字〔2014〕76号	关于成立北戴河区农民工工作领导小组的通知
区政府	北政字〔2014〕77号	关于调整森林防火指挥部组成人员的通知
区政府	北政字〔2014〕80号	关于成立北戴河区政府性债务管理领导小组的通知
区政府	北政字〔2014〕81号	关于成立北戴河区道路交通安全委员会的通知
区政府	北政字〔2014〕82号	关于成立北戴河区气象灾害防御指挥部的通知
区政府	北政字〔2014〕83号	关于调整北戴河区安全生产委员会成员的通知
区政府	北政字〔2014〕86号	关于成立北戴河区重性精神疾病防治工作领导小组的通知
区政府	北政字〔2014〕87号	关于成立北戴河区公立医院改革工作领导小组的通知
区政府	北政字〔2014〕88号	关于成立北戴河区社区教育管理委员会的通知
区政府办	北政办〔2014〕1号	关于转发秦皇岛市人民政府办公厅《关于转发省政府办公厅<关于印发省政府机构简称的通知>的通知》的通知
区政府办	北政办〔2014〕2号	关于印发《北戴河区2014年春运工作实施方案》的通知
区政府办	北政办〔2014〕3号	关于印发《北戴河区2014年春运工作实施方案》的通知关于印发《北戴河区建立网格化环境监管体系实施方案》的通知
区政府办	北政办〔2014〕4号	关于印发《北戴河区2014年春节期间烟花爆竹禁限放工作方案》的通知
区政府办	北政办〔2014〕6号	关于印发《北戴河区2013年提前淘汰黄标车财政补贴实施方案》的通知
区政府办	北政办〔2014〕7号	关于印发《<2014年政府工作报告>主要任务责任分解表》和《北戴河区人民政府2014年重点项目责任分解表》的通知

续表14

发文机关	文号	文件名称
区政府办	北政办〔2014〕8号	关于批转秦皇岛市公安局北戴河分局《关于北戴河区存在火灾隐患的报告》的通知
区政府办	北政办〔2014〕10号	关于印发《北戴河区东三路街景整治提升实施方案》的通知
区政府办	北政办〔2014〕11号	关于印发《北戴河区2014年城乡增绿工程实施方案》的通知
区政府办	北政办〔2014〕12号	关于印发《北戴河区2014年食品安全工作实施方案》的通知
区政府办	北政办〔2014〕13号	关于印发《“全面除隐患　安全迎暑期”安全生产大检查行动实施方案》的通知
区政府办	北政办〔2014〕14号	关于印发《2014年区政府系统承办人大代表建议政协提案工作要点》和《2014年区政府系统人大代表建议政协提案办理要求》的通知
区政府办	北政办〔2014〕15号	关于表彰2012−2013年度政府系统承办人大代表建议、政协提案工作优秀单位和先进个人的通知
区政府办	北政办〔2014〕17号	关于做好2014年防汛工作的通知
区政府办	北政办〔2014〕18号	关于印发《北戴河区集体产权村卫生室标准化建设实施方案》的通知
区政府办	北政办〔2014〕19号	关于转发河北省财政厅和河北省人民政府外事办公室《河北省因公临时出国经费管理办法》的通知
区政府办	北政办〔2014〕20号	关于印发《北戴河区选聘乡村医生承担基本公共卫生服务工作实施方案》的通知
区政府办	北政办〔2014〕21号	关于印发《北戴河风景名胜区综合整治工作方案》的通知
区政府办	北政办〔2014〕22号	中共北戴河区人民政府办公室党支部关于召开民主生活会有关情况的通报
区政府办	北政办〔2014〕23号	中共北戴河区人民政府办公室党支部关于召开民主生活会有关情况的报告
区政府办	北政办〔2014〕25号	关于印发《北戴河区推进政务服务“两集中、两到位”专项工作实施方案》的通知
区政府办	北政办〔2014〕27号	关于印发北戴河区食品药品监督管理局职能配置、内设机构和人员编制规定的通知
区政府办	北政办〔2014〕28号	关于印发《北戴河区打击环境污染违法犯罪“2014利剑斩污”专项行动工作方案》的通知
区政府办	北政办〔2014〕29号	转发《河北省财政厅　河北省审计厅关于严肃财经纪律加强财政财务管理的意见》的通知
区政府办	北政办〔2014〕30号	关于做好与上级公布取消下放行政审批项目等事项衔接落实工作的通知
区政府办	北政办字〔2014〕1号	关于开展2014年土地卫片执法监督检查的通知
区政府办	北政办字〔2014〕2号	关于印发《北戴河区2014年节能降碳目标分解表》和《北戴河区2014年削减煤炭消费指标任务分解表》的通知

续表14

发文机关	文号	文件名称
区政府办	北政办字〔2014〕4号	关于转发市政府办公厅《关于做好失业保险援企稳岗工作的实施意见》的通知
区政府办	北政办字〔2014〕5号	关于成立北戴河区失业保险援企稳岗工作领导小组的通知

目录索引

表格索引

A

B

C

D

E

F

G

H

J

K

L

M

N

P

Q

R

S

T

W

X

Y

Z

图书在版编目（CIP）数据

北戴河年鉴.2015/秦皇岛市北戴河区地方志编纂委员会办公室编.—北京：方志出版社，2017.2

ISBN 978-7-5144-2368-6

Ⅰ.①北… Ⅱ.①秦… Ⅲ.①区（城市）—秦皇岛市—2015—年鉴 Ⅳ.①Z522.24

中国版本图书馆CIP数据核字（2017）第047295号

北戴河年鉴（2015）

编　　者：秦皇岛市北戴河区地方志编纂委员会办公室

责任编辑：梅中英

出 版 人：冀祥德

出 版 者：方志出版社

地址：北京市朝阳区潘家园东里9号（国家方志馆4层）

邮编　100021

网址　http://www.fzph.org

发　　行：方志出版社图书经销中心

电话（010）67110500

经　　销：各地新华书店

印　　刷：秦皇岛市佳泽文化传播有限公司

开　　本：889×1194　1/6

印　　张：20

字　　数：549千

版　　次：2017年2月第1版　2017年2月第1次印刷

印　　数：001～500册

ISBN 978-7-5144-2368-6　**定价**：150.00元